# आधुनिक पुस्तकालय एवं तकनीकी

# MODERN LIBRARY AND TECHNIQUE

# आधुनिक पुस्तकालय एवं तकनीकी
# MODERN LIBRARY AND TECHNIQUE


सुनील कुमार
*M.Sc.; MLISC; M.phil (LIS)*
*PGDLAN; PDMSM*



डिस्कवरी पब्लिशिंग हाऊस
नई दिल्ली–110 002

Reprinted - 2020

First Published - 2007

ISBN: 978-93-5056-664-0



**आधुनिक पुस्तकालय एवं तकनीकि**

**Modern Library and Technique**

*Published by:*

**डिस्कवरी पब्लिशिंग हाऊस प्राइवेट लिमिटेड**

4383/4B, अन्सारी रोड, दरियागंज

नई दिल्ली - 110 002

दूरभाष—23279245, 23253475, 43596065

*E-mail:* discoverypublishinghouse@gmail.com

sales@discoverypublishinggroup.com

*web:*www.discoverypublishinggroup.com

मुद्रक:

Infinity Imaging Systems

Delhi

# प्रस्तावना

विशिष्टीकरण के आरम्भ में विशेषज्ञ अपने क्षेत्र में प्रकाशित समस्त सामग्री का अध्ययन कर लेते थे। ऐसी स्थिति लगभग आज से 300 वर्ष पूर्व तक कायम थी। 17वीं सदी में भौतिक तथा रसायन शास्त्र के विद्वान ऐसी स्थिति में थे कि वे अपने समय में उपलब्ध सभी पाठ्य सामग्री का अध्ययन कर सकते थे एवं बिना किसी कठिनाई के अपने को अद्यतन बनाए रखते थे। सौ वर्ष अथवा उससे पहले भी विद्वान अपने विशिष्टीकरण के क्षेत्र में सामग्री का पठन कर सकते थे। लेकिन वर्तमान समय में साहित्य में प्रचुर मात्रा में वृद्धि हुई है और किसी भी औसत दर्जे के विद्वान के लिए यह सम्भव नहीं है कि वे अपनी रुचि के क्षेत्र में सब कुछ प्राप्त कर सकें तथा ज्ञान की वृद्धि के साथ कदम मिला कर चल सके। अब ऐसा तभी हो सकता है जब उनकी रुचि क्षेत्र या तो अत्यधिक संकीर्ण हो या पूर्णतः नवीन हो या उनके क्षेत्र में बहुत कम सामग्री प्रकाशित हुई हो। यह विज्ञान के क्षेत्र के लिए ही नहीं, अपितु समाज विज्ञान तथा मानविकी के क्षेत्र के लिए भी ठीक है।

समस्या यहीं तक सीमित नहीं कि मात्र सूचनाओं में ही तेजी से वृद्धि हो रही है अपितु साहित्य बहुभाषाओं व विविध रूपों में उपलब्ध हैं तथा साहित्य की प्रकृति भी अत्यंत वैज्ञानिक हो गयी है। सूचना की मात्रा में इतनी अधिक वृद्धि हो रही है कि किसी भी प्रकार की सूचना खोज पाना उतना ही दुष्कर है जितना घास के डेर से सूई ढूँढ़ निकालना। अब कोई भी पाठक ज्ञान के सिर्फ लघुकण से ही परिचित हो सकता है।

ज्ञान के विस्फोट से जो समस्याएँ उत्पन्न हुई है, उनके समाधान का प्रयत्न किया गया है। परन्तु स्थिति ऐसी है कि मुकाबले के लिए पुस्तकालयी, सूचना वैज्ञानिक तथा ग्रंथसूचीकार सभी को योगदान देना होगा। उन्हें ही अव्यवस्था में व्यवस्था को ढूँढ़ना होगा। उपयुक्त उपकरण के द्वारा वे विद्वानों को संतोषजनक सेवा प्रदान करें, यह उनका परम कर्त्तव्य होगा। अगर उन्हें संतोषजनक सेवा प्रदान करने या किसी विशिष्ट क्षेत्र में ग्रंथपरक सेवा स्थापित करने में कठिनाई हो तो उनके दूर करने का उपकर्म करना चाहिए।

आलेखित ज्ञान के आकार व कठिनाई में वृद्धि के कारण यह अनुभव किया गया है कि मनुष्य सूचना के आलेखों की क्रमबद्धसूची तैयार की जाय। ग्रंथपरक संगठन की अवधारणा का यही प्रारम्भिक मार्ग है। प्रस्तुत पुस्तक में इन्हीं सब विषयों पर प्रकाश निक्षेप किया गया है। आशा पुस्तक पाठकों के लिए उपयोगी होगी।

—लेखक

# अनुक्रम

# 1

# आधुनिक पुस्तकालय : एक परिचय

आंग्ल भाषा का का **लाइब्रेरी** शब्द जिसका हिन्दी अर्थ पुस्तकालय होता है, लैटिन भाषा के **लाईब्रेरिया** शब्द से शोध करके बना है जिसका शाब्दिक अर्थ पुस्तकों का घर (पुस्तक + आलय) होता है, अर्थात् वह स्थान जहाँ पुस्तकें रखी जाती हैं। किताब अन्य स्थानों पर भी रखीं या एकत्रित हैं जैसे प्रकाशक के यहाँ या बाजारों में पुस्तक विक्रेता के यहाँ पर वे पुस्तकालय नहीं कहे जाते हैं। इस बात से यह निष्कर्ष प्राप्त होता है कि पुस्तकालय वह स्थान होता है जहाँ पुस्तक पढ़ने के लिए ही एकत्रित किए जाते हैं। पुस्तकालय के सन्दर्भ में पढ़ने हेतु शब्द अति महत्वपूर्ण है।

परन्तु आज पुस्तकालय केवल पुस्तकों को एकत्रित करने के घर तक ही सीमित नहीं रह गये हैं बल्कि आज वे पाठकों या उपयोगकर्त्ताओं द्वारा ज्यादा से ज्यादा ज्ञान तथा बुद्धि प्राप्त करने और कराने की कार्यशाला माना जाता है। आज के पुस्तकालय मात्र पुस्तकों का ही संग्रह नहीं करते बल्कि अन्य परम्परागत पाठ्य-सामग्रियों यथा-पत्र-पत्रिकाएँ, समाचार-पत्र, शोधपत्र, हस्तलिखित पुस्तक, नक्शे, चार्ट, फिल्म आदि के साथ-साथ नवीनतम प्रलेखों एवं आधुनिकतम पाठ्य-सामग्रियों जैसे—डिस्क, टेप्स, मैगनेटिक टेप्स, फ्लोपी, सीडी रोग, डेटाबेस आदि का भी संग्रहण करते हैं। इस प्रकार वर्तमान पुस्तकालय असीम सूचना एवम् नवीन ज्ञान के भंडार होते हैं जो वर्तमान समाज में अग्रलिखित भूमिका का निर्वाह करते हैं—

**1. शिक्षा के क्षेत्र में**—शिक्षार्थी अपनी कक्षाओं में पढ़ाये गये पाठ्यक्रम के अतिरिक्त पुस्तकालयों में उपलब्ध पुस्तकों से ज्ञान प्राप्त करते हैं। पुस्तकालयों में शैक्षिक पाठ्यक्रमों के अलावा मानव-ज्ञान से सम्बन्धित अनेक विषयों के पुस्तक

संकलित किए जाते हैं जिससे परिचय होने हेतु छात्रों में प्रेरणा तथा जिज्ञासा उत्पन्न होती है। अतः वे पुस्तकालय से अपने ज्ञान में वृद्धि करते हैं।

**2. व्यवसाय के क्षेत्र में**—कुछ व्यवसाय ऐसे होते हैं जिनसे सम्बन्धित ज्ञान पुस्तकों में ही विद्यमान होता है जो पुस्तकालयों में ही उपलब्ध होता है। इस तरह के व्यवसायों में वकील, डाक्टर, इन्जीनियर, पुस्तकालयी आदि तरह के व्यवसाय आते हैं। अतएव इन व्यवसायों से सम्बन्धित प्रसिद्ध व्यवसायी अपने निजी पुस्तकालय इसी उद्देश्य की पूर्ति हेतु स्थापित करते हैं।

**3. उद्योग एवम् व्यापार के क्षेत्र में**—उद्योग तथा व्यापार से जुडी बड़ी-बड़ी कम्पनियाँ अपने यहाँ सुसज्जित आधुनिक पुस्तकालयों की व्यवस्था करती हैं, क्योंकि उन कम्पनियों में उनके स्वयं के वैज्ञानिक अनुसंधान कार्य में रत रहते हुए उन पुस्तकालयों से पुस्तकों की मदद प्राप्त करते हैं। इस तरह के पुस्तकालयों में NTPC, ONGC, BHEL, SAIL, BEL भारत पेट्रोलियम आदि प्रमुख हैं।

**4. अनुसंधान के क्षेत्र में**—किसी भी अनुसंधान से सम्बन्धित नवीन तथ्यों की जानकारी पुस्तकालयों में सुलभ नये सामयिक धारावाहिकों एवम् पत्रिकाओं में मिलती है जो पुस्तकालयों में ही उपलब्ध होते हैं। इस तरह अनुसंधानों को प्रोत्साहित करने में पुस्तकालयों की प्रमुख भूमिका होती है। इसलिए प्रत्येक तरह के अनुसंधान केन्द्र अपने यहाँ पुस्तकालयों की व्यवस्था अवश्य करते हैं।

**5. सांस्कृतिक क्षेत्र में**—प्राचीन पुस्तकों तथा महान विद्वानों की पाण्डुलिपियों में तत्कालीन समाज के ऐतिहासिक एवम् सांस्कृतिक कथ्य वर्णित होते हैं। इस तरह इन पुस्तकों में विद्यमान ज्ञान पीढ़ी दर पीढ़ी आगे बढ़ता रहता है।

**6. आध्यात्मिक तथा भावनात्मक क्षेत्र में**—पुस्तकालयों में समाज के हितार्थ कई उद्देश्यों को ध्यान में रखकर पुस्तक संगृहित किये जाते हैं जिनमें समाज के लाभार्थ ईश्वर प्रेरणा सम्बद्धी पुस्तक भी होते हैं जिनमें आध्यात्मिक तथा भावनात्मक विचारों को प्रतिपादित करने वाले पुस्तक तथा उच्च्च कोटि के स्थायी महत्व के किताब आदि आते हैं। इस प्रकार समाज के आध्यात्मिक क्षेत्र में पुस्तकालय अपनी भूमिका निभाते हैं।

## पुस्तकालय एक प्रणाली के तौर पर

**प्रणाली** या पद्धति अंग्रेजी भाषा के System शब्द का ही रूपान्तर है, इसका सामान्य अर्थ होता है किसी व्यर्थ को व्यस्थित रूप में करना अर्थात् किसी कार्य को योजनाबद्ध तरीके से करना प्रणाली कहलाता है। किसी प्रणाली के सुचारु रूप से

संचालन हेतु यह आवश्यक है कि उस प्रणाली का समय-समय पर अध्ययन किया जाय अर्थात् प्रणाली विश्लेषण किया जाय जिससे पद्धति के त्रुटिपूर्ण अथवा अनुपयोगी घटकों को हटाया या रूपान्तरित किया जा सके।

इस प्रकार प्रणाली एक दूसरे से सम्बद्ध या एक दूसरे पर निर्भर घटनाओं का एक संग्रह होता है जिससे एक जटिल समग्र का निर्माण होता है। प्रणाली के अधीन निहित घटनाओं का भौतिक रूप भी हो सकता है या सैद्धान्तिक भी हो सकता है। किसी भी पद्धति को सीमाओं के बीच बाँधा जा सकता है जिससे उसका विश्लेषण किया जा सके। इस प्रकार प्रणाली एक दूसरे पर निर्भर उप-प्रणालियों के नेटवर्क से निर्मित होती है तथा इस नेटवर्क में सम्मिलित हर इकाई का कार्य स्पष्टतः विशिष्ट होता है तथा साथ ही उसमें पूर्ण होने वाली प्रक्रियाओं के क्रियान्वयन के लिए एक विशिष्ट केन्द्र होता है जो अपने विशेष गुणों के कारण तथा उन विशेष कार्यों के द्वारा जो एक उप-प्रणाली के अधीन सम्पन्न किये जाते हैं एक व्यवस्था के अधीन होते हुए भी वह एक भिन्न प्रणाली का रूप ले लेता है। इस तरह एक प्रणाली के तहत उप-प्रणालियाँ भी होती हैं।

पुस्तकालय एक ऐसी ही संस्था है जो एक पद्धति तथा उप-पद्धति दोनों की तरह कार्य करती है। पुस्तकालय चाहे पद्धति के रूप में कार्य करे अथवा उप-पद्धति के रूप में, उसे दोनों ही रूपों में समाज की सेवा करना है। चूँकि वर्तमान में किताबों का स्थान प्रलेखों ने तथा प्रलेखों का स्थान सूचना ने ले लिया है अतएव पुस्तकालय अब पुस्तकालय मात्र न रहकर विशिष्टि पुस्तकालय, प्रलेखन केन्द्र, सूचना केन्द्र, सूचना विश्लेषण केन्द्र, डेटा केन्द्र के रूप में उभरकर सामने आ रहे हैं।

पद्धति विश्लेषण किसी भी पद्धति के कार्यों तथा कारकों से सम्बन्धित समस्त क्रियाओं का पूर्ण अध्ययन करना है। पद्धति विश्लेषण मात्रात्मक तथा गुणात्मक दो रूपों में जरूरत के मुताबिक प्रयुक्त होता है। इस तरह हम संक्षेप में कह सकते हैं कि प्रणाली विश्लेषण प्रबन्धीय समस्याओं के प्रति वह दृष्टिकोण है जिसके अधीन परम्परागत क्रियाओं को आँख बन्द कर स्वीकार करने की अपेक्षा उन पर प्रयोग एवम् विश्लेषण किए जाते हैं।

पुस्तकालय के क्षेत्र में पुस्तकालयी कला के कार्यों की प्रकृति को देखते हुए इसके अधीन विविध प्रकार की उप-प्रणालियाँ कार्यरत होती हैं, जिनकी संख्या मुख्य रूप से 6 होती है जो निम्नलिखित हैं—

1. परिसंचरण उप-पद्धति
2. अधिग्रहण उप-पद्धति

3. सूचीकरण उप-पद्धति
4. प्रशासन उप-पद्धति
5. संदर्भ उप-पद्धति
6. धारावाहिक नियन्त्रण उप-पद्धति

अगर प्रणाली सम्बद्धी कार्यों का संचालन एक ही उप-प्रणाली में केन्द्रित कर दिया जाय तो वह प्रणाली नहीं कहलायेगी। किसी पद्धति का संचालन सीधे अथवा अप्रत्यक्ष रूप से अपने गुणों के आधार पर अन्य प्रणाली को प्रभावित्त करता है। यही वह जटिलता है जिसके कारण पुस्तकालय में सम्पूर्ण विचारधारा का जन्म हुआ है।

पुस्तकालय के लिए सम्पूर्ण प्रणाली की अवधारणा कोई नयी नहीं है बल्कि पहले से ही प्रचलित है। लेकिन पुस्तकालय एक बड़ा संरचनात्मक निर्माण होने के कारण यह स्पष्ट नहीं हो पाता है साथ ही तकनीकी ज्ञान की कभी के कारण यह पिछड़ा रहता है जबकि इसमें डेटाओं का भरपूर संग्रहण एवम् नियंत्रण होता है। वर्तमान व्यापारिक विधियाँ या तकनीकियाँ जो विविध तरह के डेटाओं को नियंत्रित करने हेतु प्रयोग में लाई जाती हैं उनका उपयोग किसी भी एक मध्यम आकार के पुस्तकालय के लिए जरूरी है।

## पुस्तकालयों के विविध प्रकार

आधुनिक युग में जबकि विश्वभर में ज्ञान-विकास का अत्यधिक प्रसार हो रहा है, यह नहीं है कि एक प्रकार का पुस्तकालय समस्त पाठकों की जरूरतें पूरी कर दे। इस दृष्टि से पुस्तकालयों के कई निर्धारित प्रकार प्रचलित हो गये हैं। किन्तु किसी पुस्तकालय को स्थापित करने से हमें उसका उद्देश्य पूर्व निर्धारित करने वालों की पठन-सम्बद्धी अभिरुचि, शैक्षणिक स्तर, आयु सीमा, वित्तीय संसाधन कई तत्वों के आधार पर होता है। अतः पाठकों की प्रकृति में पायी जाने वाली विविधता उद्देश्यों की पृथकता के आधार पर विविध तरह के पुस्तकालय स्थापित हो रहे हैं। यह बिन्दु अधिक स्पष्ट करने के आधार पर तय होता है, जिसको दृष्टि में रखकर पुस्तकालय-विशेष की स्थापना की जाती है। अतः संचय की विविधता तथा पाठकों की विभिन्न कोटियों के अनुरूप पुस्तकालय को विभक्त किया जाता है।

इस प्रकार, प्रत्येक स्थानों पर पुस्तकालयों के विविध रूप हैं, जिनमें विद्यालय, महाविद्यालय, विश्वविद्यालय पुस्तकालय शोध पुस्तकालय सार्वजनिक पुस्तकालय एवं विशिष्ट पुस्तकालय मुख्य हैं। सभी प्रकार के पुस्तकालयों के उद्देश्य सामान्य हैं। यहाँ विश्व के लिपिबद्ध विचार को संगृहित तथा सुरक्षित रखा जाता है ताकि उन्हें वर्तमान और भविष्य के पाठकों हेतु उपलब्ध कराया जा सके।

**सार्वजनिक पुस्तकालय**— 1. राष्ट्रीय पुस्तकालय
2. राज्य केन्द्रीय पुस्तकालय तथा सम्भागीय पुस्तकालय
3. जिला केन्द्रीय पुस्तकालय
4. प्रखण्डीय पुस्तकालय
5. पंचायत पुस्तकालय
6. ग्रामीण पुस्तकालय
7. ग्रामीण वित्तरण केन्द्र अथवा ग्राम पेटिकाएँ

**शैक्षणिक पुस्तकालय**— 1. शोध संस्थान
2. विश्वविद्यालय पुस्तकालय
3. महाविद्यालय पुस्तकालय
4. विद्यालय पुस्तकालय

**पुस्तकालय सलाहकार समिति**—भारत सरकार ने भारत में सार्वजनिक पुस्तकालयों के मात्र पाँच प्रकार बताये हैं जो इस प्रकार हैं—

1. राष्ट्रीय पुस्तकालय
2. राज्य पुस्तकालय
3. जिला पुस्तकालय
4. प्रखण्ड पुस्तकालय
5. पंचायत पुस्तकालय

**विशेष पुस्तकालय**— 1. शोध पुस्तकालय
2. वाणिज्य पुस्तकालय
3. विभागीय पुस्तकालय
4. चिकित्सा पुस्तकालय
5. चिकित्सालय पुस्तकालय
6. नेत्रहीनों हेतु पुस्तकालय
7. कारागार या जेल पुस्तकालय
8. नाविकों हेतु पुस्तकालय
9. दृश्य-श्रव्य पुस्तकालय
10. समाचार-पत्र पुस्तकालय (वाचनालय)
11. बाल पुस्तकालय
12. संगीत पुस्तकालय
13. अन्य पुस्तकालय

## *सार्वजनिक पुस्तकालय*

सार्वजनिक पुस्तकालय वे हैं जिनके द्वारा समस्त वर्ग, वर्ण, रंग, लिंग, धर्म, आयु, पद, राष्ट्रीयता, एवं शैक्षणिक योग्यताओं के नागरिकों हेतु खुले रहते हैं। इन पुस्तकालयों को जनता द्वारा जनता के हित में संचालित जनता को (University of the masses) या प्रजातंत्र की शिक्षण शालाओं (Training Schools of Democracy) के नाम से सजाया जाता है। सार्वजनिक पुस्तकालयों का लक्ष्य है जनसमुदाय को प्रबुद्ध नागरिक बनाने हेतु प्रेरित करना, उसकी प्रगति हेतु पाठ्य सामग्री संचयित करना एवं उसके संरक्षण और वित्तरण की व्यवस्था करना। स्पष्ट है कि प्रजातन्त्र को सुदृढ़ बनाने के लिए सफल पुस्तकालय-प्रणाली अत्यंत जरूरी है। पुस्तकालय जनता को नवीनतम सूचनाएँ प्रदान कर, स्वस्थ्य जनमत बनाने में योगदान देते हैं तथा पाठकों में अध्ययन के प्रति रुचि पैदा करते हैं। इन पुस्तकालयों के समक्ष निम्नांकित आदर्श हो सकते हैं–

1. पाठकों की सहायता हेतु पुस्तक, पत्र-पत्रिका, नक्शे, मानचित्र, ग्रामोफोन रिकार्ड, माइक्रोफिल्म आदि के रूप में उपलब्ध सामग्री पुस्तकालय में जमा करना। जमा की गयी सामग्री व्यवस्थित रूप में पाठकों के प्रयोगार्थ प्रस्तुत करना तथा उनके अर्जित ज्ञान में उत्तरोत्तर वृद्धि की दिशा में प्रयास करना।
2. बाल, युवा, वृद्ध, नर-नारी के रूप में पुस्तकालय में आने-जाने वाले पाठकों को स्वशिक्षा हेतु सुविधाएँ एवं मौका प्रदान करना।
3. लोकहितकारी सामग्री का विशेष प्रचार पाठकों की सर्जनात्मक शक्ति विकसित करने के उद्देश्य से करना एवं उन्हें अपनी सभ्यता, संस्कृति, कला एवं साहित्य का ज्ञान कराना।
4. नागरिकों को छुट्टी के समय का सर्जनात्मक चिन्तन तथा मनोरंजन में प्रयोग हेतु प्रेरित करना तथा उपयुक्त वातावरण तैयार करना।
5. ज्ञान के क्षेत्र में आविष्कार, अन्वेषण शोधों पर प्रकाश डालने वाली अद्यतन पाठ्य सामग्री का विशेष रूप में संग्रहण करना तथा जिज्ञासु पाठकों को ज्ञान के विभिन्न नवदिशाओं से परिचित कराना।
6. समुदायों एवं नागरिकों के लिए आयोजित शैक्षणिक तथा सांस्कृतिक कार्यक्रमों क्रियाकलापों में हाथ बँटाना।
7. विभिन्न प्रचार कार्यक्रमों एवं प्रसार कार्यक्रमों हेतु पुस्तकालय सेवाओं को उपयोगी और सार्वजनिक बनाना। पिछले वर्षों में दिल्ली सार्वजनिक पुस्तकालयों को उनके विभिन्न प्रसार कार्यक्रमों ने पुस्तकालय सेवाओं को अत्यधिक लोकप्रिय बनाया है।

8. राष्ट्र की गतिविधियों के सम्बद्ध में पाठकों को उचित जानकारी प्रदान कर उन्हें जागरुक बनाना, तथा इस तरह राष्ट्र अथवा राज्य के लिए स्वस्थ जनमत तैयार करने में मदद करना।
9. सभी पाठक वर्गों को सामूहिक एवं निजी मदद प्रदान करना तथा आय रुचि के आधार पर उनको लाभदायी सामग्री प्रदान करना।
10. ज्ञान अन्वेषण एवं शोधकार्य में जुटे पाठकों को विशेष सहायता मुहैया करना।

राबर्ट डी.ली. ने उक्त उद्देश्यों को सहज एवं संक्षिप्त रूप में निम्नानुसार प्रस्तुत किया—

1. प्रबुद्ध नागरिकों तथा जन-जीवन की प्रगति हेतु पुस्तकों तथा अन्य सम्बन्धित अध्ययन-सामग्री का संग्रह, संरक्षण तथा संचालन कर जरूरी सहायता प्रदान करना।
2. जन-समुदाय की सेवा करना।
3. बालक, युवक, नर-नारियों में स्व-शिक्षा की भावना पैदा करना।

उपर्युक्त वर्णन के आधर पर सार्वजनिक पुस्तकालयों के सम्बद्ध में परिभाषा निम्नानुसार की जा सकती है—

सार्वजनिक पुस्तकालय वह है जिसके द्वारा क्षेत्र-विशेष में रहने वाले (समय-समय पर औरों को भी) सभी व्यक्तियों को निःशुल्क सेवा उपलब्ध हो तथा जिसके पास व्यक्तियों तथा समुदाय के विविध व्यापक हितों को यथासम्भव पूर्ण करने हेतु विशद पुस्तक संग्रह हो, जिसे वे सभी व्यक्ति को बिना किसी धार्मिक राजनीतिक तथा अन्य भेद-भाव के निःशुल्क मुहैया करा सकें।

आधुनिक समय में सार्वजनिक गंथालय विश्व भर में महत्त्वपूर्ण भूमिका निभा रहे हैं। राष्ट्रों में सार्वजनिक पुस्तकालयों का पुस्तकालय पद्धति के रूप में नियोजित विकास हुआ है। इस तरह सम्पूर्ण राष्ट्र में पुस्तकालय सेवा उपलब्ध कराने का प्रयास हो रहा है। सार्वजनिक पुस्तकालयों को नियोजित वृद्धि करने का सुझाव दिया, जिससे कि वे एक प्रणाली के रुप में संगठित होकर सम्पूर्ण देश को पुस्तकालय सेवा प्रदान करने में समर्थ हो सके। सार्वजनिक पुस्तकालय पाठकों की सेवा करते हैं। अतएव अन्य पुस्तकालयों की तुलना में इनका ज्यादा महत्व है। वे शासन एवं समाज दोनों के द्वारा चलाये जा सकते हैं। साधनों की प्रचुरता एवं पाठकों की माँग के आधारु पर ये अपनी सेवाओं में उल्लेखनीय वृद्धि कर सकते हैं। कई सार्वजनिक पुस्तकालय प्रौढ़ ग्रामीण, महिला आदि पाठकों को पुस्तकालय सेवा प्रदान कर रहे हैं।

## *राष्ट्रीय पुस्तकालय*

सार्वजनिक पुस्तकालयों की श्रेणी में सबसे ज्यादा महत्वपूर्ण स्थान राष्ट्रीय ग्रंथालय को प्राप्त है। मैकॉलविन ने इसे पुस्तकालयों का पुस्तकालय (Library of Libraries) निरूपित किया है।

राष्ट्रीय पुस्तकालय पूरे राष्ट्र को पुस्तकालय सेवा उपलब्ध कराते हैं। बड़े देशों में राष्ट्रीय पुस्तकालय की कुछ क्षेत्रीय इकाइ्याँ भी होती हैं। उदाहरणार्थ भारत के कोलकाता स्थित राष्ट्रीय पुस्तकालय की तीन क्षेत्रीय इकाईयाँ चेन्नई, मुंबई और दिल्ली में स्थित हैं।

एशिया तथा प्रशांत क्षेत्र में राष्ट्रीय पुस्तकालयों के विकास के सम्बद्ध में मनीला में 1964 में आयोजित गोष्ठी में राष्ट्रीय पुस्तकालय के निम्नवत् कार्य निरूपित किये गये हैं।

1. राष्ट्र के पुस्तकालयों का मार्गदर्शन।
2. राष्ट्र में प्रकाशित प्रत्येक स्थायी संग्रहागार के रूप में कार्य करना।
3. अन्य तरह की सामग्री एकत्रित करना।
4. ग्रन्थसन्दर्भ सूची सम्बद्धी सेवाएँ मुहैया करना।
5. पुस्तकालय सहयोग संबंधी गतिविधियों हेतु संगठन-केन्द्र का कार्य करना।
6. शासन को प्रत्येक प्रकार की पुस्तकालय सेवाएँ प्रदान करना।

इन कार्यों के अतिरिक्त राष्ट्रीय पुस्तकालय के कुछ अन्य कार्य हैं, जिनके उक्त कार्यों को नहीं किया गया है। ये निम्न प्रकार हैं–

1. प्रकाशनों एवं प्रचार-प्रसार कार्यक्रमों के द्वारा देश में पुस्तकालयों के प्रति रुचि जागृत करने का प्रयास करना तथा राष्ट्र में प्रकाशित समस्त साहित्य की मासिक या वार्षिक सूची का प्रकाशन करना।
2. कापीराइटर अधिनियम के पालन में राष्ट्र के प्रकाशनों से प्रत्येक प्रकाशन की तीन बिना शुल्क वाली प्रतियाँ प्राप्त करना।

## *प्रांतीय पुस्तकालय*

प्रत्येक राज्य अथवा प्रान्त में कार्यरत मुख्य पुस्तकालय राज्य पुस्तकालय के नाम से जाना जाता है। इस पुस्तकालय को स्थापित तथा सर्वोच्च करने का दायित्व राज्य शासन का होता है। राज्य का मुख्य पुस्तकालय होने के कारण इसे राज्य की सीमा में कार्यरत सार्वजनिक पुस्तकालयों में सर्वोच्च स्थान प्राप्त होता है। इन सभी का मुख्य कार्य राज्य के प्रत्येक सार्वजनिक पुस्तकालयों का मार्ग प्रशसत करना तथा राज्य के प्रत्येक पाठकों को पुस्तकालय सेवा प्रदान करना है।

सार्वजनिक पुस्तकालय सलाहकार समिति (भारत सरकार) के अनुरूप राज्य पुस्तकालय के निम्नांकित कार्य हैं—

1. राज्य के शासकीय, अशासकीय प्रकाशनों को व्यापक पैमाने पर जमा करना।
2. राज्य के पुस्तकालयों में उपलब्ध रचना के आधार पर एक संघ-सूची (Un Catalogue) बनाना।
3. जिला व अन्य पुस्तकालयों को समय-समय पर नयी तथा प्रारंभिक सामग्री उपलब्ध कराना।
4. विद्वानों एवं शोधकर्त्ताओं के उपयोगार्थ सामान्य, एवं विशिष्ट वाङमय सूचि का प्रस्तुतीकरण।
5. राज्य की सीमा में तथा बाहर पुस्तकों के आगत-निर्गत हेतु अन्तः पुस्तकालीय लेन केन्द्र के रूप में कार्य करना।
6. संदर्भ सामग्री रचना रूप से संचित करना तथा उच्चकोटि की पुस्तकालय सेवाएँ उपलब्ध करना।
7. राज्य के जिला व अन्य पुस्तकालयों द्वारा अपेक्षित समस्त तकनीकी एवं अन्य सूचनाएँ प्रदान करने वाले केन्द्र के रूप में कार्य करना।
8. बालकों-सम्बद्धी पुस्तकालय कार्यों को विकसित करना।
9. पुस्तक प्रदर्शनियाँ तथा (पुस्तकालयाध्यक्षों के) व्यापारिक सम्मेलन आयेजित करना।
10. राष्ट्र की पंचवर्षीय योजनाओं से जुड़ी सूचनाओं के सम्बद्ध में प्रचार-केन्द्र के रूप में कार्य करना।

## *संभागीय पुस्तकालय*

राज्य पुस्तकालय के अधीन या राज्य पुस्तकालय के अभाव में संभागीय पुस्तकालय कार्य करते हैं। उदाहरणार्थ मध्य प्रदेश में राज्य पुस्तकालय न होकर पाँच संभागीय पुस्तकालय हैं, जिसे केन्द्रीय पुस्तकालय कहा जाता है। ये भोपाल, इन्दौर, ग्वालियर, जबलपुर एवं रीवा में स्थित हैं। ग्रंथालयों के अधीन जिला पुस्तकालय कार्य करते हैं।

## *जिला पुस्तकालयों*

जिले का सर्वाधिक महत्वपूर्ण पुस्तकालय जिला पुस्तकालय होता है। इसका कार्य शहरी तथा ग्रामीण दोनों क्षेत्रों को पुस्तकालय सेवा मुहैया कराना होता है। ग्रामीण

क्षेत्रों को पुस्तकालय सेवा प्रदान करने के उद्देश्य से जिला पुस्तकालय कतिपय विशेष व्यवस्थाएँ करता है। उदाहरणार्थ चलित पुस्तक इकाइयाँ अथवा वित्तरण केन्द्रों की स्थापना करता है। शहरी क्षेत्रों में पुस्तकालय सेवा को बृहत बनाने के उद्देश्य से प्रमुख नगरों में जिला पुस्तकालय की शाखाएँ भी कार्य करती हैं।

### *खण्ड पुस्तकालय*

पुस्तकालय सेवा से दूरवर्ती क्षेत्रों के व्यक्ति लाभ ले सकें, इस उद्देश्य से सभी प्रखण्ड में पुस्तकालय शुरू किये जाते हैं। ये पुस्तकालय साधारणतया प्रखण्ड विकास अधिकारी तथा जिला पुस्तकालयाध्यक्ष की देख-रेख में अपना कार्य करते हैं। इन पुस्तकालय का कार्य अपने क्षेत्र के पाठकों में पुस्तकों के प्रति रुचि जागृत करना एवं उन्हें पुस्तक, पत्र-पत्रिकाओं आदि के रूप में साहित्य प्रदान करना होता है। ये पुस्तकालयों प्रचार एवं प्रसार कार्यक्रमों के द्वारा पुस्तकालय सेवा को लोकप्रिय बनाते हैं विशिष्ट पाठक वर्गों को विशिष्ट सेवाएँ प्रदान करते हैं। इस पुस्तकालय का विशिष्ट उद्देश्य पाठकों को राष्ट्र में एवं विशेषकर उनके अपने क्षेत्र में हो रहे विकास कार्यक्रमों से परिचित कराना होता है।

### *पंचायत पुस्तकालय*

प्ंचायत पुस्तकालय सेवाओं के ढाँचे में प्रखण्ड पुस्तकालय से निम्नतर इकाई हैं। यह पुस्तकालय किसी पंचायत-विशेष की सीमा में रह रहे पाठक-वर्ग को पुस्तकालय सेवाएँ प्रदान करने का कार्य करता है। प्रखण्डीय पुस्तकालयों की तरह इनका उद्देश्य भी पाठ्य सामग्री के प्रति अध्ययनार्थियों की रुचि जागृत कराना है। रुचि जागृत करने के उद्देश्य से वे कुछ उपयोगी प्रसार सेवाओं का सहारा लेते हैं।

### *ग्राम्य पुस्तकालय*

साक्षरता अभियान की सफलता हेतु यह आवश्यक है कि राष्ट्र का एक भी निरक्षर व्यक्ति ऐसा न बचे, जिसको साक्षर बनाने हेतु प्रयत्न न किया हो। भारत की ज्यादातर जनता ग्रामों में निवास करती है एवं कृषि ही भारतीय जनता की आजीविका का साधन है, इसलिए कृषकों में साक्षरता का प्रचार करना अत्यंत जरूरी है, जिससे वे राष्ट्र के निर्माण में अपनी भूमिका को पहचान सकें एवं उन्नत कृषि के विविध साधनों को अपना सकें। ग्रामीण पुस्तकालयों का संचालन पंचायत पुस्तकालय या खण्ड पुस्तकालय द्वारा किया जाता है। पुस्तकालय पद्धति के ढाँचे

में ग्रामीण पुस्तकालय सबसे छोटी इकाई है। इस दिशा में कुछ अभिनव प्रयोग भी किये गये हैं। ये हैं–1. वित्तरण केन्द्रों की स्थापना, 2. भ्रमणशील ग्रामीण पेटिकाओं का परिभ्रमण। भ्रमणशील ग्रामीण पेटिकाएँ मध्य प्रदेश के 1300 से अधिक ग्रामों में रखी गयी है जिससे वे उन्नत कृषि के विविध साधनों को अपना सकें। ग्रामीण पेटिकाओं का परिभ्रमण। गांव में किसी पेटिका में रखे साहित्य का उपयोग हो जाने पर अन्य पेटिका द्वारा उसे बदल दिया जाता है।

## *शैक्षिक पुस्तकालय*

कोई भी शिक्षा संस्था एक उत्तम साधन सम्पन्न पुस्तकालय के बिना अधूरी है। श्री फ्रासिस केपल के अनुसार "राष्ट्र की उच्च शिक्षा प्रदान करने वाली संस्थाओं का स्तर कुल संस्थाओं में कार्यरत पुस्तकालयों में पुस्तकों, पत्र-पत्रिकाओं तथा शोध-सामग्री की पर्याप्तता के आधार पर निश्चित किया जाता है।"

एक पुस्तकालयाध्यक्ष के अनुसार"पुस्तकालय किसी भी शैक्षणिक संस्था का महत्वपूर्ण अंग है। उसे उसका हृदय निरूपित किया जा सकता है, क्योंकि उसकी शक्ति एवं प्रभाव सम्बन्धित संस्था के सामान्य स्वास्थ्य, उत्पादन शक्ति तथा उत्तरोत्तर विकास पर प्रत्यक्ष रूप से अपना प्रभाव डालते हैं।"

शैक्षणिक पुस्तकालयों के सम्बद्ध में अभिव्यक्त उक्त दो मतों से स्पष्ट हो जाता है, कि शिक्षण-संस्थाओं में पुस्तकालयों की उपादेयता विवाद से परे है। इनका प्रधान कार्य शिक्षार्थियों के द्वारा कक्षाओं में अर्जित ज्ञान को पूर्ण तथा विकसित करना तथा उसमें चिन्तन की मौलिक शक्ति करना है। इन पुस्तकालयों से पुस्तक, छात्रों तथा प्राध्यापकों को लाभ होता है। फलस्वरूप ऐसे पुस्तकालय में उन्हीं विषयों से संबंधित सामग्री होती है, जिनका पठन-पाठन संस्था द्वारा होता है अथवा जिनका सम्बद्ध पाठ्यचर्या संबंधित विषयों को सशक्त करने से होता है। अतएव जनरुचि विषयों पर नाममात्र की ही सामग्री संकलित की जाती है।

## *रिसर्च पुस्तकालय*

ज्ञान की किसी शाखा विशेष की नयी दिशाएँ क्या हैं–इसकी सूचना शोध संस्थान के ग्रंथ से प्राप्त होती है। **क्लैप** के अनुसार, "ये वे पुस्तकालय हैं, जो जिज्ञासुओं को उनकी इच्छित सामग्री उपलब्ध कराते हैं तथा उस सामग्री को उपयोग हेतु उन्हें प्रदान करते हैं।" इन पुस्तकालयों को केवल गिने-चुने व्यक्तियों द्वारा ही उपयोग किया जाता है, किन्तु इससे इनका महत्व और बढ़ जाता है। ये पुस्तकालय

विशेष का गहन अध्ययन करने वाले शोधकर्त्ताओं के हेतु हैं, अतएव इन पुस्तकालयों में विषयक-विशेष से जुड़ी सभी प्रकार की यथासम्भव उपलब्ध विशद रूप से संग्रहित की जाती है। शोधकर्त्ता को सामग्री के चुनाव की सुविधा हो, इसका सूचीकरण एवं वर्गीकरण भी बारीकी से किया जाता है। विविध शोध-संस्थानों के पुस्तकालय एवं अन्तर्राष्ट्रीय स्तर पर करते हैं, जिससे शोधकर्त्ताओं के कार्य में सामग्री के व्यवधान न पड़े। इन पुस्तकालयों में सन्दर्भ सेवा प्रदान करने की व्यवस्था होती है। इसी प्रकार से प्रसिद्ध पुस्तकालयों की ग्रंथसंदर्भ सूचियाँ, कई प्रकाशित शोधपत्रों के माइक्रोफिल्म सामग्री में भी उपलब्ध रहती है। भारत में इण्डियन स्टेटिस्टीकल इन्स्टीट्यूट, कोलकाता; इन्स्टीट्यूट मेडिकल एजूकेशन एण्ड रिसर्च चंडीगढ़; बिड़ला इन्स्टीयूट ऑफ टेक्नालाजी एण्ड साइन्स; एग्रीकल्चरल रिसर्च इन्स्टीटयूट दिल्ली; इण्डियन इन्स्टीट्यूट ऑफ साइन्सेज बैंगलोर; इण्डियन ऑफ साइन्स धनबाद; टाटा इन्सटीट्यूट ऑफ सोशल साइन्सेज बम्बई आदि संस्थाओं से सम्बद्ध है, जो विशेष पाठ्यक्रमों का संचालन भी करते हैं। अतएव इन पुस्तकालयों का शैक्षणिक महत्त्व है।

## *विश्वविद्यालय पुस्तकालय*

हर विश्वविद्यालय में भलीभाँति व्यवस्थित तथा साधन-सम्पन्न पुस्तकालय का होना है। विश्वविद्यालय पुस्तकालय को उसकी उपयोगिता के आधार पर, विश्वविद्यालय शिक्षा 1949 में प्रस्तुत अपने प्रतिवेदन में विश्वविद्यालय के प्रत्येक कार्यों का हृदय निरूपित किया है। आयोग ने भी विश्वविद्यालय तथा महाविद्यालय में पुस्तकालय की महत्वपूर्ण भूमिका को स्वीकारते हुए, विचार व्यक्त किया था कि विश्वविद्यालय एवं महाविद्यालयों में अध्ययनार्थ नवीन विषय प्रांरम्भ की अनुमति तब तक प्रदान नहीं की जानी चाहिए, जब तक पुस्तकालय हेतु कर्मचारी, पत्र-पत्रिकाओं की संख्या के सम्बद्ध में विश्वविद्यालय संतुष्ट न हो। इसके साथ पुस्तकालय का स्थान भी होना जरूरी है। पुस्तकालयों को कम महत्व देना अथवा महत्व न देना विश्वविद्यालय या महाविद्यालय का उद्देश्य तनिक मात्र भी पूर्ण नहीं हो सकता। पुस्तकालय महाविद्यालय या विश्वविद्यालय में आर्कषण का प्रमुख केन्द्र होना चाहिए।

राउण्ड विल्सनलुई तथा मारिस एफ टावर के अनुसार विश्वविद्यालय के उद्देश्यों की पूर्ति पुस्तकालय पर निर्भर करती है। यूनिवर्सिटी पुस्तकालय पर अपनी किताब में इस बिन्दु प्रकाश डालते हुए उन्होंने कहा है विश्वविद्यालय पुस्तकालय पुस्तकों, मूल प्रतियों, पत्रिकाओं अन्य सामग्रियों को संग्रहित तथा व्यवस्थित कर विश्वविद्यालय के प्रसार कार्यक्रम में भी हाथ बँटाता है। सन्दर्भ सेवाओं एवं वाङ्मय सूचियों के द्वारा प्रोफसरों एवं शोधार्थियों की सामग्री जुटाने में करता है।

कोठारी शिक्षा आयोग ने विश्वविद्यालय पुस्तकालय के निम्न कार्य बताये हैं–

1. शिक्षण संस्था में पढ़ाये जाने वाले विभिन्न विषयों के विभागध्यक्षों की मदद से पुस्तकालय के विकास के लिए समन्वित कार्यक्रम बनाना, जिससे उसका उचित प्रयोग हो सके।
2. केन्द्रीय पुस्तकालय के विभागीय पुस्तकालय एवं अध्ययन-गोष्टी पुस्तकालयों (Seminar Libraries) के बीच सम्पर्क-सूत्र का कार्य करना शोधार्थियों को यथेष्ट सहायता देना।
3. विश्वविद्यालय के द्वारा विशेष अध्ययन हेतु जरूरी या क्षेत्रीय महत्व के विषयों में शोधकार्य करने हेतु जरूरी साधन तथा सुविधाएँ प्रदान करना।
4. पुस्तकालय में ऐसा साहित्य संगृहित करना जिसका प्रयोग शैक्षणिक कार्यक्रमों एवं प्रयोगशील रिसर्च में किया जा सके। ऐसे साहित्य के द्वारा ही प्राध्यापकों एवं छात्रों की आवश्यकताओं की पूर्ति की जा सकती है।
5. विश्वविद्यालयों से सम्बद्ध प्राध्यापकों को सम्बन्धित विषय क्षेत्रों में हुए विकास के सम्बद्ध में सूचित करना।
6. विश्वविद्यालयों द्वारा चयनित विशिष्ट अध्ययन क्षेत्रों में हुए विकास के सम्बद्ध में सूचित करना।
7. पुस्तकों, विद्यार्थियों और विद्वानों को समीप लाना तथा ऐसी परिस्थितियाँ पैदा करना, जिनमें बौद्धिक जिज्ञासा उत्तेजित हो, अन्वेषण की प्रवृत्ति जागृत हो तथा अध्ययन आनन्द दायक हो सके।

## *महाविद्यालय पुस्तकालय*

विश्वविद्यालय पुस्तकालय तथा महाविद्यालय पुस्तकालयों के कार्यों की समग्रता होते हुए भी, दोनों में काफी अन्तर है, जितना कि विश्वविद्यालय एवं महाविद्यालय में। विश्वविद्यालय पुस्तकालय का प्रमुख कार्य शोध की प्रवृत्ति विकसित करना एवं शोध के लिए जरूरी साधन जुटाना तथा महाविद्यालय पुस्तकालय का मुख्य कार्य शैक्षणिक कार्य को मदद प्रदान करना है।

यह शत-प्रतिशत सत्य है, कि महाविद्यालय पुस्तकालय भी विश्वविद्यालय ग्रंथालय की तरह महाविद्यालय की समस्त शैक्षणिक गतिविधियों का प्रधान केन्द्र होता है। लायल के अनुसार–महाविद्यालय पुस्तकालय का कार्य सन्दर्भ सेवा द्वारा शैक्षणिक कार्यों में मदद प्रदान करना, उनके विकास को योगदान देना तथा शैक्षणिक स्तर को उन्नत करने के उद्देश्य से विभागीय सदस्यों में पुस्तकालय सेवा सुलभ

कराना एवं छात्रों को उपयोगी एवं ज्यादा पुस्तकें पढ़ने हेतु प्रेरित करना है। अमरीका के विद्यालय एवं शोध पुस्तकालयों संघ द्वारा महाविद्यालय एवं निर्धारित कार्यक्रम के अनुरूप महाविद्यालय पुस्तकालय का कार्य विद्यार्थियों में सत्साहित्य के अध्ययन एवं शोध के प्रति रुचि जागृत करना है, ताकि यह रुचि आजीवन बनी रहे। इसके अतिरिक्त उन्हें शैक्षणिक समुदायों हेतु सिद्धान्त तथा व्यवहार में बौद्धिक सामग्री के प्रमुख केन्द्र के रूप में कार्य करना चाहिए।

श्री विलियम एम. रेडल तथा फ्रांसिस एल.डी. गुउरिच ने महाविद्यालय पुस्तकालय के निम्नलिखित कार्य निरूपित किये हैं–

1. विद्यार्थियों द्वारा अध्ययनार्थ चुने हुए पाठ्यक्रमों के लिए पुस्तकें तथा प्राध्यापकों को अध्यापन कार्य हेतु अध्ययन सामग्री मुहैया कराना।
2. सहायक अध्ययन हेतु पुस्तकें उपलब्ध कराना एवं इस तरह की पुस्तकों के उपयोग हेतु प्रेरित करना।
3. अध्ययन के सम्पूर्ण क्षेत्रों से जुड़े स्तरीय पुस्तकों का विशाल संग्रह करना एवं पाठक के प्रयोग अनुसार उन्हें सुविधापूर्वक सुलभ करना।
4. छात्र पुस्तकालय सामग्री का उचित हिस्सा कर सकें, इस कार्य में उन्हें प्रशिक्षित करना तथा शैक्षणिक कार्यक्रमों में पूर्णतया हिस्सा लेना।

## *विद्यालय पुस्तकालय*

शैक्षणिक पुस्तकालयों में सबसे अधिक महत्वपूर्ण स्थिति विद्यालय पुस्तकालय की है। क्योंकि विद्यालय पुस्तकालय ही छात्र के प्रारंभिक शैक्षणिक जीवन में अध्ययन के प्रति रूचि जागृत कराते हैं। एक बार जागृत हो जाने पर सामान्यतया रुचि सुप्त नहीं होती। विद्यालय पुस्तकालय द्वारा लाभकारी सेवाएँ आदि प्राप्त होती रहें तो विद्यार्थी एवं अध्यापक दोनों अपना ज्यादा समय रचनात्मक या सृजनात्मक कार्यों में लगा सकते हैं। विद्यालय के ग्रंथालय को किसी ने द्वितीय अध्ययन कक्षा (Second Class room) का दर्जा दिया है, जो बड़ा ही उपयुक्त है। अपने इस रूप में पुस्तकालय विद्यार्थियों में मौलिक चिन्तन की प्रवृत्ति विकसित करने, अपनी शक्तियों का देश निर्माण में प्रयोग करने, आत्म निरीक्षण करने, जीवन उद्देश्य में किसी सीमा तक सफल हो सकता है, यह उससे सम्बद्ध पुस्तकालय को देखकर बताया जा सकता है। यदि पुस्तकालय साधन सम्पन्न होगा, तो विद्यालय के छात्र अपना सामान्य ज्ञान बढ़ा सकेंगे एवं देश के इतिहास और संस्कृति के विषय में भी यथेष्ट जानकारी प्राप्त कर सकेंगे। किन्तु यह खेद का विषय है कि हमारे देश में

विद्यालयों में पुस्तकालयों की समिति अभी विशेष अच्छी नहीं है। वास्तव में विद्यालयों में अच्छे पुस्तकालयों का न होना उच्च शिक्षा अधिकारियों की रूढ़िवादिता एवं उपारदर्शिता का द्योतक है। इन पुस्तकालयों को समुचित आर्थिक सहायता प्राप्त नहीं होती तथा इन्हें कुशल तथा प्रशिक्षित कर्मचारी भी प्राप्त नहीं होते। पुस्तकालय विद्यालय के किसी एक सीलन भरे कमरे में स्थित होता है। उनके लिए उचित स्थान एवं सामग्री नहीं होती।

वास्तव में विद्यालयों पुस्तकालयों की उपयोगिता को स्मरण रखते हुए उसके लिए पृथक् भवन होना चाहिए, जो नयनभिराम फर्नीचर से युक्त हो। पुस्तकें काँचदार अलमारियों में इस तरह नियोजित हों, कि दूर से ही छात्र आकर्षित होकर पुस्तकालय में चला आये। इन पुस्तकालयों का दायित्व छात्रों में प्रारम्भ से ही अध्ययन के प्रति रुचि उत्पन्न करना है, अतएव अच्छे जीवन, साज-सज्जा का महत्व काफी ज्यादा है। पठन-सामग्री के अलावा विद्यालय पुस्तकालय में दृश्य श्रव्य संसाधन सुन्दर चित्रावलियों एवं अन्य उपकरणों को भी जगह मिलना चाहिए।

विद्यालय पुस्तकालय के प्रमुख कार्य निम्नानुसार हैं—

1. पुस्तकें, पत्र-पत्रिकाएँ तथा दृश्य-श्रव्य सामग्री संचित करना तथा पाठकों को उपलब्ध कराना। सामग्री ऐसी हो जो पाठकों को राष्ट्र के इतिहास और संस्कृति के बारे में ज्ञान कराये, जिससे उनके सामान्य ज्ञान में वृद्धि हो। सामग्री का चुनाव पाठ्य को ध्यान में रखकर किया जाना चाहिए।
2. समय-समय पर सामयिक विषयों विविध तरह की प्रतियोगिताओं का आयोजन करके छात्रों में पढ़ने के प्रति रुचि पैदा की जा सकती है।
3. छात्रों में उद्देश्यपूर्ण एवं अध्ययन की प्रवृत्ति विकसित करना। विद्यालय में पढ़ाये गये पहलुओं पर अतिरिक्त किन्तु रोचक सामग्री अगर छात्रों को पुस्तकालय से प्राप्त होती रहे तो यह प्रवृत्ति विकसित हो सकती है। छात्रों में लाभकारी साहित्य चुनने की आदत डालना चाहिए। यह कार्य व्यक्तिगत कार्य सम्पर्क द्वारा सम्भव हो सकता है।
4. छात्रों में समाज एवं राष्ट्र के प्रति जागृति पैदा करना तथा समाज और राष्ट्र के प्रति उनके क्या दायित्व हैं, इससे उन्हें परिचित कराना।
5. विद्यार्थियों को पुस्तकालय द्वारा दी जाने वाली सेवाओं से अवगत कराना एवं उनमें जिज्ञासा की प्रवृत्ति पैदा करना करना।
6. विद्यालय के पाठ्यक्रमों को ध्यान में रखते हुए लाभदायी तथा रूचिपूर्ण सामग्री प्रदान करना, जिससे छात्रों की पाठ्यक्रम में रुचि उत्पन्न हो सके तथा उन्हें आन्तरिक ज्ञान भी मिल सके।

विद्यालय पुस्तकालय अपने दायित्वों को ठीक तरह से निभा सकें, इसके लिए यह आवश्यक होगा कि–

1. पुस्तकालय को स्वतन्त्र कक्ष या भवन प्रदान किया जाये। तरह कक्ष उपलब्ध हो तो वह विद्यालय भवन में सबसे बड़ा होना चाहिए।
2. पुस्तकालय कार्य में प्रशिक्षित अध्यापक को पुस्तकालय का प्रभारी बनाया जाय।
3. प्रभारी को केवल पुस्तकालय कार्य ही दिया जाय। इस कार्य को अध्यापन कार्य के समान ही गुरुता देना चाहिए।
4. प्रभारी को पर्याप्त जन कर्मचारी, वित्त तथा संग्रहणीय सामग्री दी जानी चाहिए। इनके बिना पुस्तकालय को अत्याधुनिक नहीं बनाया जा सकता है।
5. अंशकालिक शिक्षक पुस्तकालयाध्यक्ष के स्थान पर पूर्णकालिक प्रशिक्षित पुस्तकालयाध्यक्ष की नियुक्ति की जा सके, तो यह अच्छा होगा।

## *विशिष्ट पुस्तकालय*

विलफ्रेड एशवर्थ द्वारा सम्पादित पुस्तक 'हैण्डबुक ऑफ स्पेशल लाइब्रेरियनशिप एण्ड इन्फार्मेशन वर्क' के अनुसार–विशिष्ट पुस्तकालय ऐसा पुस्तकालय है, जिसमें किसी विशिष्ट विषय या विषयों पर ही पठन सामग्री उपलब्ध हो।

इस प्रकार के पुस्तकालयों का औचित्य इसलिए है, कि सार्वजनिक अथवा शैक्षणिक पुस्तकालय सामान्य पाठकों की साधारण आवश्यकताओं को पूरा कर पाते हैं। उनमें कई विषयों पर साहित्य संगृहित किया जाता है। अतएव ऐसे पाठकों के लिए जिन्हें कुछ विषयों पर अधुनातन साहित्य चाहिए, ये विशेष पुस्तकालय कार्य करते हैं। उक्त पाठक वर्ग के अतिरिक्त राष्ट्र में कुछ ऐसे पाठक वर्ग भी होते हैं, जो अपनी विशेष परिस्थितयों, सीमाओं एवं विवशताओं के कारण सामान्य पुस्तकालयों का या तो प्रयोग नहीं कर पाते या उन्हें उनमें अपने अनुकूल सामग्री नहीं मिल पाती। इन पाठकों को विशेष तरह की अध्ययन सामग्री तथा सेवाएँ विशिष्ट पुस्तकालयों द्वारा मुहैया की जाती हैं। कई बार कुछ सार्वजनिक पुस्तकालय विशेष अनुभाग की स्थापना कर कतिपय वर्गों को सेवाएँ प्रदान करने की चेष्टा करते हैं। किन्तु पुस्तकालय की सेवाओं को वर्ग-विशेष के ज्यादा अनुकूल तब ही बनाया जा सकता है, जबकि उनके लिए स्वतन्त्र पुस्तकालय हो। विशेष पुस्तकालयों के निम्नांकित भेद हैं–

**औद्योगिक पुस्तकालय**–औद्योगिक पुस्तकालय किसी औद्योगिक प्रतिष्ठान से सम्बद्ध रहता है, अतएव उसका कार्य सम्बन्धित उद्योगों के विकास तथा विस्तार

हेतु सभी जरूरी सूचनाएँ और सामग्री का संग्रह करना और आवश्यकता के मुताबिक सम्बन्धित व्यक्तियों को प्रदान करना है। इस तरह के पुस्तकालय लगभग बड़े औद्योगिक प्रतिष्ठानों से सम्बद्ध रहते हैं। भारत में कतिपय उद्योगों से सम्बन्धित प्रलेखन केन्द्र भी कार्य कर रहे हैं, जो विभिन्न देशों में हुए शोध एवं नवीन सिद्धान्तों के सम्बद्ध में उद्योगपतियों को सूचनाएँ प्रदान करते हैं। इन सूचनाओं के आधार पर ही विभिन्न उद्योगों के स्वामी अपने उद्योगों में चल रही अन्तर्राष्ट्रीय स्तर की प्रतियोगिता में सफल हो सकते हैं। इन पुस्तकालयों से प्राप्त होने वाली सूचनाओं के द्वारा प्रबन्धकों को कच्चे माल स्थानान्तरित करने, स्थानापन्न माल की तलाश करने, माल की किस्म में गुणात्मक सुधार करने आदि में सहायता मिलती है। औद्योगिक क्षेत्र के वैज्ञानिको को इन पुस्तकालयों से बड़ी सहायता मिलती है। भारत में लोहा और इस्पात, वस्त्र-उद्योग, चीनी उद्योग, जूट उद्योग आदि में ये पुस्तकालय कार्य कर रहे हैं।

**अन्वेषण पुस्तकालय**—विशिष्ट पुस्तकालयों के वर्ग में हम उसे अन्वेषण पुस्तकालयों को सम्मिलित कर सकते हैं जो किसी ऐसी अन्वेषण संस्था के अंग के रूप में कार्य करते हों, जिसका उद्देश्य वैज्ञानिक शोध बढ़ाना हो। ये पुस्तकालय अपने विषय से सम्बन्धित अन्य पुस्तकालयों का पथ प्रदर्शन करते हैं। उन्हें प्रलेखन जैसी विशिष्ट सेवाएँ देते हैं। कई विशिष्ट अनुसंधानात्मक-पुस्तकालय ऐसे भी होते हैं, जिनका लाभ कुछ व्यक्ति ही उठा सकते हैं। परमाणु ऊर्जा अनुसन्धान केन्द्र, बम्बई का पुस्तकालय एक उदाहरण है।

**वाणिज्य पुस्तकालय**—वाणिज्य पुस्तकालय तीन तरह के होते हैं, व्यावसायिक, व्यापारिक एवं औद्योगिक। पुस्तकालयों को अगर हम मोटे तौर पर देखें, तो उनमें अधिक अन्तर नहीं दिखाई पड़ता। इन पुस्तकों को स्थापित करने का उद्देश्य राष्ट्र के औद्योगिक, व्यापारिक एवं वाणिज्यिक क्षेत्र में कार्य व्यक्तियों को उनके कार्यों में सहायता देना होता है। पुस्तकालय के द्वारा उन्हें नयी वैज्ञानिक उपलब्धियों के विषय में सूचना मिल जाती है, जिसका उपयोग वे अपने संस्थान के विकास में कर सकते हैं। पुस्तकालयों द्वारा प्रदत्त जानकारी के द्वारा इन संस्थानों के संचालन का कार्य भी हो जाता है। उधर पुस्तकालयों द्वारा प्रदत्त साहित्य से यह पता चल जाता है कि किसी व्यवसाय उत्पादन हेतु किस क्षेत्र में ज्यादा माँग है अतः उस उत्पादन को जरूरत वाले क्षेत्रों में बेचकर व्यापार बढ़ाया जा सकता है।

वास्तव में द्वितीय विश्वयुद्धोत्तर विश्व में तकनीकी क्षेत्रों में महान् बदलाव हुए और तब आवश्यक समझा गया है कि औद्योगिक संस्थानों को तकनीकी क्षेत्रों में बदलावों की सूचना पुस्तकालय या सूचना-सेवा के द्वारा मिल जाया करे।

वर्तमान समय में कई व्यापारिक प्रतिष्ठान राष्ट्रीय एवं वर्तमान स्तर पर व्यवसायी रहे हैं, तथा इन्होंने अपने संगठन पुस्तकालय एवं सूचना केन्द्र स्थापित कर लिये हैं। आल इंडिया टेक्सटाइल इण्डस्ट्रीज रिसर्च एसोसिशन, कोलकाता स्थित प्लाईवुड रिसर्च इन्स्टीटयूट आदि इस प्रकार का राष्ट्रीय संगठन है। विविध वाणिज्य प्रतिशठानों में औद्योगिक, व्यापारिक एवं व्यावासायिक क्षेत्रों की नवीनतम गतिविधियों से परिचित होते रहने हेतु पुस्तकालय स्थापित करने की प्रवृत्ति विकसित हो रही है।

**व्यावसायिक पुस्तकालय**—सर्वप्रथम व्यावसायिक पुस्तकालय 1914 में इंग्लैण्ड में शुरू हुआ। इस पुस्तकालय का उद्देश्य किसी व्यवसाय विशेष के विकास तथा विस्तार में अंशदान देना होता है। ये पुस्तकालय व्यावसायिक-संगठनों के संघीय कार्यालय में स्थित होते हैं। इन पुस्तकालयों में कई प्रकार की सूचनाएँ एवं सामग्री एकत्रित की जाती हैं जो व्यवसाय विशेष के विकास एवं विस्तार के लिए आवश्यक होती है। इन पुस्तकालयों के व्यवसाय विशेष पर हो रही खोजों से जुड़ी पूरी जानकारी प्राप्त हो सकती है। भारत में इस प्रकार के पुस्तकालयों की संख्या अत्यल्प है। सर्वोच्च न्यायालय और उच्च न्यायालयों के कानून विषयक पुस्तकालय, अखिल भारतीय पुस्तकालय संघ का ग्रंथालय का चैम्बर आफ कॉमर्स का पुस्तकालय व्यावसायिक पुस्तकालय की कोटि में आते हैं।

**व्यापारिक पुस्तकालय**—व्यापारिक पुस्तकालयों का उद्देश्य किसी व्यापारिक क्षेत्र से सम्बन्धित लाभकारी सूचनाएँ संकलित करना होता है, ताकि सम्बन्धित व्यापारियों को उनसे लाभ मिल सके। इन सूचनाओं के आधार पर व्यापारी को भविष्य में अपने व्यापार को नियोजित करने तथा सम्भावित्त हानियों से बचाने का मौका मिल जाता है। जिससे अब राष्ट्रीय एवं अन्तर्राष्ट्रीय स्तर पर किया जाता है, अतएव यह जरूरी है कि व्यापारी को व्यवसाय-विशेष से सम्बन्धित देश-विदेश की घटनाओं के सम्बद्ध में सूचनाएँ मिलती रहें। यह उल्लेखनीय है कि ये पुस्तकालय अगर उचित ढंग से अपनी सेवाएँ संचालित करें, तो कोई देश बड़ी मात्रा में विदेशी मुद्रा प्राप्त कर सकता है। बीमा निगम, फर्टिलाइजर कार्पोरेशन ऑफ इण्डिया आदि के पुस्तकालय व्यापारिक पुस्तकालयों की कोटि में आते हैं।

**मंडलीय पुस्तकालय**—मंडलीय पुस्तकालय केन्द्रीय, राज्य या स्थानीय सरकार के प्रशासनिक विभागों से संबद्ध होते हैं। इनका मुख्य लक्ष्य विभाग के अधिकारियों तथा कर्मचारियों को सुचारू रूप से प्रशासन चलाने में मदद करना है। भारत सरकार के योजना आयोग का पुस्तकालय वित्त-विभाग का पुस्तकालय, लोकसभा या सरकार के विविध मन्त्रालयों से सम्बद्ध पुस्तकालय विभागीय

पुस्तकालय की श्रेणी में आते हैं। इन पुस्तकालयों में ऐसी सामग्री संग्रहित की जाती है, जिसके द्वारा विभाग विशेष को सही निर्णय लेने में सुविधा हो तथा वह विविध समस्याओं का अध्ययन एवं विश्लेषण ठीक तरह से कर सके। अतः यह पुस्तकालय विभागीय अधिकारियों को नीति निर्धारित करने में सहायता प्रदान करते हैं। भारत में इस तरह के पुस्तकालय बहुत अधिक नहीं है। किन्तु जो विभाग राष्ट्रीय महत्व के है, उनमें पुस्तकालय जरूर हैं।

**निदान पुस्तकालय**—उपचार पुस्तकालयों में उपचार सम्बद्धी पुस्तक, पत्र-पत्रिकाएँ आदि एकत्रित किये जाते हैं। उपयोगकर्त्ताओं की दृष्टि से इनके निम्न प्रकार हो सकते हैं—

1. चिकित्सालय पुस्तकालय।
2. चिकित्सक विषय सम्बद्धी शोध पुस्तकालय।
3. मेडिकल कौंसिल तथा मेडिकल सोसाइटियों में पुस्तकालय।
4. विश्वविद्यालय एवं उपचार महाविद्यालयों के पुस्तकालय।
5. चिकित्सा विभाग का पुस्तकालय।
6. व्यावसायिक चिकित्सा पुस्तकालय।
7. औद्योगिक चिकित्सा पुस्तकालय।

**नाविक पुस्तकालय**—ये पुस्तकालय नाविकों को साहित्य प्रदान करते हैं। इन पुस्तकालयों की नाविकों के जीवन में विशिष्ट भूमिका होती है। क्योंकि यदि उन्हें पुस्तकालय सेवा प्राप्त हो तो वे देश-विदेश के सम्बद्ध जानकारी प्राप्त कर सकते हैं। ये पुस्तकालय उन्हें सांसारिक गतिविधियों से परिचित कराते हैं तथा मानसिक विकास करने में अंशदान देते हैं। इन पुस्तकालयों में मनोरंजन साहित्य के अतिरिक्त जलवाष्प भोजन, वस्त्र, देश-विदेश के रीति रिवाज, स्वास्थ्य आदि से संदर्भित साहित्य उपलब्ध रहता है। डॉ. एस. आर. रंगानाथन् ने "फाइव लॉज ऑफ लाइब्रेरी साइंस" में इन पुस्तकालयों का महत्त्व निरूपित किया है।

**दृश्य-श्रव्य पुस्तकालय**—इस तरह के पुस्तकालयों में चलचित्र, ग्रामोफोन रिकार्ड एवं इन विषयों से सम्बन्धित पत्र-पत्रिकाएँ संचित की जाती हैं। अमेरीका जैसे देशों में सार्वजनिक पुस्तकालयों में भी दृश्य-श्रव्य विभाग होता है और वे चलचित्र, ग्रामोफोन रिकार्ड को प्रदान करते हैं।

**अखबार पुस्तकालय**—अखबार पुस्तकालय समाचार-पत्र प्रकाशित करने वाले संस्थानों में संदर्भ पुस्तकालयों के रूप में कार्य करते हैं। इन पुस्तकों में ऐसी सामग्री एकत्रित की जाती है, जिनसे किसी भी विषय की आवश्यक सूचना प्राप्त की जा सके।

भारत में टाइम्स ऑफ इण्डिया प्रेस, स्टेट्समैन प्रेस आदि पुस्तकालय इस प्रकार के पुस्तकालयों के उदाहरण हैं।

**चिकित्सा पुस्तकालय**—चिकित्सा पुस्तकालय में पुस्तकालय मरीजों के मनोरंजन हेतु खोले जाते हैं। सामान्यतयायह चिकित्सालय से ही सम्बद्ध रहते हैं। ब्रिटिश रेड क्रास की तरफ से जएसलम में सेंट-जान द्वारा इस प्रकार की सेवा सम्बद्ध रहते हैं। ब्रिटिश रेड क्रास" (बीमारों के लिए पुस्तकें) का नारा काफी लोकप्रिय हुआ। प्रथम विश्वयुद्ध नामक उपचार के लोकप्रिय हो जाने से चिकित्सालय पुस्तकालयों की संख्या में काफी बढ़ोतरी हो गयी। चिकित्सालय प्रणाली द्वारा मरीज को विशिष्ट प्रकार की पुस्तकों को पढ़ने हेतु दिया जाता है। इस तरह उसके ठीक होने में यह चिकित्सा पद्धति सहयोग देती है। आजकल इस बात का ध्यान रखा जाता है कि चिकित्सालय में जिस प्रकार के मरीजों की चिकित्सा के लिए प्रबन्ध हो, उन्हीं के अनुकूल पुस्तकें रखी जायें। ऐसे पुस्तकालयों में चिकित्सा मनोचिकित्सा की सहायता से किया है। इलाज की प्रक्रिया अप्रत्यक्ष होती है।

**दृष्टिहीनों का पुस्तकालय**—इस तरह के पुस्तकालयों में दृष्टिहीनों हेतु तैयार किया गया ब्रेल से संचित किया जाता है। इन पुस्तकालयों द्वारा अन्धों को ज्ञानवर्द्धन हेतु साहित्य प्रदान किया गया है। कई स्थानों पर धार्मिक प्रतिष्ठान, चर्च एवं नेत्रहीनों हेतु स्थापित कल्याणकारी संगठनों द्वारा ये पुस्तकालय विशेष रूप से चलाये जाते हैं। अमेरीका जैसे कतिपय राष्ट्रों में सार्वजनिक पुस्तकालय अंधों हेतु पुस्तकालय सेवा का संचालन करते हैं। भारत में राष्ट्रीय स्तर पर शिक्षा-विभाग नेत्रहीनों हेतु एक विशेष पुस्तकालय सेवा प्रदान करता है। दृष्टिहीनों के कल्याणकारी संगठनों द्वारा भी भारत में दृष्टिहीनों पुस्तकालय सेवा संचालित की जाती है।

**जेल पुस्तकालय**—ये पुस्तकालय जेल में स्थित कैदियों को पुस्तकालय सेवा प्रदान करते हैं। जेलों के अलावा सुधार-गृहों में भी पुस्तकालय होते हैं। इनका उद्देश्य कल्याणकारी होता है तथा इसमें ऐसा साहित्य संग्रहित किया जाता है, जिसके द्वारा कैदियों का स्वस्थ व्यक्तित्व निर्मित हो सके तथा उनसे छूटने के बाद आदर्श नागरिक बन सकें।

**बाल पुस्तकालय**—इन पुस्तकालयों का उद्देश्य बालकों में पठन-पाठन के प्रति रुचि उत्पन्न करना होता है। कुछ बाल ग्रंथालयों में कौतुकालय भी होते हैं, जिनसे बालकों की कल्पनाशक्ति बढ़ सके। पुस्तकालय स्वतन्त्र रूप से भी कार्य करते हैं और किसी सार्वजनिक पुस्तकालय के हिस्से के रूप में भी भारत में दिल्ली सार्वजनिक पुस्तकालय में स्वतन्त्र बाल पुस्तकालय विभाग है। इन पुस्तकालयों में

बालकों को साहित्य प्रदान करने के अलावा अन्य कोई सामुदायिक कार्यक्रमों द्वारा प्रेरणा दी जाती है।

ज्ञातव्य है कि इन पुस्तकालयों का महत्व 19वीं शताब्दी में ही स्थापित हो गया था। यहीं से बालकों की आवश्यकताओं, रुचियों, योग्यताओं एवं क्षमताओं के अनुकूल साहित्य पुस्तकालयों में संचित किया जाने लगा। पश्चिमी देशों में बाल पुस्तकालयों का काफी विकास हुआ है।

# 2

# आधुनिक पुस्तकालय और सूचना विज्ञान

वर्तमान युग सूचना युग है। अन्य क्षेत्रों की भांति पुस्तकालय पर भी इसका प्रभाव पड़ा है। हम यहाँ यह भी कह सकते हैं कि सूचना विज्ञान आधुनिक पुस्तकालय का एक महत्वपूर्ण पहलू है। आगे सूचना विज्ञान के विषय में कुछ महत्वपूर्ण विचार दिये गये है। इससे यह और भी स्पष्ट हो जाता है कि पुस्तकालय के क्षेत्र में सूचाना कितना महत्व रखता है।

According to **P.B. Mangla**—Information Science is a discipline which is concerned with the study of the properties and behaviour of information.

According to **A. Rees**—Information Science cannot be equated with documentation, information retrieval, librarianship or anything else.

**विश्वनाथ** के विचार में—सूचना विज्ञान उन सिद्धान्तों एवं तकनीकियों से सम्बद्ध है जिनके द्वारा संचालित होकर विचार एक मानव मस्तिष्क से दूसरे मस्तिष्क तक संचारित होता है।

**एन. बैल्किन** के अनुसार—सूचना उसे कहते हैं जिसमें आकार को बदलने की क्षमता होती है।

**जे. बीकर** के विचार में—किसी विषय से सम्बन्धित तथ्यों को सूचना कहते हैं।

**हॉफमेन**—सूचना वक्तव्यों, तथ्यों, या आकृतियों का संकलन होता है।

उपर्युक्त परिभाषाओं से यह परिणाम निकलता है कि जिस तरह तथ्य संख्याओं से सज्जित होता है उसी तरह सूचना अक्षरों से युक्त होती है, जब **हम** सूचना का उपयोग करते हैं तो हमारा लक्ष्य ज्ञान के उस अंश, विवरण से

होता है जिससे हमें अपने उद्देश्य की पूर्ति में सहायता प्राप्त होती है। सूचना निश्चित, विश्लेषित, सीमित, सुस्पष्ट और तत्कालीन निर्णय लेने, किसी स्थिति को सुलझाने, कोई दिशा प्राप्त करने में अविलंब मददगार साबित सिद्ध होती है।

सूचना विज्ञान जो आधुनिक समय में ग्रन्थालयों द्वारा अन्वेषणकर्त्ताओं, वैज्ञानिकों तथा विषय विशेषज्ञों को दी जाने वाली महत्त्वपूर्ण एवं आधुनिक सेवा है, एक नयी बौद्धिक विषय के रूप में प्रतिष्ठित हो चुकी है। सूचना विज्ञान को परिभाषाबद्ध करते हुए अथेरटन (Pauline Atherton) ने स्पष्ट किया है कि—सूचना विज्ञान एक जटिल बहुविषयी है जो संगणक तथा दूर संचार से लेकर मनोविज्ञान, तर्क, वर्गीकरण एवं अनुक्रमणिकाकरण की पद्धतियों की प्रविधियों तक व्याप्त है।

सूचना सेवा में सूचना की व्यवस्था पद्धति में कम्प्यूटर का अत्यधिक उपयोग किया जाता है जिसके अधीन कम्पयूटर पद्धति के सॉफ्टवेयर एवं हार्डवेयर दोनों पक्षों का समावेश एवं व्यवस्था है। जबकि सेवा में इसका अभाव रहा था। एक तरह से प्रलेखीकरण सेवा का परिष्कृत एवं यन्त्रीकृत रूप ही सूचना सेवा कहलाता है।

## लक्षण

आज के इस वैज्ञानिक अनुसंधान तथा विकास के युग में सूचना का महत्त्व उसके गुणों के कारण ही है जो निम्नलिखित हैं—

(1) सूचना व्यापारिक एवं औद्योगिक विकास का आधार होती है।
(2) सूचना मनोरंजनात्मक क्रियाकलापों हेतु भी आवश्यक होता है।
(3) सूचना से ही किसी प्रयत्न एवं उद्यम का आरम्भ होता है।
(4) ज्ञानार्जन का प्रथम सोपान सूचना होती है।
(5) सूचना अद्‌भुत शक्ति तथा आर्थिक समृद्धि का आधार होती है।
(6) सूचना मानव के सभी क्रियाकलाप एवं क्षेत्र में व्याप्त होती है।
(7) सूचना किसी देश के राष्ट्रीय विकास का स्रोत होती है।
(8) सूचना को उसकी उपयोगिता के कारण शक्ति की संज्ञा दी जाती है।
(9) सूचना उत्पाद तथा प्रक्रिया दोनों है।
(10) सूचना एक परिघटना के तौर पर परिलक्षित होती है।
(11) सूचना देश की राष्ट्रीय सम्पत्ति होती है।
(12) सूचना के R& D निष्पादन का एक अनिवार्य संसाधन है।
(13) सूचना वैाानिक अध्ययन एवं अनुसंधान हेतु अति अनिवार्य होती है।
(14) सूचना किसी देश के विकास का महत्त्वपूर्ण घटक होती है।

## सूचना की उपादेयता तथा भूमिका

कई क्रियाकलापों हेतु सूचना की अनिवार्यता समाज में आरम्भ से ही रही है। पुराने समय से लेकर आज तक समाज में सूचना की आवश्यकता तथा मांग निरन्तर बनी रही है एवं नित्य प्रति बढ़ती ही जा रही है। सूचना जो कभी कुछ ही व्यक्तियों तक सीमित रहती थी वहीं आज सूचना का विस्फोट हो रहा है।

सूचना अत्यधिक तेजी से आज पैदा हो रही है। आज सूचना मनुष्य के हर क्षेत्र तथा क्रियाकलाप में समा चुकी है मनुष्य सूचना के अभाव में समाज एवं राष्ट्र को विकसित एवं सशक्त होने में कठिनाई होती है। वैज्ञानिक एवं तकनीकी अनुंसाधान हेतु सूचना अति आवश्यक सामग्री तो है ही साथ ही मनोरंजनात्मक क्रियाकलापों के लिए भी सूचना की महती जरूरत होती है। वैज्ञानिक एवं तकनीकी अध्ययन एवं अनुसंघनात्मक जो ज्ञान की खोज, सृष्टि, प्रसार एवं विकास की आधारशिलाएँ हैं सूचना के बगैर सफल और सार्थक तथा उपादेय साबित नहीं हो सकते हैं। इस प्रकार सूचना अनुसंधान और विकास के निष्पादन का एक साबित संसाधन बन चुकी है।

## सूचना एक शक्ति है

वर्तमान युग में सूचना को शक्ति की संज्ञा दी गई है। सूचना को आज आवश्यक वस्तु माना गया है क्योंकि किसी भी देश के बहुमुखी विकास हेतु अनुसंधान की जरूरत होती है और अनुसंधान तभी निष्पादित किया जा सकता है जब सूचना तथा सूचनात्मक सामग्रियाँ उपलब्ध हों। वर्तमान में जिन देशों में सूचना का बाहुल्य होता है वे सम्पन्न और मजबूत माने जाते है। यही कारण है कि पश्चिमी देश ज्यादा समृद्ध व शक्तिशाली हैं तथा जिन राष्ट्रों में सूचना का अभाव है वे सब विपन्न व अविकसित है। इसलिए किसी भी राष्ट्र के विकास तथा प्रगति तथा सम्पन्नता के लिए उस देश की सूचना तथा सूचना-पुस्तक का शक्तिशाली होना अत्यंत जरूरी है। इसलिए आज आधुनिक पुस्तकालयों या सूचना केन्द्रों का प्रमुख कार्य सूचना को समुचित तरीके से उचित समय पर उपयुक्त उपयोगकर्त्ताओं के लिए सुलभ करना तथा इसकी व्यवस्था करना होता है और इसलिए इस दिशा में आज कल सर्वत्र अधिक बल दिया जा रहा है।

## सूचना विज्ञान की आवश्यकता

सूचना विज्ञान की आवश्यकता पर विचार करते समय इसके प्रादुर्भाव के

कारणों पर संक्षेप में नजर डालना उचित रहता है। सूचना विज्ञान की आवश्यकता के निम्नलिखित कारण हैं–

(1) द्वितीय महायुद्ध के पश्चात संसार में समाज की समस्याएँ जटिल हो गईं जिनके निदान हेतु अनुसंधान शुरू हुए जहाँ वैज्ञानिकों तथा अनुसंधानकर्त्ताओं को प्रलेखीकरण मदद पहुँचाने हेतु सूचना परिचार्य का विकास हुआ जिसमें सूचना विज्ञान की आवश्यकता हुई।

(2) अनुसंधानों से सम्बन्धित सूचनाओं के संग्रहण, व्यवसायीपन एवं प्रस्तुतीकरण करने हेतु कुछ वैज्ञानिक पद्धतियों की महसूस अनिवार्यता हुई।

(3) इन वैज्ञानिक पद्धतियों में उपयोगकर्त्ताओं एवं वैज्ञानिकों के श्रम एवं अमूल्य समय की बचत हेतु सूचना विज्ञान की आवश्यकता हुई।

## पुस्तकालय विज्ञान और सूचना विज्ञान में अन्तर

सूचना विज्ञान क्या है? इसके सम्बन्ध में भांति-भांति के विचार व्यक्त किये जाते रहे हैं। कुछ व्यक्ति इसे पुस्तकालय विज्ञान का विस्तार मानते हैं एवं कुछ इसे अन्तर्विषयी क्षेत्र मानते हैं। वस्तुतः पुस्तकालय विज्ञान तथा सूचना विज्ञान दोनों ही विकासोन्मुख विषय है इसलिए दोनों में आपस में संबंध परिवर्तित होता रहता है।

1. पुस्तकालय विज्ञान में पुस्तकालय की सामान्य क्रियाओं, तकनीकियों आदि का अध्ययन किया जाता है। जबकि सूचना विज्ञान में शोध या विशिष्ट पुस्तकालय की जिन्हें हम सूचना केन्द्र कहते हैं की आधुनिक युक्तियों एवं तकनीकियों का अध्ययन किया जाता है।
2. पुस्तकालय विज्ञान का क्षेत्र अत्यधिक व्यापक है। जबकि सूचना विज्ञान का क्षेत्र सीमित है।
3. पुस्तकालय विज्ञान एक विषयी है। जबकि सूचना विज्ञान अन्तर्विषयी है।
4. पुस्तकालय विज्ञान पूरी तरह विकसित हो चुका है। जबकि सूचना विज्ञान विकासशील है और अनवरत् विकसित हो रहा है।
5. पुस्तकालय विज्ञान केवल पुस्तकों से ही सम्बन्धित विज्ञान है। जबकि सूचना विज्ञान में गणित, तर्कशास्त्र, भाषा, कार्य अन्वेषण प्रबन्ध अध्ययन आदि का मिश्रण है।
6. पुस्तकालय विज्ञान एक सामान्य विषय होता है। जबकि सूचना विज्ञान एक विशिष्ट विषय है।

7. पुस्तकालय विज्ञान के अध्येता सामान्य व्यक्ति होते हैं। जबकि सूचना विज्ञान के अध्येता विशिष्ट व्यक्ति होते हैं।

## सूचना प्रौद्योगिकी एवं संचार प्रक्रिया

संचार के क्षेत्र में सूचना अपनी उपादेयता एवं महत्त्व के कारण ही ज्ञानार्जन का पहला सोपान मानी जाती है तथा मानव की प्रगति एवं विकास में भी सूचना शुरू से ही मुख्य आधार रही है। अतएव सूचना के साथ नये-नये पदों का संयोग कर उसके वास्तविक अर्थ का दिग्दर्शन किया जा रहा है। इनमें **सूचना तकनीकी** पद नया पद है जो आजकल बहुलता से सूचना के क्षेत्र में प्रयोग किया जा रहा है। सूचना तैयार होने के बाद सूचना का स्थानान्तरण तथा सम्प्रेषण तत्काल ही हो जाना चाहिए जिससे उसका उपयोग अन्य दूसरे उपयोगकर्ताओं द्वारा किया जा सके जिन्हें उसकी जरूरत है। सूचना का एक ही स्थान पर रहना और उसका उपयोगी नहीं होना भी सूचना स्थानान्तरण का एक अनिवार्य घटक है। इसलिए सूचना तथा सम्प्रेषण पद दोनों संगठित रूप से जुड़े हुए हैं यदि सूचना है तो सम्प्रेषण भी जरूर ही होगा। अतः व्यावहारिक दृष्टि से सूचना तथा सम्प्रेषण एक दूसरे से पृथक नहीं किये जा सकते हैं। आज सूचना सम्प्रेषण के क्षेत्र में काफी बदलाव हो गये हैं। पहले सूचना सम्प्रेषण के कार्य अन्वेषण अथवा वैज्ञानिकों को अपनी बौद्धिकता से स्वयं ही सम्पन्न करने पड़ते थे अर्थात् सूचना सम्प्रेषण एक मानवीय प्रक्रिया थी लेकिन उसमें समस्याएँ पैदा हो जाती थीं। एक उपयोगकर्ता अथवा सूचना के सृजनकर्ता से सूचना को दूसरे उपयोगकर्ता तक पहुँचने में कई तरह की बाधाएँ, समस्याएँ तथा व्यवधान उत्पन्न होती थीं। परन्तु सूचना तकनीकी ने आज सूचना सेवा तथा विज्ञान के क्षेत्र में पुस्तकालय की प्राचीन गृह-रक्षण वाले क्रिया-कलापों को पूर्ण रूप से परिवर्तित कर दिया है जिससे सूचना तकनीकी सूचना से संग्रहण, संवर्धन, सम्प्रेषण, प्रकीर्णन तथा पुनर्प्राप्ति आदि का एक नवीन विषय बन गया है।

सूचना तकनीकी ने आज पुस्तकालय सूचना सेवा के क्षेत्र में एक प्रमुख स्थान ग्रहण कर लिया है। सूचना तकनीकी की उपादेयता इस बात से भी प्रमाणित होती है कि कोई भी विकसित देश सूचना तकनीकी के अस्तित्त्व एवं विकास को दुत्कार नहीं सकता है क्योंकि सूचना तकनीकी विकसित राष्ट्रों हेतु विभिन्न और विशिष्ट तरह की समस्याओं का निदान करने का एक संसाधन बन चुकी है तथा आज के इस विकसित युग में इसे विकसित कारकों में से एक माना जा रहा है। आज पुस्तकालय एवं सूचना केन्द्र सूचना तकनीकी के प्रभाव के कारण परिवर्तन के

उत्तेजक दौर से गुजर रहे हैं जिससे कम्प्यूटर, माइक्रोप्रोसेसर, कापीयर तथा दूरसंचार की विकसित प्रविधियाँ पुस्तकालयों में प्रयोग में लाई जा रही हैं। सामान्य अर्थ में **सूचना तकनीकी** का आशय सूचना सेवा प्रदान करने में विविध तकनीकियों एवं प्रविधियों का उपयोग करने से होता है। वर्तमान में पुस्तकालयों में सूचना के प्रभावी संचालन हेतु सूचना तकनीकी के अधीन कम्प्यूटर के द्वारा ऑनलाइन सेवाएँ, दूरसंचार, फाइबर आप्टिक्स, माइक्रोग्राफी आदि सेवाएँ उपयोगकर्ताओं को प्रदान की जा रही हैं।

## सूचना तकनीकी का क्षेत्र

सूचना तकनीकी के प्रमुख क्षेत्र अग्र हैं–

**(1) दूरसंचार**– सूचना तकनीकी के अनुप्रयोगों के सन्दर्भ में सबसे प्रथम नाम सूचना सेवा में दूरसंचार का आता है। दूरसंचार का मुख्य मौलिक उद्देश्य सूचना को एक स्थान से दूसरे स्थान तक पहुँचाने का होता है। दूरसंचार पद्धति में ज्यादातर सूचना के संवाहक के रूप में विद्युतीय तथा विद्युत-चुम्बकीय माध्यम के द्वारा संचालन किया जाता है जिससे सूचना का सम्प्रेषण सहजतापूर्वक अविलंब हो जाता है। दूरसंचार सूचना सम्प्रेषण में एक क्रान्तिकारी कदम रहा है। कई राष्ट्रों ने अपने संचार तंत्र को अधिक प्रभावशाली बनाने हेतु सेटेलाइट की स्थापना की है। सूचना के संचार तन्त्र की संसारव्यापी नेटवर्क की स्थापना की जा रही है। भारत में भी दो संचार तन्त्र INDONET एवं NICNET इस क्षेत्र में प्रमुख भूमिका निभा रहे हैं। पुस्तकालय तथा सूचना सेवा के क्षेत्रों में संचार तन्त्र पद्धति सूचना तकनीकी में एक अत्यंत उपयोगी कार्य हैं।

**(2) नेटवर्क**–नेटवर्क दूर-दूर विभाजित तथा रहने वाले व्यक्तियों में सूचना का संचार करने का एक माध्यम होता है। बहुत से व्यक्ति जो दूर रहते हैं या कार्य करते हैं नेटवर्क पर अपनी पाठ्य रिपोर्ट लिख सकते हैं जिससे वर्तमान अनुवाद से सभी लेखक अपनी पहुँच रख सकें। यह संचार प्रक्रिया में तीव्रता लाती है और अदृश्य महाविद्यालय तथा कागजहीन सूचना पद्धति की भावना पर प्रभाव डालने में सफल होती है। सूचना, दूरदर्शन के चैनलों पर आज प्रसारित की जा रही है। वीडियोटेक्स (Videotex) सेवाओं का भी प्रयोग बढ़ रहा है जिससे टेलीफोन लाइनों पर दोनों तरफ से सूचना का आदान-प्रदान किया जाता है। नेटवर्कों पर DIALOG, BRS आदि रिमोट टर्मिनल्स पर सेवाएँ प्रदान की जा रही हैं।

**(3) ऑनलाइन सेवाएँ**—सूचना के ऑनलाइन अधिगम की सुविधा दूरसंचार नेटवर्क के द्वारा आज काफी लोकप्रिय हो चुकी है। ऑनलाइन सेवा की कई पद्धतियों सूचना सेवा के क्षेत्र में प्रचलित हैं इन सेवाओं में समुचित संख्या में डाटाबेसों को ऑनलाइन अधिगम के द्वारा प्रदान किया जाता है। इसमें सामान्य टेलीफोन के द्वारा अल्पगत व्यय के टर्मिनल्स से प्रत्येक डाटा केन्द्रों का अधिगम सुलभ हो जाता है। निजी रूप से वैज्ञानिकों को भी इस तरह की सुविधा उपलब्ध है। LOCKHEED/DIALOG आदि ऑनलाइन सेवाएँ यूरोप में ज्यादा प्रचलित हैं।

**(4) इलेक्ट्रॉनिक प्रकाशन**—प्रकाशन उद्योग भी सूचना तकनीकी से प्रभावित हुआ है। प्रकाशकों द्वारा कम्प्यूटर पर आधारित पाठ्य-प्रोसेसर (Text-Processers) प्रारम्भ किये गये हैं।

**(5) सूक्ष्म प्रतिलिपिकरण**—सूक्ष्म प्रतिलिपिकरण भी कम्प्यूटर तकनीकी में से एक है। उच्च गति के अन्वेषण हेतु असंख्य सूचना अभिलेखों को संग्रह करने की विधियों एवं तकनीकियों में यह तकनीकी अपना प्रमुख स्थान रखती है। इस क्षेत्र में COM सूचना के संग्रहण एवं पुनर्प्राप्ति के अति संवेदनशील यान्त्रिक साधन होते हैं ये सूचना को कम्प्यूटर द्वारा मैग्नेटिक टेप पर माइक्रोफिल्म में पढ़ने योग्य स्वरूप में बदल देते हैं एवं इसके पढ़ने की गति 300 पृष्ठ प्रति मिनट मैग्नेटिक टेप पर होती है।

## सूचना माध्यम के रूप में

सूचना आज एक अनिवार्य साधन है सूचना को शक्ति की संज्ञा दी जाती है। सूचना उस जानकारी या विशिष्ट जानकारी को कहा जाता है जो किसी विशिष्ट विषय कथ्य या घटना से सम्बन्धित होता है तथा उपयोग हेतु उसका सम्प्रेषण हो सकता है। स्रोत शब्द से तात्पर्य सूचना की प्राप्ति के माध्यम से है। अतः सूचना स्रोत का सीधा सा अर्थ सूचना उपलब्ध कराने वाले द्वारा होता है जो प्रलेख हो सकता है। सूचना-स्रोत ज्ञान-जगत के किसी भी विषय से सम्बन्धित हो सकते हैं। सूचना स्रोत तथा सन्दर्भ स्रोत वैसे तो एक ही होते हैं लेकिन आज की स्थिति एवं परिप्रेक्ष्य में सूचना-स्रोत ज्यादा महत्त्वपूर्ण है और उनकी उपयोगिता भी सन्दर्भ स्रोतों की तुलना में अत्यधिक है।

## सूचना स्रोतों का विभक्तिकरण

ग्रोगन ने सूचना स्रोतों को उनमें विद्यमान ज्ञान एवं गुणों के आधार पर निम्न

तीन भागों में विभाजित किया है, जो निम्न प्रकार हैं—

**(अ) प्राथमिक स्रोत**—आधुनिक युग विज्ञान का युग है इस युग में वैज्ञानिक अनुसन्धान एवं विकास पर अधिक जोर दिया जाता है। उन सूचना स्रोतों का आज ज्यादा महत्त्व है जिनमें शोध एवं विकास कार्यक्रमों से सम्बन्धित नई जानकारी विद्यमान होती है नई जानकारी विद्यमान स्रोत ही प्राथमिक स्रोत कहलाते हैं अर्थात् बुनियादी स्रोत वे होते हैं जिनमें मौलिक अनुसन्धान उसका विवरण, उसके प्रयोग विवरण तथा विषय-वस्तु की व्याख्या कर प्रकाशित होती है। प्राथमिक स्रोतों की निम्नांकित विशेषताएँ होती हैं—

(1) सूचना की दृष्टि से ये स्रोत अत्यधिक महत्त्वपूर्ण होते हैं।
(2) अनुसन्धानकर्त्ता अपने नये विचारों, सिद्धान्तों एवं निष्कर्षों से इन स्रोतों के द्वारा ही दूसरों को परिचित कराता है।
(3) इन स्रोतों की मदद से ही अन्य स्रोतों की रचना होती है।
(4) प्राथमिक स्रोत में विद्यमान सूचना मौलिक होती है।
(5) ये कई विषयों पर प्रकाशित होते हैं।
(6) किसी भी विषय को शक्तिशाली बनाने हेतु इन स्रोतों की विशेष भूमिका होती है।
(7) ये स्रोत किसी दूसरे रूप में सुलभ नहीं होते हैं।

प्राथमिक स्रोत की श्रेणी में पत्र-पत्रिका की श्रेणी में पत्र-पत्रिका (सामयिकी), शोध-प्रतिवेदन, पेटेन्ट, शोध प्रबन्ध, सम्मेलन कार्यवाहियाँ, आदि आते हैं। इनके उदाहरण निम्नवत् हैं—

| | | | |
|---|---|---|---|
| (1) | Periodical | — | Indian Journal of Pure and Applied Mathematics. |
| | Reserch Report | — | Scientific and Technical Reports. |
| | Patent | — | World Patent Index. |
| | Dissertations | — | Scientific Dissertations of M. Phil. |
| | Proceedings | — | Proceedings of Science Congress (1997) |

**(ब) द्वितीयक स्रोत**—द्वितीयक स्रोत सूचना के वे माध्यम होते हैं जिनमें मौलिक जानकारी नहीं होती है अपितु उन्हें प्राथमिक स्रोत में दी गई जानकारी के आधार पर योजनाबद्ध ढंग से बनाया गया है। इन स्रोतों में विद्यमान सूचना संक्षिप्त एवं सुसंगठित होती है। प्रायः प्राथमिक स्रोत से प्रत्यक्ष रूप से सूचना सामग्री का प्राप्त करना सरल नहीं होता है। अतएव द्वितीयक स्रोत का अवलोकन पहले करना

पड़ता है जिससे प्राथमिक स्रोत के उपयोग करने का मार्गदर्शन मिलता है। द्वितीयक स्रोतों, प्राथमिक माध्यम का सन्दर्भ प्रस्तुत करते हैं। द्वितीयक स्रोतों में निम्नांकित विशेषताएँ होती हैं–

(1) ये नये ज्ञान को प्रदर्शित नहीं करते बल्कि उस ज्ञान को प्रदर्शित करते हैं जिस पर कार्य किया जा चुका है।

(2) ये प्राथमिक स्रोत हेतु एक वाङ्गय कुंजी की भाँति कार्य करते हैं।

(3) अपनी प्रकृति के अनुसार प्राथमिक स्रोत की अपेक्षा ज्यादा मात्रा में उपलब्ध होते हैं।

(4) द्वितीयक स्रोत प्राथमिक स्रोत से संगृहित किए जाते हैं।

(5) ये स्रोत प्राथमिक स्रोत की ओर सन्दर्भ संकेत करते हैं।

(6) ये किसी निर्धारित योजना के अनुसार व्यवस्थित होते हैं।

(7) प्राथमिक स्रोत का उपयोग करने हेतु द्वितीयक स्रोतों का अवलोकन पहले करना पड़ता है।

(8) द्वितीयक स्रोतों की सूचना संक्षिप्त एवं सुसंगठित होती है।

द्वितीयक स्रोत की श्रेणी में अद्यतन सामयिकी, अनुक्रमणिकाकरण तथा सारांशीकरण पत्रिकाएँ, वाङ्मय सूचियाँ, ट्रीटाइज, मोनोग्राम, पाठ्यपुस्तक तथा अन्य सभी सन्दर्भ ग्रन्थ–विश्वकोश, शब्दकोश, अब्दकोश, आदि आते हैं। इनके उदाहरण निम्नवत् हैं–

| | | | |
|---|---|---|---|
| (1) | Periodical | — | Physics Review, Physics Letters. |
| (2) | Indexing Periodical | — | Indian Science Index. |
| (3) | Abstracting Periodical | — | Chemical Abstracts, Biological Abstracts. |
| (4) | Review | — | Annual Review of Biochemistry. |
| (5) | Bibliographics | — | INB, BNB. |
| (6) | Treatise | — | treatise on Organic Chemistry. |
| (7) | Monographs | — | Techniques of Organic Chemistry. |
| (8) | Text Book | — | Text Book of Fluid Dynamics. |
| (9) | Encyclopaedias | — | Mc Graw Hill Encyclopaedia of Science and Technology. |

(10) Dictionary — McGraw Hill Dictionary of Scientific and Technical Terms.

**(स) तृतीयक स्रोत**—तृतीयक सूचना स्रोत वे होते हैं जिनसे अध्येताओं को प्राथमिक तथा द्वितीयक स्रोतों की सूचना का प्रयोग करने में मदद मिलती है। इन स्रोतों में प्राथमिक तथा द्वितीयक सूचना स्रोतों से छनकर सूचना प्राप्त की जाती है। अतएव तृतीयक सूचना स्रोतों का मुख्य कार्य एवं उद्देश्य अध्येताओं एवं विशेषज्ञों को प्राथमिक एवं द्वितीयक स्रोतों के प्रयोगार्थ इच्छित सूचना प्राप्ति एवं खोज में मदद प्रदान करना होता है। इनकी निम्नांकित विशेषताएँ होती हैं—

(1) ये स्रोत अन्य स्रोतों की तुलना में अन्त में प्रकाशित किए जाते हैं।
(2) ज्ञान के विशाल भण्डार एवं नियमित वृद्धि के कारण इनका महत्त्व अत्यधिक बढ़ता जा रहा है।
(3) तृतीयक स्रोतों से विषयों का ज्ञान नहीं होता है।
(4) इन स्रोतों से दूसरे सूचना स्रोतों का संकेत मिलता है।
(5) इन स्रोतों का मुख्य कार्य एवं उद्देश्य प्राथमिक एवं द्वितीयक स्रोतों में उपलब्ध सूचना सामग्री की खोज में मदद करना है।

तृतीयक स्रोतों की श्रेणी में वाङ्मय सूचियाँ, शब्दकोश, साहित्य दिग्दर्शिका एवं शोध उन्नति की तालिका आदि आती हैं। इनके उदाहरण निम्न प्रकार हैं—

(1) Bibliography — A World Bibliography of Bibliographics.
(2) Directory — World of Learning.
(3) Literature Guide — Guide to the Literature of Life Sciences.
(4) List of Research in Progress — Current Research Progress in CSIR Labs.

## बुनियादी स्रोत की भूमिका तथा महत्त्व

किसी भी देश में उसका वैज्ञानिक साहित्य ही उसकी प्रगति एवं विकास का आधार होता है। वैज्ञानिक साहित्य उस देश के वैज्ञानिकों की उपलब्धियों का विवरण प्रस्तुत करता है। वैज्ञानिकों की उपलब्धियाँ सबसे पहले मौलिक सूचना स्रोतों में प्रकाशित होती हैं। अतएव प्राथमिक स्रोत अन्वेषणकर्त्ताओं को मौलिक अनुसन्धान

की सूचना देते हैं। इन प्राथमिक स्रोतों का वैज्ञानिक उन्नति में महत्त्व एवं भूमिका निम्न प्रकार है–

**(1) संचार के माध्यम**–कोई भी वैज्ञानिक कथ्य या अन्वेषण सबसे पहले प्राथमिक स्रोत में ही प्रकाशित होता है और इनके द्वारा ही उसमें विद्यमान तथ्यों का सम्प्रेषण होता है। अतएव ये मौलिक शोध का प्रसार, प्रचार एवं संचार करने का एक माध्यम होते हैं। इसलिए सूचना के संचार में इनकी प्रमुख भूमिका होती है।

**(2) सामयिक सूचना**–कोई भी वैज्ञानिक अपने खोज को जब तक पूरा नहीं कर लेता है तब तक वह उसे प्रकाशन के लिए नहीं भेजता है। पूरा होने पर ही सूचना इनमें प्रकाशित होती है। इसलिए अन्य वैज्ञानिकों हेतु इनमें प्रकाशित सूचना मौलिक, अद्यतन तत्यपूर्ण होती है। इस बिन्दु से भी इनका दूसरे वैज्ञानिकों हेतु विशेष महत्त्व है।

**(3) अन्य उपयोगकर्त्ताओं की रिपोर्ट**–चूँकि प्राथमिक स्रोत सूचना तथा आविष्कार के शीघ्र बाद ही प्रकाशित किए जाते हैं। अतः शीघ्र ही अन्य उपयोगकर्त्ताओं के पास पहुँच जाते हैं। आज के समय सामयिक सूचना (Current Information) की काफी जरूरत है। इसलिए प्राथमिक स्रोत सूचना को शीघ्र अन्य शोधार्थियों के पास पहुँचाने में विशिष्ट भूमिका निभाते हैं।

**(4) द्वितीयकरण को रोकना**–प्राथमिक स्रोतों में वर्णित सूचना मौलिक रिसर्च होता है इसलिए दूसरे वैज्ञानिक उस शोध को उससे आगे बढ़ाने का कार्य करते हैं। इस प्रकार शोध कार्य में पुनरावृत्ति नहीं हो पाती है। अतएव प्राथमिक स्रोत शोधकार्य के (Duplication) को रोकने में अपनी प्रमुख भूमिका अदा करते हैं तथा साथ ही उस पर होने वाले धन, समय व श्रम की बचत करने में समर्थ करते हैं।

**(5) अन्य स्रातों का निर्माण**–चूँकि इनमें विद्यमान सूचना मौलिक होती है अतएव इन जानकारियों को प्राप्त करने एवं उनका अभिज्ञान (Identification) करने हेतु सूचना के अन्य द्वितीयक तथा तृतीयक स्रोत (Secondary and Tertiary Sources) इन स्रोतों से ही किये जाते हैं। अतएव उन स्रोातें के निर्माण में बुनियादी स्रोत अपनी प्रमुख भूमिका निभाते हैं।

**(6) अन्वेषणकर्त्ता के लिए दिग्दर्शन**–इन स्रोतों में मौलिक सूचना विद्यमान होती है इसलिए उस क्षेत्र से सम्बन्धित शोधार्थियों के लिए ये मार्गदर्शक का कार्य करते हैं कि उस क्षेत्र में क्या कार्य पूरा हो चुका है एवं आगे क्या कर सकने की सम्भावना है। यही विचार कर दूसरे शोधकर्त्ता अपना कार्य बढ़ा सकते हैं। अतएव इस तरह भी ये शोधकार्यों में अपनी भूमिका का निर्वाह करते हैं।

## मूल्यांकन

प्रायोगिता की दृष्टि से सूचना स्रोतों का मूल्यांकन अनिवार्य होता है Lois Shores ने सूचना स्रोतों के मूल्यांकन के लिए निम्नांकित मुख्य आधार बताए हैं–

**(1) उद्देश्य**–प्रत्येक दूसरी वस्तुओं की तरह सूचना स्रोतों का कोई न कोई उद्देश्य अवश्य होता है लेखक किसी न किसी उद्देश्य हेतु ही किसी कृति की रचना करता है। किसी भी सूचना स्रोत का उद्देश्य उसकी विषय-वस्तु, प्राक्कथन, अनुक्रमणिका आदि को देखकर पता लगाया जा सकता है। सूचना स्रोत के उद्देश्य हेतु यह देखना होता है कि–

(अ) इसमें जो जानकारी दी गई है उसका उपयोग क्या है?

(ब) यह जानकारी किस तरह के उपयोगकर्त्ताओं के लिए है?

(स) विद्यमान जानकारी का कितना उपयोग है?

(द) विद्यमान जानकारी कितनी महत्त्वपूर्ण है?

**(2) प्राधिकरण प्रामाणिकता**–किसी भी सूचना स्रोत के मूल्यांकन में उसकी अर्थात् लेखक तथा प्रकाशक इत्यादि का विशिष्ट महत्त्व होता है प्रकाशक प्रामाणिक है अथवा नहीं। अर्थात् प्रामाणिकता का आभास निम्नांकित बातों से होता है–

(अ) लेखक की योग्यता क्या है? अगर लेखक या सम्पादक का उद्भट विद्वान है तो उस सन्दर्भ स्रोत या सूचना स्रोत की प्रामाणिकता निर्विवाद उत्तम है।

(ब) सूचना स्रोत की रचना करते समय लेखक के क्या स्रोत थे? उसने प्राथमिक स्रोत की सामग्री का उपयोग किया है या द्वितीयक स्रोत की।

(स) सूचना स्रोत का प्रकाशन किस स्तर का है? प्रकाशक प्रख्यात है अथवा नहीं। प्रकाशक/सम्पादक/लेखक जितने प्रख्यात और विशिष्ट होंगे, वह सूचना स्रोत भी उतना ही प्रामाणिक एवं उच्च स्तरीय होगा।

**(3) क्षेत्र**–किसी भी सूचना स्रोत हेतु विषय का विस्तार क्षेत्र, विषय की व्यापकता तथा विषय सीमा अत्यधिक महत्त्वपूर्ण होते हैं। क्षेत्र की उपयोगिता का वर्णन सम्पादक/प्रकाशन प्रचार के लिए सूचना स्रोत की भूमिका में अथवा आवरण पर करते हैं। ज्यादातर सूचना स्रोत चुने हुए होते हैं। अतः स्रोत में क्या उपलब्ध है एवं किन-किन तथ्यों को छोड़ दिया गया है, का वर्णन आवश्यक होता है।

**(4) शैली**–यहाँ शैली से अर्थ लिखने का क्या तरीका है? अर्थात् सूचनाओं को किस तरह एकत्रित किया गया है एवं सूचनाएँ कैसी हैं, सूचनाओं की प्रकृति क्या है? ये प्रत्येक बातें इस बिन्दुओं में आती हैं।

(अ) सूचनाएँ नवीनतम हैं या पुरानी हैं।
(ब) सूचनाएँ सत्यता पर आधारित हैं अथवा नहीं।
(स) सूचनाएँ निष्पक्ष हैं अथवा नहीं।

**(5) व्यवस्थापन**—सूचना स्रोतों में सामग्री इस प्रकार व्यवस्थित होनी चाहिए जिससे उसमें से सूचना को सरलता से खोजा जा सके। इसके लिए—

(अ) सूचनाओं का व्यवस्थापन वर्णक्रम में शब्दकोश की भाँति होना चाहिए जिससे कोई भी उपयोगकर्त्ता सूचना को सहजता से प्राप्त कर सके।
(ब) यदि यह व्यवस्थापन वर्णक्रम में नहीं है तो लेखक, शीर्षक एवं विषय अनुक्रमणिकाएँ देना अनिवार्य है।
(स) जिस वर्गीकरण पद्धति का प्रयोग किया जाय वह आसान होनी चाहिए।
(द) जहाँ-जहाँ अनिवार्य हो, वहाँ प्रति निर्देश प्रविष्टि देनी चाहिए।
(य) चार्ट, सारिणी, फोटो, चित्रों का उपयोग भी करना चाहिए।

**(6) बनावट**—किसी भी सूचना स्रोत के मूल्यांकन में उसका आरूप भी अत्यधिक महत्त्व रखता है सूचना स्रोत के आरूप से अभिप्राय यह है कि—

(अ) छपाई सुन्दर तथा कलात्मक होनी चाहिए।
(ब) जिल्दबन्दी मजबूत तथा टिकाऊ होनी चाहिए।
(स) बाहरी रूप एवं आकार आकर्षक होना चाहिए।
(द) प्रयोग में लिया हुआ कागज उत्तम श्रेणी का तथा टिकाऊ होना चाहिए।

**(7) विशिष्ट लक्षण**—अन्त में सूचना स्रोतों के दूसरे विशिष्ट लक्षणों का भी मूल्यांकन किया जाता है जिनमें मुख्य बातें निम्नवत् हैं—

(अ) आलेख Signified है अथवा नहीं।
(ब) सूचनाएँ पाठकों की माँग की पूर्ति करने में सक्षम हैं अथवा नहीं।
(स) प्रकाशन नियमित है अथवा नहीं।
(द) इसमें सामयिक सूचनाएँ हैं अथवा नहीं।
(य) सूचनाएँ तथ्यपरक एवं परिपूर्ण हैं अथवा नहीं।

## देश की प्रगति और सूचना

सूचना विकास कार्यों में एक अहम भूमिका निभाती है। हमारे जीवन में प्रत्येक पक्ष का मार्गदर्शन करने में सूचना प्रभावकारी है।

वर्तमान में देश के बहुमुखी विकास तथा समृद्धि हेतु सूचना एक सशक्त तथा लाभकारी संसाधन माना जाता है जिसकी प्रभावशीलता तथा उपादेयता हर

प्रगति स्वीकार की गयी है किसी भी देश का उत्थान, विकास एवं समृद्धि उसके योग्य एवं निष्ठावान नागरिकों तथा सैद्धान्तिक एवं व्यावहारिक अन्वेषणों तथा उच्च स्तरीय शिक्षण-प्रशिक्षण पर आधारित होते हैं। ऐसे प्रत्येक क्रियाकलापों, तथा आयोजनों हेतु उपयुक्त समय पर उपयुक्त सूचना की खास होती है जिसके अभाव में प्रगति होना असम्भव होता है। इसी कारण सूचना सम्पन्न राष्ट्र, सूचना विपन्न राष्ट्रों की तुलना में विकसित एवं उन्नतिशील होते हैं जिसका मुख्य कारण अनुसंधान तथा वैज्ञानिक होती है जिसमें सूचना की भूमिका का उपयोगी होती है।

मनुष्य एक सामाजिक एवं चेतन जीव है इसलिए उसके मस्तिष्क में समय-समय पर विचार जन्म लेते हैं, इन्हीं कौंधे हुए विचारों को हम सूचना कहते हैं। सूचना शब्द का उपयोग जानकारी, समझ, बुद्धि, ज्ञान, कथ्य, आदि के लिए भी किया जाता है। Oxford English Dictionary के अनुसार—सूचना पद का आशय सूचित करना, कहना, समाचार, ज्ञान, बताई गई बात आदि से होता है।

उत्पत्ति की दृष्टि से Information शब्द Formatia अथवा Forma शब्द से ही बना है दोनों ही शब्द किसी वस्तु को एक आकार और स्वरूप प्रदान करने के आशय को व्यक्त करते हैं।

## विज्ञान और तकनीक में राष्ट्रीय सूचना प्रणाली (NISSAT)

विज्ञान एवं तकनीकी में राष्ट्रीय सूचना विधि को अंग्रेजी में National information in science & technology कहते हैं। भारत में सर्वप्रथम विज्ञान और तकनीकी के क्षेत्र में राष्ट्रीय सूचना पद्धति की स्थापना करने के प्रयासों के परिणामस्वरूप (NISSAT) की स्थापना 1975 में हुई। तथा पूर्णरूप से यह कार्यक्रम 1977 से शुरू हुआ जो भारत के विज्ञान तथा तकनीकी विभाग (DST) के अधीन शुरू हुआ। निस्सात (NISSAT) का पूर्ण नाम National Information System in Science and Technology है जिसकी स्थापना भारत में उपलब्ध सूचना संसाधनों, सूचना प्रणालियों एवं सेवाओं को अन्दरूनी एवं पारस्परिक रूप से सम्बद्ध करने और उसमें तालमेल स्थापित करने हेतु राष्ट्रीय सूचना नीतियों द्वारा निर्धारित हर राष्ट्रीय सूचना प्रणालियों के क्रियाकलापों, समन्वित नीतियों के लिए एक प्रभावकारी सूचना पद्धति के रूप में कार्य करने का उद्देश्य रहा है।

*संगठन व्यवस्था*

संगठन की दृष्टि से NISSAT की संरचना निम्नलिखित चार स्तरों पर की गयी है–

**(1) राष्ट्रीय सूचना केन्द्र**–सभी क्षेत्रों के राष्ट्रीय सूचना केन्द्र इस कार्यक्रम के शीर्षस्थ अंग माने जाते हैं। ये प्रत्येक केन्द्र राष्ट्रीय स्तर पर सूचना सेवाओं को समन्वित एवं संगठित कर प्रदान करने हेतु उत्तरदायी होते हैं। इस प्रकार के राष्ट्रीय सूचना केन्द्र INSDOC, DESIDOC, BARC LIBRARY आदि हैं।

**(2) क्षेत्रीय सूचना केन्द्र**–दूसरे स्तर पर देश के कई भागों में उपलब्ध सूचना स्रोतों के सम्पूर्ण प्रयोग हेतु क्षेत्रीय सूचना केन्द्र स्थापित किये गये हैं। इस प्रकार के केन्द्र IIT Bombay; Central Leather Research Institute, Madras; Institute of Experimental Medicine आदि हैं। इनका प्रमुख कार्य सूचना स्रोतों पर सर्वेक्षण, उस क्षेत्र की सूची का निर्माण, उस क्षेत्र की सभी आवश्यकताओं की पूर्ति, फोटोकापी सेवा, क्षेत्रीय संघ सूची का प्रकाशन आदि हैं।

**(3) आंचलिक सूचना केन्द्र**–तीसरे स्तर पर आंचलिक सूचना केन्द्रों की स्थापना की गयी है। ये केन्द्र उद्योगोन्मुखी एवं विशिष्ट प्रकार के होते हैं। इनके ऊपर प्रलेखों का संग्रह करने का प्रशिक्षण देने एवं विदेशी सूचना केन्द्रों एवं व्यावसायिक प्रतिष्ठानों से सहयोग स्थापित करना है। इन केन्द्रों में Central Food Technology Research Institute Mysore, HAL Banglore, Central Machine Tools Banglore तथा Central Drug Research Institute, Lucknow प्रमुख हैं।

**(4) स्थानीय सूचना केन्द्र**–स्थानीय स्तर पर इस प्रकार के केन्द्र अपनी पैतृक संस्थाओं के कर्मियों की जरूरतों की पूर्ति करते हैं। ये केन्द्र NISSAT कार्यक्रम के अन्तिम स्तर पर आते हैं। भारत में तकरीबन 1000 केन्द्र कार्य कर रहे हैं। ऐसे केन्द्र मूल रूप से अपनी पैतृक संस्था के कर्मियों/वैज्ञानिकों को सूचना सेवा प्रदान करते हैं।

*उद्देश्य*

(1) राष्ट्रीय सूचना नीति द्वारा निर्देशित प्रभावकारी वैज्ञानिक सूचना प्रणाली स्थापित करना।

(2) वैश्विक स्तर पर सूचना के आदान-प्रदान हेतु राष्ट्रीय मानक तथा मार्गदर्शिका का निर्माण करना एवं प्रयोग में लाना।

(3) वैज्ञानिक साहित्य के सभी प्रकाशन की कम से कम एक प्रति की उपलब्धता की व्यवस्था करना।

(4) राष्ट्रीय वैज्ञानिक सूचना सेवा मुहैया करना।

(5) राष्ट्र के वैज्ञानिक सूचना-स्रोतों, सूचना सेवाओं एवं सूचना पद्धतियों में तालमेल स्थापित करना।

(6) सूचना स्रोतों, सूचना उपकरणों एवं सूचना सेवाओं में दोषों का पता लगाना तथा उन्हें दूर करना।

(7) सूचना सेवाओं को ज्यादा प्रभावकारी बनाने के लिए सूचना विज्ञान एवं संचार में हो रहे प्रत्येक शोधकार्य में हिस्सा लेना तथा मदद प्रदान करना।

(8) भिन्न-भिन्न वर्गों के सूचना उपयोगकर्ताओं की विभिन्न स्तरीय सूचना आवश्यकताओं को कुशलतापूर्वक तथा प्रभावकारी तरीके से पूर्ण करना।

(9) देश में सूचना सेवाओं की उन्नति एवं बढ़ोत्तरी के लिए नवीनतम सूचना तकनीकियों का प्रयोग करना।

(10) सूचना वैज्ञानिकों के प्रशिक्षण तथा शिक्षण की सुविधाओं के विकास हेतु प्रशिक्षण, संगोष्ठी, कार्यशाला, सेमिनार आदि का आयोजन करना।

## *गतिविधियाँ*

**(1) अर्जन**—देश में प्रकाशित समस्त वैज्ञानिक साहित्य की एक-एक प्रति राष्ट्रीय विज्ञान पुस्तकालय से तालमेल रखते हुए उपलब्ध करना जिससे वैज्ञानिक इनका उपयोग कर सकें। प्रकाशनों की गैरजरूरी पुनरावृत्ति को रोकने हेतु एक ऐसी नीति का निर्धारण किया गया है कि जिससे प्रलेखों के अर्जन एवं कई पुस्तकालयों में उनके वितरण में समन्वय हो जाए।

**(2) संघ सूची**—भिन्न-भिन्न सूचना केन्द्रों में उपलब्ध प्रलेखों की संघ सूची बनाना एवं उनमें आपसी संबंध स्थापित करना उससे एक सूत्र से ही यह सूचना प्राप्त हो सके कि किस सूचना केन्द्र में कौन-सी सामग्री कहाँ उपलब्ध है। क्रमिक प्रकाशनों के अलावा पुस्तकों, रिपोर्टों आदि की संघ सूची भी तैयार करने की योजना है।

**(3) CAS सेवा**—सूचना सेवाओं के विकास के लिए वर्तमान सूचना उपकरणों तकनीकियों एवं सेवाओं का विकास किया गया है। राष्ट्रीय केन्द्रों द्वारा प्रदत्त CAS एवं SDI सेवाएँ उल्लेखनीय हैं।

**(4) SDI सेवा**—INSDOC ने प्रयोग के तौर पर IIT मद्रास में उपलब्ध कम्प्यूटर की मदद से 1976 से सेवा प्रदान करना शुरू किया है।

**(5) उद्योगों के लिए सूचना सेवा**—देश के छोटे एवं बड़े उद्योगों को विज्ञान एवं तकनीकी के क्षेत्र में हुए नवीन विकास एवं शोधों की सूचना देने के क्रम में प्रधान रूप से ध्यान देने योग्य बात है कि उन्हें व्यावहारिक सूचना की ही आवश्यकता ज्यादा होती है जिससे वे उन्हें सीधे प्रयोग में ला सकें, इसलिए उनके समक्ष सूचनाओं की प्रस्तुति इस तरह होनी चाहिए कि वे स्पष्ट रूप से सुलभ हों। SIET Institute ने इस दिशा में सराहनीय सेवा प्रदान की है।

**(6) सूचना विज्ञान में प्रशिक्षण**—सूचना पद्धतियों में हो रहे अनवरत विकास, कम्प्यूटर उपयोग तथा विकासोन्मुखी अन्तर्विषयों के सम्बन्ध को देखते हुए सूचना विज्ञान में प्रशिक्षण देने की योजना शुरू की है। प्रतिवर्ष प्रशिक्षण कार्यक्रम आयोजित किये जा रहे हैं।

**(8) अन्तर्राष्ट्रीय सहयोग** (International Co-operation) – भारत वैश्विक स्तर पर भी इस क्षेत्र में मदद प्रदान कर रहा है। भारत UNESCO के साथ FID, INIS, AGRIS आदि अनेक कार्यक्रमों में हिस्सा लेता है।

## पुस्तकालय नेटवर्क

पुस्तकालय नेटवर्क एक नूतन पद है जिसका उपयोग अभिव्यक्तियों एवं प्रणालियों के संकेत के लिए किया जा रहा है। पुस्तकालय नेटवर्क, पुस्तकालय सहकारिता, संसाधनों का सहभागी उपयोग आदि प्रत्येक पद एक ही अर्थ में प्रयुक्त किये जाते हैं जिनका मुख्य अर्थ पुस्तकालयों के पारस्परिक सहयोग एवं सहभागिता के माध्यम से उनकी सामग्रियों/संसाधनों का अधिकाधिक उपयोग करने की प्रक्रिया एवं क्रियाकलापों को प्रेरित करना होता है। साथ ही, पुस्तकालय के उपयोगकर्त्ताओं को किसी भी पुस्तकालय में उपलब्ध सामग्रियों से लाभ पहुँचाना होता है। पुस्तकालय की दुनिया में मुख्यतः संसाधनों की सहभागिता को अधिकाधिक सफल बनाने की दृष्टि से विविध पुस्तकालयों द्वारा नेटवर्क की स्थापना की जाती है। अतः पुस्तकालय नेटवर्क पुस्तकालयों की वह व्यवस्था है जिसके द्वारा नेटवर्क की स्थापना की जाती है। अतएव पुस्तकालय नेटवर्क पुस्तकालयों की वह व्यवस्था है जिसके द्वारा अनेक पुस्तकालय पारस्परिक रूप से एक-दूसरे के साथ सहयोग प्रदान करने हेतु सक्रिय होते हैं जो प्रधान तथा सूचना, संसाधनों एवं सुविधाओं के विनिमय के माध्यम से सम्पन्न किया जाता है। ट्रेजा ने पुस्तकालय नेटवर्क की परिभाषा को निम्नवत् व्यक्त करते हुए स्पष्ट किया है कि—पुस्तकालय नेटवर्क में संसाधनों की सहभागिता और सहकारिता के लिए पुस्तकालयों में एक तरह की औपचारिक

व्यवस्था एवं संगठन होता है जिसमें सम्पूर्ण समूह को उप-समूहों में व्यवस्थित किया जाता है ताकि किसी पुस्तकालय की ज्यादातर जरूरतों को जिसका वह सदस्य होता है सन्तुष्ट कर दिया जाता है।

पुस्तकालय नेटवर्क का प्रमुख उद्देश्य रहा है कि पुस्तकालय की ज्ञान-सामग्रियों, विशेष अनुभवों तथा प्राविधिक विशेष योग्यता आदि का पारस्परिक रूप से प्रयोग किया जायँ तथा उपयोगकर्त्ताओं तथा पुस्तकालय कर्मचारियों को जरूरत के अनुसार लाभ पहुँचा दिया जायँ। आधुनिक परिप्रेक्ष्य में पुस्तकालय नेटवर्क का प्रमुख उद्देश्य क्षेत्रीय, राष्ट्रीय एवं अन्तर्राष्ट्रीय स्तरों पर सभी पुस्तकालयों/सूचना केन्द्रों/प्रलेखन केन्द्रों को एक साथ शामिल कर एक संसाधन केन्द्र के रूप में उपयोग किये जाने का प्रयत्न किया जा रहा है।

### *आवश्यकता*

पुस्तकालय नेटवर्क की आवश्यकता निम्न हैं–

(1) शोधकर्त्ताओं एवं उपयोगकर्ताओं को Inter Library Loan के द्वारा नेटवर्क के द्वारा संसाधनों की सहभागिता को प्रोन्नत करना।

(2) जहाँ सम्भव हो वहाँ गैर जरूरी दुहरीकरण को कम करके तथा समुचित संग्रह के विकास हेतु प्रयत्नों में समन्वय करना।

(3) अन्य क्षेत्रीय, राष्ट्रीय एवं अन्तर्राष्ट्रीय नेटवर्क के साथ सहयोग करना।

(4) सूचना तथा प्रलेख के स्थानान्तरण हेतु पुस्तकालयों एवं उपयोगकर्ताओं में समन्वय करना।

(5) तकनीकियों, विधियों, क्रियाओं, हार्डवेयर तथा सॉफ्टवेयर एवं सेवाओं में मानक तथा पथप्रदर्शक तत्त्वों को प्रोन्नत करना।

(6) पुस्तकों, धारावाहिकों एवं अपुस्तकीय सामग्री की सूचीकरण प्रक्रिया में सभी सहभागी पुस्तकालयों की मदद करना।

(7) श्रमपूर्ण एवं यान्त्रिक विधियों द्वारा प्रलेख प्रदान सेवाओं को आसान करना एवं प्रोन्नत करना।

(8) सूचना के तीव्र सम्प्रेषण हेतु पुस्तकालयों में क्रिया-कलापों एवं इलेक्ट्रॉनिक सेवाओं का कम्प्यूटरीकरण करना।

(9) ऑनलाइन सूचना सेवा प्रदान करने हेतु विशेषज्ञों एवं संस्थाओं हेतु एक डाटाबेस निर्मित करना।

(10) सभी सहभागी ग्रन्थालयों में अन्तर्राष्ट्रीय नेटवर्कों के साथ सहयोग करना।

## भारत में पुस्तकालय नेटवर्क के प्रयास

सूचना सेवाओं की महत्ता एवं उपयोगिता की दृष्टि से पुस्तकालयों के मध्य सहकारिता, संसाधनों की सहभागिता एवं पुस्तकालय नेटवर्क की स्थापना तथा इनके प्रोत्साहन पर हमारे देश भारत में भी पिछले तकरीबन 1/4 शताब्दी से पर्याप्त ध्यान दिया जा रहा है। मुख्य रूप से देश के वैज्ञानिक वातावरण के विकास हेतु सक्रिय रूप से प्रयास किए जा रहे हैं। भारत में पुस्तकालय सेवाओं और सूचना सेवाओं के आधुनिकीकरण एवं उनके उन्नयन हेतु भिन्न-भिन्न नवीन उपकरणों का उपयोग कर पुस्तकालयों को आधुनिक बनाने हेतु पुस्तकालय पद्धतियों एवं सेवाओं को एक साथ सम्बद्ध करने हेतु हमारी सरकार प्रयत्नशील रही है जिसके परिणामस्वरूप भारत में पुस्तकालय नेटवर्क के क्षेत्र में कई पुस्तकालय नेटवर्कों की स्थापना की जा चुकी है जिनसे राष्ट्र में शोध कार्य में संलग्न वैज्ञानिकों, शोधकर्ताओं एवं विशेषज्ञों को सूचना सेवा में कई समुचित प्राप्त होती है। भारत के ये पुस्तकालय नेटवर्क निम्न हैं–

**(1) कालिबनेट** (CALIBNET)–यह नेटवर्क महानगरीय पुस्तकालय नेटवर्क का भारत में एक ज्वलन्त उदाहरण है इसकी स्थापना 1986 में कलकत्ता में की गयी थी। इसकी स्थापना में NISSAT का प्रमुख अंशदान रहा है। संसाधनों की सहभागिता की दृष्टि से इस नेटवर्क में वर्तमान में विज्ञान एवं तकनीकी के लगभग 38 पुस्तकालय शामिल हैं।

**(2) डेलनेट** (DELNET)–दिल्ली महानगर में पुस्तकालयों के संसाधनों के सहभागी उपयोग को प्रोत्साहन प्रदान करने एवं सूचना सेवाओं को अधिकाधिक प्राप्त कराने की दृष्टि से इस नेटवर्क की स्थापना की गयी है। इस नेटवर्क का मुख्य उद्देश्य दिल्ली के पुस्तकालयों के संसाधनों की सहभागिता तथा सूचना प्रसार, एवं सम्प्रेषण को सक्रिय और लाभदायी बनाने का रहा है। यह भी एक महानगरीय पुस्तकालय नेटवर्क है।

**(3) इनफ्लिबनेट** (INFLIBNET)–यह हमारे देश का एक राष्ट्रीय सहकारी पुस्तकालय नेटवर्क है जिसका प्रधान उद्देश्य भारत के संसार विद्यालयी पुस्तकालयों, अनुसंधान एवं विकास संगठनों के पुस्तकालयों और सूचना केन्द्रों के संसाधनों, सेवाओं, सुविधाओं का केन्द्रीयकरण करना तथा सहभागिता के द्वारा उनका अधिकाधिक उपयोग किये जाने की व्यवस्था करना रहा है। इसकी स्थापना 1986 में संसार विद्यालय अनुदान आयोग द्वारा अहमदाबाद में की गयी थी।

(4) **अन्य नेटवर्क**—उपर्युक्त पुस्तकालय नेटवर्कों की स्थापना के अलावा अन्य महानगरों बम्बई में बोनेट (BONET), पूना में पूनेट (PONNET), मद्रास तथा बंगलौर आदि हेतु भी नेटवर्क स्थापित किये गये हैं। क्षेत्रीय नेटवर्क की भाँति उत्तर-पूर्वी भारत में नेलिबनेट (NELIBNET) को स्थापित किया जा रहा है।

## पुस्तकालय यन्त्रीकरण

यन्त्रीकरण मानव की दुनिया में व ज्ञान के क्षेत्र में अपना विशिष्ट स्थान रखता है। मानव क्रियाकलापों का कोई भी ऐसा क्षेत्र नहीं है जहाँ आज यन्त्रों का प्रयोग न किया जा रहा हो। यन्त्रों के प्रयोग से समय व श्रम की अपार बचत, समय एवं श्रम से ग्रसित कर्मियों को थकान से बचाने एवं उतनी ही अवधि में ज्यादा कार्य निष्पादन करके अत्यधिक उत्पादन करने के उद्देश्य से किया जाता है वर्तमान में पूरा न केवल पुस्तकालयों की आन्तरिक व्यवस्था हेतु यन्त्रीकरण किया जा रहा है अपितु सन्दर्भ सेवाओं, सूचना के संग्रहण, प्रसार तथा प्रचार हेतु बहुत उन्नत और सूक्ष्म यन्त्रों का उपयोग किया जा रहा है जिससे न केवल एक पुस्तकालय और एक स्थान पर उपलब्ध सामग्रियों का एक ही स्थान पर बैठकर अवलोकन एवं उपयोग किया जा सकता है अपितु संसार के किसी भी स्थान के किसी भी पुस्तकालय तथा सूचना केन्द्रों की सामग्रियों का प्रयोग किया जा सकता है।

मशीनीकरण किसी भी प्रक्रिया या किसी पद्धति को स्वचालित एवं स्वतः कार्यशील बनाने की एक तकनीक होती है। यन्त्रीकरण में कम्प्यूटर का प्रयोग होता है एवं बिना कम्प्यूटर के अनुप्रयोग भी यन्त्रीकरण सम्भव होता है। अमेरिका के बहुत से उन्नत पुस्तकालयों में श्रमपूर्ण कार्यों हेतु कम्प्यूटर के अतिरिक्त अन्य यन्त्रों का भी प्रयोग किया जा रहा है लेकिन यन्त्रीकरण अथवा स्वचालीकरण का मुख्य आधार कम्प्यूटर का उपयोग ही माना जाता है। इससे यह निष्कर्ष निकलता है कि सूचना/प्रलेखन सेवा के आयोजन में उपयोगकर्ताओं की सूचना जरूरतों की पूर्ति हेतु अल्पतम श्रम में, कुशलतापूर्वक अल्प समय में अधिकाधिक कार्य के निष्पादन के लिए यन्त्रों का प्रयोग करना ही यन्त्रीकरण कहलाता है।

### *यन्त्रीकरण के क्षेत्र*

प्रलेखन एवं सूचना सेवाओं के क्षेत्र में सूचना वैज्ञानिक कम्प्यूटर के दो मुख्य कारणों से ज्यादा प्रभावित हुए हैं—

(1) सूचना की व्यवस्था की सर्वाधिक शक्ति, गति एवं क्षमता और सूचना संग्रहण।

(2) प्रिन्ट आउट स्वरूप (Printout form) में या स्क्रीन पर उत्तर प्रदान करने की योग्यता तथा क्षमता।

यन्त्रीकरण में सूचना संग्रह, सूचना प्रसार, सूचना सम्प्रेषण, सूचना स्थानान्तरण आदि को विकसित करने से कम्प्यूटर का अनुप्रयोग प्रमुख रूप से होता है जिससे प्रलेखन और सूचना सेवाओं के आयोजन में सबसे ज्यादा सुविधा होती है। ग्रन्थालय तथा सूचना केन्द्रों में यन्त्रीकरण के प्रयोग के क्षेत्र (Areas of Automation) निम्न हैं–

**(1) नियमित यन्त्रीकरण**–पुस्तकालय के नित्यप्रति के कार्यों के निष्पादन हेतु यन्त्रीकरण अर्थात् प्रमुखतः कम्प्यूटर का उपयोग किया जाता है। ये दैनंदिन के कार्य हैं, –पुस्तकों के अधिग्रहण आराष्ट्र एवं प्राप्ति, धारावाहिकों का नियन्त्रण, पुस्तकों का आगत-निर्गत, लेखा कार्य आदि।

**(2) सूचना पुनर्प्राप्ति में यन्त्रीकरण**–Ralph Shaw ने सबसे पूर्व सूचियों के संकलन को सम्पन्न करने में कम्प्यूटरों का प्रयोग शुरू किया था। सूचना पुनर्प्राप्ति के क्षेत्र में प्रलेखों के विषय विश्लेषण, विषयवस्तु का प्रस्तुतीकरण एवं संचिका का निर्माण कथा पूर्वव्यापी संचिका से अनुरोध करने पर वास्तविक सूचना पुनर्प्राप्ति या किसी अन्य स्वरूप को सुलभ करना आदि में यन्त्रीकरण किया जा सकता है।

**(3) कम्प्यूटराइज्ड अनुक्रमणिकाएँ**–कम्प्यूटर से KWIC Indexing में अनुक्रमणिका तैयार की जाती है। इसमें प्रलेख का विश्लेषण किए जाने की अनिवार्यता स्वयंमेव कम हो जाती है और पूरे मूल पाठ को विश्लेषित करने की जरूरत भी नहीं होती है। इसमें प्रलेख या KWIC के अनुसार होना चाहिए। Key Punchers की मदद से कम्प्यूटर के द्वारा इसे सहजतापूर्वक कम समय में शीघ्रता से तैयार किया जा सकता है।

**(4) अन्वेषण में यन्त्रीकरण**–वैसे तो पुस्तकालयों में सामग्री की खोज हेतु प्रसूचियों का निर्माण किया जाता है। सभी प्रलेखों की भिन्न-भिन्न प्रविष्टियाँ तैयार कर एक संचिका में इस तरह से आकलित की जाती है कि उनसे विविध प्रकार के प्रश्नों का उत्तर प्रदान किया जा सके। भिन्न-भिन्न प्रकार के प्रश्नों का उत्तर प्रदान करने हेतु अनेक उपागमों की दृष्टि से अनेक प्रविष्टियों को तैयार कर संचिकाकरण किया जाता है। एक अभिलेख की कई दृष्टिकोणों/उपागमों से खोज की जा सकती है। यह यन्त्रेण पठनीय संचिका के खोजने के अनुक्रमों की विधियों के कारण सम्भव होता है जो कम्प्यूटर की तीव्रगति से खोजने की क्षमता के कारण

सम्भव होता है जो संचिका से कम्प्यूटर तीव्रतापूर्वक ढूंढ लेता है और उनका परीक्षण भी कर लेता है।

**(5) खोज-कौशल के तर्कपूर्ण आधार**—यन्त्रेण पठनीय संचिका में कई कौशल होते हैं। जिसमें खोज कौशल को सूत्रबद्ध किया जाता है जो परम्परागत प्रसूचियों तथा अनुक्रमणिकाओं में सम्भव नहीं होता है। कई कम्प्यूटरीकरण सूचना पुनर्प्राप्ति प्रणालियों में विषयगत विशेषताओं से रहित पदों या विषय अभिव्यक्तिविहीन पदों का प्रयोग किया जाता है। इससे खोज की क्षमता बढ़ जाती है एवं उपयुक्त प्रलेखों/सूचना को प्राप्त करने में सरलता होती है जो कम्प्यूटरीकृत पद्धति की विशेषता है।

**(6) अन्तर्राष्ट्रीय सूचना पद्धति की सम्भावना**—कम्प्यूटर के अनुप्रयोग से सूचना प्रसार एवं सेवा की अन्तर्राष्ट्रीय पद्धति की स्थापना करने में मदद मिली है जो कभी असम्भव था। सार्वभौमिक ग्रन्थ सूची की कल्पना पाल आटलेट एवं हेनरी ला फान्टेन ने प्रस्तुत की थी और वैज्ञानिक साहित्य की अन्तर्राष्ट्रीय प्रसूची जिसकी कल्पना Royal Society, London ने की थी उन्हें अब बनाया जाना कठिन कार्य नहीं रहा है। इस प्रकार कम्प्यूटर के अनुप्रयोग से अन्तर्राष्ट्रीय सूचना पद्धति की स्थापना की जा सकती है जैसे—INIS तथा AGRIS ने की है।

**(7) अन्य सेवाएँ**—स्वचालीकरण या यन्त्रीकरण के अनुप्रयोग से विभिन्न प्रकार की प्रमुख सेवाएँ पर्याप्त सरल एवं मितव्ययी हो गयी हैं। CAS सेवाओं को कम्प्यूटर के द्वारा आयोजित करना सरल और गतिशील हो गया है और इसमें कई उपागमों को भी प्रदान किया जाता है।

# 3

# तकनीकी सेवाएँ

पुस्तकों और अभिलेखों का सुव्यवस्थित तरीके से क्रमस्थापन अति आवश्यक है। ऐसा करने से पाठकों को सुगमता से पुस्तकें और अभिलेखा प्राप्त हो सकते हैं। वर्गीकरण क्रमस्थापन के लिए आवश्यक है। वर्गीकरण के द्वारा साहित्य विधानियों (Shelves) व सूचियों (Catalogue) पर विषयवार व्यवस्थित हो जाता है। वर्गीकरण के कारण विषय वर्गों में सामग्री विभक्त हो जाती है व निधानियों और सूचियों में सामग्री के विषयवार होने के कारण बहुत ही सहजतापूर्वक उपलब्ध किया जा सकता है। संक्षेप में, वर्गीकरण क्रमानुसार व्यवस्थापन, प्राप्ति, चयन व अन्त में निरस्तीकरण की नजर से प्रथम कुञ्जी है। वस्तुओं का उनकी वास्तविक विशेषताओं के आधार पर वर्गीकरण मानवीय मस्तिष्क की दिन-प्रतिदिन प्रयुक्त होने वाली प्रक्रिया है। अतएव, पुस्तकों का वर्गीकरण नैसर्गिक, वास्तविक व आवश्यक प्रक्रिया है। जिसके द्वारा साहित्य की सुगम उपलब्धि सुनिश्चित की जा सकती है। पुस्तकालयाध्यक्ष व पाठक दोनों हेतु वर्गीकरण की समान उपयोगिता है, क्योंकि यह ही पुस्तकों के निधानियों पर व्यवस्थापन की सबसे ज्यादा तर्कसंगत विधि है। किसी पुस्तकालय में वर्गीकरणविहीन पुस्तक संग्रह को वन की संज्ञा दी जा सकती है, जबकि वर्गीकृत संग्रह एक सुनियोजित सुव्सवस्थित वाटिका के समान है; जहाँ सभी जाने वाले व्यक्ति को आनन्द व सन्तोष की अनुभूति होती है। हर पुस्तकालय चाहे वह छोटा हो या बड़ा, महत्त्वपूर्ण हो सकता है, अगर अव्यवस्था के स्थान पर वहाँ व्यवस्था पायी जाये। यह व्यवस्था तभी पायी जा सकती है, जबकि पुस्तकालय के उद्देश्यों पर आधारित क्रमबद्ध व्यवस्थापन के सिद्धान्त का पुस्तकों के रखरखाव में उपयोग किया जाये। वर्गीकरण से न सिर्फ पाठकों का समय बचता है, बल्कि सामग्री का प्रभावी उपयोग भी सुनिश्चित हो जाता है।

यहाँ यह विचार करना आवश्यक है कि कौन-सी वर्गीकरण प्रणाली का उपयोग पुस्तकालयों के लिए सही होगा। दरअसल, किसी पद्धति का नाम न लेते हुए अच्छी वर्गीकरण प्रणाली की विशेषताओं पर प्रकाश डालना समीचीन होगा। अच्छी वर्गीकरण पद्धति विविध विषयों की विशेषताओं पर आधारित होती है, व उसका निर्माण वर्गीकरण, के नियमों (Canons of classification) के आधार पर किया जाता है। ऐसी वर्गीकरण जो इन विशेषताओं पर खरी उतरती है, पुस्तकालय हेतु उपयुक्त मानी जा सकती है।

वर्गीकरण पद्धति सुविधाजनक क्रम में सम्पूर्ण ज्ञान के अशं-विशेष का शाब्दिक चार्ट है। व्यवस्थापन का क्रम उद्विकासात्मक, ऐतिहासिक, उपयोगितावादी, अथवा निरंकुश हो सकता है। जो वर्गीकरण पद्धति सम्पूर्ण ज्ञान के वर्गीकरण हेतु उपयुक्त होती है, व्यापक प्रणाली मानी जाती है, जबकि ज्ञान के किसी क्षेत्र-विशेषज्ञ को वर्गीकृत करने में सक्षम वर्गीकरण पद्धति को विशिष्ट पद्धति कहा जाता है। विशिष्ट वर्गीकरणों में अनुसूचियाँ विशेषज्ञों, वैज्ञानिकों, अध्यापकों, वकीलों आदि की जरूरतों के समान होती हैं व विशेष रूप से प्रशिक्षित पुस्तकालयाध्यक्ष इन पुस्तकालयों की देखभाल करते हैं। सार्वजनिक पुस्तकालय के पुस्तकालयाध्यक्ष को सामान्य वर्गीकरण करना होता है, क्योंकि सामाजिक पुस्तकालयों में ज्ञान की सभी शाखा से जुड़ा साहित्य होता है व उसके द्वारा समुदाय की अपरिमित रुचियों की तुष्टि होती है।

साधारण दृष्टि से देखा जाये, तो ज्ञान का सम्पूर्ण क्षेत्र प्रधान संवर्गों (Genus), विभागों (Species), उपविभागों (Sub-divisions), प्ररूप (Type) व इकाइयों (Members), में विभक्त होता है। किसी विभाग के लक्षणों के आधार पर वर्गों का विभक्त किया जाता है। लक्षण, विभागों के उद्देश्य के आधार पर नैसर्गिक अथवा कृत्रिम हो सकते हैं। चूँकि किसी वस्तु अतएव व्यक्ति में कृत्रिम लक्षण स्वाभाविक रूप से पाये जाते हैं, अतएव पुस्तकों के विषयों के रूप में विभाजित करने के लिए कृत्रिम लक्षणों का प्रयोग किया जाता है। विभाजन सम्बन्धी लक्षणों का प्रयोग करते समय यह ध्यान में रखना होता है, कि सूक्ष्म और कठोर एकरूपता बरती जावे जिससे विभाजनों में पुनरावृति या अतिक्रमण न हो सके। वर्गीकरण लचीला होना चाहिए जिससे ज्ञान के विविध क्षेत्रों में होने वाले बदलावों में सुगमतापूर्वक समाविष्ट किया जा सके।

पुस्तक वर्गीकरण प्रणाली के (1) अंकन (Notation) (लचीला, संक्षिप्त, समृतिसहायक, शुद्ध अथवा मिश्रित), (2) सामान्य वर्ग (Generalis class), रूप वर्ग (Form class), (3) रूप विभाजन, (4) अनुक्रमणिका जरूरी अंग हैं।

अंकन से अभिप्राय किसी वर्गीकरण प्रणाली में मुख्य वर्गों एवं उनके अधीनस्थ वर्गविभागों का ज्ञान कराने हेतु प्रयुक्त अंक, अक्षर अथवा अन्य कोई प्रतीक से है। अंकन का अनुक्रमणिका व तालिकाओं में व्यवहार होता है। सूचीकरण में अंकन के द्वारा पुस्तकों का प्राप्ति चिन्ह दर्शाया जाता है, जिससे निधानी पर पुस्तक सरलता से उपलब्ध हो सके। पुस्तक के पृष्ठभाग में अंकन द्वारा वह प्रतीक चिन्ह दर्शाया जाता है जो उस पुस्तक के सूची कार्ड पर भी उपलब्ध हो। डीवी द्वारा निर्मित दशमलव पद्धति में शुद्ध अंकन का प्रयोग किया गया है। इसमें 0-9 अंक व्यवहार में लाये गये हैं, जबकि द्विबिंदु वर्गीकरण पद्धति में मिश्रित अंकन का उपयोग हुआ है यथा A से Z तक वर्ण तथा अंक। दशमलव प्रणाली में 954 से भारतीय इतिहास का बोध होता है। इस संख्या में 9 इतिहास हेतु, 5 एशिया हेतु व 4 भारत हेतु व्यवहृत हुए हैं। इसका आशय यह हुआ कि भारतीय इतिहास की पुस्तकालय में सब पुस्तकें 954 में ही पायी जायेंगी, इन पुस्तकों की स्थिति 953 से पूर्व व 955 के सब होगी। 953 और 955 में अन्य एशियाई राष्ट्र सम्मिलित हैं।

अंकन तालिका में सभी का स्थान और परस्पर सम्बन्ध निर्दिष्ट रहता है। यदि तालिका में भारतीय इतिहास के लिए "भारतीय इतिहास" ही लिख दिया जाये तो तालिका में इसका कोई सम्बन्ध जुड़ाव नहीं होगा, जबकि 954 अंकित होने पर यह व्यक्ति होता है कि वह वर्ग 900 के पाँचवें हिस्से का अंग है।

अनुक्रमणिका में अंकन के तौर पर व्यवहृत प्रतीकों से विषयों के स्थान का ज्ञान होता है। पुस्तक के हर हिस्से में व विशेष रूप से उसके पृष्ठ भाग में अंकन का उल्लेख करना अति सरल है। आगम-निर्गम के लिए प्रयुक्त कार्डों, निधानियों, सूची-कार्डों में अंकन के कारण काफी अधिक सुविधा होती है। पुस्तकालय की क्रम व्यवस्था और पुस्तक की सहज उपलब्धि की नजर से जरूरी होने के साथ-साथ यह सहज स्मरण रखने योग्य भी है।

साधारण वर्ग सामान्य कृतियों के लिए होता है। इसके तरह विश्वकोश, कोश, समाचारपत्र, पत्रिकाओं आदि को स्थान दिया जाता है। ऐसे साहित्य की विभिन्नता के कारण इन्हें किसी मुख्य शीर्षक के तहत रखना असम्भव है।

दशमलव वर्गीकरण पद्धति के अन्तर्गत सामान्य वर्ग में निम्नांकित को समविष्ट किया गया है–

| | |
|---|---|
| 000 | सामान्य कृतियाँ (General works) |
| 010 | वाङ्.मय सूची विज्ञान (Bibliograhy) |
| 020 | पुस्तकालय विज्ञान और सूचना विज्ञान (Library science & information science) |

| | |
|---|---|
| 030 | सामान्य विश्वकोष (General encyclopaedias) |
| 050 | सामान्य क्रमिक प्रकाशन और उनकी अनुक्रमणिकाएँ (General serial Publicatons) |
| 060 | सामान्य संगठन और संस्थाएँ, संग्रहालय और संग्रहायल विज्ञान (General organization & Musealogy) |
| 070 | पत्रकारिता, प्रकाशन, समाचार पत्र (Journalisim, Publishing, Newspapers) |
| 080 | सामान्य संग्रह, संकलन (General collections) |
| 090 | हस्तलिखित ग्रन्थ और दुष्प्राय ग्रन्थ (Manuscripts and book rareties) |

रूप वर्ग में वे ग्रन्थ रखे जाते हैं जो विधाओं से जाने जाते हैं। इस तरह की पुस्तकें—काव्य, नाटक, कथासाहित्य, निबन्ध, भाषण संभाषण, पत्र, व्यंग्य और विनोद मूलपाठ, समीक्षा विषयक पुस्तकें हैं। दशमलव पद्धति में साहित्य सम्बन्धी पुस्तकों का विधाओं के अनुरूप निम्न प्रकार से वर्गीकरण किया गया है—

| | |
|---|---|
| 821 | अंग्रेजी कविता |
| 822 | अंग्रेजी नाटक |
| 823 | अंग्रेजी कथा साहित्य |
| 824 | अंग्रेजी निबन्ध |
| 825 | अंग्रेजी भाषण |
| 826 | अंग्रेजी पत्र |
| 827 | अंग्रेजी व्यंग्य-विनोद |
| 828 | प्रकीर्णक अंग्रेजी साहित्य रचनाएँ |
| 829 | ऐंग्लो सेक्सन (प्राचीन अंग्रेजी) साहित्य। |

रूप विभाजन मानक वर्गीकरण पद्धति का आवश्यक अंग होता है। इसे विभाजन की जरूरत आवश्यक है कि पुस्तकें ऐतिहासिक विषय के संपूर्ण रूप को प्रस्तुत करने वाली रूपरेखाओं, शब्दकोशों आदि के रूप में प्रस्तुत की जाती हैं-यथा रसायन विज्ञान का इतिहास, रसायन विज्ञान की ररूपरेखा, रसायन विज्ञान कोश आदि। इस उदाहरण में जैसा कि स्पष्ट है, तीनों पुस्तकों की विषय सामग्री, रसायन विज्ञान से जुड़ी है। रसायन-विज्ञान के इतिहास को एक साथ, किन्तु रसायन-विज्ञान की रूपरेखा से लेकिन रखने की दृष्टि से यह जरूरी है कि वर्गांक के साथ जरूरत के मुताबिक इनका उपयोग किया जाये।

रूप विभाजन को निर्धारित रूप में व समृतिसुगम तरीकें से उपयोग करने की दृष्टि से ड्यूई दशमलव प्रणाली में सामान्य मानक उपविभागों की व्यवस्था की गयी है—

| | |
|---|---|
| 01 | दर्शन और सिद्धान्त |
| 02 | प्रकीर्णक |
| 03 | कोश, विश्वकोश, अनुक्रमणिका |
| 04 | सामान्य विशिष्ट |
| 05 | क्रमिक प्रकाशन |
| 06 | संगठन, संस्थाएँ |
| 07 | अध्ययन और अध्यापन |
| 08 | संग्रह, संकलन |
| 09 | ऐतिहासिक और भौगोलिक निरूपण |

यह मानक उपविभाग किसी भी विषय के साथ प्रयुक्त किये जा सकते हैं। यह रूप वर्ग से पृथक् हैं, जिनका प्रयोग सिर्फ साहित्य रूपों हेतु किया जाता है।

भारत में मुख्य दो पद्धतियां प्रचलित हैं—ड्यूई की दशमलव प्रणाली एवं द्विबिंदु वर्गीकरण प्रणाली। निम्न परिच्छेदों में दोनों वर्गीकरण पद्धतियां सम्यक व्याख्या की गयी है।

## दशमलव वर्गीकरण पद्धति

सन् 1873 ई. की शुरूआत में दशमल प्रणाली का प्रादुर्भाव हुआ। यह सर्वाधिक प्रचलित प्रणाली है। व्यावहारिक उपयोगिता एवं कम खर्च इस प्रणाली का मौलिक गुण है। इस पद्धति में अनेक दोष हैं, लेकिन फिर भी यह अधिक व्यवहृत हुई है। प्रो. डब्ल्यू.सी. बारबिक सेयर्स ने ड्युई दशमलव प्रणाली पर टिप्पणी करते हुए लिखा है "कोई भी व्यक्ति दशमलव वर्गीकरण पद्धति का इसके विषय विन्यसन एवं वर्गक्रम की आधुनिकता या उसके अंकनों की पर्याप्त लघुता का समर्थन नहीं करता।" किन्तु इसके बावजूद यह एक विलक्षण बात है, कि आधुनिक विश्व में अधिकाधिक पुस्तकालय इस प्रणाली को प्रयोग में ला रहे हैं। कुछ ने तो अपनी आवश्यकताओं के अनुसार इसमें संशोधन भी कर लिया है। लेकिन सभी परिस्थितियों में यह प्रणाली व्यावहारिक सिद्ध हुई है। यदि हम स्वीकार न करें कि एक प्राविधिक प्रणाली, जिसके प्रयोग में इसकी तथाकथित गलतियों के बावजूद अस्सी वर्षों से न केवल इसकी उपयोगिता और सक्रियता बनी रही है, इसके प्रयोग में उत्तरोत्तर बढ़ोतरी

होती रही है, क्योंकि इसमें कुछ सैद्धांतिक गलतियों की अपेक्षा व्यावहारिक गुण अधिक हैं, तो हम अपने को इसकी सेवाओं के समुचित मूल्यांकन करने के मामले में अयोग्य प्रमाणित करेंगे। इसके गुण से हमारा आशय इसकी उस ग्रहणशीलता एवं सुगम अनुकूलनीयता से है, जिसके द्वारा पुस्तकों की एक अन्य पाठ्यसामग्री के किसी छोटे या बड़े संचय को सूक्ष्म अथवा स्थूल रूप से वर्गीकृत करने और जैसे-जैसे संग्रह में बढ़ोतरी होती जाये, इसके वर्ग-विभाजन का भी समन्वित विस्तार करने में इस प्रणाली का सरलतापूर्वक उपयोग किया जा सकता है।

ड्यूई दशमलव वर्गीकरण प्रणाली में उत्तरोत्तर विस्तार निम्न सारणी से स्पष्ट है—

पृष्ठ संख्या

| भूमिका | सारणियाँ | अनुक्रमणिका | जोड़ |
|---|---|---|---|
| 12 | 12 | 18 | 42 |
| 113 | 1516 | 1063 | 2692 |
| | | | 28,528 |

प्रथम संस्करण

18 वाँ संस्करण 1876

19 वाँ संस्करण-कुल प्रविष्टियाँ

दशमलव प्रणाली के 19वें संस्करण में एवं परिवर्द्धन और परिमार्जन कर दिया गया है व जरूरत के मुताबिक सूक्ष्मातिसूक्ष्म वर्गीकरण हेतु प्रयोग किये जाने योग्य 4,892 विषय सम्मिलित किये गये हैं।

निम्न अनुच्छेदों में हम ड्यूई दशमलव प्रणाली की संरचना पर प्रकाश डालेंगे—

यह पद्धति एक सोपानुक्रमिक (Hierachical) पद्धति है, और इसमें ज्ञान के उपविभाग के लिए दशमलव पद्धति को व्यवहार में लाया गया है। अभिप्राय यह है कि ज्ञान के प्रत्येक आनुक्रमिक वर्गों के समूह का क्रमण दस अंकों 0-9 के आधार पर किया गया है।

इस पद्धति में प्रथम वर्ग विभाजन 10 मुख्य वर्गों में किया गया है। ये मुख्य 0, 1, 2, 3, 4, 5, 6, 7, 8, 9 अंकों से जाने जाते हैं। सामान्य पुस्तकों के लिए जिनका वर्गीकरण विभिन्नता के कारण अन्य विषय समूहों में नहीं किया जा सकता 0 में रखी गयी हैं। सामान्य विश्वकोष, पत्र-पत्रिकाएँ एवं विभिन्नतापूर्वक विषय जैसे सूचना तथा संचार, पुस्तकालय तथा सूचना तथा संचार, पुस्तकालय तथा सूचना

विज्ञान, पत्रकारिता आदि इस वर्ग में समन्वित हैं। ज्ञान से सम्बधित विशिष्ट विषय-क्षेत्र मुख्य वर्ग समूह 1-9 के तहत रखे गये हैं। यह मुख्य दस वर्ग निम्नांकित क्रम में व्यवस्थित किये गये हैं–

| क्रम | वर्ग | प्रत्येक वर्ग के तहत विषय | वर्ग का अंकन नोटेशन) |
|---|---|---|---|
| 0 | सामान्य वर्ग | ग्रन्थ-सन्दर्भ सूचियाँ और ग्रन्थ-सूचियाँ पुस्तकालय विज्ञान, सामान्य विश्वकोश, सामान्य क्रमिक प्रकाशन, संग्रहालय-विज्ञान, पत्रकारिता, प्रकाशन, सामान्य संकलन दुर्लभ और हस्तलिखित ग्रन्थ। | 000 |
| 1 | दर्शन और सम्बन्धित ज्ञान क्षेत्र | दर्शन-मनोविज्ञान, तर्कशास्त्र, नीति-शास्त्र, भारतीय, पाश्चात्य दर्शन। | 100 |
| 2 | धर्म | विश्व भर के धर्म, धार्मिक संप्रदाय, मत, तुलनात्मक धर्म। | 200 |
| 3 | सामाजिक विज्ञान | सांख्यिकी, राजनीति, अर्थशास्त्र, विधि-लोक प्रशासन, समाज विकृति विज्ञान और समाज सेवा, शिक्षा, वाणिज्य, रीतिरिवाज और लोक रीतियाँ। | 300 |
| 4 | भाषा, भाषा विज्ञान | विश्व की भाषाएँ तथा भाषा विज्ञान। | 400 |
| 5 | शुद्ध विज्ञान | गणित, खगोल विज्ञान, भौतिकी, रसायन विज्ञान, पृथ्वी और अन्य भूमण्डलेतर लोक सम्बन्धी विज्ञान, जीवाश्म विज्ञान, सजीव-वस्तु विज्ञान, वनस्पति विज्ञान, प्राणीविज्ञान। | 500 |
| 6 | प्रौद्योगिकी (अनुप्रयुक्त विज्ञान) | आयुर्विज्ञान, अभियांत्रिकी, कृषि, घरेलू कलाएँ, प्रबन्धकीय सेवाएँ, रसायनिक और अन्य समवर्गी प्रौद्योगिकी, औद्योगिक निर्माण, फुटकर निर्माण, भवन निर्माण। | 600 |
| 7 | ललितकलाएँ और | भूदृश्यकला, वस्तुकला, मूर्तिकला, रेखा | 700 |

| | | | |
|---|---|---|---|
| | अलंकारिक कलाएँ | चित्रण, अलंकरण, चित्रकला, ग्राफिक कलाएँ, फोटोग्राफी, संगीत, अभिनय। | |
| 8 | साहित्य (दात्तसाहित्य) | विश्व साहित्य | 800 |
| 9 | सामान्य भूगोल इतिहास और उनके उपविषय | सामान्य भूगोल, भ्रमणयात्रा, जीवन चरित्र, प्राचीन विश्व का सामान्य इतिहास, विश्व के सभी राष्ट्रों के ऐतिहासिक चित्रण। | 900 |

पूर्ण अंकन हेतु कम से कम तीन अंकों का प्रयोग किया जाता है। उदाहणार्थ मुख्य वर्ग 8 (उदात्तसाहित्य) का पूर्ण दशमलव वर्गांक 800 है। इस सिद्धान्त के अनुसार हर मुख्य वर्ग के पूर्ण विस्तार को स्पष्ट करने हेतु प्रणाली में तीन अंकीय अंकन वर्णित हैं, जैसे सामान्य विषयों के लिए 000-099, धर्म, धार्मिक सम्प्रदायों तथा तुलनात्मक धर्मों हेतु 200-299 संसार का सामान्य भूगोल, भ्रमण-यात्रा, जीवन-चरित्र, प्राचीन विश्व का सामान्य इतिहास, संसार के सभी देशों के इतिहास हेतु 900 से 999 इत्यादि।

उपरोक्त प्रत्येक दस मुख्य विषय-वर्गों को प्रथमतः दस हिस्सो में विभाजित किया गया है और इन विभागों को भी 0-9 अंकों से अंकित किया गया है। विभागांक 0 का उपयोग सम्पूर्ण मुख्य-वर्ग सम्बन्धित सामान्य ग्रन्थों हेतु और विभागांक 1-9 उस मुख्य वर्ग के उपवर्गों के लिए किया जाता है। उदाहरण के रूप में वर्गांक 90 से आशय सामान्य भूगोल और इतिहास से है, तथा 91 से ऐतिहासिक भूगोल, यात्रा-भ्रमण, 92 से सामान्य जीवन-चरित्र एवं वंशावली, 93 से प्राचीन विश्व का सामान्य इतिहास तथा 94 से यूरोप के सामान्य इतिहास को ज्ञान होता है। पूर्णाङ्क बनाने के लिए तीन अंकों के अंकन करने हेतु दो अंकों के इन अंकों के बाद 0 लगाना होता है। जैसे 900 सामान्य भूगोल एवं इतिहास 920 जीवन चरित आदि।

इसके पश्चात् प्रत्येक वर्ग विभाग दस अनुभागों (sections) में विभक्तिकरण किया गया है। यहाँ भी 0-9 अंकों का प्रयोग किया गया है। उदाहरणार्थ 000-009, 010-019, 020-029 आदि। तीन अंकीय अंकन में दशमलव बिन्दु लगाकर विष-वर्गाङ्क के सूक्ष्मतर उपविभाजन किये जाते हैं। जरूरत के मुताबिक उपविभाजन को अधिक सूक्ष्म किया जा सकता है। उदाहरणार्थ हिन्दी भाषा के बिहारी उपभाषा वर्ग को 417.21 भोजपुरी 417.22 मगही 417.23 मैथिली आदि।

टेबल के पूर्व तीन क्रमिक तालिका सारांश दिये गये हैं। प्रथम सारांश में 10 मुख्य वर्ग, द्वितीय सारांश में 100 वर्ग विभाजन एवं तृतीय सारांश में 1000 वर्ग उपविभाग दिये गये हैं।

इस तरह हम देखते हैं कि दस मुख्य वर्गों के पुनः दस मुख्य विभक्तिकरण किये गये हैं—

| | |
|---|---|
| 000 | सामान्य वर्ग |
| 010 | ग्रन्थ-सन्दर्भ सूचियाँ और ग्रन्थ-सूचियाँ |
| 020 | पुस्तकालय-विज्ञान और सूचना-विज्ञान |
| 030 | समान्य विश्वकोश |
| 040-049 | 18वें संस्करण में प्रयोग नहीं किया गया है |
| 050 | सामान्य क्रमिक प्रकाशन |
| 060 | सामान्य संगठन संग्रहालय-विज्ञान |
| 070 | पत्रकारिता, प्रकाशन, समाचार-पत्र |
| 080 | सामान्य संग्रह और संकलन |
| 090 | हस्तलिखित और दुर्लभ ग्रन्थ। |

इसी तरह अन्य 9 मुख्य वर्गों को दस सहायक वर्गों में विभाजित किया गया है। मुख्य वर्ग के सभी विभाग को पुनः दस उपविभागों में विभाजित किया गया है—

| | |
|---|---|
| 510 | गणित |
| 511 | सामान्यताएँ |
| 512 | बीजगणित |
| 513 | अंकगणित |
| 514 | संस्थिति-विज्ञान |
| 515 | विश्लेषण |
| 516 | ज्यामिति |

517-519 का प्रयोग 18वें संस्करण में नहीं किया गया है। त्रिअंकीय उप-विभागों को दूबारा दशमलव जोड़कर दस खण्डों में विभक्त किया गया है, जो निम्नानुसार हैं—

| | |
|---|---|
| 511 | सैद्धान्तिक मान्यताएँ |
| .2 | आगमनात्मक और अंतर्ज्ञानात्मक गणित |
| .3 | प्रतीकात्मक (गणितीय तर्क) |
| .4 | सन्निकट और प्रसरण |

.5 सिद्धान्त और रचना-रेखाचित्र

.6 संचय-विन्यास विश्लेषण

.7 संख्यात्मक विश्लेषण

.8 गणितीय प्रतिरूप

.9 (18वें संस्करण से विलोपित)

इसी प्रक्रिया के द्वारा हर विषय का स्थान निर्दिष्ट किया गया है। अंकन को अपरिमित विस्तार दिया गया है एवं विषय के सूक्ष्मतम पक्षों हेतु भी वर्गांक निर्दिष्ट किये गये हैं। दस विभागों का सिद्धान्त सभी स्थल पर लागू होने के कारण कई स्थानों पर विषयों का अतार्किक समूहीकरण हुआ है, कई स्थलों पर निर्दिष्ट न कर खाली जगह छोड़ दी गयी हैं। प्रयास यह किया गया है, कि निर्धारित अंकन की सीमा में ही विषय को रखा जाये, चाहे ऐसा करना तार्किक तौर पर उपयोगी हो या न हो। इस कारण से दशमलव प्रणाली को कई आलोचनाओं का सामना करना पड़ा है।

सामान्यतः प्रत्येक वर्गांक से सिर्फ एक ही विषय-विशेष का ज्ञान होता है। जैस 669.5 केवल सीसा नामक धातु हेतु निर्दिष्ट है। कहीं-कहीं कई विशिष्ट विषय समूहों हेतु एक ही वर्गांक का उपयोग किया गया है, जैसे सभी निम्नवर्गीय धातुओं के समूह (नियोवियम, हैफ्नियम, जैमेनियम, गैलियम इत्यादि) के लिए 669.79 तथा सभी लोहमिश्र धातुओं हेतु 669.73 प्रयुक्त किये गये हैं।

ड्यूई वर्गीकरण प्रणाली में अंकन-विन्यास इस प्रकार किया गया है कि अनुवर्ती विषय-शीर्षक का पूर्ववर्ती विषय-शीर्षक से सम्बन्ध स्पष्ट हो जाये। इस प्रणाली में विषय स्थूलतर से सूक्ष्मतर की ओर आगे बढ़ते हुए दिखाए गये हैं यथा–

612 मानव शरीर क्रिया विज्ञान

612.1 रक्त और रक्त परिभ्रमण

612.11 रक्त

612.12 रक्त-रसायन

612.13 रक्त वाहनियाँ और रक्त परिभ्रमण क्रियाएँ

612.14 रक्तचाप

612.17 हृदय

612.18 रक्त-वहन प्रेरक तन्त्रिका

सम्पूर्ण वर्गाङ्क में एक बार ही दशमलव का प्रयोग होता है और पढ़ने की सुविधा के लिए आगे के अंक के बीच कुछ स्थान छोड़ देते हैं जैसे 954.025 या 954.026।

पुस्तकालय सामग्री मुख्य वर्ग, वर्गविभाग, वर्ग अनुभाग अथवा वर्ग-उपानुभाग में वर्गीकृत की जा सकती है। उदाहरण के लिए के लिए मान लें, कि भारतीयों द्वारा रचित अंग्रेजी साहित्य का अंकन 823.1 है, तो इसमें मुख्य वर्ग 800, वर्ग विभाग, 820 वर्ग अनुभाग 823 और वर्ग-उपानुभाग 823.1 है।

यहाँ यह समझ लेना आवश्यक है, कि ड्यूई प्रणाली का निर्माण ज्ञान की विविध शाखाओं के आधार पर किया गया है, विषयों को आधार नहीं माना गया है। इस दृष्टि से एक विषय को कई स्थानों पर दर्शाया गया है। सापेक्षिक अनुक्रमणिका निर्माण भी इस दृष्टिकोण को स्मरण में रखकर किया गया है। निम्न उदाहरणों से इसे स्पष्ट करने का प्रयत्न किया गया है—

**साझेदारी**

| | |
|---|---|
| उत्पादन अर्थशास्त्र | 338.73 |
| साझेदारी में प्रबन्धन | 658.1142 |
| साझेदारी सम्बन्धी लेखे | 657.92 |

**विवाह**

| | |
|---|---|
| सामाजिक पक्ष | 301 |
| मनोवैज्ञानिक पक्ष | 155 |
| नैनिक पक्ष | 663 |
| वैवाहिक रीतिरिवाज | 390 |
| वैवाहिक स्वास्थ्य विज्ञान | 613 |

**जल**

| | |
|---|---|
| अकार्बनिक रसायन | 546.22 |
| आर्थिक भूविज्ञान | 553.7 |
| उद्धरण अभियांत्रिकी | 627.56 |
| उपयोग-भू अर्थशास्त्र | 333.912 |
| खेल | 797.25 |
| द्रव अभियांत्रिकी | 627 |
| परिवहन | 387 |
| जल प्रदाय और अभियांत्रिकी | 628 |
| आवासोपयोगी जल सुविधाएँ | 644.6 |
| प्लंबरी भवन निर्माण | 696.12 |
| जल-संग्रहण और वितरण | 628.14 |

| | |
|---|---|
| भू-आकृति विज्ञान | 551.4 |
| समुद्री जल | 551.460 |
| भू-वैज्ञानिक क्रियाएँ | 551.35 |
| संग्रहण-बाढ़ नियंत्रण अभियांत्रिकी | 627.44 |
| संदूषण-लोक स्वास्थ्य | 614.77 |
| जल संसाधन, कृषि सिंचाई | 631.7 |
| जल संसाधन, उपयोग, अर्थशास्त्र | 333.91 |
| जल चिकित्सा | 615.853 |
| जल निकास, प्लंबरी, गृह निर्माण | 696.13 |
| जलनिकास-भूमि-उद्धरण अभियांत्रिकी-प्रौद्योगिकी | 627.5 |
| जलनिकास-मुद्रा-उद्धरण कृषि | 631.6 |
| जलमंडल-भौतिक भूविज्ञान | 551 |
| जलमार्ग द्रव-गति की अभियांत्रिकी प्रौद्योगिकी | 627.042 |
| जल परिवहन | 386.3-.5 |

ड्यूई वर्गीकरण पद्धति में सामूहिक वर्गांकनों का प्रयोग भी किया गया है। इन्हें केन्द्रित शीर्षक कहते हैं। केन्द्रित शीर्षक का प्रयोग इसलिए किया गया है, कि अंकनों का अनावश्यक विस्तार न हो। उदाहरणार्थ 342.-345 लोकविधि के लिए केन्द्रित शीर्षक (centred heading) है। तालिकाओं में निम्न प्रकार लोक-प्रशासन से जुड़े शीर्षक का उल्लेख किया गया है–

| | |
|---|---|
| 342-345 | लोक विधि |
| 342 | संवैधानिक और प्रशासनिक विधि |
| 343 | प्रकीर्ण लोक-विधि |
| 344 | सामाजिक विधि |
| 345 | दंडविधि |

इसी तरह शिक्षा और विद्यालयों के विविध स्तर के लिए 372-374 केन्द्रित शीर्षक हैं। तालिका में निम्न प्रकार किया गया है–

| | |
|---|---|
| 372 | प्राथमिक शिक्षा |
| 373 | माध्यमिक शिक्षा |
| 374 | प्रौढ़ शिक्षा |

अंकनों को लम्बा न करने की दृष्टिकोण से कई बार किसी विषय अथवा ज्ञान-शाखा के उपविभागों का अंकन उस विषय के अन्तर्गत न देते हुए उनके

वर्गांकों को उनके समवर्गी विषयों के तहत दर्शाया गया है, जैसे जीव-विज्ञान का वर्गांक है 574, लेकिन जीवविज्ञान के भाग वनस्पति विज्ञान का वर्गांक 580 व जीवविज्ञान का वर्गांक 590 है। ऐसे स्थलों पर अनुवर्ती अंकों के तहत सम्बद्ध विषयों को वर्गीकृत करने का नियम पालन नहीं किया गया है, लेकिन वर्गांक निष्प्रयोजन लम्बे होने से बच गये हैं।

ड्यूई प्रणाली में ज्ञान-शाखाओं एवं विषयों में सोपानक्रम बनाये रखा गया है। मुख्य विषय वर्गांक का उसके प्रत्येक उपविभागों से अन्तर्सम्बन्ध स्पष्ट रूप से परिलक्षित होता है, जैसे धर्मसूचक वर्गांक 200 में अंतर्निहित अभिप्राय उसके सभी उपविभागों 294 हिन्दू धर्म व उसके सूक्ष्मतम उपविभाग तक स्पष्ट परिलक्षित होता है–

| | |
|---|---|
| 200 | धर्म (मुख्य विषय) |
| 294 | हिन्दू धर्म (उप-विभाग) |
| 294.1 | धर्मस्रोत वैदिक हिन्दू धर्म सम्बन्धी धर्मग्रन्थ (सूक्ष्म उपविभाग) |
| 294.11 | संहिताएँ |
| 294.111 | ऋग्वेद (सूक्ष्मतम उपविभाग) |

जैसा कि हम ऊपर कर आये हैं, इस पद्धति में विषयों का संयोजन बहुत ही कुशलता से किया गया है। स्मृतिसहायक युक्तियों (mnemonic aids) का इस पद्धति में कुशलतापूर्वक व्यवहार किया गया है। पुस्तक में कई सहायक तालिकाओं (auxiliary tables) का सम्मिलन भी किया गया है। इन सहायक तालिकाओं के द्वारा अंकनों में एकरूपता बनी रहती है। अन्य स्मृतिसुलभ साधनों (mnemonic aids) के तौर पर यह व्यवस्था की गयी है, कि किसी एक विषय का पूरा विस्तार उन्हीं स्रोतों के द्वारा अन्य विषयों हेतु भी किया जा सके।

वर्ग के अंकन में मानक उपविभागों को जोड़कर विषय-विशेष के विविध पक्षों से जुड़ी पुस्तकें वर्गीकृत की जा सकती हैं। यह मानक उपविभाग कहलाते हैं।

ये मानक उपविभाग किसी भी विषय के साथ प्रयुक्त किये जा सकते हैं, तथा सामान्यतः 0 का पूर्व प्रयोग कर वर्गांक बनाये जाते हैं, जैसे–

हिन्दूधर्म = 294

हिन्दू धर्म कोष विश्वकोश }294.03

शब्दानुक्रमणिका

धर्म = 200

धर्मकोश = 203 न कि 200.03

अन्य स्मृति सुलभ साधन के रूप में भौगोलिक विभाजन का प्रयोग किया गया है। इतिहास की तालिका में वर्गांक 930 से 999 तक भौगोलिक विभक्तिकरण किये गये हैं। विषय को विभक्त करने सम्बन्धी निर्देश '930 की भाँति विभाजित करिए' अथवा '940-999 की तरह विभाजित करिए' दिये गये हैं–

910 सामान्य भूगोल यात्रा भ्रमण

निर्देश–किसी विषय-विशेष के भौगोलिक निरूपण के वर्गीकरण हेतु अगर अन्य(a) कोई अनुदेश न दिया गया हो तो उसी विषय के तरह उसके निर्धारित वर्गांक में सारणी 1 के 'मानक उपविभाग' अंकन 09 को जोड़कर वर्गीकरण कीजिए।

**911 'ऐतिहासिक भूगोल**

(राजनैतिक विभाजनों का विकास और परिवर्तन)

ऐतिहासिक मानचित्रावलियाँ

क्षेत्रात्मक ऐतिहासिक भूगोल के लिए आधारांक 911 में सारणी 2 के 'क्षेत्रीय' अंकन 1-9 जोड़िए

912 भूमंडल और भूमंडलेतर लोकों के भूतल का लेखाचित्र

913 प्राचीन विश्व सम्बन्धी भूगोल और यात्रा

914 यूरोप

915 एशिया प्राची (पूर्व देश) दूर पूर्व

916 अफ्रीका

917 उत्तर अमरीका

918 दक्षिण अमरीका

919 विश्व के अन्य भाग, भूमंडलेतर लोक, प्रशांत महासागर के द्वीपपुंज

914-919 में तृतीय अंक अर्थात् 4-9 द्वीपों हेतु उपयोग किये गये हैं, इनका निम्नानुसार दुबारा विभक्तिकरण किया जा सकता है, यथा–

914.1 स्काटलैंड का भूगोल

914.2 ब्रिटिश द्वीपपुंज (इंग्लैंड, ग्रेटब्रिटेन, यूनाइटेड किंगडम)

914.3 जर्मनी

915.1 चीन

915.2 जापान

915.3 अरेबिया

915.4 भारत इत्यादि

दूसरों विषयों के विषयवार विभाजनों के उदाहरण स्मृतिसहायक सम्बन्धी गुण पर प्रकाश डालते हैं–

| | |
|---|---|
| 330 | अर्थशास्त्र |
| 330.9 | अर्थशास्त्र का इतिहास |
| 330.95 | अर्थशास्त्र का इतिहास-एशिया |
| 330.954 | अर्थशास्त्र का इतिहास-भारत |

तीसरा स्मृति सहायक सम्बन्धी विश्लेषण भाषा विभाजन में देखी जा सकती है। जैसा कि हम देखेंगे 400 भाषाशास्त्र एवं 800 साहित्य में भाषा को ही विभक्तिकरण का आधार बनाया गया।

| | | | |
|---|---|---|---|
| 400 | भाषा | 800 | साहित्य |
| 420 | अंग्रेजी और एंग्लो सेक्शन भाषाएँ | 820 | अंग्रेजी भाषा साहित्य एंग्लो-सेक्शन भाषा साहित्य |
| 430 | जर्मन भाषा | | |
| 440 | फ्रेंच भाषा | 830 | जर्मन साहित्य |
| 450 | इताबली भाषा | 840 | फ्रेंच साहित्य |
| 460 | स्पेनिश भाषा | 850 | इतालवी साहित्य |
| 470 | लैटिन भाषा | 860 | स्पेनिश साहित्य |
| 480 | ग्रीक भाषा | 870 | लैटिन साहित्य |
| 490 | अन्य भाषाएँ | 880 | ग्रीक साहित्य |
| 491 | पूर्व भारतीय-यूरोपीय भाषाएँ | 890 | अन्य भाषाओं के साहित्य |
| 492 | अफ्रीकी-एशियाई भाषाएँ | 891 | पूर्व भारतीय-यूरोपीय साहित्य |
| 892 | अफ्रीकी-एशियाई देशों के साहित्य | | |

भाषा सम्बन्धी निर्दिष्ट अंकनों का प्रयोग अन्य ऐसे वर्गों के साथ किया जा सकता है, जहाँ विभक्तिकरण भाषानुसार किया जाना जरूरी हो।

## वर्गीकरण पद्धति का प्रयोग

वर्गीकरण पद्धति के उपयोग करने का प्रथम सोपान यह है कि पद्धति की तालिकाओं के निर्माण में व्यवहृत सिद्धान्तों, तालिकाओं में प्रयुक्त पदों के उचित तथा अनुक्रमणिकाओं के सम्बन्ध में पूरी जानकारी कर ली जाये।

जब पुस्तक अथवा पाठ्य सामग्री का वर्गीकरण किया जाना अभीष्ट हो, तो यह अनिवार्य हो जाता है, कि प्रतिपाद्य विषय-विस्तार व विषय के किस पक्ष पर लेखक ने ध्यान केन्द्रित किया है।

जिनके सम्बन्ध में पूर्ण जानकारी हो, जिससे सामग्री हेतु निर्धारित उपरोक्त वर्गांक का उपयोग किया जा सके। इस सम्बन्ध में निर्णय लेने की प्रक्रिया में यह महत्त्वपूर्ण है कि सामग्री का उद्देश्य एवं वह पाठकों हेतु किस वर्ग की आवश्यकता पूरी करेगी, इसका पूर्व ज्ञान कर लिया जाये। सामग्री को यही वर्गांक प्रदान करना व उसके प्रयोग की सीमा निश्चित करना बुद्धि, परीक्षण से कम नहीं है। यह परीक्षण ही वर्गीकरण करने की कला कही जाती है।

जो लोग प्रथम बार वर्गीकरण पद्धति का प्रयोग कर रहे हों, उनके लिए व्यावहारिक वर्गीकरण से अभिप्राय है कि पहले अनुक्रमणिका देखकर तालिकाओं में विषय की निर्दिष्ट का ज्ञान कर लिया जाये व जब यह आभास हो कि सामग्री हेतु उपरोक्त वर्गांक उपलब्ध हो गया है, तब ही वर्गांक दिया जाये। अनुक्रमणिका अकारादि क्रम से प्रस्तुत की गयी है व विषय सापेक्षिक रूप में दिये गये हैं। केवल अनुक्रमणिका के आधार पर वर्गांक निश्चित करना अति अवांछनीय है। बने बनाये वर्गांकों का उपयोग सामग्री के उपयोग में व्यवधान डाल सकता है। उदाहरण को लिए ड्यूई द्वारा प्रस्तुत अनुक्रमणिका सुझावपूर्ण तो है, किन्तु उसके आधार पर वर्गांक का निर्धारण नहीं किया जा सकता। वर्गांक निश्चित करना एक मानसिक प्रक्रिया है। अनुक्रमणिका के आधार पर वर्गीकरण उपहास का कारण तो बन ही सकता है। पुस्तक या पाठ्य सामग्री के उपयोग में निश्चित ही रुकावट सिद्ध होगी। उदाहरणार्थ रवीन्द्रनाथ टैगोर की पुस्तक 'लैक्चर्स आन मैन' आन्ध्र विश्वविद्यालय, 1934 हेतु अनुक्रमणिका में विविध अंकन सुझाये गये हैं। जैसे दर्शन के तहत 128 'मानव और मनुष्य' धर्म के तहत 'मानव' समाजशास्त्र के तहत 301.2 'मानव विज्ञान' जैवविज्ञान के तहत 572, मानवजाति, विज्ञान, तुलनात्मक धर्म के तहत 291.22, प्राकृतिक धर्म के तहत 218, हिन्दू धर्म के तहत 294.522, शरीर क्रिया विज्ञान के तहत 612.014 इस पुस्तक के अनुक्रमणिका में सुझाये गये हैं। अनुक्रमणिका के आधार पर इस पुस्तक को किसी भी वर्गांक में रख देना हास्यापद स्थिति निर्मित कर सकता है। उचित और सुरक्षित तरीका यह होगा कि पुस्तक हेतु तालिका से उपयुक्त वर्गांक ढूँढ लिया जाये और अनुक्रमणिका में देखकर संतुष्टि कर ली जाये। अगर निर्णय गलत हुआ तो अनुक्रमणिका में वे कई वर्गांक निर्दिष्ट मिलेंगे, जिनमें पुस्तक रखी जा सकती है। अगर मुख्य वर्ग ही गलत चुन लिया गया तो यह बहुत

ही बड़ी भूल होगी व वर्गीकरण का उद्देश्य ही विफल हो जायेगा। अतः यह अनिवार्य है कि पहले तालिका से वर्गांक चुना जाये और सहायक साधन के रूप में बाद में अनुक्रमणिका देख ली जाये।

अन्तिम तौर पर पुस्तक विशेष प्रणाली के तहत वर्गांक में रखी जानी है यह उत्तरदायित्व निजी रूप से वर्गीकरणकर्ता का है। अनुभवी और जागरूक वर्गीकरणकर्ता नयी पुस्तक का वर्गीकरण करने से पहले यह देख लेता है कि पुस्ताकलय में जैसी दूसरी पुस्तकें किस वर्गांक में रखी गयी है। शैल्फ लिस्ट या अनुवर्ग सूची से यह जाना जा सकता है। यदि, कभी ऐसा लगे कि पुरानी पुस्तकों की तुलना में नवीन पुस्तक का वर्गांक ज्यादा उपयुक्त है तो यह प्रयत्न किया जाना चाहिऐ कि पुरानी पुस्तकों के वर्गांक परिवर्तित कर उन्हें नूतन पुस्तक के साथ रखा जाये। प्रो. वाइज का विचार है कि यह बेहतर है कि 6 पुस्तकों का इकट्ठा एक ही गलत वर्ग में वर्गीकृत कर दिया जाये बजाया इसके कि उन्हें 6 पृथ्क्-पृथ्क् स्थानों में रखा जाये। कम से कम एक ही जगह पर पुस्तकें रखने से वे एक साथ उपलब्ध तो हो सकेंगी। ड्यूई ने प्रस्तावना में वर्गीकरण के नियम निर्दिष्ट किये हैं। क्रियात्मक वर्गीकरण की दृष्टि से निम्नलिखित बिन्दुओं को ध्यान में रखना जरूरी है—

1. प्रथमतः पुस्तक का वर्गीकरण मुख्य विषय में किया जाये। उसके पश्चात् रूप को महत्त्व दिया जाये। यह बात साधारण वर्ग और रूपवर्ग में लागू नहीं होती। पुस्तक के विषय के आधार पर मुख्य वर्ग निश्चित किया जाना चाहिए व पुस्तक के पहलू को बाद में जोड़ देना चाहिए, जिससे वर्गांक बन सके। उदाहरणार्थ 'रसायन विज्ञान शब्दकोश'—यहाँ मुख्य विषय रसायन विज्ञान है, जिसका दशमलव वर्गांक 540 है। चूँकि रसायन विज्ञान विषय को कोश रूप में प्रयोग किया गया है, अतएव मानक उपविभाग से 03, जो कोश के लिए निश्चित है, 540 में जोड़ा जायेगा और तब वर्गांक 540.3 हो जायेगा।

साहित्य में, विधा/रूप सामग्री से ज्यादा महत्त्वपूर्ण होता है, इसलिए ही आंग्ल ऐतिहासिक उपन्यास को 823 में वर्गीकृत किया जाता है न कि इंग्लैण्ड के इतिहास के साथ 942 में।

2. पुस्तक को उपयुक्त वर्गांक में वर्गीकृत करिये। हिन्दू धर्म की पृष्ठभूमि नामक ग्रन्थ निर्धारित तौर पर मुख्यवर्ग 'धर्म', जिसके लिए निर्धारित वर्गांक 200 है, के तहत रखी जायेगी, लेकिन चूँकि यह पुस्तक धर्म-विशेष पर प्रकाश डालती है, अतएव इसके लिए उपरोक्त वर्गांक 294-हिन्दू धर्म होगा। कई बार वर्गांक लम्बा हो सकता है, लेकिन वर्गीकरणकर्ता को इस बात से चिंतित नहीं होना चाहिए।

साधारण तौर पर यह सुझाया जाता है कि छोटे संग्रह हेतु तीन अंकीय वर्गांकों का ही उपयोग किया जाना चाहिए, लेकिन ऐसा करने पर जैसे ही पुस्ताकलय के संग्रह में बढ़ोतरी होती है, सूक्ष्म वर्गांक अनिवार्य प्रतीत होने लगते हैं।

3. यदि कोई पुस्तक दो विषयों से जुड़ी हो तो ऐसी पुस्तकों को उस विषय को आधार मानकर वर्गीकृत करना चाहिए, जिस विषय पर पुस्तक में प्रमुखता से प्रकाश डाला गया हो व पुस्तक का मुख्य प्रतिपाद्य विषय हो। उदाहरण के लिए 'बैकिंग और व्यवसाय'। यदि व्यवसाय को पुस्तक में प्रमुखता दी गयी हो तो पुस्तक को व्यवसाय में वर्गीकृत करना चाहिए। बैकिंग के लिए सूचीकार्ड बनाया जा सकता है।

4. यदि किसी पुस्तक में एक विषय अन्य किसी विषय को प्रभावित करता हो, तो वर्गीकरण उस विषय के तहत करना चाहिए, जो विषय प्रभावित हो रहा हो।

5. यदि किसी पुस्तक में तीन या तीन से भी ज्यादा विषयों पर प्रकाश डाला गया हो, ओर वे सभी अन्योन्याश्रित हों तो ऐसी पुस्तकों को प्रमुख प्रतिपाद्‌य विषय के अन्तर्गत रखा जाना चाहिए। अगर किताब में सभी विषयों पर समान रूप से प्रकाश डाला गया हो, तो पुस्तक को ऐसे विषय के तहत रखा जाना चाहिए, जिसमें कि अन्य उपविषय समन्वित हों, उदाहरणार्थ 'उष्मा, प्रकाश और ध्वनि' नामक पुस्तक को भौतिकी में रखा जाना सही होगा।

6. पुस्तक को यह दृष्टिकोण रखकर वर्गीकृत कीजिए, कि ज्यादा-से-ज्यादा पाठक पुस्तक से लाभ उठा सकें। उदाहरणार्थ 'महात्मा गाँधी का चरित' नामक पुस्तक भारत के राजनैतिक स्वतंत्रता 'संग्राम' वर्ग हेतु ज्यादा उपयुक्त होगी। चूँकि पाठक इस पुस्तक को भारत के राजनैतिक स्वतंत्रता-संग्राम की पृष्ठभूमि को समझने के लिए पढ़ना चाहेंगे।

7. यदि किसी किताब में विषय निरूपण भौगोलिक दृष्टिकोण से किया गया हो, तो प्रथमतः वर्गीकरण विषय की दृष्टि से व उसके पश्चात् भौगोलिक पक्ष पर ध्यान देना चाहिए।

# 4

# पुस्तकालय और कम्प्यूटर अनुप्रयोग

आजकल मानव के हरएक क्षेत्र में कम्प्यूटर का उपयोग हो रहा है जिससे काम आसानी से और सरलतापूर्वक हो जाता है। वैसे तो कम्प्यूटर को कई नामों से जाना जाता है जैसे डेटा-प्रोसेसर, माइक्रो प्रोसेसर, कृत्रिम बुद्धि, केलकुलेटर आदि। तथापि इसकी परिभाषा निम्न प्रकार है–

(1) यह एक इलैक्ट्रोनिक कौशलपूर्ण मशीन होता है जिसे इस तरह से निर्मित और सुव्यवस्थित किया गया होता है जिससे वह स्वतः निवेष सूचना स्वीकार व संग्रह कर सके। उनको प्रक्रियाबद्ध कर सके तथा संग्रहीत सामग्री को निर्देशानुसार क्रमशः वांछित परिणाम प्रदान कर सके।

(2) कम्प्यूटर एक मशीन होता है जो किसी भी सूचना को एक निर्धारित प्रारूप (Format) में ग्रहण करता है, उस सूचना को प्रक्रियाबद्ध करता है तथा प्रक्रियाकरण के पश्चात् उस सूचना को एक विशिष्ट प्रारूप में उपलब्ध कराता है।

(3) कम्प्यूटर एक इलैक्ट्रोनिक मशीन होता है जो सूचना को स्वीकार करता है उसका संग्रहण करता है उसे उद्देश्य पूर्ण तरीके से निर्देशानुसार व्यवस्थित करता है पुनः प्राप्त करता है एवं अन्त में उपयोगकर्ता को उसके परिणाम से ज्ञात कराता है।

उपर्युक्त परिभाषाओं से यह स्पष्ट होता है कि कम्प्यूटर एक ऐसा इलैक्ट्रोनिक मशीन होता है जिसके द्वारा सूचना ग्रहण कर उसे निर्धारित आकार (Format) में स्वीकार करने के बाद तदनुसार निष्कर्षों को यन्त्रवत् प्रदान किया जाता है।

## संगणक के विविध प्रकार

परिचालन पद्धति और प्रकृति के अनुसार कम्प्यूटरों को निम्नलिखित तीन श्रेणियों में बांटा गया है–

**(1) डिजिटल कम्पयूटर**—वे होते हैं जो सूचना को अक्षरों चिन्हों या अंकों के तौर पर ग्रहण करते हैं ऐसे कम्प्यूटरों का ही आजकल बाहुल्य और प्रचलन है। इस तरह के कम्प्यूटर किसी भी प्रकार की गणना, सूचना संसाधन जैसे सूचना को अनुवर्णिक क्रमानुसार आँकलित करने या आँकड़ों को आरोही या अवरोही क्रम में व्यवस्थित करने में सक्षम होते हैं। ऐसे कम्प्यूटर ग्रन्थालय हेतु अत्यन्त उपयोगी होते हैं।

**(2) एनालाग कम्पयूटर**—वे होते हैं जो उस तरह की सूचना जैसे Temperature, या Pressure को भौतिक तौर पर परिणित करते हैं जिस पर इनके द्वारा गणना की जाती है एवं उसके परिणामों को प्रदान किया जाता है। इस तरह के कम्प्यूटर विशेष तरह के कार्यों हेतु प्रयोग किये जाते हैं एवं सामान्यतः वैज्ञानिकों हेतु उपादेय होते हैं। ऐसे कम्प्यूटर ग्रन्थालय के लिए अत्यन्त उपयोगी होते हैं।

**(3) हाइब्रिड कम्पयूटर**—ऐसे कम्प्यूटर जिनमें उपर्युक्त दोनों तरह के कम्प्यूटरों की विशेषताएँ होती हैं उन्हें संकरित (Hybrid) कम्प्यूटर कहते हैं।

## संगणक की विशिष्टिताएं और कार्यक्षमता

कम्प्यूटर में मानव की अपेक्षा अत्यधिक कई गुना कार्यक्षमता एवम् क्रियाशीलता होती है जो निम्न हैं—

**(1) मानव से अधिक तेज**—कम्प्यूटर एक यान्त्रिक मशीन होने की वजह से अत्यधिक तीव्र होता है तथा बड़ी तीव्रता के साथ कार्यों का निष्पादन करता है। इसके कार्य करने की क्षमता को एक सेकिण्ड के दस हजारवें भाग में पाया जाता है।

**(2) स्वयं कार्य करना**—यदि कम्प्यूटर को समुचित तरीके से निर्दिष्टकर दिया जाय तो वह निरन्तर कई घण्टो/दिनों तक मनुष्य के बिना हस्तक्षेप के कार्य करता रहता है एवं उसमें दोष भी नहीं होती है।

**(3) उच्च कार्य क्षमता**—मनुष्य केवल एक अथवा दो क्षेत्रों में ही कुशल या निपुण हो सकता है परनतु कम्प्यूटर को उपयुक्त तरीके से निर्दिष्ट किया जाय तो इसके कार्य का क्षेत्र अत्यधिक विशाल और बहुआयामी होता है।

**(4) अधिक सूचना को व्यवस्थित करने की क्षमता**—आदमी कार्य करने में शक्तिहीन हो कर थक जाता है जबकि कम्प्यूटर ज्यादा से ज्यादा सूचना को व्यवस्थित करने में कभी भी थकान अनुभव नहीं करता है तथा बड़ी ही आराम की स्थिति में कार्य करता रहता है।

**(5) अल्प मात्रा में दोष**– कम्प्यूटर में मानव की तुलना में कई गुना ज्यादा क्षमता होती है एवं साथ ही इतनी ज्यादा क्षमता होने पर कम्प्यूटर अपना कार्य बड़ी तेजी से सटीकता से तथा कुशलता से करता है जिसमें कोई दोष भी होने की सम्भावना नहीं होती है।

## कम्पयूटर की खोज तथा विकास

शुरू में मनुष्य ने सरलता से गणना करने एवं स्मृति के भार को हल्का करने हेतु कम्प्यूटर की खोज की। जिस प्रकार सभ्यता की तरफ बढ़ते मानव विकास में कई अवस्थाएँ आयीं, उसी प्रकार कम्प्यूटर के विकास में भी कई अवस्थाएँ आयीं। तीन हजार ई.पू. में प्रचलित अबेकस (Abacus) से लेकर वर्तमान की माइक्रो प्रोसेसर चिप तक का इतिहास कम्प्यूटर का इतिहास है।

पाषाण युग का मानव पत्थर के टुकड़े गिनकर अपनी भेड़ों की गणना करता था। इसके पश्चात मनुष्य ने अँगुलियों से गिनना सीख लिया। मध्य युग के प्रारंभ में अबेकस के विकसित रूप गणनफलक की रचना हुई। ये गणनफलक कीमती धातुओं से बनाये जाते थे।

17वीं सदी में यूरोप में क्रान्तिकारी सामाजिक तथा वैज्ञानिक परिवर्तन हुए। स्कॉटलैण्ड के महान गणितज्ञ जॉन नेपियर (1552-1617) ने इसी समय नेपियर बोन्स एवं लघुगणक का आविष्कार किया। सन् 1642 में ब्लेज पास्कल नामक एक फ्रांसीसी वैज्ञानिक ने एक ऐसे मशीन की खोज की जो जोड़ने एवं घटाने की क्रियाएँ करता था। 1680 में जर्मन वैज्ञानिक चार्ल्स बैवेज ने 'डिफरेंसियल इंजन' नामक मशीन की खोज की। इसके बाद चार्ल्स बैवेज ने एनालिटिकल एन्जिन नामक कम्प्यूटर की कल्पना की जिसमें निवेश, भण्डार, गणितीय एकक, नियन्त्रक एकक तथा निर्गत एकक ही व्यवस्था की गंयी थी। आधुनिक कम्प्यूटर की रूपरेखा उनके इंजन की बनावट से काफी मिलती है। अतः उन्हें आधुनिक कम्प्यूटर के सिद्धान्त का पिता भी कहा जाता है।

कम्प्यूटर के स्वरूप की सही रूपरेखा उस समय सामने आयी जब सन् 1889 में अमेरिकी वैज्ञानिक डॉ. हर्मन हालरिथ ने कार्डों में छापे कर गिनती करने की नवीन पद्धति का खोज किया। गणना करने की यह यंत्र विद्युत चालित थी। इस यन्त्र ने कम्प्यूटर के विकास में महत्त्वपूर्ण जगह प्राप्त किया। हालरिथ ने कम्प्यूटर विज्ञान को व्यापक रूप देने के लिए 'कम्प्यूटर निर्माण संस्था' की स्थापना की तथा अनेक प्रकार के 'एकाउण्ट यन्त्र' बनाए। विषयों की आवश्यकता के अनुरूप जटिल

प्रक्रियाओं से युक्त कम्प्यूटरों का निर्माण कार्य आरंभ हो गया। द्वितीय विश्व युद्ध के पूर्व कम्प्यूटर विज्ञान का तीव्रता से विकास हुआ। कम्प्यूटर की मदद से विमानों के डिजाइन बनने लगे। कम्प्यूटर द्वारा गणना कर शास्त्रों को वांछित निशाने पर छोड़ा जाने लगा। वृहद साइज के वजह इनका प्रयोग आसानी से करना सम्भव नहीं था। हार्वर्ड संसार विद्यालय के प्रोफेसर एकेन ने आई.बी.एम.कम्पनी के वैज्ञानिकों के मदद से प्रथम स्वचालित कम्प्यूटर बनाया जिसका नाम ऑटोमेटिक सिक्वेंस कन्ट्रोलक केलकुलेटर (ASCC) रखा गया। इसका लोकप्रिय नाम हार्वर्ड मार्क-1 था। इस यंत्र में निवेश हेतु पंचटेप तथा अन्य विभिन्न क्रियाओं के लिए स्विच का इस्तेमाल किया गया था। इसका आकार 50 फीट लम्बा एवं 8 फीट ऊँचा था, यह 23 संख्याओं तक के जोड़ को चौथाई सेकण्ड में एवं उसका गुणा लगभग 6 सेकण्ड में कर सकता था।

दुनिया का सबसे पहला कम्प्यूटर अमेरिका की पेन्सिलवेनिया विश्व विद्यालय में 1946 में बनाया गया इसे 'एनियाक' (ENIAC-Electronic Numberical Indicator and Calculator) नाम दिया गया। यह इतना ज्यादा उपयोगी सिद्ध हुआ कि आने वाले समय में इसी प्रकार के कई दूसरे कम्प्यूटर बनाये गये। ये सभी कम्प्यूटर वैक्यूम ट्यूबों से बने थे जिन्हें हम पहली पीढ़ी के कम्प्यूटर कहते हैं।

1948 में ट्रांजिस्टर (Transistor) का आविष्कार हुआ जिसमें कम्प्यूटरों के विकास को एक नया मोड़ प्रदान किया। ट्रांजिस्टरों के उपयोग से कम्प्यूटर सारज में छोटे और सस्ते हो गये साथ ही तकनीकी विकास की वजह से इनकी कार्य क्षमता भी बढ़ गयी। इनको हम दूसरी पीढ़ी के कम्प्यूटर कहते हैं। पतली फिल्मों के इलेक्ट्रॉनिक परिपथ के साथ सातवें दशक में कम्प्यूटर की तीसरी पीढ़ी अस्तित्व में आयी। लार्ज स्केल इंटीग्रेटेड सर्किट की तकनीक के प्रगति के साथ कम्प्यूटर की चौथी पीढ़ी भी विकसित हुई। डाक टिकट के साइज के छोटे से सिलिकन चिप्पड़ पर लाखों ट्रांजिस्टरों को स्थापित कर सर्किट बनाये जाने की वंजह से इन कम्प्यूटरों का साइज बहुत ही छोटा हो गया और इनकी क्षमता एवं गति में वृद्धि हो गयी। कम्प्यूटर की पाँचवीं पीढ़ी अभी प्रयोगात्मक अवस्था में है जिसमें कृत्रिम बुद्धि (Artificial Intellegence) विकसित करने का कोशिश किया जा रहा है जो बहुत तेजी से काम करने वाले तथा ज्यादा मेमोरी वाले होंगे।

## कम्प्यूटर क्रान्ति के विविध चरण

सन् 1946 के पश्चात कम्प्यूटर का विकासक्रम अनवरत तौर पर जारी रहा। समय-समय पर कई तकनीकों का समावेश कम्प्यूटर में होता रहा। इन्हीं तकनीकों

के आधार पर कम्प्यूटर को पाँच पीढ़ियों में बाँटा गया है जो इस प्रकार हैं—

**कम्प्यूटर की प्रथम पीढ़ी (1946-1955)**—सर्वप्रथम अमेरिका के दो विद्युत इंजीनियर जे. पी. एकर्ट (J. P. Eckert) एवं जॉन मॉकले (John Mauchly) ने पहला इलेक्ट्रॉनिक डिजिटल कम्प्यूटर बनाया जो 'एनिएक' (ENIAC-Electronic Numerical Integrator and Calculator) के नाम से जाना जाता है। यह पहली पीढ़ी का कम्प्यूटर था इसे सैन्य उपयोग हेतु आविष्कृत किया गया था। यह आकार में 100 फीट लम्बा तथा 10 फीट चौड़ा था इस कम्प्यूटर में 19,000 निर्वात नलिकाएँ (Vacum Tubes) थी और इसका वजन लगभग 30 टन था एनियक कम्प्यूटर द्वारा कार्य करते समय इसके द्वारा बहुत अधिक ऊर्जा का उत्सर्जन होता था। एनिएक कम्प्यूटर की प्रमुख समस्या इसके ऑपरेशन की थी जिसमें प्रत्येक नई गणना से पहले इसके तारों का संयोजन करना पड़ता था।

सन् 1951 में अमरीकी जनगणना के लिए एनिएक कम्प्यूटर के एक विकसित रूप यूनिवैक (UNIVAC-Universal Automatic Computer) का निर्माण किया गया। इसका निर्माण वाणिज्यिक जगत में इसकी उपादेयता को देखते हुए किया था।

**पहली पीढ़ी के कम्प्यूटर के गुण**—पहली पीढ़ी के कम्प्यूटरों में निर्वात् नलिकाओं का इस्तेमाल होता था। कम्प्यूटर द्वारा कार्य करते समय ये निर्वात् नलिकाएँ (Vacuume Tubes) शीघ्र ही गरम हो ऊर्जा का उत्सर्जन करते थे। इस वजह से कम्प्यूटरों को A.C. में रखना पड़ता था। पहली पीढ़ी के कम्प्यूटरों में मुख्यत : दो प्रकार की भाषा मशीनी भाषा और एसेम्बली भाषा का इस्तेमाल होता था।

**द्वितीय पीढ़ी के कम्प्यूटर (1955-1964)**—सन् 1955 के बाद का समय दूसरी पीढ़ी के कम्प्यूटरों का समय था इस पीढ़ी के कम्प्यूटरों में निर्वात् नलिका (Vacum Tube) का जगह ट्रांजिस्टर ने ले लिया। इनका कार्य निर्वात् नलिका के समान ही था, परन्तु इनका आकार निर्वात् नलिका की तुलना में कम था। ट्रांजिस्टर के खोज के पश्चात दूसरी पीढ़ी के कम्प्यूटरों की कार्य करने की गति पहली पीढ़ी के कम्प्यूटरों से ज्यादा तीव्र हो गयी दूसरी पीढ़ी के कम्प्यूटर एक सेकण्ड में 10,00,000 क्रिया करने में सक्षम हो गये। इस पीढ़ी के कम्प्यूटरों का साइज पहली पीढ़ी के कम्प्यूटरों की अपेक्षा कम हो गया। ट्रांन्जिस्टर कई गुणों के कारण निर्वात् से अच्छे थे। इसमें ऊष्मा का उत्सर्जन कम होता था, ऊर्जा की खपत कम थी एव कार्य करने की गति ज्यादा थी।

आई. बी एम. 1,401, हॉन 200 व सी.डी.सी. 1604 आदि द्वितीय पीढ़ी के कम्प्यूटरों के कुछ मिसाल हैं।

**दूसरी पीढ़ी कम्प्यूटर के गुण**—दूसरी पीढ़ी के कम्प्यूटरों में सूचना को एकत्र करने के लिए चुम्बकीय टेपर तथा डिस्क का उपयोग होने लगा। चुम्बकीय ड्रम का स्थान अब चुम्बकीय कोर (Magnetic Fore) ने ले लिया। इस पीढ़ी के कम्प्यूटर में FORTAN एवं COBOLआदि उच्च स्तरीय भाषा (High Level Language) का प्रयोग हुआ। दूसरी पीढ़ी के कम्प्यूटरों के उपयोग पहली पीढ़ी की तुलना में ज्यादा थे। इस पीढ़ी के कम्प्यूटरों का क्षेत्र ज्यादा विशाल हो गया इस पीढ़ी के कम्प्यूटरों का उपयोग प्रबन्ध, सूचना पद्धति, यातायात एवं संचार क्षेत्र में किया जाने लगा जिससे विज्ञान में क्रान्तिकारी परिवर्तन आये इस समय के कम्प्यूटर का उपयोग उपग्रह प्रक्षेपण आदि में किया जाने लगा। इन उपग्रह का उपयोग मौसम की जानकारी एवं संचार में किया जाने लगा जिससे सूचना क्षेत्र में एक क्रान्ति आ गयी।

**कम्प्यूटर की तीसरी पीढ़ी (1964-1975)**—सन् 1964 से 1975 तक का समय तीसरी पीढ़ी के कम्प्यूटर का समय कहलाता है। सन् 1953 में Mr.H. Johnson ने MOS (Metal Oxide semiconductor) का इस्तेमाल कर IC का निर्माण किया। तीसरी पीढ़ी के कम्प्यूटरों में इन्हीं IC (Integrated Circuit) का इस्तेमाल किया गया। IC का इस्तेमाल करने से इस पीढ़ी के कम्प्यूटर की गणना करने की गति द्वितीय पीढ़ी के कम्प्यूटर से अधिक तीव्र हो गयी एव आकार अपेक्षाकृत कम हो गया। तृतीय पीढ़ी के कम्प्यूटर में एक छोटी-सी चिप पर कई ट्रांजिस्टर तथा उसके पोडों को स्थापित किया जा सकता था। तीसरी पीढ़ी के कम्प्यूटर एक सेकण्ड में 1,0000000 से भी ज्यादा गति से कार्य कर सकने में सक्षम थे। आई.बी.एम 3700 बरों 6500 आदि दूसरी पीढ़ी के कम्प्यूटरों के कुछ जरिए हैं।

**तीसरी पीढ़ी के कम्प्यूटर के गुण**—इस पीढ़ी के कम्प्यूटर में उसकी क्रियाओं के कंट्रोलिंग के लिए एक ऑपरेटिंग सिस्टम बनाया गया। इस सिस्टम के जरिए कम्प्यूटर की सभी क्रियाएँ मशीनीकृत हो गयी। इस पीढ़ी के सॉफ्टवेयर में भी सुधार किया गया उपयोगकर्ता को ध्यान में रख नयी भाषा का विकास किया गया। इस पीढ़ी के कम्प्यूटर हेतु एक उच्च स्तरीय भाषा BASIC (Beginners all purpose symbolic Instruction code) को विकसित किया गया। इसी काल में DEC (Digital Equipment Corporation) नाम की एक कम्पनी द्वारा मिनी कम्प्यूटर (Mini Computer) को विकसित किया गया।

**चौथी पीढ़ी के कम्प्यूटर (1975-1995)**—सन् 1975 से 1995 तक का काल चौथी पीढ़ी के कम्प्यूटरों का समय कहलाता है। इस अवधि में सूक्ष्म चिप पर अधिकाधिक संख्या में सर्किट को स्थापित करने की कोशिश की जाने लगा। चौथी पीढ़ी के कम्प्यूटरों हेतु बृहत् श्रेंणी इन्टीग्रेटेड सर्किट (Large Scale Intergrated Circuit) का निर्माण होने लगा। सन् 1971 में Ted Hofi नामक एक अमेरिकन ने इन्टेल कार्पोरेशन (Intel Corporations) के मदद से एक सिलिकॉन चिप की आविष्कार की। इस सिलिकॉन चिप पर केन्द्रीय संसाधक एकक (Central Processing Unit) के पूरे सर्किट को बनाया जा सकता था। इस प्रकार के चिप को माइक्रो प्रोसेसर (Micro processor) नाम दिया गया एवं इससे निर्मित कम्प्यूटर को माइक्रो कम्प्यूटर कहा गया। चौथी पीढ़ी के कम्प्यूटर में माइक्रो प्रोसेसर के प्रयोग से इसकी गणना करने की गति में तीव्र वृद्धि हुई और इनका आकार एवं भार तीसरी पीढ़ी की तुलना में बहुत कम हो गया। वर्तमान समय में माइक्रो कम्प्यूटर ने कम्प्यूटर के क्षेत्र में अपना एकाधिकार जमा लिया है।

चौथी पीढ़ी के कम्प्यूटर का उपयोग कई क्षेत्रों में किये जा सकने के साथ निजी उपयोग हेतु भी किया जाने लगा। वर्तमान में शिक्षा, शोध, व्यापार, संचार, यातायात परिवहन आदि में चौथी-पीढ़ी के कम्प्यूटर का ही ज्यादा प्रयोग किया जाता है।

**चौथी पीढ़ी के कम्प्यूटर के गुण**—इस पीढ़ी के कम्प्यूटर में बृहत् श्रेणी इन्टीग्रेटेड सर्किट (Large Integrated Circuit) चिप का इस्तेमाल किया जाने लगा।

चौथी पीढ़ी के सॉफ्टवेयर को ज्यादा विकसित किया गया। पृथक-पृथक क्षेत्र एवं व्यवसाय हेतु पृथक-पृथक सॉफ्टवेयर का निर्माण किया जाने लगा जिससे कम्प्यूटर का क्षेत्र एवं अधिक विस्तृत हो गया। चौथी पीढ़ी के कम्प्यूटर की संग्रह क्षमता (Memory) को ज्यादा बढ़ाया गया। चौथी पीढ़ी के कम्प्यूटर में सेमीकंडक्टर पदार्थ को संग्रह क्षमता (Memory) का इस्तेमाल किया जाने लगा। तीसरी पीढ़ी के कम्प्यूटर जहाँ एक फ्रिज के समान था वहीं पाँचवीं पीढ़ी के कम्प्यूटर का साइज बहुत कम था।

**पाँचवीं पीढ़ी के कम्प्यूटर (1995)**—विभिन्न राष्ट्रों में पाँचवीं पीढ़ी के कम्प्यूटर पर शोध एवं अनुसंधान किया जा रहा है। पाँचवीं पीढ़ी के संगणक में पैरेलल प्रोसेसिंग के स्थापत्य की व्यवस्था होगी। यह ऐसे कम्प्यूटर होंगे जिनमें कृत्रिम बुद्धि (Artificial Intelegence) होगी जिसमें सोचने की आदमी जैसी क्षमता होगी एव यह अपना निर्णय स्वयं कर सकेंगे। पाँचवीं पीढ़ी के कम्प्यूटर द्वारा नई तार्किक

क्षमता का पता लगेगा। इस पीढ़ी के कम्प्यूटर में चिप का साइज बहुत सूक्ष्म होगा एव कार्य करने की क्षमता बहुत तेज होगी। पाँचवीं पीढ़ी के कम्प्यूटर को दृष्टिगत रखते हुए एक 'पृथकोरियम' तैयार किया गया है जो इस पीढ़ी के कम्प्यूटर हेतु बहुत उपयोगी होगा।

## आधुनिक संगणकों का विभक्तिकरण

कम्प्यूटर एक ऐसी इलेक्ट्रानिक युक्ति है जिसके द्वारा गणितीय और तार्किक डाटा का प्रक्रियाकरण कर शुद्ध निष्कर्षों को प्राप्त किया जा सकता है। कम्प्यूटर अपने कार्य, उद्देश्य, आकार, क्षमता, रूप के आधार पर कई प्रकार के हो सकते हैं। वर्तमान में उपलब्ध कम्प्यूटरों को निम्न प्रकार से वर्गीकृत किया जा सकता है–

1. क्षमता एव सामर्थ्य के आधार पर,
2. अनुप्रयोग के आधार पर,
3. उद्देश्य के आधार पर।

**1. अनुप्रयोग एव परिचालन पद्धति के आधार पर**–अनुप्रयोग एव परिचालन पद्धति के आधार पर कम्प्यूटरों को निम्न 3 भागों में विभाजित किया जा सकता है–

(अ) डिजिटल कम्प्यूटर (Digital Computer)
(ब) अनालॉग कम्प्यूटर (Analog Computer)
(स) हाईब्रेड कम्प्यूटर (Hybrid Computer)

**(अ) डिजिटल कम्प्यूटर**–अंकों की गणना करने हेतु प्रयुक्त कम्प्यूटर अंकीय (Digital) कम्प्यूटर कहलाता है। यह कम्प्यूटर अंकीय पद्धति पर आधारित होता है। अंकीय कम्प्यूटर द्वि आधारी (Binary) पद्धति पर निर्भर है। यह प्राप्त होने वाली किसी भी सूचना को 0 से 1 रूप में बदलकर अपनाता है। जिसे बाद में प्रोग्रामिंग भाषा में प्रदर्शित करता है। यह कम्प्यूटर प्राप्त होने वाली किसी भी सूचना का संग्रह एव विश्लेषण डिजिटल तौर पर करता है। इसलिए इसे डिजिटल कम्प्यूटर कहा जाता है। डिजिटल कम्प्यूटर द्वारा एक ही समय में कई कार्यों को तेज गति से पूरा किया जा सकता है। डिजिटल कम्प्यूटर की याद शक्ति बहुत तीव्र होती है। इसमें बड़ी-बड़ी संख्याओं, आकड़ों को संगृहीत किया जा सकता है तथा जरूरत के अनुसार उन्हें तुरंत प्राप्त किया जा सकता है। शिक्षा, व्यापार, शोध, अनुसंधान, यातायात मनोरंजन एव निजी कार्यों हेतु अधिकतर डिजिटल कम्प्यूटर का ही प्रयोग किया जाता है।

**(ब) अनालॉग कम्प्यूटर**—अनुरूप (Analog) कम्प्यूटर का प्रयोग मापन आदि के लिए किया जाता है। मापन में प्राप्त निष्कर्षों को बाद में अंकों में बदल दिया जाता है। इस प्रकार के कम्प्यूटरों का उपयोग सामान्यतः विभिन्न प्रकार के दबाव एव तापमान के मापन में किया जाता है। भू-विज्ञान, सामुद्रिक विज्ञान, इंजीनियरिंग के क्षेत्र में इस प्रकार के कम्प्यूटरों का अधिकतर प्रयोग किया जाता है।

वोल्टेज को मापने में प्रयोग किया जाने वाला स्टेबलाइजर जिसके द्वारा वोल्टेज की कमी या बढ़ोत्तरी को मापा जा सकता है एव पेट्रोल पम्प पर पेट्रोल की मात्रा को मापने हेतु प्रयुक्त कम्प्यूटर अनुरूप (Analog) कम्प्यूटर के उदाहरण हैं।

**(स) संकर कम्प्यूटर**—संकर कम्प्यूटर (Hybrid Computer) में डिजिटल एवं एनालॉग दोनों के गुणों का समावेश होता है। हाइब्रिड कम्प्यूटर एनालॉग कम्प्यूटर के समान मापन में सक्षम होता है जिसे डिजिटल कम्प्यूटर के समान अंकों में परिवर्तित कर प्रदर्शित कर दिया जाता है।

**2. क्षमता एवं सामर्थ्य के आधार पर**—क्षमता एवं सामर्थ्य के आधार पर कम्प्यूटरों को चार श्रेणियों में विभाजित किया गया है—

(अ) मेनफ्रेम कम्प्यूटर (Main fram Computer)

(ब) मिनी कम्प्यूटर (Mini Computer)

(स) सुपर कम्प्यूटर (Super Computer)

(द) माइक्रो कम्प्यूटर (Micro Computer)

**(अ) मेनफ्रेम कम्प्यूटर**—मेनफ्रेम कम्प्यूटर बहुउद्देश्य (Multi user) होते हैं अर्थात् इस कम्प्यूटर पर कई लोग एक साथ कार्य कर सकते हैं। यह कम्प्यूटर आकार में बहुत बड़े होते हैं। मेनफ्रेम कम्प्यूटर को एक जगह पर स्थापित करके कई टर्मिनल को इससे जोड़ दिया जाता है। इन टर्मिनलों पर अनेको उपयोगकर्त्ता एक साथ कार्य करते हुए मेनफ्रेम कम्प्यूटर से सम्बन्धित रहते हैं। मेनफ्रेम कम्प्यूटर बहुत ज्यादा डाटा पर एक साथ क्रिया-प्रतिक्रियाकरण (Provess) कर सकता है। मेनफ्रेम कम्प्यूटर समय शेयर्ड सिस्टम द्वारा इससे परस्पर सम्बन्धित कम्प्यूटरों के कार्यों का निष्पादन कर सकता है। अधिकतर बड़ी-बड़ी कम्पनियाँ बैंक, संस्थाएँ आदि अपने कार्यों के निष्पादन हेतु मेनफ्रेम कम्प्यूटर का ही प्रयोग करती हैं।

आई.बी.एम. 4381, ICL 39 Category तथा CDC Cyber Category मेनफ्रेम कम्प्यूटर के उदाहरण हैं।

**(ब) मिनी कम्प्यूटर**—मिनी कम्प्यूटर का साइज मध्यम श्रेणी का होता है, परन्तु इनकी कार्य करने की क्षमता माइक्रो कम्प्यूटर से ज्यादा एवं मेनफ्रेम कम्प्यूटर

से कम होती है। मिनी कम्प्यूटर पर एक साथ कई कर्मचारी कार्य कर सकते हैं, परन्तु इनकी संख्या मेनफ्रेम पर कार्य करने वाले कर्मचारियों की अपेक्षा कम होती है। मेनफ्रेम कम्प्यूटर छोटी कम्पनियों, कार्यालय, बैंक आदि हेतु लाभदायक होते हैं। जहाँ इनके द्वारा कर्मचारियों के वेतनमान, कम्पनी के वित्तीय कार्य, उत्पादन, खर्च आदि के कार्यों का निष्पादन किया जा सकता है। मेनफ्रेम कम्प्यूटरों से वित्तीय कार्यों के अतिरिक्त यातायात, उद्योग पद्धति की सुरक्षा आदि कार्यों को भी पूरा किया जा सकता है।

**(स) सुपर कम्प्यूटर**—सुपर कम्प्यूटर का जगह कम्प्यूटर की सभी श्रेणियों में सबसे ऊपर है। सुपर कम्प्यूटर के उपयोग का क्षेत्र बहुत बड़ा है। शोध एवं अनुसन्धान करने में, अन्तरिक्ष विज्ञान में, उपग्रह के प्रक्षेपण, अन्य ग्रहों की गणनाएँ, दूरियाँ मापने में, मौसम के पूर्वानुमान में, सुपर कम्प्यूटर विशेष भूमिका का निर्वाह करता है। सुपर कम्प्यूटर का आकार एवं संग्रह क्षमता एवं कार्य करने की गति दूसरे सभी कम्प्यूटरों की तुलना में बहुत ज्यादा होती है। सुपर कम्प्यूटर एक सेकण्ड में 9 अरब से भी ज्यादा निर्देशों का निष्पादन एक साथ कर सकता है। सुपर कम्प्यूटर में एक साथ अनेक (लगभग 300) कम्प्यूटरों को सम्बन्धित किया जा सकता है। वर्तमान में, सुपर कम्प्यूटर के क्षेत्र में कई राष्ट्रों में शोध एवं अनुसन्धान कार्य किया जा रहा है। जिससे इसके उपयोग के क्षेत्र को और अधिक विस्तृत किया जा सके एवं इसकी संग्रह क्षमता एवं सामर्थ्य में और वृद्धि की जा सके। भारत में भी अपना सुपर कम्प्यूटर विकसित कर लिया है जिसे परम 10,000 के नाम से जाना जाता है।

**(द) माइक्रो कम्प्यूटर**—माइक्रो कम्प्यूटर सिंगल यूजर (Single user) होते हैं दूसरे शब्दो में माइक्रो कम्प्यूटर पर मात्र एक उपयोगकर्ता ही कार्य कर सकता है। माइक्रो कम्प्यूटर मिनी कम्प्यूटरों की अपेक्षा कम कीमत और कम क्षमता के होते हैं। सामान्यतः इनका इस्तेमाल निजी उपयोग हेतु किया जाता है। माइक्रो कम्प्यूटरों को पर्सनल कम्प्यूटर या P.C. के नाम से भी जाना जाता है। कॉलेख, पुस्तकालय में शिक्षा हेतु, कार्यालय में अपनी फाइलों व डाटा को सुरक्षित रूप में संगृहीत करने के लिए, मनोरंजन के क्षेत्र में इन्हीं कम्प्यूटर का उपयोग किया जाता है। वर्तमान में माइक्रो कम्प्यूटर सबसे ज्यादा प्रचलित है। इनका आकार भी पहले की अपेक्षा कम होता जा रहा है। अब ऐसे P.C. भी हैं जिन्हें एक जगह से दूसरे स्थान पर कहीं भी ले जाया जा सकता है एवं कार्य किया जा सकता है।

## संगणक की प्रमुख विशेषताएँ

वर्तमान युग में कम्प्यूटर हमारे जीवन के हर क्षेत्र में फैलता जा रहा है क्योंकि इसकी विशेषताओं तथा उपयोगिता की वजह सभी क्षेत्रों में इसका ज्यादातर उपयोग होने लगा है। कम्प्यूटर की प्रमुख विशेषताएँ अग्रलिखित हैं–

(1) विश्वसनीयता (Reliabity)

(2) स्वचालन (Automation)

(3) उच्च गति (High Speed)

(4) संचय क्षमता (Storage Capacity)

(5) निर्णय लेने की क्षमता (Decission Power)

(6) सूचना की तीव्र पुनर्प्राप्ति (Information Reterieval)।

**(1) विश्वसनीयता**–कम्प्यूटर से जुड़े हुए सभी उपकरण ठोस अवस्था (Solif state) वाले होते हैं तथा उनकी गुणवत्ता एवं क्षमता इतने ऊँचे स्तर की होती हैं कि उन पर पूरी प्रकार निर्भर किया जा सकता है। इलेक्ट्रॉनिक होने के वजह इनकी गणना में अशुद्धि रहने की सम्भावना भी नगण्य ही होती है। कम्प्यूटर एक दिये गये प्रोग्राम को एक ही ढंग से बिना किसी गलती के बार-बार प्रयोग कर सकता है तथा एक ही निष्कर्ष देता है।

**(2) स्वचालन**–कम्प्यूटर हमारे द्वारा दिये गये प्रोग्राम के अनुसार कई चरणों की गणनाएँ स्वयं स्वचालित तौर पर कर लेता है।

**(3) उच्च गति**–कम्प्यूटर काफी तेजी से गणनाएँ करता है। माइक्रो कम्प्यूटर एक सेकण्ड में 1 लाख अनुराष्ट्रों का पालन कर सकता है।

**(4) संचय क्षमता**–कम्प्यूटर की मदद से बहुत ज्यादा सूचना को बहुत कम स्थान में रखा जा सकता है। छोटे ग्रामोफोन रिकार्ड से भी छोटे आकार की काम्पेक्ट डिस्क में अथवा लेजर डिस्क में टाइप किये गये कई हजार पृष्ठों के बराबर जानाकरी संचित की जा सकती है। एक लेजर डिस्क में 4 करोड़ शटदों का संचय किया जा सकता है। 40,000 पुस्तकों का पुस्तकालय एक कम्प्यूटर से जुड़ी हुई लेजर डिस्क में आ सकता है।

**(5) निर्णय लेने की क्षमता**–कम्प्यूटर में उनकी उच्च स्तरीय भाषाओं की सहायता से किसी प्रोग्राम द्वारा कम्प्यूटर के भीतर, निर्णय लेकर किये जाने वाले कार्य भी पूरे हो जाते हैं। कम्प्यूटर में कृत्रिम बुद्धि पैदा हो जाती है एवं वह बिना किसी थकान तथा दबाव के तर्कों का प्रयोग कर सकता है।

**(6) सूचना की शीघ्र पुनर्प्राप्ति**–सूचना का संचय करना आसान काम है जबकि किसी विशेष कार्य हेतु उसमें से सम्बन्धित सूचना को पुनः प्राप्त करना कठिन एवं समय नष्ट करने वाला काम है परन्तु कम्प्यूटर में यह काम बहुत तीव्रता से होता है। कम्प्यूटर में सुरक्षित किसी भी सूचना और उसके इनडेक्स नम्बर की मदद से एक पल में पहुँच जा सकता है। इसकी मेमोरी से कोई डाटा अथवा सूचना निकालने में बहुत कम समय लगता है।

## कम्प्यूटर के अंदरूनी ढांचे का विस्तृत वर्णन

सामान्यतः कम्प्यूटर निवेश (Input) द्वारा डाटा स्वीकार कर अपनी स्मृति (memory) में संगृहीत करता है तथा आवश्यकतानुसार निर्देश देने पर उसे संसाधित (Process) कर निर्गत (Output) करता है। इस आधार पर कम्प्यूटर की आन्तरिक संरचना के मुख्य चार भाग होते हैं–

(1) केन्द्रीय संसाधक इकाई (CPU-Central Processing Unit)

(2) स्मृति (Memory)

(3) निवेश युक्तियाँ (Input Device)

(4) मानिटर (Moniter)

**(1) केन्द्रीय संसाधन इकाई**–यह कम्प्यूटर का मस्तिष्क कहलाता है। इसके दो भाग होते हैं–

(अ) गणितीय तार्किक इकाई (Arthematical Logical unit)

(ब) नियन्त्रण इकाई (Control Unit)

(अ) गणितीय तार्किक इकाई के तहत कम्प्यूटर गणितीय एवं तार्किक कार्य पूरे करता है जिसमें जोड़ना, घटाना, गुणा करना, भाग देना आदि। तार्किक दूसरे शब्दों में तुलना करना कि क्या किससे छोटा है, क्या किससे बड़ा है, एवं क्या समान है, आदि।

(ब) नियन्त्रण इकाई कम्प्यूटर को दिये गये निर्देशों एवं उनके कार्यान्वयन को समुचित ढंग से अनुपालन कराने हेतु नियन्त्रण का कार्य करता है। निवेश (Input) और निर्गत (Output) को केन्द्रीय संसाधन (CPU) से जोड़ने का महत्त्वपूर्ण कार्य यह करता है। साथ ही कम्प्यूटर की सभी इकाइयों के बीच समन्वय स्थापित करने का कार्य भी नियन्त्रण इकाई द्वारा किया जाता है।

**2. स्मृति**–स्मृति अथवा भण्डारण दो तरह के होते हैं–(अ) प्राथमिक स्मृति, (Primary Memory) (ब) माध्यमिक स्मृति (Secondary Memory)

**आंतरिक अथवा प्राथमिक स्मृति**–कम्प्यूटर की प्राथमिक मेमोरी मानव मस्तिष्क के समान होती है। जब तक मनुष्य जगता रहता है तब तक उसे सब कुछ याद रहता है तथा निद्रा आने पर यह सब कुछ भूल जाता है। इसी प्रकार जब तक कम्प्यूटर ऑन रहता है प्राथमिक स्मृति सभी निर्देशों को याद रखती है परन्तु जैसे ही कम्प्यूटर ऑफ कर देते हैं तत्काल सभी निर्देश खत्म हो जाते हैं। कम्प्यूटर की भाषा में इसे रैम (RAM) कहते हैं। स्मृति का एकक कई छोटे कोषों अथवा कक्षों से बना होता है तथा प्रत्येक कोष एक विशेष पते (Address) पर स्थित होता है। आंतरिक स्मृति द्वारा निम्न कार्यों का निष्पादन किया जाता है–

डाटा और प्रोग्राम को कम्प्यूटर संसाधन (Process) हेतु भेजते हैं।

आन्तरिक संसाधन प्रक्रिया पूर्ण होती है।

कम्प्यूटर द्वारा उत्पादित किये गये निष्कर्ष (Output) माध्यमिक स्मृति (Secondary Memory) में स्थाई तौर पर संग्रहीत किये जाते हैं।

कम्प्यूटर द्वारा संसाधित (Processed) डाटा तथा प्रोग्राम को निर्गत उपकरण (Output Device) पर देखा एवं प्रिंट किया जा सकता है।

कम्प्यूटर की प्राथमिक स्मृति दो प्रकार की होती है–

(अ) रैम (Random Memory or RAM)

(ब) रैम (Read only Memory or ROM)

**(अ) रैम**–यह कम्प्यूटर की स्मरणशक्ति का वह रूप है जिस पर डाटा अथवा अनराष्ट्र अस्थायी उपयोग हेतु लिखा जाता है और उसे यादृच्छिक (Random) तौर पर पढ़ा जा सकता है।

यह स्थायी स्मृति होती है, जब प्रोग्राम का एक भाग का कार्य पूरा हो जाता है तो उसके जगह पर प्रोग्राम का दूसरा भाग लिखा जाता है, इसके पश्चात् यह स्मृति एक निश्चित क्रम (Sequence) में कार्य न करके बिना क्रम के (Random) कार्य करने लगती है।

अपनी जरूरत के अनुसार किसी प्रोग्राम अथवा डाटा को किसी भी जगह से पढ़कर (Read) प्रयोग करने में यह सक्षम होती है। कम्प्यूटर बंद करते ही इस स्मृति में संग्रहीत (Load) प्रत्येक निर्देश एवं डाटा नष्ट हो जाते हैं।

भौतिक रूप से रैम के दो भाग होते हैं–

**डी. रैम (D. RAM)**–यह सामान्य इंटीग्रेटेड सर्किट होते हैं, यह 4464 एवं 41256 दो प्रकार के होते हैं।

**सिम (SIM)**–जब एक प्रिंटेड सर्किट बोर्ड (P.C.B) पर कई इंटीग्रेटेड सर्किट (IC) को लगा देते हैं तो वह सिम कहलाती है।

**(ii) केवल पठनीय स्मृति**–यह स्मृति कम्प्यूटर में चिप के द्वारा जुड़ी होती है। इसको सिर्फ पढ़ा जा सकता है। इसे यहाँ पर संगृहीत भी नहीं किया जा सकता है। यह स्थायी स्मृति होती है और बिजली जाने के पश्चात् भी पुनः कम्प्यूटर ऑन करते ही यह सक्रिय हो जाती है। इसके अनेक रूप हैं जैसे–

**प्रोग्राम केवल पठन स्मृति Programmable Read Only Memory PROM**–इस स्मृति में कम्प्यूटर उत्पादक ROM को खाली रखता है जिसमें उपयोगकर्त्ता स्वयं अपना डाटा अथवा अनुराष्ट्र एक बार डाल सकता है जो कि बाद में ROM बन जाती है।

**इरेजेबल प्रोगाम्य सिर्फ पठन स्मृति Erasable Programmable Read only memory EPROM**–इस प्रकार की स्मृति का प्रयोग बार-बार अपनी जरूरत के अनुसार प्रोग्राम को मिटाकर नये प्रोग्राम को संग्रहीत (Load) करने हेतु किया जाता है। इस प्रकार की स्मृति को EEPROM (Electronic Erassable Programmable Read Only Memory) भी कहते हैं।

**माध्यमिक स्मृति (Secondary Memory)**–कम्प्यूटर की प्राथमिक स्मृति को अस्थायी स्मृति भी कहा जाता है तथा इसी अस्थायी प्रकृति की वजह से कम्प्यूटर में स्थायी स्मृति रखने का दृष्टिकोण सामने आया। इसी स्थायी मेमोरी को माध्यमिक स्मृति (Secondary Memory) भी कहते हैं क्योंकि यह कम्प्यूटर के बाहर संकलित रहती है। कम्प्यूटर में स्थायी स्मृति हेतु फ्लापी डिस्क, चुम्बकीय टेप, हार्ड डिस्क एवं ऑप्टीकल डिस्क का इस्तेमाल किया जाता है।

एकाएक बिजली चले जाने पर कम्प्यूटर में वायरस आने पर, उसमें संग्रहीत डाटा खत्म हो सकता है अतः उसे कम्प्यूटर के बाहर संग्रहीत करने की जरूरत का महत्त्व समझा गया। संस्थान चक्र(Processing Cycle)–यादृच्छिक अभिगम स्मृति (RAM) के अलावा केन्द्रीय संसाधन एकक (CPU) में, गणितीय तार्किक एकक (ALU) एवं नियंत्रण एकक (CU) में कुछ विशेष डाटा अथवा निर्देश कक्ष उपलब्ध होते हैं जो इन्हें संसाधन में मदद प्रदान करते है। इन्हें रजिस्टर कहते हैं। जब हम कम्प्यूटर में कोई डाटा अथवा प्रोग्राम डालते हैं तो वह प्राथमिक मेमोरी के द्वारा इन रजिस्टर में लोड (Load) हो जाता हैं जिससे कम्प्यूटर तीव्र गति से डाटा-संशोधन (Data Processing) का कार्य पूर्ण करता है। केन्द्रीय संसाधन एकक में तीन प्रकार के रजिस्टर होते है–

1. निर्देश और पता रजिस्टर (Instruction and Address Register)
2. संग्राहक रजिस्टर (Storage Register)

3. परिणाम संग्राहक रजिस्टर (Accumulator Register)

**संसाधन गति (Processing Speed)**—मशीन चक्र जितनी तेज गति से अपना कार्य पूरा करता है वह कम्प्यूटर की संसाधन गति कहलाती है। इस गति को मापने हेतु निम्न इकाइयों का प्रयोग किया जाता है—

**हर्टज (Hertz)**—इस इकाई का प्रयोग माइक्रो कम्प्यूटर (P. C) की संसाधन गति को मापने हेतु किया जाता है। माइक्रो कम्प्यूटर के जरिए एक सेंकंड में चक्र सम्पन्न करना एक हर्टज कहलाता है। वर्तमान कम्प्यूटर की गति को मेगा हर्टज में मापा जाता है। एक सेकंड में 10 लाख या इससे ज्यादा मशीन चक्र के सम्पन्न होने को मेगा हर्टज कहते हैं।

**इन्टेल कारपोरेशन** (Intel Corp.) द्वारा बनाया गया पेंटियम माइक्रो प्रोसेसर (P M P) 150 MHZ की गति से कार्य करता है।

**मिप्स** (MIPS)—इस इकाई का प्रयोग मिनी एवं मेनफ्रेम कम्प्यूटरों की गति को मापने हेतु किया जाता है। इसमें Millions Instruction per Second की इकाई को आधार मान कर कम्प्यूटर की गुति मापी जाती है।

**फ्लोप्स (Flops)**—इस इकाई का प्रयोग सुपर कम्प्यूटरों की गति को मापने हेतु होता है (Flops) दूसरे शब्दों में Floting Point per Second.

**निवेश पद्धति**—उपयोगकर्ता के माध्यम से कम्प्यूटर में सूचना एवं डाटा का निवेश करने वाले उपस्कर को इनपुट डिवाइस़ (Input Devices) कहते हैं। इस कार्य के लिए कई के इनपुट डिवाइस का प्रयोग किया जाता है। जिनका विवरण निम्नलिखित है।

(1) **पंचकार्ड** (Punch Card)—कम्प्यूटर में डाटा (Data) निवेश करने की एक सबसे प्राचीन विधि है। पंचकार्ड एक प्रकार के छिद्रित पत्र होते हैं। इस पत्र में कई छिद्र होते हैं जो विभिन्न अंकाक्षरों को प्रदर्शित करते हैं। पंचकार्ड का आकार आयताकार होता है जिसका माप $7\frac{3}{8}$, $3\frac{1}{4}$ (19 cm 8 cm.) एवं मोटाई 0.009 होती है। सन् 1890 में अमेरिका में जनसंख्या के कार्य को तीव्रगति से पूरा करने हेतु हमेन होलेरिथ ने एक यंत्र का निर्माण किया जिसमें सबसे पहले पंचकार्ड का प्रयोग किया गया था लेकिन पंचकार्ड के उपयोग में कुछ समस्याएँ भी थीं जैसे किसी कार्य हेतु उपयोग किये गये पंचकार्ड को किसी दूसरे कार्य हेतु प्रयोग नहीं किया जा सकता था। पंचकार्ड सिर्फ निवेश के लिए उपयुक्त थे। निर्गत का कार्य उनसे नहीं लिया जा सकता था। पंचकार्ड शीघ्रता जल्दी खराब हो जाया करते थे। धीरे-धीरे

इनके जगह पर ऐसे निवेश उपकरण आ गये जो ज्यादा गति से कार्य कर सकते थे जगह कम समय में ज्यादा डाटा (Data) का निवेश कर सकते थे। इन उपकरणों के वर्णन के पश्चात कम्प्यूटर में पंचकार्ड का उपयोग कम होने लगा एवं अब यह पंचकार्ड बीते समय की बात बन कर रह गयी है।

**कुंजीपटल** (Key leoard)–कुंजीपटल का सबसे अधिक उपयोग होता है। डाटा तथा प्रोग्राम का कम्प्यूटर में निवेश कराने कं लिए इसका प्रयोग मुख्य तौर पर किया जाता है। इसलिए की बोर्ड को हमेशा कम्प्यूटर से सम्बन्धित रखा जाता है। यह एक टाइपराइटर के समान है जिसमें उपयोगकर्ता के द्वारा कुछ भी टाइप करने पर इसकी प्रतिक्रिया हमें तुरंत ही कम्प्यूटर के मॉनीटर पर दिखाई देती है। एक कुंजीपटल (Key Board) में कई कुंजियाँ होती हैं जिन्हें तीन भागों में विभाजित किया जा सकता है।

(1) एल्फान्यूमेरिक की बोर्ड Alphanumeric Keyboard

(2) न्यूमेरिक की बोर्ड Numeric Keyboard

(3) फंक्शन्य की बोर्ड Functions Key

(1) **एल्फा न्यूमेरिक कुंजी पटल**–एल्फान्यूमेरिक कुंजीपटल बीच में स्थित होता है। इसमें अंग्रेजी वर्णमाला के अक्षर (A to Z) इण्डो अरेबिक अंक 0 to 9 व कई करेक्टर कुंजी जैसे @ $ % # स्पेसबार आदि होती है इसके अलावा Esc, Esc' Ctrl Shift' Alt, Enter Tab' Backspace कुंजी भी शामिल होती है।

(2) **न्यूमेरिक की पैड**–कुंजीपटल के दायीं तरफ न्युमेरिक की पैड कुजियाँ होती हैं। इनकी संख्या 17 होती है। इसमें से कुछ कुंजियों पर इण्डो अरेबिक 0 to 9 होते हैं। इसमें से चार कुंजियाँ ऐसी होती हैं जिन पर ऐरो (Arrow) के चिन्ह होते हैं। इन ऐरो वाली कुंजियों का प्रयोग माउस के जगह पर किया जा सकता है। माउस के बेकार होने या न होने की अवस्था में यह ऐरो (Arrow) वाली कुंजियां माउस के समान ही कार्य करती हैं। इसी भाग में कुछ और कुंजियों को शामिल किया गया है। जैसे–Enter, Home, End, Page up, Page Down, Number Lock,- + (Arrow) इस भाग में कर्सर की दिशा के नियन्त्रण हेतु चार तीर के चिन्ह (-) वाली ऐरो कुंजियाँ होती हैं।

(3) **क्रियात्मक कुंजियाँ** (Function Key)–कुंजीपटल के सबसे ऊपरी भाग में क्रियात्मक कुंजियाँ (Function Key) होती है। जैसे–F1, F2, F3,........F12,.(Function Key) इनमें से हर कुंजी के अलग-अलग कार्य होते हैं। जिनके प्रयोग करने के निर्देश प्रत्येक कम्प्यूटर प्रोग्राम में दिये रहते हैं।

सामान्यतः कमाण्ड (Command) आदि को देने हेतु इन क्रियात्मक कुंजियों का प्रयोग विशेषतः किया जाता है।

(4) **फ्लॉपी डिस्क** (Floppy Disk)—फ्लॉपी डिस्क भी एक प्रकार का निवेश उपकरण है। फ्लॉपी डिस्क एक लचीली तथा गोलाकार डिस्क होती है। जो भिन्न-भिन्न आकारों जैसे—8" 5.5" व 3.4" आदि की होती है। प्रत्येक आकार के साथ इनकी भण्डारण क्षमता भी अलग-अलग होती है। सभी फ्लॉपी डिस्क एक चौकोर प्लास्टिक के आवरण से ढकी रहती है। जिस वजह ऊपर से देखने पर इनका आकार चौकोर दिखाई देता है। सभी फ्लॉपी डिस्क मेग्नेटिक कोटेड प्लास्टिक से निर्मित होती है। इस वजह इस पर डाटा अथवा सूचना का संकलन किया जा सकता है। फ्लॉपी डिस्क में संग्रहित सूचना अथवा डाटा को प्राप्त करने हेतु फ्लॉपी ड्राइव की जरूरत होती है।

(5) **सी.डी. रोम** (CD-ROM)—सी. डी. रोम का विस्तृत नाम काम्पेक्ट डिस्क रोड ओनली मेमोरी (Compact disk-Read only memory) है। यह भी एक प्रकार का निवेश उपकरण है जिसमें ज्यादातर संख्या में सूचना का संकलन किया जा सकता है। प्रत्येक सी.डी.रोम 12 सेमी व्यास के आकार की होती है। सी. डी. रोम एक ऑप्टीकल रोम होती है। उपयोगकर्ता सीडी रोम में एकत्र सूचना को केवल पढ़ सकता है उसमें अपनी तरफ से कोई जानकारी जोड़ नहीं सकता है, इसलिए इसे काम्पेक्ट डिस्क रीड ऑनली मेमोरी कहते हैं। सी.डी. रोम रेकिजन पदार्थ पॉली कार्बोनेट से बनी होती है। इसकी परत पर ऐल्युमिनियम पदार्थ का लेपन किया जा सकता है। जिसमें सी डी रोम में परार्वतन का गुण आ जाता है। CD-ROM (4) में एकत्र सूचना को संगृहीत एवं पढ़ने हेतु लेसर किरण (Laser Ray) का प्रयोग किया जाता है। सी.डी. रोम में सूचना को संकलित करने के लिए 25 (MW) (Megawatt) की 4 तीव्रता वाली लेसर किरण का प्रयोग किया जाता है। इसमें संकलित सूचना या डाटा को पढ़ने के लिए 5MW (Megawatt) की तीव्रता वाली लेसर किरण का प्रयोग किया जाता है। जिस प्रकार फ्लॉपी डिस्क में संगृहीत सूचना अथवा डाटा को प्राप्त करने हेतु फ्लॉपी ड्राइव की आवश्यकता होती है उसी तरह सीडी रोम में संगृहीत सूचना अथवा डाटा प्रतिसथापित दर 200 से 250 पृष्ठ प्रति मिनट होती है।

(6) **ऑप्टीकल मार्क रीडर** (Optical Mark Reader)—प्रतियोगिता परीक्षा में वस्तुनिष्ठ प्रकार के प्रश्न पत्र होते हैं। जिसमें एक उत्तर पुस्तिका होती है। इस उत्तर पुस्तिका में हर प्रश्न की संख्या के सामने कॉलम होता है। जिसमें प्रश्न के

सही उत्तर को अंकित करना होता है। इस उत्तर पुस्तिका को जाँचने हेतु ऑप्टीकल मार्क रीडर का प्रयोग किया जाता है जो कागज पर पेंसिल अथवा पेन के निशान को पहचानती है। ऑप्टीकल मार्करीडर धीमी गति से प्रक्रिया करता है जिससे उत्तर पुस्तिका को ठीक प्रकार से जाँचा जा सकता है इसकी सूचना अथवा डाटा प्रतिस्थापित दर 200 से 250 पृष्ठ प्रति मिनट होती है।

(7) **माउस** (Mouse)—एक निवेश पद्धति जो कम्प्यूटर से की बोर्ड की प्रकार ही सम्बन्धित रहता है। माउस मॉनीटर पर प्वांइटर (Pointer) को नियंत्रित करने के लिए एक छोटी सी संरचना होती है। जिसके ऊपरी भाग में दायीं एवं बायीं तरफ एक-एक बटन होता है। जिसे क्लिक (दबाने) करने पर प्वांटर की मदद से मॉनीटर पर उपस्थित अवयवों का चयन किया जा सकता है। इन दोनों बटनों (दायीं तरफ व बायीं तरफ) के बीच में माउस में एक बटन और होता है। जिसका प्रयोग प्रायः ग्राफिक्स अथवा मल्टीमीडिया के लिए किया जाता है। कुछ माउस के बीच में स्थित बटन के जगह पर एक स्क्रीलर होता है। जिसकी सहायता से बिनावर्टिकल स्लर पर क्लिक किये डॉक्यूमेंट के पृष्ठ अथवा शीट को ऊपर नीचे किया जा सकता है। प्रत्येक माउस के नीचे एक बॉल (गेंद) होती है। यह बॉल माउस के खिसकाने पर उसके रोलरों को संवेदित करती है। माउस कम्प्यूटर पर तेज गति से कार्य करने की सहूलियत प्रदान करता है।

**निर्गत पद्धति**—उन उपकरणों को जो उपयोगकर्ता हेतु सूचना अथवा डाटा को दृश्य अथवा प्रकाशित तौर पर प्रस्तुत करते हैं, निर्गत उपकरण अथवा आउटपुट डिवाइस कहलाते हैं।

निम्नलिखित उपकरण निर्गत पद्धति की श्रेणी में आते हैं—

(1) **मॉनीटर** (Monitor)—मॉनीटर टेलीविजन सेट के समान होता है। मॉनीटर ब्लैक एण्ड ह्वाइट तथा कलर दोनों प्रकार के होते हैं। प्रत्येक मॉनीटर के भीतर एक कैथोड रे टयूब (Cathode Ray Tube) होती है। जब उपयोगकर्ता द्वारा कीबोर्ड की मदद से कुछ टाइप किया जाता है तो यह उपयोगकर्ता को सामने मॉनीटर की स्क्रीन पर दिखाई देता है। मॉनीटर कम्प्यूटर पद्धति का एक महत्त्वपूर्ण इकाई है। बिना मॉनीटर के एक पूर्ण कम्प्यूटर पद्धति की कल्पना नहीं की जा सकती। इसके बिना कम्प्यूटर पर कार्य करना प्रायः असम्भव है।

**प्रिंटर** (Printers)—प्रिंटर एक ऑन लाइन निर्गत प्रणाली है। यह एक ऐसा उपकरण है जो सूचना अथवा डाटा को कागज पर प्रकाशित तौर पर प्रस्तुत करता है। सूचना या डाटा कागज पर प्रकाशित प्रतिलिपी को हार्ड कॉपी (Hard copy)

कहते हैं। जब उपयोगकर्ता कुंजीपटल के द्वारा कुछ टाइप करता है तो कम्प्यूटर इसे अपनी भाषा में (0 व 1) में ग्रहण करता है जिसे कम्प्यूटर प्रक्रिया के बाद प्राकृतिक भाषा में प्रिंटर के द्वारा प्रस्तुत करता है। प्रिंटर कई प्रकार के होते हैं जैसे–

**डॉट मैट्रिक्स प्रिंटर** (Dot Matrix Printer)–डॉट मैट्रिक्स प्रिंटर एक इम्पैक्ट प्रिंटर है। इम्पैक्ट प्रिंटर वे होते हैं जो प्रिंटिग तकनीक पर आधारित होते हैं। डॉट मैट्रिक्स प्रिंटर डॉट (Dot) बिन्दु तौर पर अंकों एवं अक्षरों का मुद्रण करता है। इस प्रिंटर में एक प्रिंट हैड होता है। जिसमें कई पिनों से युक्त एक मैट्रिक्स लगाा होता है। इन पिनों के द्वारा ही कागज पर बिन्दु (Dot) छपते हैं। डॉट मैट्रिक्स प्रिंटर एक सेकंड में 30 से 600 अंकों एवं अक्षरों की छाप सकता है। डॉ मैट्रिक्स प्रिंटर से प्रकाशित अंकराक्षर की स्पष्टता कम होती है।

**डेजी ह्वील प्रिंटर** (Daisy Wheel Printer)–डेजी (गुलबहार) पुष्प की आकृति के समान प्रिंट हैड की वजह इसे डेजी ह्वील प्रिंटर में कई स्पोक होते हैं। जिसके अग्र भाग पर अंकाक्षर बने रहते हैं। प्रिंटर पर कार्य करते समय पहिया घूमना पड़ता है। तथा जब अंकाक्षर पर चोट करता है। यह अंकाक्षर सही अवस्था में आता हैं तो प्रिंटर में लगा एक हैमर स्पोक में लगे हुए अंकाक्षर पर चोट करता है। यह अकांक्षर रिबन के जरिए कागज पर अपनी प्रतिलिपि छाप देता है। एक डेजी प्रिंटर द्वारा एक सेकेण्ड में 70-80 अकांक्षरों को प्रकाशित किया जा सकता है।

**लेजर प्रिंटर** (Laser Printer)–लेजर प्रिंटर नॉन-इम्पैक्ट प्रिंटिंग तकनीक पर आधारित प्रिंटर है। यह प्रिंटर वर्तमान में सबसे ज्यादा लकोप्रिय है। इनसे प्राप्त रिजल्ट बहुत अच्छे होते हैं। इन प्रिंटरों की सबसे मुख्य विशेषता यह है कि अंकाक्षरों के अतिरिक्त यह कागज पर आकृति (Images) को भी प्रकाशित कर सकते हैं।

## कम्प्यूटर नेटवर्क विधि

फिसी क्षेत्र में कम्प्यूटरीकृत कार्यपद्धति को अपनाकर उस कार्य क्षेत्र की कार्यक्षमता में बहुत वृद्धि की जा सकती है। इस प्रकार की कार्य पद्धति में कई कम्प्यूटरों को परस्पर जोड़कर एक नेटवर्क बना दिया जाता है। जिसे कम्प्यूटर नेटवर्क कहते हैं। नेटवर्क का मतलब है किसी माध्यम के द्वारा परस्पर जुड़े हुये कम्प्यूटरों का एक जाल नेटवर्क किसी एक शहर, राष्ट्र अथवा अन्तर्राष्ट्रीय स्तर पर कम्प्यूटर बीच स्थापित किया जा सकता है तथा इस नेटवर्क के द्वारा ही सूचना का आदान-प्रदान किया जरा सकता है। वास्तव में कम्प्यूटर पद्धति का महत्त्व इसलिये है कि क्योंकि इसके द्वारा सूचना का सम्प्रेषण किया जा सकता है एवं सामूहिक तौर

पर उसका उपयोग किया जा सकता है। नेटवर्क में निश्चित पते (Address) होते हैं जिससे सूचना अथवा डाटा अपने निश्चित पते पर ही सम्प्रेषित होते हैं। कम्प्यूटर नेटवर्क पद्धति के कई नाम हैं–

(1) एक मुख्य कम्प्यूटर से परस्पर जुड़े हुये सभी टर्मनलों के द्वारा इनपुट सूचना सभी हेतु उपलब्ध हो सकती है।

(2) नेटवर्क कम्प्यूटर हार्डवेयर तथा सॉफ्टवेयर का ज्यादातर उपयोग होता है।

(3) नेटवर्क के द्वारा केवल एक कम्प्यूटर पर बैठकर सूचना अथवा डाटा को निवेशित किया जा सकता है, प्राप्त किया जा सकता है ओर सूचना का आविष्कार किया जा सकती है।

(4) कम्प्यूटर नेटवर्क पद्धति में सूचना अथवा डाटा का तीव्र गति से आदान-प्रदान किया जा सकता है जिससे समय की बचत होती है।

(5) सूचना अथवा डाटा का सामूहिक रूप से उपयोग किया जा सकता है।

(6) नेटवर्क की किसी भी सूचना को प्रकाशित तौर पर भी प्राप्त किया जा सकता है।

**छापे स्थानीय क्षेत्र नेटवर्क (लेन) (LAN)**–स्थानीय स्तर पर स्थापित कम्प्यूटर नेटवर्क पद्धति को स्थानीय क्षेत्र नेटवर्क अथवा लेन (Local Area Network (LAN) कहते हैं। इस प्रकार का नेटवर्क एक भवन तक अथवा दो-तीन किलोमीटर की सीमा तक सीमित होता है। लोकल एरिया नेटवर्क में एक मुख्य कम्प्यूटर से दूसरे कम्प्यूटरों को केबिल (तारों) के द्वारा परस्पर सम्बन्धित कर दिया जाता है। लेन में जुड़े हुये किसी भी कम्प्यूटरों के बीच सूचना अथवा डाटा का आदान प्रदान किया जा सकता है। इसमें नेटवर्क से जुड़े हुये किसी भी कम्प्यूटर से सूचना निवेशित कर नेटवर्क से सम्बन्धित अन्य किसी भी कम्प्यूटर पर प्राप्त किया जा सकता है। स्टार नेटवर्क लोकल एरिया नेटवर्क के उदहारण हैं। लोकल एरिया नेटवर्क सामान्य कार्यालय, उद्योग, पुस्तकालय आदि में सथापित किये जाते हैं। लेन में कम्प्यूटरों को जोड़ने हेतु विशेष प्रकार के केबिल Coarial अथवा Fibereoptic का प्रयोग किया जाता है जिससे सूचना का प्रसारण तेज गति से किया जा सकता है।

**विस्तृत क्षेत्र नेटवर्क-वेन** (Wide area Network-WAN) व्यापक स्तर (अन्तर्राष्ट्रीय, राष्ट्रीय एवं राज्य) पर स्थपित किये गये नेटवर्क को विस्तृत क्षेत्र नेटवर्क अथवा वेन कहते हैं। विस्तृत क्षेत्र नेटवर्क में कम्प्यूटर (टर्मिनल) अन्तर्राष्ट्रीय, राष्ट्रीय एवं राज्य स्तर पर आपस में सेटेलाइट के जरिए सम्बन्धित रहते हैं। व्यापक

स्तर पर स्थापित नेटवर्क में सूचना का प्रवाह अन्तर्राष्ट्रीय स्तरीय होता है। विस्तृत क्षेत्र नेटवर्क की कार्य प्रणाली पर आधारित विस्तृत क्षेत्र नेटवर्क में लोकल एरिया नेटवर्क को परस्पर जोड़ दिया जाता है। विस्तृत क्षेत्र नेटवर्क में विस्तृत नेटवर्क की तुलना में सूचना का आदान-प्रदान अपेक्षाकृत धीमी गति से पूरा होता है। लेन में प्रसारण की गति 0.1 से 100 MBPS (Mega byte per second) होती है और वेन में सूचना के प्रसारण की गति 1088 से 9600 BPS (Byte per second) होती है।

**नेटवर्क संरचना** (Topology)–यह संरचना जिसमें कई कम्प्यूटर परस्पर जुड़े हों नेटवर्क संरचना (Topology) कहलाती है। नेटवर्क संरचना निम्नलिखित प्रकार की होती है–

1. रिंग नेटवर्क (Ring Network),
2. बस नेटवर्क (Bus Network),
3. स्टार नेटवर्क (Star Network),
4. मैश नेटवर्क (Mesh Network),

**1. रिंग नेटवर्ग**–रिंग नेटवर्क में कम्प्यूटर एक रिंग (मुद्रिका) आकृति में परस्पर जुड़े रहते हैं। इस आकृति में कोई भी केन्द्रीय कम्प्यूटर नहीं होती है। इसमें सूचना एक ही दिशा में संचारित होती है, जिसकी गति बहुत तीव्र होती है। इस नेटवर्क में प्रत्येक कम्प्यूटर अपने अपने आगे एवं पीछे के कम्प्यूटर से जुड़ा रहता है। इस नेटबर्क में कम्प्यूटर सूचना विनिमय के लिए किसी केन्द्रीय कम्प्यूटर पर आधारित नहीं होता है। इसमें संचारण की गति कम्प्यूटरों की गति पर निर्भर करती है। यह नेटवर्क स्टार नेटवर्क की अपेक्षा कम प्रचलित है।

**2. बस नेटवर्क**–इस नेटवर्क में भिन्न-भिन्न कम्प्यूटर एक Central Communication Highway के द्वारा जुड़े रहते हैं, यह हाइवे बस कहलाता है। इस नेटवर्क में हाइवे से जुड़े होने की वजह ही किन्हीं दो क़म्प्यूटर के बीच सूचना का आदान-प्रदान होता है। इस नेटवर्क में किसी एक कम्प्यूटर के बेकार होने की दिशा में सूचना के प्रसारण में बाधा नहीं आती।

**3. स्टार नेटवर्क**–इसमें केवल एक केन्द्रीय पद्धति से दूसरे कम्प्यूटरों को सम्बन्धित कर दिया जाता है। स्टार नेटवर्क पद्धति में दूसरे कम्प्यूटर सीधे एक दूसरे से न जुड़कर केन्द्रीय कम्प्यूटर जिसे Host. कम्प्यूटर भी कहा जाता है, के माध्यम से जुड़े रहते हैं। इस केन्द्रीय कम्प्यूटर से जुड़े अन्य सभी कम्प्यूटरों में सूचना अथवा डाटा का आदान प्रदान इसी केन्द्रीय कम्प्यूटर के जरिए होता है। स्टार नेटवर्क में केन्द्रीय

से जुड़े हुये किसी कम्प्यूटर के बेकार होने पर नेटवर्क में कोई अवरोध नहीं आती है, परन्तु केन्द्रीय कम्प्यूटर के खराब हो जाने पर पूरा नेटवर्क बाधित हो जाता है।

इसमें केन्द्रीय कम्प्यूटरों से जुड़े हुये कम्प्यूटरों की संख्या को घटाया-बढ़ाया जा सकता है।

**4. मैश नेटवर्क**—यह नेटवर्क ज्यादा प्रचलित नहीं है। इस नेटवर्क में कम्प्यूटर इस आकृति में जुड़े रहते हैं कि एक कम्प्यूटर अन्य कम्प्यूटर के बीच में आ जाता है। इस नेटवर्क में किसी एक कम्प्यूटर के बेकार होने की दिशा में सूचना का प्रसारण अवरोधित हो जाता है।

## कम्प्यूटर चलाने की विधि

कम्प्यूटर एक चमत्कारिक यंत्र है। यह कृत्रिम बुद्धि तथा शक्ति का परिचायक है। कम्प्यूटर भिन्न-भिन्न तरह के कार्यों को करने की क्षमता रखता है। इसके द्वारा हम कार्यों को तेज गति से सम्पन्न कर सकते हैं। यदि कम्प्यूटर में सही (Correct) डाटा (Feed) किया जाये तो इसके द्वारा शुद्ध निष्कर्ष प्राप्त किये जा सकते हैं। यह इस वजह सम्भव है कि कम्प्यूटर का हर अंग अनुशासित तौर पर कार्य करता है।

**सॉफ्टवेयर**—कम्प्यूटर के लिये तैयार किये गये कार्यक्रमों (Programes) के अनुरूप ही हार्डवेयर एक दूसरे के पूरक हैं। सॉफ्टवेयर में दिये गये निर्देश के अनुरूप सॉफ्टवेयर के अभाव में हार्डवेयर कोई कार्य नहीं कर सकता है तथा हार्डवेयर के अभाव में सॉफ्टवेयर कोई कार्य नहीं कर सकता है। सॉफ्टवेयर मनुष्य एवं कम्प्यूटर के बीच सम्पर्क स्थपित करने की एक कड़ी है। सॉफ्टवेयर कम्प्यूटर का ही हिस्सा है, जिसे स्पर्श नहीं किया जा सकता। जबकि हार्डवेयर को छू कर महसूस किया जा सकता है। कम्प्यूटर से विभिन्न कार्य को कराने हेतु भिन्न-भिन्न प्रकार के सॉफ्टवेयर उपलब्ध होते हैं। कार्यों की विशेषता के आधार पर ही सॉफ्टवेयर का निर्माण किया जाता है।

सॉफ्टवेयर को अग्रलिखित श्रेणियों में विभाजित किया जा सकता है—

(अ) एलिकेशन सॉफ्टवेयर (Application software)

(ब) सिस्टम सॉफ्टवेयर (System software)

(स) यूटीलिटी सॉफ्टवेयर (Utility software)

**(अ) प्रयुक्त सॉफ्टवेयर**—किसी विशेष प्रकार के कार्य करने हेतु तैयार प्रोग्राम को प्रयुक्त सॉफ्टवेयर (Application software) कहते हैं। जैसे—किसी

कम्पनी के कर्मचारियों के वेतनमान की पे स्लिप, वितरण आदि हेतु तैयार, प्रोग्राम, कार्यालय में कर्मचारियों के कार्यों की मासिक एवं सालाना निर्गत तैयार करने हेतु प्रोग्राम, पुस्तकालय से सम्बन्धित प्रयुक्त सॉफ्टवेयर कई प्रोग्राम का एक समूह होता है जो कम्प्यूटर पर सिस्टम साफ्टवेयर द्वारा कार्य करते हैं। प्रयुक्त सॉफ्टवेयर का प्रयोग विशेष कार्यों हेतु किया जाता है। सामान्य कार्यों हेतु इनका उपयोग नहीं किया जा सकता है। प्रयुक्त सॉफ्टवेयर के कुछ उदाहरण इस प्रकार हैं– CDS/ ISIS' Granthalaya (पुस्तकालय के कार्यों हेतु) वर्डस्टार, की बोर्ड आदि।

(ब) **सिस्टम सॉफ्टवेयर**–कम्प्यूटर पद्धति की भिन्न-भिन्न क्रियाओं पर नियन्त्रण हेतु तैयार प्रोग्रामों का समुच्चय सिस्टम सॉफ्टवेयर कहलाता है। सिस्टम सॉफ्टवेयर के द्वारा ही कम्प्यूटर अनुशासित ढंग से कार्य कर सकने में समर्थ होता है। सिस्टम सॉफ्टवेयर और कम्प्यूटर के द्वारा ही उपयोगकर्ता कम्प्यूटर पर भिन्न-भिन्न कार्यों को निष्पादित कर सकता है। सीपीयू, प्रिन्टर, मॉनीटर आदि को जोड़े रखने का कार्य सिस्टम सॉफ्टवेयर द्वारा हो सकता है तथा सीपीयू, मेमोरी आादि को सिस्टम सॉफ्टवेयर के द्वारा ही संचालित किया जाता है। सिस्टम सॉफ्टवेयर के द्वारा ही कम्प्यूटर में दूसरे सॉफ्टवेयरों को क्रियान्वित किया जाता है।

(स) **यूटीलिटी सॉफ्टवेयर**–यूटीलिटी सॉफ्टवेयर अथवा सर्विस प्रोग्राम (service programe) कम्प्यूटर पद्धति के भिन्न-भिन्न घटकों की देखभाल का कार्य करते हैं। जैसे–डिस्क की देखभाल एवं मरम्मत के लिये डिस्क रिकवरी प्रोग्राम यूटीलिटी साफ्टवेयर के माध्यम से ही किसी प्रोग्राम में उपस्थित दोष को खोजकर उसका निदान किया जाता है। कम्प्यूटर में सामान्यतः पाये जाने वाले यूटीलिटी सॉफ्टवेयर इस प्रकार हैं–लोकेटर, लोडर, लिकर, टैक्साइड आदि।

**ऑपरेटिंग सिस्टम**–किसी कम्प्यूटर पद्धति हेतु ऑपरेटिंग सिस्टम अति जरूरी है। यही वह पद्धति है जिसके द्वारा कम्प्यूटर हार्डवेयर तथा सॉफ्टवेयर पर नियन्त्रण रखा जाता है। ऑपरेटिंग सिस्टम कम्प्यूटर की सम्पूर्ण क्रियाविधि पर नियन्त्रण रखता है, उनका संचालन करता है एवं कम्प्यूटर के सारे उपकरणों एवं अवयवों को अपने नियन्त्रण में रखता है। ऑपरेटिंग सिस्टम की अनुपस्थिति में हार्डवेयर एवं सॉफ्टवेयर कार्य नहीं कर सकते। ऑपरेटिंग सिस्टम भण्डारण की व्यवस्था पर भी पूर्ण नियन्त्रण रखता है। भिन्न-भिन्न कार्यों हेतु भण्डारण की क्षमता एवं स्थान का निर्धारण व डिस्को को फार्मेट करने तथा इसमें संगृहीत सूचना अथवा डाटा का प्रतिलिपिकरण करने में सहायक होता है। इसके अलावा डाटा का विश्लेषण करना, आने-जाने वाले डाटा का नियन्त्रण, डाटा का सम्पादन करना आदि सभी कार्य का नियन्त्रण ऑपरेटिंग सिस्टम के जरिए ही होता है।

ऑपरेटिंग सिस्टम कई तरह के हो सकते हैं, जैसे–(MS-DOS (अ) जिसे Microsoft Dos नाम से भी जाना जाता है पर आधा ऑपरेटिंग सिस्टम यह सिंगल यूजर (SINGLE USERS) होता है दूसरे शब्दो में (MS-DOS (ब) ऑपरेटिंग सिस्टम एक समय में सिर्फ एक ही व्यक्ति को कार्य की क्षमता प्रदान करता है। इसलिये इसे सिंगल यूजर ऑपरेटिंग सिस्टम कहते हैं। यूनिक्स (Unix) और (Xenix) ऑपरेटिंग सिस्टम में अनेक व्यक्ति एक साथ कम्प्यूटर से कई टर्मिनलों को जोड़कर कार्य कर सकते है इसलिये इसे बहुउद्देश्य (Multiuser) ऑपरेटिंग सिस्टम कहते हैं।

**एमएस-डॉस (MS-DOS)**–ज्यादातर पर्सनल कम्प्यूटर में (MS-DOS) ऑपरेटिंग सिस्टम का प्रयोग किया जाता है। यह बहुप्रचलित मशीन है, इसे माइक्रोसिस्टम डॉस के नाम से भी जाना जाता है क्योंकि माइक्रोसॉफ़्ट ने इस ऑपरेटिंग सिस्टम को तैयार किया था। सर्वप्रथम टिम् पैटरसन ने सन् 1980 मे डॉस ऑपरेटिंग सिस्टम को विकसित किया था। डॉस एक कमाण्ड बेस (Command Basr) ऑपरेटिंग सिस्टम है। जिससे कमाण्ड (अनुराष्ट्र) को कुंजीपटल (key-board) के जरिए अनुराष्ट्र को अंकित करके दिया जाता है। डॉस में कुंजीकरण का ही इस्तेमाल किया जाता है। यह माउस को प्रयोग करने की सहूलियत नहीं प्रदान करता है। डॉस पर कार्य करने हेतु इसकी आन्तरिक (Internal) ओर बाह्य (External) कमाण्ड का पूर्ण ज्ञान होना जरूरी है। डॉसॉइलों को बनाने की सुविधा प्रदान करता है। इसका (Command ckm) प्रोग्राम डॉसॉइलों की सम्पूर्ण लिस्ट का नियोजन किया जा सकता है। डॉसॉइलों की प्रतिलिपि बनाना एवं अनैच्छिक फाइलों को मिटाने की सहूलियत प्रदान करता है।

डॉस के कई संस्करण (version) है। हर नया आने वाला संस्करण (version) अपने पूर्व (version) से ज्यादा शक्तिशाली एवं उन्नत होता है जैसे–(DOS-3.3) उसके पश्चात DOS.5.0 तथा वर्तमान में (DOS 6.0)।

**एमएस-विन्डोज** (MS-Windows)–एमएस विन्डोज MS-Windows का निर्माण भी माइक्रोसॉफ्ट कम्पनी द्वारा किया गया था। इस वजह इसे माइक्रोसॉफ्ट विन्डोज (Microsoft Windows) कहा जाता है। विन्डोज वास्तव में कोई ऑपरेटिंग सिस्टम नहीं है। यह (DOS) के द्वारा कम्प्यूटर से सम्पर्क का एक जरिए है। यह उपयोगकर्ता को ग्राफिक्स यूजर इन्टर्स की सहूलियत प्रदान करता है। जब उपयोगकर्ता विन्डोज को ऑन करता है तो कम्प्यूटर की स्क्रीन पर दूसरे प्रोग्राम को दर्शाने हेतु छोटे-छोटे आइकन पर क्लिक किया जाता है वह प्रोग्राम खुल जाता है

एवं उपयोगकर्ता उस पर कार्य कर सकता है। विनडोज उपयोगकर्ता की तीव्रता को और ज्यादा बढ़ा देता है। इसके अलावा विन्डोज उपयोगकर्ता को अनेक प्रकार की सुविधा प्रदान करता है। यदि उपयोगकर्त्ता किसी एक प्रोग्राम पर कार्य कर रहा है तो इस प्रोग्राम को मिनीमाइज निशान द्वारा छोटा करके अन्य प्रोग्राम का चुनाव कर सकता है और उस पर कार्य करता है। इस प्रकार विन्डोज यूजर को मल्टी-टार्स्किग (Multi-tasking) की सुविधा प्रदान करता है। जिसमें उपयोगकर्ता एक साथ कई प्रोग्रामों पर कार्य कर सकता है। वर्तमान में दो प्रकार के ऑपरेटिंग सिस्टम प्रचलित हैं। पहला है (MS-Dos) ऑपरेटिंग सिस्टम एवं दूसरा यूनिक्स (Unix) ऑपरेटिंग सिस्टम। उपयोगकर्ता इनमें से किसी एक का चयन अपने पर्सनल कम्प्यूटर के लिये कर सकता है। या कम्प्यूटर की हार्ड डिस्क बड़ी होने पर इसके एक भाग में डॉस का एवं दूसरे भाग में यूनिक्स को इन्सटाल (Install) किया जा सकता है।

यूनिक्स ऑपरेटिंग सिस्टम पर कार्य करने के दो चरण हैं–(1) यूनिक्स में प्रवेश करने की प्रक्रिया जिसे Login लॉगलाइन अथवा Logging in or Logging out भी कहा जाता है वह (2) यूनिक्स से बाहर निकलने की प्रक्रिया जिसे Logging off कहते हैं।

यूनिक्स उपयोगकर्ता के डॉक्यूमेन्ट (Document) को पूरी सुरक्षा प्रदान करता है। जिससे दूसरा उपयोगकर्ता किसी अन्य के डॉक्यूमेंट पर कार्य नहीं कर सकता। डॉक्यूमेनट की इस प्रकार की सुरक्षा हेतु प्रत्येक उपयोगकर्ता के पास अपना एक पासवर्ड (Password) होता है। यूनिक्स पर कार्य प्रारंभ करने से पहले उपयोगकर्ता का पासवर्ड पूछा जाता है। उपयोगकर्ता द्वारा अपना पासवर्ड दिये जाने के बाद यूनिक्स ऑपरेटिंग सिस्टम उसके पासवर्ड का मिलान करता है। पासवर्ड सही होने पर उपयोगकर्ता को कम्प्यूटर कार्य कराने की अनुमति प्रदान करता है।

## कम्प्यूटर प्रोग्रामिंग भाषाएँ

कम्प्यूटर सिस्टम द्वारा भिन्न-भिन्न प्रकार के कार्य का किया जाना सम्भव है। कई प्रकार की समस्याओं का समाधान कम्प्यूटर द्वारा तेज गति से सम्पन्न किया जा सकता है। तथा समस्या का शुद्ध परिणाम प्राप्त होता है। किसी दी हुई समस्या को पहचान कर उसका हल किस प्रकार निकालना है कम्प्यूटर को यह बताना प्रोग्रामिंग कहलाता है। वास्तव में कम्प्यूटर के स्वयं के द्वारा किसी समस्या का समाधान नहीं निकाला जाता क्योंकि कम्प्यूटर तो मात्र एक मशीन है जो सिर्फ दिये गये दिशा-निर्देशों का पालन करता है। किसी समस्या का समाधान तो प्रोग्रामर द्वारा

निकाला जाता है। समाधान हेतु विभिन्न प्रोग्रामों का निर्माण किया जाता है। प्रत्येक प्रोग्रामर एक विशेष प्रकार की समस्या के समाधान को प्रस्तुत करता है जो निर्देश प्रोग्रामर कहा जाता है। प्रोग्राम द्वारा भिन्न-भिन्न प्रकार की समस्याओं के समाधान हेतु विभिन्न प्रोग्रामों का निर्माण किया जाता है। प्रत्येक प्रोग्राम के लिए उन्हीं निर्देशों के अनुसार कार्य के समूह को प्रोग्राम (programe) कहते हैं। जब यह प्रोग्राम कम्प्यूटर पर चलाया जाता है तो कम्प्यूटर उन निर्देशों में विद्यमान कार्यों को उसी क्रम में कर लेता है और इस प्रकार समस्या हल हो जाती है। जब एक बार किसी प्रोग्राम को कम्प्यूटर की स्मृति में डाल दिया जाता है तो कम्प्यूटर उस प्रकार की समस्याओं को अतिशीघ्रता से हल कर सकता है।

## प्रोग्रामिंग भाषाओं का विकास

सर्वप्रथम कम्प्यूटर की प्रोग्रामिंग भाषा बाइनरी (binary) में लिखी जाती थी जिस में केवल 0 एवं 1 का प्रयोग किया जाता था। इसके बाद assembly language का प्रयोग किया जाने लगा जो सांकेतिक शब्दों पर आधारित थी। असेम्बली भाषा के बाद कम्पाइलर भाषा का प्रयोग शुरू हुआ। कम्पाइलर उच्च स्तरीय भाषा (High level language) का मशीनी भाषा में अनुवाद (translate) की प्रकार है। उच्चस्तरीय भाषा में प्राकृतिक शब्दों का उपयोग किया जाता है। यह भाषा में बदलाव किया जाता है और यह कार्य कम्पाइलर की जरूरत होती है। ठीक इसी प्रकार असेम्बली भाषा को मशीनी भाषा में अनुवाद कराने हेतु असेम्बलर का प्रयोग किया जाता है। हर उच्च स्तरीय भाषा को मशीनी भाषा में अनुवाद करने हेतु असेम्बलर का प्रयोग किया जाता है। कम्प्यूटर प्रोग्रामिंग की कुछ प्रमुख भाषाओं का विवरण निम्नलिखित प्रकार है–

**कोबोल** (COBOL)–कोबोल का आशय है CommOn Business oriented language दूसरे शब्दो में एक इस प्रकार की भाषा जिसका प्रयोग व्यापार से सम्बन्धित कार्यों को सम्पन्न करने के लिये किया जाता है। किसी किसी कम्पनी में कर्मचारियों के वेतनभान का लेखाजोखा रखना, व्याापार से सम्बन्धित रजिस्टर आदि को क्रमबद्व तौर पर रखना, आँकड़ा एवं डाटा को सुरक्षा प्रदान करना जैसे कार्यों के लिए कोबोल की अनिवार्यता होती है। कोबोल का प्रयोग व्यापार से सम्बन्धित प्रश्नावली को हल करने में भी किया जाता है। अतः बैंकों और बीमा कम्पनियों में कोबोल का ही प्रयोग किया जाता है।

**फोरट्रान** (FORTRAN)–LATION इस भाषा का प्रयोग गणित एवं विज्ञान सम्बन्धी कार्यों हेतु किया गया था, इस भाषा की मदद से गणित सम्बन्धी

जटिल गणनाओं को हल कर सकते हैं। इसमें बीजगणितीय समीकरणों का प्रयोग किया जाता है। विज्ञान एवं गणित की भिन्न-भिन्न प्रकार की गणनाओं के समाधान में यह भाषा बहुत उपयोगी है। सामान्यतः फोरट्रान के कार्य में तीव्रता कम होती है जिससे व्यापारिक कार्यों हेतु भाषा का प्रयोग नहीं किया जाता है। यह भाषा वैज्ञानिक तथा अभियान्त्रिकी कार्यो के लिए बहुत उपयुक्त है।

**बेसिक** (BASIC)–बेसिक एक उच्चस्तरीय भाषा (High Level Language) है जिसका उपयोग में प्रोग्रामिंग सीखने हेतु किया जाता है। यह माइक्रोसॉफ्ट कम्प्यूटर में सर्वाधिक उपयोग कम्प्यूटर की जाने वाली अति सरल, सुगम एवं लोकप्रिय भाषा है। बेसिक को अमेरिका में सन् 1964 में डार्ट माउथ कॉलेज (Dart Mouth College) के डा. जॉन. जी. केमेनी (Dr-Jonh. G. Kemeney) और थॉमस ई. कर्टज् (Thomas E. KurtZ) द्वारा विकसित किया गया था। बेसिक (BASIC) का शाब्दिक अर्थ है (Beginner's All purpose symbolic Instruction Code) बेसिक एक शक्तिशाली भाषा है जिसमें इण्टरप्रेटर (Interpretor) के जरिए प्रोग्राम को मशीनी भाषा में अनुवाद किया जाता है। प्रोग्रामिंग सीखने वालों के लिये बेसिक एक उपयुक्त भाषा है। पर्सनल कम्प्यूटर पर कार्य करने वाले किसी उपयोगकर्ता हेतु बेसिक का ज्ञान होना लाभदायक होता है। प्रायः यह सभी माइक्रो कम्प्यूटर में उपलब्ध होती है। बेसिक में निर्देशों का क्रमबद्ध तौर पर अनुबाद (Translate) किया जाता है जिससे गलती होने पर तत्काल उसका सुधार किया जाता है। बेसिक को कम्प्यूटर में संकलित करने जगह कम जगह की अनिवार्यता होती है। वर्तमान में बेसिक के अनेक संसकरण उपलब्ध हैं जैसे–Advanced BASIC, GW BASIC, Quick BASIC आदि।

**पास्कल** (Pascal)–इस भाषा का विकास ज्यूरिच संसार विद्यालय के स्कूल वर्था के माध्यम से एल्गोल भाषा से किया गया इसका नाम महान फ्रेंच गणितज्ञ ब्लेज पास्कल के नाम पर रखा गया। इस भाषा को बनाने में प्रोग्रामिंग सरलता पर खास ध्यान दिया गया। International standard organization द्वारा स्वीकृत 150 पास्कल ही सबसे प्रचलित पास्कल मानी जाती है जिसमे कई संसकरण बनाये जा चुके हैं, जिनमें टर्बो पास्कल महत्त्वपूर्ण है। इसे सीखने के बाद अल्गोल परिवार की दूसरी भाषाएँ 'एडा' 'पी. एल-1' 'सी' आदि सुविधापूर्वक सीखी जा सकती है। इसमें विशेषता यह है कि कमाण्ड की स्थान पूरे के पूरे स्टेटमेण्टस एक कड़ी की प्रकार प्रयोग में लाये जाते हैं। पास्कल का प्रयोग माइक्रो कम्प्यूटर में ज्यादातर किया जाता है।

**सी भाषा (C Language)**–इस भाषा का विकास अमेरिका की बेल टेलीफोन लेबोरेटरीज ने मिनी कम्प्यूटरों के लिये किया। इस भाषा की विशेषता यह है कि यह **System software** तथा **application software** दोनों को बनाने में फायदे मदं है। इस भाषा में विज्ञान सम्बन्धी और व्यापार सम्बन्धी दानों प्रकार के प्रोग्राम बनाये जा सकते हैं। प्रोग्रामिंग की भाषा में इसका विशिष्ट जगह है।

## प्रोग्रामिंग भाषा का चुनाव

प्रोग्रामिंग भाषा का चयन किये जाने वाले कार्य के लक्षणों पर निर्भर करता है। कार्य की जानकारी मिलने पर सही प्रोग्रामिंग भाषा का चयन करना सम्भव हो सकता है। कुछ भाषाएँ निम्न स्तर तथा कुछ उच्च स्तर की होती हैं, एवं कुछ भाषाएँ एक विशेष तरह के व्यक्तियों के लिये बनाई जाती हैं तो कुछ विशेष प्रकार के कार्य के लिए ही बनी होती हैं। जो भाषा किसी कार्य विशेष की समस्या के निराकरण हेतु बनी होती है वही उपयुक्त रहती है। कम्प्यूटर प्रोग्राम दो प्रकार के होते हैं–एक सोर्स कोड तथा दूसरा मशीन कोड अथवा आब्जेक्ट कोड। सोर्स प्रोग्राम दो प्रकार से लिखे जा सकते हैं। एक हाई लेवल भाषा एवं दूसरा असेम्बली भाषा में। हाई लेवल भाषा में प्रोग्राम लिखना सरल होता है। इसलिए सामान्यतः प्रोग्राम हाई लेवल इस भाषा में ही बनाये जाते हैं। कोबोल, रट्रान, बेसिक, पास्कल आदि हाई लेवल भाषाएँ हैं। असेम्बली भाषा में कोई विशेष ही प्रोग्राम लिख सकता है तााि इसे लिखने में मेहनत भी करना पड़ता है। अतः सामान्यतः प्रोग्रामर इस भाषा में लिखने का कोशिश नहीं करते। प्रोग्रामिंग हेतु भाषा का चुनाव करते समय आवश्यकताओं का ध्यान रखना कोशिश है। जिस भाषा का इतिहास अच्छा है आगे भी उसका भविष्य सुरक्षित रहेगा अतः उसका चयन करना ही उतम होगा। वर्तमान में सर्वसामान्य की आवश्यकता तथा उपयोग हेतु बने बनाये प्रोग्रामिंग भी उपलब्ध होने लगे हैं।

## एप्लीकेशन सॉफ्टवेयर

कम्प्यूटर स्वयं कुछ नहीं कर सकता जब तक कि उसे स्पष्ट तौर पर आवश्यक निर्देश न दिये जाएँ कि उसे क्या करना है तथा कैसे करना है? इन निर्देशों के समूह को कार्यक्रम (Program) कहते हैं। ये सभी निर्देश कम्प्यूटर को समझने वाली भाषा में दिये जाते हैं जिन्हें प्रोग्रामिंग भाषा कहते हैं। ये सभी निर्देश कम्प्यूटर को समझने वाली भाषा में दिये जाते हैं जिन्हें प्रोग्रामिंग भाषा कहते हैं। सॉफ्टवेयर कम्प्यूटर हेतु

बहुत जरूरी है। कम्प्यूटर को चलाने हेतु सॉफ्टवेयर का होना बहुत जरूरी है। सॉफटवेयर ही हार्डवेयर को क्रियाशील बनाते हैं।

कम्प्यूटर पर उपयोग में लाये जाने वाले सॉफ्टवेयर को हम दो वर्गों में विभाजित कर सकते हैं–

सिस्टम सॉफ्टवेयर (System Software)

एप्लीकेशन सॉफ्टवेयर (Application Software)

एप्लीकेशन प्रोग्राम एप्लीकेशन सॉफ्टवेयर वे होते हैं जो कार्यों को पूरा करने के लिए बने होते हैं। प्रत्येक एप्लीकेशन सॉफ्टवेयर किसी विशेष कार्य को करने हेतु होते हैं। जैसे–वर्डस्टार (Wordstar), लोटस (Lotus) इत्यादि।

कम्प्यूटर हेतु सामान्य रूप से प्रयोग होने वाले कुछ प्रोग्राम अथवा सॉफ्टवेयर आजकल मार्केट में बने बनाये मिलते हैं। इन्हें अपनी आवश्यकतानुसार सेट किया जा सकता है। पहली बार कम्प्यूटर का उपयोग करने वालों के लिये यह बहुत जरूरी है कि वे सही सॉफ्टवेयर का चयन करें।

**उचित सॉफ्टवेयर का चुनाव**–सॉफ्टवेयर वह साधन है जिसके जरिए आप कम्प्यूटर के अनुप्रयोग द्वारा अपने उद्देश्यों की पूर्ति कर सकते हैं। इसलिये सॉफ्टवेयर का चयन करते समय पूरी-पूरी सावधानी रखनी चाहिए। सॉफ्टवेयर चयन की सामान्यतः निम्नलिखित विधियाँ हैं जिनके अपने-अपने गुण दोष भी हैं–

(3) **निर्माता द्वारा प्रदर्शन**–इस विधि के तहत निर्माता अपने द्वारा निर्मित सॉफ्टवेयर की क्षमताओं, उपयोगिताओं तथा विशेषताओं का प्रदर्शन करता है, जिसे देखा जा सकता है। इसमें कमी यह है कि निर्माता मात्र दोषों गुणों का बताता है तथा उसकी कमियों को छिपाता है। इस प्रकार से सॉफ्टवेयर का चयन करते समय पूरी छानबीन कर लेनी चाहिए।

(1) **पूर्व परिचित से सलाह**–यदि आपका कोई परिचित भिन्न-भिन्न प्रकार के सॉफ्टबेयर्स के सम्बन्ध में जानकारी रखता हो तो उससे भी सलाह ली जा सकती है। वह जिस सॉफ्टवेयर का उपयोगकर चुका है उनके गुण दोषों को आपसे छुपाएगा नहीं एवं सही परामर्श देगा।

(2) **पत्र-पत्रिकाओं में समालोचना पढ़कर**–भिन्न-भिन्न तरह के विकसित सॉफ्टवेयर का आकलन करने के बाद उनकी समालोचनाएँ पत्र-पत्रिकाओं में प्रकाशित होती रहती है। इन्हें पढ़कर सॉफ्टवेयर की क्षमता तथा गुण-दोषों की जानकारी प्राप्त की जा सकती है।

## डी-बेस

डी-बेस का शाब्दिक अर्थ है—database। यह डाटा व्यवस्थित रूप प्रदान करने हेतु प्रयुक्त की जाने वाली एक पद्धति है जिसे एस्टोनरेट नामक एक अमेरिकी कम्पनी ने विकसित किया था। डी-बेस को पर्सनल कम्प्यूटर में ऊपर कार्य कराया जा सकता है। डी-बेस में डाटा के व्यवस्थापन के लिये कई कमांड दिये जाते हैं। इस प्रकार हम कह सकते हैं कि यह एक कमाण्ड आधारित पद्धति है। डी-बेस की अपनी कुछ सीमायें हैं जिसमें रहकर उपयोगकर्ताओं को अपना कार्य करना होता है। डाटाबेस में सूचना को एकत्र तथा सुव्यवस्थित करने हेतु d Base II, d Base III, d Base III,+ आदि भाषाओं का प्रयोग किया जाता है। डी बेस के तहत डाटाबेस का ढाँचा (Structure) तैयार करना पड़ता है। डी-बेस में तैयार किये गये डाटा-बेस को प्रकाशित तौर पर भी प्राप्त किया जा सकता है।

## सी.डी.एस/आई.एस आई.एस सॉफ्टवेयर

यह पुस्तकालयों के भिन्न-भिन्न क्रियाकलापों के **संचालन** के लिए यूनेस्को (UNESCO) द्वारा निर्मित सॉफ्टवेयर है, कम्प्यूटरी प्रलेखन तन्त्र/एकीकृत समुच्चय सूचना तंत्र (Computerised Documentation System/ Integrated Sets of Information System CDS/ ISIS) पर यूनेस्को ने 1975 में कार्य प्रारंभ किया। यूनेस्को ने 8 वर्षों तक कार्य करके इस सॉफ्टवेयर में काफी परिवर्तन किया। इस सॉफ्टवेयर को यूनेस्को ने अपने सदस्य राष्ट्रों को निःशुल्क तौर पर उपलब्ध कराया और इसके लिये प्रशिक्षण की व्यवस्था भी की गयी। यूनेस्को द्वारा इस सॉफ्टवेयर में जरूरत के अनुरूप निरन्तर सुधार किये जा रहे हैं। सी.डी. एस.पी. सी./स. का 1.0 रूपान्तरण 1985 में 2.0 विकसित किया गया। यह 256 के रेम आई. बी. पी. सी./एक्सटी कम्प्यूटरों से बनाया गया था। विभिन्न कार्यो हेतु पृथक-पृथक 6 प्रोग्राम बनाये गये थे। सॉफ्टवेयर का यह रूपांतरण 32,000 अभिलेखों वाले डाटाबेस तक ही सीमित था।

समस्त प्रोग्रामों को एक में समन्वित करने हेतु सॉफ्टवेयर का रूपान्तरण 1989 में 2.0 विकसित किया गया जिससे यह 16,000,000 अभिलेखों की सूचना संकलन करने में सक्षम है। 1989 में इस सॉफटवेयर का सी.डी. रोम रूपान्तरण भी विकसित किया गया। 1993 में स्थानीय क्षेत्र नेटवर्क के लिए रूपान्तरण 3.0 विकसित किया गया। इसी प्रकार इसका यूनिक्स रूपान्तरण भी उपलब्ध कराया गया। इसका पहला विण्डो रूपान्तरण—1.0 (window version-1.0) 1997 में

मार्केट में लाया गया इसके पश्चात् 1999 में पूर्ण विण्डो रूपान्तरण जिसे 1.311 के नाम से जाना जाता है, का शुभारम्भ किया गया। इसमें कुछ और जरूरी सुधार करके सन् 2000 में इसका 1.44 रूपान्तरण लाया गया।

वर्तमान में आधुनिक तकनीकी विकास तथा उपयोगकर्ताओं की अनिवार्यता को दृष्टिगत रखते हुये यूनेस्को ने सी.डी. एस/आई./एस. आई. एस. (CDS/ISIS) के तीन रूपांतरण उपलब्ध कराये हैं।

(1) यूनिक्स रूपान्तरण,

(2) विन्डोज रूपान्तरण

(3) एम. एस-डॉस रूपान्तरण

## *विशेषताएँ*

इसकी मुख्य विशेषताएँ अग्रलिखित हैं–

(1) दोषों के निदान हेतु नियन्त्रण निर्देश दिये जा सकते हैं।

(2) प्रकाशित किये जाने हेतु पृथक से निर्देश दिये जा सकते हैं।

(3) भिन्न-भिन्न प्रकार के मुद्रण के प्रारूप बनाये जा सकते हैं।

(4) दो भिन्न-भिन्न डाटाबेसों को परस्पर मिलाया जा सकता है।

(5) विषय शीर्षक हेतु निर्मित किये जाने वाले शब्द कोषों से अनुक्रमणिका बनाई जा सकती है।

(6) मास्टर फाइल से जरूरत के अनुसार किसी भी सूचना अथवा उसके अंश को सुविधापूर्वक प्राप्त किया जा सकता है।

(7) अपने डाटाबेस को फाइलों में कम्प्यूटर के जरिए संशोधित करके अद्यतन (upto-date) रखा जा सकता है।

(8) इसकी सबसे महत्त्वपूर्ण विशेषता फाइल बनाना है।

(9) इसके द्वारा आंकड़ों को जोड़ना, संपादित करना और अवांछित आंकड़ों को हटाना सम्भव है।

(10) इस सॉफ्टवेयर में सूचना एकत्रित करने, संकलित सूचना को प्रक्रियाबद्ध करने, प्रबन्धन तथा पुनर्प्राप्ति की सुविधा हैं।

## *प्रमुख कार्य*

यह सॉफ्टवेयर 8 सेट में पास्कल (Pascal) कम्प्यूटर भाषा में लिखा गया प्रोग्राम है। इसके द्वारा किये जाने वाले कार्यों को मुख्य तौर पर दो भागों में विभाजित किया जा सकता है।

**सिस्टम प्रोग्राम**—इसमें नये रिकार्ड बनाना एवं नये बने हुये रिकार्ड को सुरक्षित रखने का कार्य किया जाता है।

**(अ) आई.एस आई.एस.डी.ई.एफ (CDS/ISISDEF)**—इसमें नये डाटाबेस को परिभाषित करने अथवा जो डाटाबेस पूर्व से उपलब्ध हैं उसमें संशोधन करने का कार्य किया जाता है।

**(ब) आई.एस आई.एस.यू.टी.एल (CDS/ISIS UTL)**—यह हमें उपलब्ध डाटाबेस की उपयोगिता अथवा उसके कार्यों के बारे में सूचना उपलब्ध कराता है।

**(स) आई.एस आई.एस.एक्स.सी.एच (CDS/ISIS XCH)**—यह सूचना को एक जगह से दूसरे जगह पर भेजने या दूसरे डाटाबेस से सूचना प्राप्त करने की सुविधा प्रदान करता है। साथ ही डाटाबेस की मास्टर फाइल के कार्य एवं उपयोगिता के बारे में भी जानकारी उपलब्ध कराता है।

**(द) आई.एस.आई.एस.पी.ए.एस (CDS/ISIS PAS)**—यह ऐसे सभी कार्यक्रमों जो सी. डी. एस/आई.एस.आई.एस. से मेल खाते हैं तथा जिसके वजह सी.डी.एस. पद्धति ज्यादा सुविधापूर्वक कार्य कर सके से सम्बन्धित ग्रहण करने की जानकारी प्रदान करता है।

**उपयोगकर्ता प्रोग्राम**—इसका संचालन कम्प्यूटर में उपलब्ध डाटाबेस पर ही होता है। इसके लिये उपयोगकर्ता को सी. डी. एस/ आई. एस. आई. एस. (CDS/ISIS)—का प्रारम्भिक जानकारी होना चाहिए। इस प्रोग्राम में उपयोगकर्ता के लिए चार कार्यक्रम हैं—

**(अ) आई. एस. आई.एस. नेट. (ISISNET)**—नये डाटा को कम्प्यूटर में संगृहीत करना तथा पहले से संगृहीत रिकार्ड को सम्पादित करना।

**(ब) आई. एस. आई.एस. आर. ई. टी (ISISRET)**—पहले से संगृहीत डाटा/रिकार्ड की भिन्न-भिन्न मुख्य पदों (Keyword) के जरिए पुनर्प्राप्ति सुनिश्चित करना।

**(स) आई. एस. आई.एस. पी. आर. टी (ISISPRT)**—उपयोगकर्ताओं द्वारा इच्छित संगृहीत सूचनाओं को प्रकाशित स्वरूप में उपलब्ध कराना।

**(द) आई. एस. आई.एस. एन. वी. (ISISNV)**—उपयोगी और महत्त्वपूर्ण फाइल्स का रख-रखाव तथा उनके उपयोग को सुनिश्चित करना।

## *हार्डवेयर की जरूरत*

**सी. डी. एस/ आई. एस. आई. एस. (CDS/ISIS)**—पर कार्य करने के लिये निम्नलिखित हार्डवेयर की आवश्यक होती है—

(1) प्रिन्टर।

(2) कार्टिज टेप ड्राइव

(3) सी डी ड्राइव,

(4) 1.44 एमबी. फ्लापी ड्राइव,

(5) 40 जीबी (GB) हार्ड डिस्क,

(6) 128 एमबी रेम (MB RAM),

(7) एक 845 मदरबोर्ड,

(8) पी 3 या पी 4 (P3/P4) कम्प्यूटर,

## डाटाबेस निर्माण के विविध चरण

**क्षेत्र परिभाषित सारणी–इसमें उपयोगकर्ता को हर डाटाबेस हेतु एक अलग क्षेत्र से परिभाषित सारणी** (FDT) बनानी होती है। यह क्षेत्र परिभाषित सारणी (Field Definition table- FDT) हमारे मूल प्रलेख के बारे में जानकारी प्रदान करती है। यह उस डाटाबेस से सम्बन्धित टेग (Tag), लम्बाई (Length), प्रकार (Type) पुनरावृर्ति (Repreatanility), डेलीमीटर (Delimiter) आदि के सम्बन्ध में सूचना प्रदान करता है। एफ. डी. टी. का इस्तेमाल करके किसी नये बनाये जाने वाले डाटाबेस को नियन्त्रित किया जाता है, उन्हें अलग से नाम दिया जाता है और उपयोगकर्ता को उनमें से पहले तीन अक्षरों को चयन की स्वतन्त्रता होती है।

**डाटा प्रविष्ट वर्कशीट**–इसकी अनिवार्यता डाटा प्रविष्टि तथा उसमें संशोधन करने के लिए होती है। इसके लिये आई. एस. आई. एस. डी. ई .एफ. (ISISDEF) का उपयोग होता है। एक डाटाबेस में एक से ज्यादा डाटा वर्कशीट हो सकती है। भिन्न-भिन्न प्रकार के प्रलेखों के लिये विभिन्न तरह की डाटा वर्कशीट बनायी जा सकती है।

**क्षेत्र चयन सारणी–इसका उपयोग मूल फाइल** (Masterfile) से किसी सूचना को प्राप्त करने के लिये किया जाता है। प्राप्त की गयी सूचनाओं अथवा उनके किसी अंश से इन इनवर्ड फाइल बनायी जा सकती है, किसी डाटा अथवा सूचना को किसी दूसरे डाटाबेस में भोजन क्षेत्र चयन सारणी(FST) हमें क्षेत्रों को ढूढ़ने में सहयोग करती है। एक एफ.एस .टी. में एक या एक से ज्यादा पंक्तियाँ होती है जो तीन निर्धारित मापदण्ड बताती हैं–(i) क्षेत्र का परिचायक (Field Identifier), (ii) अनुक्रमणिका तकनीक (Indexing TechniQue) तथा (iii) सार

प्राप्ति के लिये सी. डी. एस./आई.एस. आई. एस. (CDS/ISIS) की कोड संख्या का प्रयोग।

सी. डी. एस./आई.एस. आई. एस. सॉफ्टवेयर में सूचीकरण प्रक्रिया के जरिए भिन्न-भिन्न स्तरों जैसे—लेखक, आख्या, प्रकाशक, विषय, प्रमुख शब्द, परिग्रहण संख्या आदि से संगृहीत सूचना को पुनः प्राप्त किया जा सकता है। इस सॉफ्टवेयर तथा एफ. एस. टी. के जरिए से विषय सूची का पूरा भाग, प्रत्येक उपक्षेत्र, शब्दों के समूहों आदि को देख सकते हैं।

**प्रदर्श प्रारूप/प्रकाशित प्रारूप**— प्रदर्श प्रारूप कम्प्यूटर में संकलित सूचना को मॉनीटर पर देखने हेतु बनाया जाता है। यह सॉफ्टवेयर उपयोगकर्ता को उसकी जरूरत के अनुसार प्रलेखों को देखने की सहूलियत प्रदान करता है। इसमें संगृहीत डाटाबसों को मॉनीटर पर देखने हेतु साथ-साथ प्रकाशित प्रारूपों में प्राप्त करने की सहूलियत भी है। इस सॉफ्टवेयर में यह विशेषता भी है कि इसमें प्रारूप बनाने की कोई सीमा नहीं है।

**डाटा प्रविष्टि सम्पादन**—इस सॉफ्टवेयर में नये रिकार्ड बनाने तथा बने रिकार्ड को सुधारने की भी सुविधा है। इसमें चुनी हुई वर्कशीट के आधार पर डाटा को सम्पादित करते समय मॉनीटर पर प्रथम क्षेत्र को दर्शाया जाता है। जिस मदद पर भी हमें सम्पादन करना होता है, प्रवेश (Enter) के जरिए कर्सर की मदद से सम्पादन कर सकते हैं।

**बेकअप फाइल**—इस सॉफ्टवेयर में डाटा के खत्म होने या उसे खराब होने से बचाने के लिये एक बेकअप फाइल होती है जिसे मास्टर फाईल कहते हैं। इसका कार्य संगृहीत डाटा को सुरक्षित रखना होता है।

**डाटा आयात और निर्यात**—आई. एस. आई. एस./एक्स. सी. एच. (ISIS/XCH) मास्टर फाईल बेकअप सेवाओं के साथ-साथ डाटा को आयात निर्यात करने की सहूलियत भी प्रदान करता है। इसके द्वारा पूरे डाटाबेस को अथवा उसके इच्छित भाग को आयात अथवा निर्यात किया जा सकता है। इस प्रक्रिया में तीन प्रमुख बिन्दु—(i) एम. एफ. एन. रेन्ज फाइल (MFN Range File), (ii) सुरक्षित फाइल (Save File) तथा (iii) हिट फाइल (Hit File) होते हैं। इसमें निर्यात फाइल को ISO 2079 इंटरनेट फॉरमेट के तहत बनाया जाता है।

**मुद्रण**—इस सॉफ्टवेयर में डाटाबेस को छाँटने और उसे प्रकाशित करने का कार्य आई. एस. आई. एस. पी. आर. टी. (ISISPRT) के द्वारा किया जाता है। इसमें प्रलेखों अथवा डाटा को किसी भी समान क्षेत्रों या उपक्षेत्रों के माध्यम से किया

जाता है। इसमें प्रलेखों या डाटा को किसी भी समान क्षेत्रों अथवा उपक्षेत्रों के द्वारा किया जाता है। उन्हीं का मुद्रण हेतु शीर्षक के रूप में उपयोग किया जा सकता है। जिन क्षेत्रों को प्रकाशित करना होता है उनको मुद्रण प्रारूप (Print Format) में दर्शाया जाता है।

**उपयोगकर्ता संस्थान**–इस सॉफ्टवेयर का करने वालों में कई शैक्षणिक संस्थान, वैज्ञानिक और तकनीकी संस्थान, शासकीय विभाग, गैर शासकीय संगठन, व्यक्तिगत इकाइयाँ और अन्तर्राष्ट्रीय इकाइयाँ हैं। उपयोगकर्ताओं के सुझावों तथा आवश्यकताओं को ध्यान में रखकर इसमें बहुत संशोधन किये गये हैं। वर्तमान में 3.07 रूपान्तर उपयोग हेतु उपलब्ध है। इस सॉफ्टवेयर पर अब भी यूनेस्को में निरंतर कार्य चल रहा है। भारत में इस सॉफ्टवेयर को भारत सरकार के विज्ञान विभाग के निसात (NISSAT) से एक समझौते के तहत प्राप्त किया जा सकता है।

## पुस्तकालयों तथा सूचना केन्द्रों में कम्प्यूटर का महत्त्व

वर्तमान मे पुस्तकालयों तथा सूचना केन्द्रों में सूचना के संग्रहण एवं प्रसार के क्रियाकलापों में कम्प्यूटर के अनुप्रयोगों के वजह काफी बदलाव तथा विकास हुए हैं। आधुनिक पुस्तकालयों में प्रलेखन और सूचना सेवा के आयोजनों में कम्प्यूटर की उपयोगिता एवं महत्ता दिखाई पड़ती है। भारत की अपेक्षा पश्चिमी राष्ट्रों एवं अमरीका में कम्प्यूटर का उपयोग प्रतिदिन बढ़ता जा रहा है। आजकल पुस्तकालयों में कम्प्यूटर का उपयोग पुस्तकालयों में कार्यकुशलता में बढ़ोतरी तथा त्वरित सेवा के आयोजन हेतु किया जाता है जिससे प्रायः सभी कार्य और सेवाएँ स्वचालित तथा मशीन की भाँति निष्पादित होती रहती हैं।

कम्प्यूटर का उपयोग पुस्तकालयों एवं सूचना केन्द्रों में निम्नलिखित कार्यों में किया जाता है–

(a) पुस्तकों का आराष्ट्र प्राप्ति तथा प्रस्तुतीकरण में।

(b) धारावाहिक प्रकाशनों (Serials) के नियन्त्रण एवं व्यवस्था में।

(c) प्रलेखों के आदान-प्रदान में।

(d) लेखा कार्य में।

**(1) सूचना पुनर्प्राप्ति के स्वचालीकरण में**–पुस्तकालय में सूचना पुनर्प्राप्ति की प्रक्रियाओं में कम्प्यूटर का प्रयोग अत्यधिक हो रहा है। सूचना पुनर्प्राप्ति के क्षेत्र में कम्प्यूटर के प्रयोग को तीन चरणों में विभक्त किया जा सकता है।

**(2) अनुक्रमणिकाकरण में कम्प्यूटर का उपयोग**–अनुक्रमणिकाकरण में KWIC पद्धति में कम्प्यूटर का अनुप्रयोग किया जाता है। मूल अभिलेख जिसे निवेश (Input) कहते हैं को बड़ी तीव्र गति से सरलतापूर्वक तैयार किया जाता है जिसके लिए Key Punchers की आवश्यकता होती है अन्य शेष कार्यों, जैसे–Key words का चुनाव, प्रलेखों की प्रतियाँ तैयार करना, चुने गये प्रासंगिक प्रमुख शब्दों का अनुवर्णिक आँकलन, प्रकाशित रूप में अनुक्रमणिका प्रस्तुत करना आदि को कम्प्यूटर बड़ी तीव्र गति से निष्पादित करता है।

**(3) पुस्तकालय सम्बद्धता तथा उद्धरण अनुक्रमणिका**–पुस्तकात्मक सम्बद्धता तथा उद्धरण अनुक्रमणिका दोनों ही विधियाँ हैं जो प्रलेखों के मूल पाठ से बिल्कुल ही भिन्न हैं। प्रलेखों के मूलपाठ पर निर्भर न होने के कारण इस विधि के अनुसार किसी भी पूर्णतः पंजीकृत सूचना संग्रहण एवं पुनर्प्राप्ति पद्धति की स्थापना की जा सकती है। Science Citation Index पूर्णरूप से स्वचालित सूचना पुनर्प्राप्ति पद्धति है इसमें वास्तविक सूचना पुनर्प्राप्ति की खोज-विधि बिल्कुल ही भिन्न है।

**(4) स्वचालित सारांशीकरण सेवा**–श्रमपूर्ण विधि से मनुष्य के द्वारा सांराशीकरण करने में अधिक समय लगता है इसलिए इन सेवाओं के प्रति असन्तोष बना रहता है। क्योंकि इनमें अधिक विलम्ब होता है और सुलभ कराने की गति भी मन्द होती है। अतः कम्प्यूटर द्वारा सारांशीकरण सेवाएँ उपलब्ध कराई जा रही है जिससे सारांशीकरण में पर्याप्त सुधार हो जाता है। तथा साथ ही श्रम व समय की बचत होती है। सारांशीकरण करते समय कम्प्यूटर मूलपाठ का अध्ययन और विश्लेषण कर इस ढंग से प्रोग्राम बद्ध करता है कि वह महत्त्वपूर्ण शब्दों, शब्द साहचर्यों अथवा वाक्यांशों का चुनाव करने में सफल हो जाता है और अन्ततः महत्त्वपूर्ण वाक्यों का चुनाव कर उन्हें एक क्रमपूर्ण ढंग से व्यवस्थित करने में कम्प्यूटर बड़ी तीव्रता से कार्य करता है। इस तरह कम्प्यूटरीकृत सारांश मूलपाठ का एक तदर्थ प्रस्तुतीकरण होता है।

**(5) स्वचालित अनुवाद सेवा**–अनुवाद कार्यों में भी कम्प्यूटर का प्रयोग अत्यधिक किया जाता है। कम्प्यूटर से किये गये अनुवाद को मशीन अनुवाद (Machine Translation) कहते हैं। भाषा आदि की कठिनाइयों को अनुवाद कार्य के माध्यम से कम्प्यूटर दूर कर देता है।

**(6) डाटाबेस/सूचना फाइल**–कम्प्यूटर का सर्वाधिक उपयोग आजकल सूचना संचिका अथवा डाटाबेस को तैयार करने में किया जाता है जो सूचना के प्रसार

एवं संग्रहण का एक सशक्त साधन माने जाते हैं। इन डाटाबेसों से सूचना के उपयोगकर्ताओं को अपनी आवश्यकतानुसार Search for Bibliographical Information में ज्यादातर सहायता प्राप्त होती है। कम्प्यूटर सबसे उपयोगी साधन डाटाबेसों को तैयार करने का माना गया है।

## सूचना तकनीकी : कम्प्यूटर अनुप्रयोग

वर्तमान समय सूचना तकनीकी के युग के नाम से जाना जाता है। कम्प्यूटर के खोज के बाद सूचना तकनीकी को विकास का पर्याय माना जाने लगा है। किसी राष्ट्र का विकास मुख्यतः उस राष्ट्र की अर्थव्यवस्था और सूचना तकनीकी पर निर्भर करता है। सूचना तकनीकी दो शब्दों से मिलकर बना है—सूचना + प्रौद्योगिकी। सूचना का तात्पर्य है तथ्य, ज्ञान व जानकारी और प्रौद्योगिकी का अर्थ है, "वह तकनीक जो सूचना को व्यवस्थित कर सम्प्रेषण योग्य बनाती है।" अतः सूचना तकनीकी वह तकनीक है जिसके द्वारा हम सूचना की विभिन्न प्रक्रियाओं में वर्तमान तकनीकी का प्रयोग कर सूचना के उपयोग और आवश्यकता को बढ़ा सकते हैं। ज्ञान के विस्फोट और सूचना सामग्रियों की बढ़ती हुयी मात्रा को संगृहीत करना पुस्तकालयों के लिए हमेशा से एक समस्या रहा है। पूर्व में साहित्य का प्रकाशन कम मात्रा में हुआ करता था जिसे पुस्तकालयों द्वारा उसे संगहित करना व पुनर्प्राप्ति करना एक समस्या बन गया है। परन्तु वर्तमान समय में पुस्तकालयों द्वारा कम्प्यूटर व सूचना प्रौद्योगिकी का उपयोग कर किसी भी सूचना को संसार के किसी भी भाग से संगृहीत कर पुर्नप्राप्त किया जा सकता है।

पुस्तकालयों में सूचना के संग्रह प्रसारण व पुनर्प्राप्ति हेतु सूचना प्रौद्योगिकी में कम्प्यूटर, इण्टरनेट, नेटवर्क, वर्ड प्रोसिसिंग, प्रफिक्स आदि प्रविधियों का प्रयोग किया जाता है। इनके द्वारा सूचनाओं का संसाधन, संग्रहण पुनर्प्राप्ति एवं प्रसारण ही सूचना तकनीकी का स्वरूप है। इसमें सूचना के व्यवस्थापन एवं प्रक्रियाकरण करने में दो प्रमुख साधन हैं—कम्प्यूटर तथा संचार तन्त्र। अतः इनमें प्रयुक्त तकनीक ही जो सूचना प्रबन्धन एवं सम्प्रेषण में प्रयुक्त होती है, सूचना प्रौद्योगिकी कही जाती है।

### *परिभाषाएँ*

सूचना प्रौद्योगिकी को विभिन्न विद्वानों ने परिभाषित किया है। कुछ महत्त्वपूर्ण परिभाषाएँ इस तरह हैं—

**1. ए. एलए. ग्लौसरी के अनुसार**—"सूचना तकनीक से आशय सूचना के

अधिग्रहण, संगठन, संग्रहण, पुनर्प्राप्ति एवं सम्प्रेषण में कम्प्यूटर एवं अन्य तकनीकों का प्रयोग करना है।"

**2. केट वीहेन एवं डायना होमोस के अनुसार**—"सूचना तकनीकी वह पद है, जो सूचना संग्रहण तथा अधिग्रहण से खुड़ी तकनीक को प्रस्तुत किये जाने हेतु प्रयुक्त किया जाता है। इसके अन्तर्गत कई आधुनिक तकनीकें, जैसे—कम्प्यूटर, दूरसंचार और माइक्रो इलेक्ट्रॉनिक्स आदि सम्मिलित होती हैं।

**3. मोल के अनुसार**—'कम्प्यूटर, दूरसंचार एवं माइक्रो इलेक्ट्रॉनिक्स का उपयोग करते हुए सूचना अधिग्रहण, भण्डार एवं संचार के विभिन्न साधन।"

**4. वेबेस्टर न्यू एन्साइक्लोपीडिया के अनुसार**—"सूचना तकनीकी विभिन्न तकनीकों का संयुक्त पद है जिसमें विभिन्न तकनीकों द्वारा सूचना के संचालन एवं स्थानान्तरण का कार्य किया जाता है, माध्यम के रूप में कम्प्यूटर दूरसंचार तथा माइक्रो इलेक्ट्रॉनिक्स शामिल है।"

**5. रौले के अनुसार**—"सूचना तकनीकी का अर्थ सूचना के एकत्रीकरण, संग्रहण, संचालन, प्रसारण तथा उपयोग से है। इसका आशय हार्डवेयर अथवा सॉफ्टवेयर से नहीं है, बल्कि इस तकनीक के द्वारा मानव की महत्त्वपूर्ण आवश्यकता एवं विभिन्न सूचनाओं की पूर्ति से है।"

**6. हेरॉल्ड्स लाइबेरियन्स ग्लौसरी के अनुसार**—"सूचना तकनीकी सूचना स्रोतों का विकास है, जिसे कम्प्यूटर एवं संचार माध्यमों द्वारा नियंत्रित किया जाता है।"

**7. यूनेस्को के अनुसार**—"सूचना तकनीकी से अभिप्राय ऐसी प्रौद्योगिकी से है जिसमें अभियांत्रिकी विषयों तथा प्रबन्ध तकनीकी का प्रयोग सूचना के नियन्त्रण एवं संचालन हेतु किया जाता है। कम्प्यूटर एवं इसके उपयोग से मनुष्य तथा मशीन में अन्तर्सम्बन्ध स्थापित करते हुए सामाजिक, आर्थिक एवं सांस्कृतिक क्षेत्रों में उन्नति की जा सकती है।"

इस प्रकार सूचना प्रौद्योगिकी का क्षेत्र व्यापक है यह एक ऐसी तकनीक है, जिसने असम्भव को सम्भव बना दिया है। यह अपने में मात्र पाठात्मक ही नहीं बल्कि संख्यात्मक, दृश्यात्मक तथा संगणनात्मक प्रस्तुतीकरण को समेटे हुए हैं।

### *आवश्यकता*

सूचना प्रौद्योगिकी वर्तमान समय की जरूरत है सूचना प्रौद्योगिकी को अपनाये बिना न तो हम सही तरह से सूचना का संचय कर सकते हैं और न ही उसे पुनर्प्राप्त कर सकते हैं।

पुस्तकालय द्वारा सूचना तकनीकी का उपयोग आधुनिक रूप से सूचना के संचयन व पाठकों को वर्तमान व उच्च तकनीकी सेवाएँ प्रदान करने हेतु किया जाता है। पुस्तकालयों ने सूचना तकनीकी का प्रयोग कर सही समय पर सही सूचना उपलब्ध करा पाठकों के समय की बचत की है।

पुस्तकालयों द्वारा सूचना प्रौद्योगिकी की जरूरत निम्न तरह से है–

(1) सूचना का यन्त्रेण पठनीय रूप (Machine Readable Form) में संचय हेतु।

(2) सूचना विस्फोट से पैदा हुई समस्याओं के निवारण हेतु।

(3) पाठकों के समय की बचत करने हेतु।

(4) पाठकों को आधुनिक एवं उपयुक्त सुविधाएँ प्रदान करने के लिए।

(5) सूचना तकनीकी की मदद से पाठकों को नवीनतम सूचना प्रदान की जा सकती है।

(6) सूचना प्रौद्योगिकी द्वारा पुस्तकालय सेवाओं का व्यापक रूप से प्रसार किया जा सकता है।

(7) सूचना तकनीकी द्वारा विश्व के किसी भी हिस्से से किसी भी पुस्तकालय एवं सूचना केन्द्र (नेटवर्क से जुड़े हुए) सूचना का आदान-प्रदान किया जा सकता है।

(8) पाठकों को यन्त्रेण पठनीय रूप में भी सूचना उपलब्ध कराई जा सकती है।

(9) पाठकों को प्रदान की जाने वाली सूचना प्रसार सेवा व सामयिक अभिज्ञान सेवा की गुणवत्ता में वृद्धि की जा सकती है।

(10) पाठकों को पुस्तकालय में आये बिना सूचना उपलब्ध करायी जा सकती है।

(11) सूचना तकनीकी संसाधन सहभागिता में बहुत मददगार हो सकती है।

(12) सूचना तकनीकी क्षेत्रीय, राष्ट्रीय एवं विश्व स्तर पर नेटवर्क स्थापित करने में सहायक हो सकती है।

(13) सूचना तकनीकी द्वारा पुस्तकालय की कई समस्याओं का समाधान किया जा सकता है।

(14) पुस्तकालय तथा सूचना केन्द्र के कार्यों को तीव्र गति से सम्पन्न किया जा सकता है।

## *प्रयोग का दायरा*

**कम्प्यूटर तकनीकी**—सूचना प्रौद्योगिकी का कम्प्यूटर के क्षेत्र में महत्वपूर्ण उपयोग रहा है। कम्प्यूटर तकनीकी, संग्रह तकनीकी और सॉफ्टवेयर का समूह है। जैसे-जैसे कम्प्यूटर का विकास होता गया सूचना प्रौद्योगिकी का क्षेत्र भी व्यापक होने लगा, प्रारम्भ में कम्प्यूटर में वेक्यूम ट्यूब होते हैं। किन्तु पीढ़ी विकास के बाद इनका स्थान आई सी (IC) तथा माइक्रो प्रोसेसर ने ले लिया आधुनिक में कम्प्यूटर में चिप का प्रयोग होता है। कम्प्यूटर के विकास के साथ ही इसकी संग्रह क्षमता (Memory) में भी वृद्धि होती गयी आज अनगिनत सूचनाओं का समावेश एक ही कम्प्यूटर में किया जा सकता है।

**सूचना नेटवर्क**—सूचना तकनीकी का सबसे प्रमुख प्रयोग सूचना नेटवर्क के क्षेत्र में है। वर्तमान में सूचना नेटवर्क ने सम्पूर्ण संसार को एक लघु रूप प्रदान कर राष्ट्रों की परस्पर दूरियों को तकरीबन समाप्त कर दिया है। आज संपूर्ण विश्व सूचना नेटवर्क से इस तरह जुड़ा है कि सूचना के आदान-प्रदान और सूचना पुनर्प्राप्ति में किसी तरह की असुविधा नहीं होती है। इस कार्य के लिए कम्प्यूटर और दूरसंचार उपकरणों का प्रयोग किया जाता है। सूचना नेटवर्क ने मनुष्य की कार्य क्षमता को बढ़ाकर उसे द्रुत गति प्रदान कर रहा है। यह सभी सूचना तकनीकी के द्वारा ही सम्भव हुआ है।

**दूरसंचार**—सूचना तकनीकी का दूसरा मुख्य उपयोग दूरसंचार के क्षेत्र में है। दूरसंचार प्रक्रिया में सूचना को विद्युत चुम्बकीय तरंगो के द्वारा एक स्थान से दूसरे स्थान पर भेजा जाता है। यह कार्य काफी द्रुत गति से किया जाता है। दूरसंचार में दूरी कोई मायने नहीं रखती है। वर्तमान में दूरसंचार क्रान्तिकारी परिवर्तन किये हैं। दूरसंचार में दूरी कोई मायने नहीं रखती है। वर्तमान में दूरसंचार के क्षेत्र में तीव्र गति से विकास हो रहा है। दूरसंचार में सेटेलाइट एक महत्त्वपूर्ण भूमिका निभाते हैं इनके द्रुत ही सूचना का प्रसारण एक स्थान से दूसरे स्थान तक बिना किसी व्यवधान के हो सकता है। इन सेटेलाइटों में ट्रान्सपोन्डर बैण्ड होते हैं तो सूचना के सम्प्रेषण को सरल व प्रयोग के लाय बनाते हैं। आज दूरसंचार का शक्तिशाली होना राष्ट्र के विकास का द्योतक माना जाता है। वर्तमान में दूरसंचार के क्षेत्र में जो विकास हो रहा है वह सूचना तकनीकी के द्वारा ही सम्भव हुआ है।

**माइक्रोग्राफी**—माइक्रोग्राफी के अधीन सूचना को कई माध्यमों (माइक्रोफिल्म, माइक्रोफिश, फिल्म स्ट्रिप, फिल्म रील आदि) में सूक्ष्म रूप में संचित किया जा सकता है और जरूरत के अनुसार उसे पुनर्प्राप्त किया जा सकता है। इस पद्धति में

पुस्तकालय के असंख्य प्रलेखों को यन्त्रेण पठनीय रूप में प्रणाली किया जा सकता है। इसके माध्यम से सूचना को सीमित स्थान में संचित किया जा सकता है।

**इलेक्ट्रॉनिक प्रकाशन**—सूचना तकनीकी से प्रभावित होकर सूचना का प्रकाशन अब अपने पारम्परिक स्वरूप (पुस्तकों) के अलावा इलेक्ट्रॉनिक द्वारा भी होने लगा है। अगर दूसरे शब्दों में कहा जाये कि वर्तमान समाज पेपर रहित (Paperless) होता जा रहा है तो यह अतिशयोक्ति नहीं होगा। वर्तमान में संसारकोश, शब्दकोश, साहित्य आदि का प्रकाशन फ्लापी सी.डी.रोम आदि में किया जाने लगा है। एक 12 सेमी. आकार की सीडी में 1500 फ्लापी या 2100,000 पृष्ठों को समावेशित किया जा सकता है। वर्तमान में पुस्तकालयों को अब इलेक्ट्रॉनिक पुस्तकालय का रूप दिया जा रहा है। जिसमें सूचना को यन्त्रेण पठनीय रूप (Nachine readable form) में संचित किया जाता है।

**इलेक्ट्रॉनिक पुस्तकालय**—आज पूरे विश्व में इलेक्ट्रॉनिक पुस्तकालय पर लगातार शोध व विकास किया जा रहा है। संसार के कतिपय विकसित्त राष्ट्रों में इलेक्ट्रॉनिक निरन्तर ने कार्य करना भी प्रारम्भ कर दिया है। भारत में भी इस तरफ निरन्तर शोध व विकास जारी है। इस तरह के पुस्तकालय में सूचना की यन्त्रेण पठनीय रूप (Machine readable form) में संचित किया जाता है और यह पुस्तकालय ऑन लाइन सुविधा प्रदान करती है। जिससे सूचना को नेटवर्क के द्वारा ऑनलाइन प्राप्त किया जा सकता है। यह प्रत्येक कार्य सूचना तकनीकी के व्यापक उपयोग व निरन्तर विकास से ही सम्भव हो सके हैं।

## *उपादेयता*

पुस्तकालय एवं सूचना केन्द्रों में सूचना प्रौद्योगिकी का उपयोग सूचना संग्रह एवं पुनर्प्राप्ति हेतु किया जाता है। इसको अपनाकर भिन्न-भिन्न कार्यों और सेवाओं में तीव्रता और एकरूपता लाई जा सकती है। सूचना प्रौद्योगिकी के उपयोग से—

(1) कर्मचारियों एवं प्रयोगकर्ताओं का समय बचाया जा सकता है।

(2) पुस्तकालय कार्मिकों द्वारा किये जा रहे कार्यों में तीव्रता लाई जा सकती है।

(3) अभिगम के समस्त पक्षों से पूछी गयी सूचनाएँ शीघ्रता से प्राप्त की जा सकती हैं।

(4) भविष्य की जरूरत के अनुरूप आँकड़ों को विश्लेषित किया जा सकता है।

(5) पुस्तकालय एवं सूचना गतिविधियों की दक्षता में कम्प्यूटरीकरण के द्वारा अभिबढ़ोतरी की जा सकती है।

(6) पुस्तकालय की विविध गतिविधियों से उत्पादकता में वृद्धि की जा सकती है।

(7) सूची को ज्यादा व्यापक बनाने की दृष्टि से अन्तर्राष्ट्रीय डाटाबेस में भी खोज की जा सकती है।

(8) प्रयोगकर्ता को उसकी अभिरुचि के विषय से सम्बन्धित पुस्तकों एवं सामयिक प्रकाशनों से वांछित संदर्भों की सूची शीघ्रता पूर्वक उपलब्ध कराई जा सकती है।

(9) सूचना सेवाओं की गुणवता में भी वृद्धि की जा सकती है।

(10) सूचना की गुणवत्ता में वृद्धि की जा सकती है।

### *प्रभाव*

कम्प्यूटर एवं दूरसंचार प्रौद्योगिकी में हुए नवीनतम परिवर्तनों के परिणामस्वरूप पुस्तकालयों की मूलभूत परम्परागत कार्यों एवं सेवाओं में काफी परिवर्तन आया है। पुस्तकालयों द्वारा किये जाने वाले कार्य, जैसे—पुस्तक चुनाव, अवाप्ति, सूचीकरण, प्रलेखन सेवा, संदर्भ सेवा आदि में बहुत ज्यादा समय लगता था। जिन पुस्तकालयों एवं सूचना केन्द्रकों ने सूचना प्रौद्योगिकी को अपनाया है वहाँ सूचना को पाठकों तक पहुँचाने में देर नहीं होता। धीरे-धीरे सूचना प्रौद्योगिकी को पुस्तकालयों द्वारा अपनाया जा रहा है एवं इसके परिणाम भी सामने आ रहे हैं। वर्तमान में पुस्तकालय तथा सूचना केन्द्रों का ऐसा कोई कार्य अथवा विभाग नहीं है जहाँ इसका प्रभाव न हो। इसके प्रभाव को भिन्न-भिन्न विभागों के कार्यों एवं सेवाओं में देखा जा सकता है—

**(1) ग्रन्थ अधिग्रहण विभाग**—इस विभाग के तहत ग्रन्थ चुनाव, आराष्ट्र, और अधिग्रहण के कार्य सम्पन्न होते हैं। सूचना प्रौद्योगिकी की मदद से इन कार्यों को अविलंब पूरा किया जा सकता है। कम्प्यूटर के द्वारा क्रय प्रक्रिया विधि, पूर्व आराष्ट्र खोजने, आराष्ट्र प्रेषित करने, ग्रन्थ में मदद मिलती है। इन कार्यों को पूरी करने हेतु कम्प्यूटर में अलग-अलग फाइल तैयार कर ली जाती है। जिनसे ग्रन्थ अधिग्रहण के कार्यों को सुविधापूर्वक तीव्रता से किया जा सकता है।

**(2) सूचीकरण**—पुस्तकालय एवं सूचना केन्द्र में कम्प्यूटर की मदद से सूचीकरण के कार्य को शीघ्रता से किया जा सकता है। इसके लिए भी ज़रूरत के मास्टर फाइल, अनुक्रमणिका फाइल आदि निर्मित की जाती हैं।

**(3) सामयिकी नियन्त्रण**—सूचना तकनीकी को प्रयोग में लाकर पत्र-पत्रिकाओं के अधिग्रहण पर भी नियन्त्रण किया जा सकता है। इसके द्वारा से नवीन सामयिकी प्रकाशनों के चुनाव, क्रय आराष्ट्रन, भुगतान, स्मरण-पत्र भेजने आदि विभिन्न कार्यों में सहायता मिलती है। इन कार्यों हेतु भी कम्प्यूटर में विविध तरह की फाइल तैयार की जाती है।

**(4) ग्रन्थ आदान-प्रदान**—कम्प्यूटर, बारकोड एवं इसके सॉफ्टवेयर की सहायता से ग्रन्थ आदान-प्रदान का कार्य सुविधापूर्वक तीव्रता से किया जा सकता है।

**(5) सूचना सेवा**—ग्रन्थालयों एवं सूचना केन्द्रों द्वारा उपलब्ध कराये जाने वाली विविध सेवाओं जैसे—सन्दर्भ सेवा, सूचना खोज सेवा, सारांशीकरण एवं अनुक्रमणीय सेवा, अद्यतन अभिज्ञता सेवा, चयनित प्रसार सेवा आदि में सूचना प्रौद्योगिकी उपयोगी होती है। ऑनलाइन पर ग्रन्थ इन प्रिंट की उपलब्धता ने विभिन्न प्राप्तिकरण सेवाओं की क्षमता में वृद्धि की है। माइक्रो प्रोसेसर के उपयोग से सिस्टम एवं फाइल प्रोसेसर के बीच सम्बन्ध स्थापित किया जाता है जिसकी मदद से नई सेवाओं हेतु सुविधाजनक खोज क्षमताएँ प्राप्त होती हैं।

पुस्तकालय एवं सूचना केन्द्रों के प्रबन्ध में सूचना तकनीकी का प्रभाव काफी ज्यादा अनुभव किया जा रहा है। संसाधन उपकरणों एवं टेलीकॉन्फ्रेसिंग प्रणालियों के प्रति सूचना केन्द्रों का झुकाव देखा जा सकता है। इन्टरनेट के अनुप्रयोग से पुस्तकालय एवं सूचना केन्द्रों की सेवाएँ ज्यादा सुव्यवस्थित एवं आसान हो गयी हैं। इस प्रकार आधुनिक तकनीकी ने ग्रन्थालयों एवं सूचना केन्द्रों को कई ऐसे उपकरण उपलब्ध कराये हैं जो उपयोगकर्ताओं को दी जाने वाली सेवाओं में सुधार के उनके लक्ष्य को प्राप्त कराने में मददगार हैं।

## *पुस्तकालय स्वचालन*

स्वचालन में अक्सर कम्प्यूटर का उपयोग होता है। अतः हम यह कह सकते हैं कि किसी क्रिया या पद्धति (System) को कम्प्यूटर के द्वारा स्वचालित रूप प्रदान करने को स्वचालीकरण कहा जाता है। पुस्तकालय में इसी स्वचालित तकनीक का प्रयोग, पुस्तकालय के विविध कार्यों जैसे—पुस्तकालय अर्ज, सीरियल कन्ट्रोल, कैटलॉग व सर्कुलेशन कन्ट्रोल आदि स्वचालित रूप प्रदान करने में किया जाता है। पुस्तकालय में स्वचालित रूप प्रदान करना एक ऐसी तकनीक है जिसके द्वारा पुस्तकालय में कम से कम समय व श्रम का व्यय किये बिना अधिकाधिक सूचना

को प्राप्त किया जा सकता है एवं उसका प्रयोग किया जा सकता है। पुस्तकालय स्वचालीकरण को अपनाने से पाठकों को तीव्रता सूचना प्राप्त होती है जिससे डॉ. रंगनाथन के नियम "पाठक का समय बचाइये" (Save the time of the reader) का पूरी तरह पालन होता है। वर्तमान में पुस्तकालय हेतु स्वचालीकरण तकनीक परम आवश्यक है। इससे न केवल पुस्तकालयों के कार्यों को शीघ्र पूरा किया जा सकता है अपितु पाठकों को श्रेष्ठ सुविधा उपलब्ध करायी जा सकती है।

**पुस्तकालय में स्वचालीकरण की अनिवार्यता**–किसी भी पुस्तकालय तथा सूचना केन्द्र का प्राथमिक उद्देश्य सूचना को अद्यतन व व्यवस्थित रूप में रखना तथा व उपलब्ध कराना है। स्वचालीकरण पुस्तकालय के क्रियालापों में मानवीय श्रम प्रयास और समय की बचत करता है और पुस्तकालय की पद्धति को स्वचालित रूप प्रदान करता है। कुछ और भी कारण है जो स्वचालीकरण को पुस्तकालय में अनिवार्य बनाते हैं जैसे–

1. पुस्तकालय की वर्तमान सेवाओं को उन्नत करना और उसके साथ ही पुस्तकालय की नयी सेवाओं को प्रस्तुत करना। सेवाओं को उन्नत करने से न केवल पुस्तकालय के कार्य क्षेत्र में विस्तार किया जा सकता है बल्कि पुस्तकालय को एक उच्च स्थान प्रदान किया जा सकता है।

2. पुस्तकालय प्रबन्धन के एक नये स्तर को प्राप्त करना।

3. सेवाओं के प्रयोग से पुस्तकालय में स्टाफ को और ज्यादा प्रभावी रूप से उन्नत बनाया जा सकता है।

4. पुस्तकालय में स्वचालीकरण को अपनाये जाने से कार्य के दोहराव (Duplication) को रोका जा सकता है।

5. पुस्तकालय में नेटवर्क पद्धति केवल पुस्तकालय स्वचालीकरण के द्वारा ही सम्भव है। पुस्तकालय में कम्प्यूटर के द्वारा ही पुस्तकालय को लेन, देन और इंटरनेट द्वारा जोड़ा जा सकता है इस पद्धति को अपनाये जाने से न केवल समय की बचत होती है बल्कि सूचना को बहुत तीव्र गति से पुनर्प्राप्त किया जा सकता है जो बिना पुस्तकालय स्वचालीकरण के सम्भव नहीं है।

6. पुस्तकालय में स्वचालीकरण को अपनाने का एक मुख्य कारण यह है कि यह पुस्तकालय की संसाधन सहभागिता (Resource sharing) में बहुत काफी मददगार होता है। पुस्तकालय स्वचालीकरण के उपयोग से संसाधन सहभागिता के कार्यों को उचित प्रकार से और बहुत तीव्र गति से सम्पन्न किया जा सकता है।

7. पुस्तकालय स्वचालीकरण विविध सेवाओं को देने में खर्च किये धन के व्यय को कम करता है।

## पुस्तकालय स्वचालीकरण के क्षेत्र

ग्रन्थालय में कई क्षेत्र (Area) हैं जिसमें स्वचालीकरण को अपनाया जा सकता है। पुस्तकालय स्वचालीकरण में कम्प्यूटर के द्वारा विभिन्न सेवाओं का संचालन किया जाता है। इस तकनीक में कम्प्यूटर का उपयोग इसकी विशेषताओं के कारण किया जाता है। कम्प्यूटर शक्ति, गति एवं उच्च क्षमता का परिचायक है। इसमें न केवल अधिकतक सूचना को संचित किया जा सकता है अपितु संकलित सूचना को अत्यधिक तीव्र गति से पुनर्प्राप्त किया जा सकता है। इसके द्वारा से सूचना सेवाओं का आयोजन सही प्रकार से किया जा सकता है।

पुस्तकालय (Libary) में कतिपय ऐसे क्षेत्र हैं जिसमें स्वचालीकरण को अपनाया जाता है जो इस प्रकार हैं–

**1. पुस्तकालय नेटवर्क**–**आधुनिक समय में पुस्तकालय नेटवर्क** (Library Network) की अवधारणा को पुरतकालय स्वचालीकरण (Library Automation) के द्वारा ही मूर्त रूप दिया जा सकता है। पुस्तकालय नेटवर्क का तात्पर्य है कम्प्यूटरीकृत पुस्तकालयों का एक नेटवर्क जिसमें, राज्य, राष्ट्रीय व अन्तर्राष्ट्रीय स्तर पर स्थापित पुस्तकालयों की कम्प्यूटर प्रणालियां आपस में परस्पर जुडी हों और सभी सम्बन्धित पुस्तकालय आपस में एक दूसरे पुस्तकालयों की सूचना व संसाधनों का जरूरत के मुताबिक उपयोग कर सकें। पुस्तकालय नेटवर्क के द्वारा न केवल पुस्तकालय अपने कार्यों की गुणवत्त को श्रेष्ठ बना सकते हैं बल्कि पुस्तकालय में पाठकों को भी अच्छी सेवा प्रदान कर सकते हैं। पुस्तकालय नेटवर्क की जरूरतों को देखते हुए भारत सरकार ने कई स्तर पर पुस्तकालय नेटवर्क स्थापित किये हैं जैसे–कैलिबनेट (CALIBNET-Calcutta Libary Network), डेलनेट (DELNET)-Developing Libraries Network), इनफ्लीबनेट (INFLIBNET)-Information and Library Network) आदि।

**2. सूचना पुनर्प्राप्ति**–पुस्तकालय स्वचालीकरण सूचना की पुनर्प्राप्ति में काफी काफी होती है। पुस्तकालय स्वचालीकरण इसके लिए तैयार किये गये सॉफ्टवेयर पर निर्भर करता है। सभी सॉफ्टवेयर में सूचना पुनर्प्राप्ति हेतु कई माध्यम (options) होते हैं। यह उपयोगकर्ता पर निर्भर करता है कि वह सूचना पुनर्प्राप्ति हेतु किस माध्यम का प्रयोग करता है। वर्तमान में सूचना का उत्पादन इतनी ज्यादा

मात्रा में हो रहा है कि सूचना न केवल प्रकाशित रूप में बल्कि इलेक्ट्रानिक रूप में भी उपलब्ध हो रही है। इलेक्ट्रानिक रूप में संचित इस सूचना को कम्प्यूटर पर बैठे ही नेटवर्क के द्वारा पुनर्प्राप्त किया जा सकता है। इससे पाठकों के समय की भी बचत होती है तथा सूचना को अधिक शीघ्रता से प्राप्त किया जा सकता है।

**3. पुस्तकालय के कार्यों में स्वचालीकरण**–पुस्तकालय में अनेक तरह के कार्य होते हैं जैसे पुस्तकालय के तहत (चुनाव, राष्ट्र, प्राप्ति आदि) सूचीकरण, सीरियल कन्ट्रोल, प्रबन्धन सूचना, सर्कुलेशन कन्ट्रोल ऑन लाइन पब्लिक एक्सेस कैटलॉगिंग व इण्टर लाइब्रेरी लोन आदि पुस्तकालय में स्वचालीकरण को अपनाये बिना इन सभी कार्यों को मैनुअल करना पड़ता है। ताकि अत्यधिक समय व श्रम व्यय होता है और उसका प्रभाव पुस्तकालय की सेवाओं व पुस्तकालय व्यवस्था पर पड़ता है। ग्रन्थालय में स्वचालीकरण को अपनाने से इन सभी कार्यों को बहुत कम समय व श्रम व्यय किये पूरा किया जा सकता है एवं ग्रंथालय हेतु विकसित किसी एक साफ्टवेयर पर आधारित होता है और इस सॉफ्टवेयर को पुस्तकालयों के इन्हीं सब कार्यों व सेवाओं को सम्पन्न करने व गुणवत्ता बढ़ाने के लिए विकसित किया जाता है। जैसे सूचीकरण में कैटलॉग कार्ड बनाने हेतु इस प्रोग्राम (सॉफ्टवेयर) में पुस्तक का केवल फिजीकल डिस्क्रिप्शन देना होता है और पुस्तक का कैटलाग कार्ड स्वयं तैयार हो जाता है। इस प्रकार कैटलाग कार्ड में मैनुअल कार्य की अपेक्षा बहुत ही कम समय लगता है और गलती की सम्भावना भी शून्य होती है।

**(4) सेवाओं में स्वचालीकरण**–सेवाओं का अभिप्राय पाठकों को प्रदान की जाने वाली सेवाओं से है। पुस्तकालय स्वचालीकरण के द्वारा सामान्य और विशिष्ट दोनों तरह की सेवा प्रदान की जाती है। पाठकों का पुस्तकालय में आने का मुख्य उद्देश्य सम्बन्धित सूचना व प्रलेख प्राप्ति होता है। एक पूर्ण व्यवस्थित कम्प्यूटरीकृत पुस्तकालय में अनेक कम्प्यूटर होते हैं जिसे पाठक एक साथ उपयोग कर सकते हैं। प्रलेख व सूचना की प्राप्ति पुस्तकालय पाठक कम्प्यूटर पर विभिन्न विधियों से प्रलेख व सूचना से सम्बन्धित जानकारी प्राप्त कर सकता है उसे यह भी जानकारी हो सकती है कि कोई प्रलेख पुस्तकालय में इस समय है या नहीं और यदि नहीं है तो किसके नाम जारी किया गया है। पुस्तकालय स्वचालीकरण के द्वारा ही पाठकों को अद्यतन सूचना प्राप्त हो सकती है जो किसी शोधार्थी के लिए बहुत महत्त्वपूर्ण होती है। पुस्तकालय स्वचालीकरण के द्वारा पाठकों की इण्टर लाइब्रेरी लोन सेवा, प्रतिलिपि सेवा आदि तेजी से प्राप्त हो सकती है।

## पुस्तकालय स्वचालन हेतु सॉफ्टवेयर पार्सल

पुस्तकालय एवं सूचना केन्द्रों में प्रमुख रूप से सूचना संग्रहण एवं पुनर्प्राप्ति से सम्बन्धित सॉफ्टवेयर पार्सल की जरूरत होती है। विभिन्न तरह के कार्यों के सम्पादन की दृष्टि से इन्हें 6 समूहों में विभक्त किया जा सकता है, जो इस प्रकार है–

1. **बेसिक सॉफ्टवेयर**–इस पार्सल का उपयोग डाटा प्रविष्टि, सप्रमाणन, फाइलों को छाँटने एवं जोड़ने एवं सम्पादन में किया जाता है।

2. **शुद्ध संसाधन सॉफ्टवेयर**–पुस्तकालय एवं सूचना केन्द्रों में शुद्ध संसाधन सॉफ्टवेयर का प्रयोग हस्तपुस्तिका के निर्माण एवं उसे अद्यतन रखने हेतु तथा कतिपय सूचियों एवं सूची पत्रकों के निर्माण हेतु किया जाता है।

3. **डाटाबेस प्रबन्ध पद्धति**–इसका निर्माण श्रेष्ठ संग्रहण तथा पुनर्प्राप्ति हेतु किया जाता है। यह पद्धति विशेष तौरर पर डाटाबेस प्रबन्ध पद्धति के पदानुक्रमिक मॉडल एवं नेटवर्क की अवस्था में प्रयोग में आती है।

4. **सूचना पुनर्प्राप्ति पैकेज**–सूचना पुनर्प्राप्ति को किसी कम्प्यूटर पद्धति से अभिलेखों के संग्रहण एवं पुनर्प्राप्ति के रूप में परिभाषित किया जा सकता है। इसे पुस्तकालय एवं सूचना केन्द्रों में सूचना पुनर्प्राप्ति हेतु प्रयोग में लाया जाता है।

5. **पुस्तकालय गृह कार्य सॉफ्टवेयर**–कतिपय सॉफ्टवेयर ऐसे हैं जिनका निर्माण विशेष तौर पर पुस्तकालय एवं सूचना केन्द्रों के गृहकार्य, नित्य प्रति के कार्यों यथा-अधिग्रहण (Acquisition), सूचीकरण (Cataloguing), परिसंचरण (Circulation) तथा पत्रिका नियन्त्रण (Serial control) आदि महत्त्वपूर्ण कार्यों हेतु किया जाता है। इनमें से कतिपय एकीकृत पैकेज हैं जो पुस्तकालय के कई कार्य पूर्ण करते हैं जबकि दूसरे पैकेज विशेष कार्यों जैसे सूचीकरण एवं विविध तरह की सूचना के प्रबन्ध आदि से सम्बन्धित हैं।

6. **ऑन लाइन पुनर्प्राप्ति पद्धति सॉफ्टवेयर**–सभी ऑन लाइन पद्धति में अपना सॉफ्टवेयर होता है जो इसकी विविध प्रकार की गतिविधियों एवं क्रियाकलापों में **मदद** करता है।

## पुस्तकालय सॉफ्टवेयर पार्सलों का मूल्यांकन एवं चयन

आधुनिक में पुस्तकालयों एवं सूचना केन्द्रों के प्रयोग हेतु सॉफ्टवेयर पैकेजों की संख्या में काफी बढ़ोतरी हुई है। पुस्तकालय एवं सूचना केन्द्रों की अनिवार्यता

सम्पन्न होने वाले क्रियाकलापों एवं प्रदत्त सेवाओं को दृष्टि में रखते हुए इनका मूल्यांकन एवं इसके बाद चुनाव जरूरी है जिससे उचित सॉफ्टवेयर को खरीदा जा सके। इसके मूल्यांकन हेतु निम्नांकित बिन्दु महत्त्वपूर्ण हैं–

(1) **प्रायोजक अभिकरण के सम्बन्ध में जानकारी**–प्रायोजक अभिकरण के सम्बन्ध में प्रमुख जानकारी स्मरण है–

(i) प्रायोजक एजेन्सी जिसके अधीन सॉफ्टवेयर के निर्माता व वितरक आते हैं उनकी गुणवत्ता को स्मरण रखा जाना चाहिए।

(ii) प्रायोजक को दूसरे उत्पादों और उनके प्रयोग की सार्थकता को ध्यान में रखना।

(iii) सॉफ्टवेयर का दूसरे महत्त्वपूर्ण संस्थानों एवं संगठनों में कितना उपयोग किया जा रहा है।

(iv) सॉफ्टवेयर के वितरक द्वारा इसके लिए किस प्रकार की सहायक सेवाएँ प्रदान की जा रही हैं?

(2) **उच्च स्तरीय एकीकरण**–पुस्तकालय की नित्य प्रतिदिन के कार्यों एवं सेवाओं जैसे-परिग्रहण, सूचीकरण, परिसंचरण, पुस्तकालय सूची निर्माण आदि को कम्प्यूटरीकृत करने हेतु सॉफ्टवेयर में अलग-अलग मॉड्यूल बनाये जाते हैं। पुस्तकालय के इन समस्त कार्यों का शीघ्रतापूर्वक, सुचारु एवं सटीक रूप से पूरा करने हेतु समस्त मॉड्यूल्स के मध्य एकीकरण होना अनिवार्य है, जिससे एक मैनुअल की सूचना का दूसरे में प्रयोग किया जा सके। इसका समाकलन आवश्यक है।

(3) **डाटा निवेश की सुविधा**–पुस्तकालय कार्य में डाटा निवेश (Data Input) एवं डाटा नवीनीकरण की आवश्यकता पड़ती रहती है। सॉफ्टवेयर पार्सल में नये प्रलेखों से सम्बन्धित डाटा निवेश करने, नये कथ्यों को जोड़ने, गलतियों को सुधारने तथा गैर जरूरी डाटा को हटाने की सुविधा होनी चाहिए। प्रणाली में डाटा निवेश करने हेतु मार्क फॉरमेट (MARC Format) प्रयोग की सुविधा भी होनी चाहिए।

(4) **डाटा निर्गम की सुविधा**–सॉफ्टवेयर पार्सल का मूल्यांकन करते समय इस बात का स्मरण रखना चाहिए कि सिस्टम का प्रदर्शन स्वरूप (Deputy Format) पढ़ने और समझने में सुगम तथा उपयोगकर्ताओं की माँग के अनुरूप होना चाहिए जिससे आवश्यकतानुसार प्रकाशित सूचियों एवं सांख्यिकीय तथा अन्य प्रतिवेदनों का निर्माण सहजतापूर्वक किया जा सके।

(5) **अन्वेषण सुविधा**–पुस्तकालय में प्रयुक्त सॉफ्टवेयर के साधारण मॉड्यूलों के तहत खोज ( Search ) की व्यापक सुविधा होनी चाहिए जिससे संगृहीत सूचना

में से जरूरत के मुताबिक कोई भी सूचना खोजी जा सके एवं उसकी पुनर्प्राप्ति की जा सके।

(6) **अनुकूलन का गुण**—पुस्तकालय सॉफ्टवेयर में अनुकूलन का गुण होना चाहिए। इसका आशय है कि विभिन्न सॉफ्टवेयरों में बनाये गये विविध डाटाबेसों से डाटा लेकर अपने डाटाबेस में विलय(Merge) करने का गुण होना चाहिए। इसे डाटा का हस्तांतरण अथवा डाटा आयात और निर्यात भी कहा जाता है। अन्तर्राष्ट्रीय मानकों तथा सी.सी.एफ. (Common Communication Format) का पालन करने से अनुकूलन का गुण लाया जा सकता है।

(7) **अन्य विचारणीय तथ्य**—उपरोक्त वर्णित कथ्यों के अलावा पुस्तकालय के बजट, पुस्तकालय के कार्यों एवं सेवाओं तथा पुस्तकालय में उपलब्ध उपकरणों को ध्यान में रखते हुए चयन किया जाना चाहिए।

# 5

# प्रसार सेवा

सवालों का जवाब प्रदान करने के लिए जिस सामग्री का उपयोग किया जाता है उसे सन्दर्भ स्रोत कहते हैं और इस दृष्टि से कोई भी सामग्री सन्दर्भ स्रोत हो सकती है यहाँ तक कि किसी विशेष प्रकार के प्रश्नों व शंकाओं का निवारण करने के लिए अगर कोई विशेषज्ञ व्यक्ति उपलब्ध है तो उसे भी सन्दर्भ स्रोत कहा जाता है।

सामान्यतः सन्दर्भ ग्रंथ का तात्पर्य किसी पुस्तक के एक स्वरूप से होता है। परम्परा से पुस्तकें, पत्र-पत्रिकाएँ व समाचार-पत्र ही सन्दर्भ के मुख्य स्रोत माने जाते हैं। परन्तु आज सन्दर्भ की अपेक्षा सूचना का महत्त्व अधिक बढ़ गया है और सूचना के महत्त्व के कारण ही सूचना देने वाले स्रोतों की संख्या में, स्वरूपों में व विविधताओं में लगातार वृद्धि हो रही है व अप्रकाशित स्रोत भी सन्दर्भ तथा सूचना प्राप्ति की दृष्टि से ज्यादा महत्त्वपूर्ण होते जा रहे हैं।

अब सवाल यह उठता है यथार्थ सन्दर्भ ग्रंथ किसे कहते हैं। सन्दर्भ ग्रंथ की परिभाषा एएलए ग्लोसरी में दी गयी है उसके अनुसार सन्दर्भ ग्रंथ वह कृति है जो इस तरीके से निर्मित की गई होती है जिससे किसी निश्चित सूचना-सामग्री का अवलोकन किया जा सके। अर्थात् सन्दर्भ ग्रंथ या कृतियाँ वे पुस्तकें होती हैं जिन्हें विशेष रूप से विशिष्ट तरीके से बनायी जाती है तथा जिन्हें विशिष्ट प्रकार की सूचना के लिए उपयोग में लाया जाता है। ऐसी पुस्तकें पाठ्य-पुस्तकों की भाँति सतत अध्ययन किये जाने की किताबें नहीं होती हैं।

सन्दर्भ की ऐसी कृतियाँ जिन्हें सन्दर्भ स्रोत कहते हैं वे प्राथमिक स्रोतों की सूचना सामग्री को बहुत अधिक व्यवस्थित तरीके से इस क्रम में प्रस्तुत करती हैं जिससे अध्येता को सरलतापूर्वक अभीष्ट सूचना सामग्री प्राप्त हो सके। यद्यपि मुख्य

सन्दर्भ स्रोतों को द्वितीयक स्रोतों की श्रेणी में रखा जाता है व महत्त्वपूर्ण सन्दर्भ के स्रोत माने जाते हैं जो नित्य प्रति त्वरित तथा उद्यत सवालों के सन्दर्भ प्रस्तुत करते हैं इन सन्दर्भ स्रोतों में सूचना तथा सन्दर्भ सामग्रियों को इस ढंग से प्रस्तुत तथा आँकलित किया गया होता है जिनसे नित्य प्रति की सूचना जरूरतों को सरलतापूर्वक सुलभ कराया जा सके। ऐसे स्रोतों में विश्वकोश, शब्दकोश, निर्देशिकाएँ, अब्दकोश, गजेटियर आदि आते हैं।

| | | | |
|---|---|---|---|
| (1) | विश्वकोश | — | Encyclopaedia Britanica<br>Encyclopaedia Americana |
| (2) | शब्दकोश | — | New Webster's Dictionary of the English Language.<br>McGraw Hill Dictionary of Scientific and Technical Terms. |
| (3) | वांड्मय सूची | — | Indian National Bibliography<br>British National Bibliography |

विश्वविद्यालय शिक्षा जगत् का सर्वोच्च केन्द्र है। उच्च शिक्षा और शोध कार्यों के अलावा समाज में बौद्धिक चेतना बनाये रखने का दायित्व भी उस पर रहता है। इसलिए अप्रत्यक्ष रूप से वह अन्य शैक्षाणिक संस्थाओं का मार्गदर्शन करता है। अपने प्रसार कार्यों के द्वारा वह उच्च शिक्षा के द्वारा सबके लिए खोल देता है। उसके इस कार्य में पुस्तकालय उसे पूरा सहयोग देता है। यह सहयोग ग्रन्थालय के प्रसार सेवा का एक भेद है। अपने उद्देश्य तथा आदर्शों को क्रियान्वित करने के लिए पुस्तकालय स्वयं भी अपनी सेवाओं को विश्वविद्यालय से साक्षात् असंबद्ध लोगों के लिए यथा संभव मौजूद करने का प्रयास करता है। हर क्षेत्र में सामाजिक जागृति और सांस्कृतिक स्तर को ऊँचा बनाये रखने के लिए बौद्धिक सेवा के रूप में प्रसार सेवा की आवश्यक है।

प्रसार सेवा के कार्यों को सन्दर्भ विभाग के तहत रखा जा सकता है दोनों के कार्य सदृश हैं प्रसार कार्यों को क्रियान्वित करने का दायित्व कुछ सन्दर्भ सहायकों को दें और वे सम्बद्ध उपग्रन्थालयी के निर्देशन में ये कार्य करें। पुस्तकालय समिति को इस कार्य के लिए आवश्यकता नीति, नियम तथा प्रावधान की व्यवस्था करनी चाहिए।

## भेद और स्वरूप

उच्च शिक्षा और ज्ञान को सर्वसुलभ बनाने हेतु विश्वविद्यालय निम्नानुसार कार्यक्रम को क्रियान्वित करता है–

1. पत्राचार पाठ्यक्रम;

2. विशिष्ट कार्यों और वर्गों के लिए समय-समय पर संक्षिप्त पाठ्यक्रम और अध्यापन की व्यवस्था; तथा

3. प्रसार व्याख्यान।

इन कार्यों में ग्रन्थालय उसे तीन प्रकार से सहयोग दे सकता है—

1. सम्बद्ध विषयों की वाग्डमय सूची बनाकर सबन्धि व्यक्तियों और संस्थाओं को भेजना;

2. उसके उत्तर में माँग किये जाने पर अभीष्ट पुस्तकों को नियमानुसार उन्हें भेजना अथवा पुस्तकालय में उन्हें अध्ययन की सुविधा प्रदान करना; और

3. माँग के अनुसार उनको विविध प्रकार की सूचनाएँ प्रदान करना। पत्राचार पाठ्यक्रम को उपयोगी बनाने के लिए पाठ्य विषयों से सम्बद्ध ग्रन्थों की सूची तैयार कर निःशुल्क या नाममात्र के शुल्क पर सम्बद्ध छात्रों को भेजना चाहिए। उनके व्यय पर उन्हें पुस्तकें भी निश्चित समय के लिए उधार पर भेजी जा सकती है।

विश्वविद्यालय के अध्यापन विभाग प्रतिवर्ष प्रसार व्याख्यान का आयोजन करते हैं। इन व्याख्यानों को अधिक प्रभावशाली और उपयोगी बनाने के लिए पुस्तकालय को व्याख्यान के विषय पर पुस्तकालय में मौजूद अध्ययन सामग्रियों की सूची बनानी चाहिए। डॉ. रंगनाथन ने मद्रास विश्वविद्यालय पुस्तकालय विश्वप्रसिद्ध डॉ. सी. वी. रामन के व्याख्यान के मौके पर सन् 1930 में इस प्रकार की सूची तैयार कर देश में इस कार्य का शुभारम्भ किया था। सम्बद्ध विभागाध्यक्ष से मिलकर सन्दर्भ ग्रन्थालयी को यह कार्य करना चाहिए। व्याख्यान प्रारम्भ होने से पहले श्रोताओं को यह सूची दे दी जाए और उसमें अंकित ग्रन्थों को पुस्तकालय में कुछ दिनों तक अलग से प्रदर्शित किया जाए, जिससे व्याख्यान सुनने वाले पाठक उनसे लाभ प्राप्त सके।

## प्रमुख प्रसार सेवा

### *परिचय पुस्तिका*

पुस्तकालय विज्ञान के तृतीय सूत्र का निर्देश है कि पुस्तकालय में मौजूद प्रत्येक अध्ययन सामग्री के लिए उपयुक्त पाठक उपलब्ध हो। इसे क्रियान्वित करने की जिम्मेदारी ग्रन्थालय के कर्मचारियों पर है। प्रचार कार्यों के माध्यम से इस दायित्व को पूरा किया जाता है। विश्वविद्यालय से सम्बन्धितं सब लोगों को पुस्तकालय की गतिविधियों से अवगत रखने के लिए उपयोग में लाए जाने वाले माध्यमों के बारे

में पूर्व प्रकाश डाला जा चुका है। उनमें से कुछ उपायों पर प्रसंगतः यहा पुनः लिखा गया है।

पुस्तकालय के विविध क्रियाकलापों, यथा– कार्यकाल, विभागों का संगठन चार्ट, पुस्तकालय सूची, संयोजन पद्धति का विस्तृत परिचय, सदस्यता सम्बन्धी सूचनाएँ प्रमुख कार्यकर्ता और उनका कार्यक्षेत्र, परिचालन पद्धति, पालनीय नियम तथा दण्ड विधान पर इसमें जरूरी सब सूचनाए दी जाती हैं। भूमिका में पुस्तकालय का संक्षिप्त इतिहास दिया रहना चाहिए। पुस्तिका का मुख-पृष्ठ आकर्षक हो। समस्त छात्र, अध्यापक एवं कर्मचारियों को पुस्तकालय का सदस्य बनते समय उसकी प्रति निःशुल्क दी जाती है। इसी प्रकार विशिष्ट अतिथियों तथा नागरिकों को जब वे पुस्तकालय का अवलोकन करने आते है, इसकी प्रति प्रदान की जाती है। अमेरिका के महाविद्यालय और विश्वविद्यालय ग्रन्थालयों में शिक्षकों को एक दूसरी परिचय पुस्तिका देने की प्रथा है। उसमें पुस्तकालय के कार्यों के प्रति खासकर ग्रंथ तथा पुस्तकालयोन्मुखी शिक्षा पद्धति के क्रियान्वयन के लिए उनके दायित्व पर प्रकाश डाला रहता है उसी में उनके लिए आवश्यक पुस्तकालय की अन्य सुविधाएँ भी दी जाती हैं। प्रत्येक शिक्षक को सदस्य बनते समय उसकी मुद्रित प्रति दी जाती है।

## *मुद्रित पुस्तकालय सूची*

एतद् विषयों पर ग्रन्थालय में उपलब्ध प्रमुख ग्रन्थों की परिचयात्मक सूची दस साल में एक बार प्रकाशित करनी चाहिए और उनकी प्रति विनिमय के आधार पर और कीमत पर अन्य संस्थाओं और पुस्तकालयों को दें, जिससे वे उन ग्रन्थों का आवश्यकतानुसार उपयोग कर सकें।

## *संयोजन व्यवस्था और सन्दर्शिकाएँ*

पाठकों को तत्काल अपनी पुस्तक प्राप्त करने के लिए संग्रहगार में ग्रन्थों का संयोजन वैज्ञानिक तरीके से विषय के ज्ञातिक्रम से किया जाए। स्थान-स्थान पर सन्दर्शिकाएँ लगी रहें। ये संदेर्शिक संयोजन व्यवस्था और विषयानुसार पुस्तकों का सही-सही स्थान सूचित करती है। कुछ रंग-बिरंगे आकर्षक अक्षरों में लिखे संदर्शिकाएँ आचरण परक साधारण सूचनाएँ देने के लिए पुस्तकालय के प्रत्येक विभाग में लगाये जाते है। इनके लिए निम्नांकित उपयोग में लाई जाती है–

1. सम्पूर्ण संयोजन व्यवस्था की संदर्शिका;
2. सोपान या भूमिदर्शक संदर्शिका;

3. अन्तर्मार्गदर्शक संदर्शिका;
4. भूमि संदर्शिका;
5. निधानी संदर्शिका;
6. फलक संदर्शिका;
7. सामान्य निर्देश संदर्शिकाए, जैसे,
   (1) कृपया शांत रहे;
   (2) कृपया फर्श पर कलम नहीं झाड़ें;
   (3) धूम्रपान निषिद्ध है;
   (4) कृपया फलकों पर पुस्तकें स्वग नहीं रखें;

8. अन्य संदर्शिकाएँ—पाठकों की सुविधा हेतु आवश्यकतानुसार अन्य कई प्रकार की सन्दर्शिकाएं विभिन्न स्थानों पर लगाई जाती हैं। संदर्शिकाएँ लगाना ही पर्याप्त नहीं है। स्थान संकोच को दूर करने के लिए जब फलकों पर किताबों को खिसकाया अथवा सरकाया जाता है, तब संदर्शिकाओं को तदनुसार ठीक लगाना चाहिए। पुराने तथा अस्पष्ट होने पर उन्हें परिवर्तित कर दे। पुस्तकों के पृष्ठभाग पर लगी लेबल निकल गई है, तो नया लगाएं। इसी प्रकार जिस ग्रंथ के पृष्ठभाग पर कम चौड़ा होने से क्रमांक संख्या सूचक लेबुल नहीं लगा है, उस पर शीर्षकाक्षरों का लेखन करना उपयोगी होता हैं। सन्दर्शिकाओं की व्यवस्था सम्बन्धी सभी कार्य अनुरक्षण विभाग के कर्मचारी करते हैं इन कार्यों के दैनिक निरीक्षण का दायित्व सम्बद्ध प्रभारी और उपग्रन्थालयी पर रहता है।

## *आवरण तथा नवीन पुस्तकों का प्रदर्शन*

नये ग्रन्थों के आवरकों को ग्रन्थालय में प्रमुख स्थान पर प्रदर्शित करना चाहिए। इसी प्रकार नवीन पुस्तकों को एक सप्ताह तक प्रदर्शन फलकों पर सजा कर रखें।

## *सूचना और वृत्त पट्ट*

पुस्तकालय के परिवर्तित कार्यक्रम, नये नियम, आदि की ओर पाठकों का ध्यान आकर्षित करने के लिए सूचना पट्ट पर सूचनाएँ अंकित की जाती हैं। खास व्यक्ति, लेखक, विशिष्ट दिन, राष्ट्रीय और धार्मिक पर्व, सामयिक, वैज्ञानिक, शैक्षणिक और आर्थिक घटनाओं से सम्बद्ध विशिष्ट अध्ययन सामग्री, जैसे, शासकीय प्रकाशन, पुस्तिका, खास लेकर आदि की ओर पाठकों का ध्यान आकृष्ट करने के

लिए वृत्त पट्ट उपयोग में लाये जाते हैं। विश्व के मनीषियों तथा विद्वानों के वचन तथा सुभाषित भी इन पट्टों पर सुन्दर अक्षरों में उद्धृत किए जाते हैं। इसके लिए ऐसे वाक्य विचार तथा वचन संग्रह रख लिए जाते हैं। वृत्त पट्टों को आकर्षक बनाने के लिए स्वच्छता, अंकित सूचनाओं की लघुता, रंग तथा चित्रों को उपयोग में लाना चाहिए।

## *पुस्तक प्रदर्शनी*

विश्वविद्यालय पुस्तकालय में पुस्तकों की प्रदर्शनी तीन प्रकार से आयोजित की जाती है। वर्ष में एक दो बार विशेष मौकों पर विशिष्ट विषय या विविध विषयों पर पुस्तकालय स्वयं पुस्तकों की प्रदर्शनी आयोजित करता है। प्रदर्शित पुस्तकों की चित्रालेखित या मुद्रित रूप में अलग से सूची प्रकाशित कर वितरित की जाती है। नवीन प्रकाशनों की ओर पाठकों का ध्यान आकृष्ट करने के लिए शासकीय संस्था यथा– द नेशनल बुक ट्रस्ट आफ इंडिया और प्रमुख प्रकाश एवं विक्रेता समय-समय पर प्रदर्शनी आयोजित करते हैं। विदेशी संस्थाएँ जैसे, अमेरिका की सूचना केन्द्र और ब्रिटिश कौंसिल अपने देश की विचारधारा के प्रचार के लिए समय-समय पर देश के प्रमुख पुस्तकालयों मे अपने देश के प्रकाशनों को प्रदर्शित करते है। इसके अलावा पुस्तकालय में उपलब्ध अप्राप्त एवं महत्त्वपूर्ण मुद्रित एवं हस्तलिखित ग्रन्थों, चित्रों व कला सम्बन्धी साहित्य और सामग्री काँच की ढक्कन वाली प्रदर्शन मंजूषाओं में प्रदर्शित की जाती हैं पुस्तकालय के प्रदर्शन कक्ष में या अन्यत्र इन मंजूषाओं को रखा जाता है। उनमें ताला लगा रहता है। माँग किए जाने पर विशिष्ट पाठकों को नियमानुसार उनका उपयोग करने दिया जाता है।

## *विवरण पत्रिका और नई पुस्तकों की सूची*

नई पुस्तकों और कार्यक्रमों के बारे में सूचना देने के लिए बड़े-बड़े विश्वविद्यालय पुस्तकालय पाक्षिक अथवा मासिक वृत्त पत्रिका प्रकाशित करते हैं। उदाहरण अंग्रेजी की इन पत्रिकाओं को देखा जा सकता है–

1. Haryed Library Bulletin
2. Yale's University Library Gazattee
3. Library Chronicle of University of Texas

इनमें नये ग्रन्थों की सूची के अलावा विशिष्ट लेख (फीचर आर्टिकल्स), पत्रिकाओं में प्रकाशित प्रमुख लेखों की विषयानुसार सूचनाए, पुस्तकालय जगत की

सामयिक गतिविधि, जैसे, प्रमुख सन्दर्भ प्रश्न और उनके उत्तर जो हाल में दिये गये हैं, अध्ययन के प्रति छात्रों की अभिरुचि, पुस्तकालय, पुस्तक, शिक्षा, शोध कार्यों के बारे में इधर–उधर की बाते, आँकड़े, आदि प्रकाशित किए जाते हैं। पाठकों में पुस्तकालय चेतना जागृत रखना इन सबका मुख्य उद्देश्य है।

जो पुस्तकालय इस प्रकार की पत्रिका नहीं प्रकाशित करते हैं, वे नवीन पुस्तकों की मासिक सूची मुद्रित या चित्रालेखित रूप से प्रकाशित करते हैं। कुछ पुस्तकालंय नई पुस्तकों की सूची दैनिक पत्रों के साप्ताहिक विशेषांकों में प्रकाशित कराते हैं, ताकि प्रबुद्ध नागरिक भी उनसे परिचित हों।

### *वार्षिक प्रतिवेदन*

जनता के धन का सदुपयोग दर्शाने का यह अच्छा माध्यम है। इसके अवलोकन से विश्वविद्यालय के नये और पुराने सदस्य व गणमान्य नागरिकों को यह ज्ञात होता है कि किस प्रकार पुस्तकालय अपना सारा काम सन्तोषपद तरीकों से कर रहा है पुस्तकालय की ओर जनता का ध्यान आकर्षित करने और इसके लिए धनीवर्ग से आर्थिक मदद प्राप्त करने के लिए वार्षिक प्रतिवेदन का प्रकाशन और प्रमुख लोगों में उसका वितरण पुस्तकालय प्रचार का एक भेद है। वार्षिक प्रतिवेदन में क्या-क्या बातें होनी चाहिए, यह सामान्य प्रशासन नामक अध्याय में विस्तार के साथ लिखा गया है।

### *व्याख्यान*

एत विषय के महत्त्वपूर्ण नये ग्रन्थों और ज्ञान के संगठन, विकेन्द्रीकरण व विकास हेतु के लिए–विदेश में किए जाने वाले नवीनतम उपायों और प्रयासों पर प्रकाश डालने के लिए समय-समय पर ग्रन्थालय में व्याख्यान का आयोजन हो। व्याख्यान देने के लिए उनके प्रमुख कर्मचारियों के अलावा शिक्षकों और प्रख्यात विद्वानों, वैज्ञानिकों व ग्रन्थालयियों को आमन्त्रित करें। पुस्तकालय प्रचार की यह एक प्रभावशाली पद्वति है।

## अध्ययन प्रवृत्ति बढ़ाने के उपाय

छात्रों में हमेशा अध्ययन के प्रति रुचि और प्रवृति बढ़ाने के लिए आजकल अनेक उपाय किये जाते हैं। इस कार्य के लिए ग्रन्थालय एक प्रभावशाली स्रोत है। शिक्षार्थियों में अध्ययन की प्रवृत्ति बढ़ाने के लिए पुस्तकालय विविध उपायों को

कार्यरूप देता है। यू. जी.सी. पुस्तकालय समिति ने इस विषय पर अपना अभिमत अंकित किया है। उनका संक्षिप्त परिचय आगे दिया है।

## *मुक्त प्रवेश प्रणाली*

छात्र और अध्यापक सभी लोगों को अभीष्ट पुस्तक स्वयं चुनने के लिए पुस्तकालय के संग्रहगार को सबके लिए खोल देना चाहिए। संग्रहगार में पुस्तकें खुले फलकों पर वर्गीकृत क्रम से रखी हों। किसी प्रकार की बाधा या कठिनाई के बिना पाठकों को वहाँ पुस्तकें देखने और चुनने की सुविधा होनी चाहिए। उनके मार्गदर्शन के लिए वहाँ अथवा पास में सन्दर्भ ग्रन्थालयी विद्यमान हो। सेवापरक ग्रन्थालय के सन्दर्भ में पुस्तकालय विज्ञान के द्वितीय तथा तृतीय सूत्रों की यह खास माँग है इस व्यवस्था को प्रभावशाली व उपयोगी बनाने के लिए निम्नानुसारी सहायक व्यवस्था की जरूरत है–

1. पूर्वोपरि स्तर के छात्रों को पाठ्य तथा संस्तुत पुस्तकें प्राप्त करने के लिए संकाय या विभागीय स्तर पर शाखा पुस्तकालय की व्यवस्था की जाए। उन छात्रों को जो विशेष अध्ययन करने के लिए केन्द्रीय पुस्तकालय में आना चाहते हैं, विशेष आज्ञा ग्रहण करना आवश्यक हो।
2. दुर्लभ, बहुमूल्य कला संबंधी पुस्तकों, हस्तलिखित ग्रन्थों, अभिलेखों और विशिष्ट संग्रहों के लिए बन्द प्रणाली या आवश्यक पद्धति अपनाए।
3. ग्रन्थालय की सब खिड़कियों में मजबूत तथा बारीक जाली लगाएँ जिससे कोई बाहर पुस्तक फेक न सके।
4. आगमन एवं निर्गमन हेतु पुस्तकालय में एक ही द्वार हो और उसे सिर्फ आधा खोल रखें।
5. संग्रहार में पुस्तकों के रख-रखाव करने वाले कर्मचारी व सन्दर्भ सहायक पाठकों की गतिविधियों पर विशेष ध्यान रखें।
6. अपराधी और असहयोगी पाठकों के दुष्कार्यों को विश्वविद्यालय में प्रचारित करें व आवश्यकतानुसार उन्हें सजा दें।
7. चोरी-छिपे पुस्तक बाहर ले जाने वाले पाठकों को पकड़ने के लिए जहाँ संभव हो वहाँ उपलब्ध यांत्रिक तरीकों को उपयोग में लाएँ; यथा–
   (1) Santronic-thief catching device General Nuclionics, Colum bus, Ohio, USA
   (2) The Book Detective Bro-Dart Industries, New York, New Jer sey.

8. गलत रखी हुई पुस्तकों को यथास्थान रखने हेतु नियमित रूप से फलकों की जाँच की जानी चाहिए।
9. सेवा परक पुस्तकालयों में मुक्त प्रवेश की व्यवस्था न होने से सेवा की भावना व उसके द्वारा पाठकों में अध्ययन की प्रवृत्ति प्रभावशाली तरीके से बढ़ाना संभव नहीं है।
10. मुक्त प्रवेश प्रणाली को अधिक प्रभावशाली बनाने के लिए समय-समय पर संग्रहार के विषयों के स्थान को परिवर्तित कर दे। इससे पाठकों में अप्रत्याशित पुस्तकों को देखने की उत्सुकता बढ़ेगी।
11. पाठकों की विशेषतः छात्रों की पुस्तक संबंधी माँग समय पर पूरा करने की कारगर व्यवस्था हो।
12. इस व्यवस्था से होने वाले लाभों की दृष्टि में रखते हुए इससे होने वाली कुछ क्षति हो अपरिहार्य मानना चाहिए।
13. पूर्वोपाधि और स्नातकोत्तर स्तर पर छात्रों के लिए प्रारंभिक परिचय अनिवार्य किया जाए।
14. फलकों पर से निकाली गई अनभीष्ट पुस्तकों को रखने के लिए जगह-जगह पर छोटी टेबुल या तिपाई की व्यवस्था हो, जिससे पाठक उन्हें फलक पर गलत स्थान पर न रखें।
15. इस व्यवस्था को उपयोगी करने के लिए ग्रन्थों का वर्गीकृत संयोजन जरूरी है। स्थान-स्थान पर संदर्शिकाएँ लगाएँ। पुस्तकों का दुबारा स्थापन स्वयं न करने के लिए संग्रहार में दो-तीन स्थानों पर बड़े-बड़े और आकर्षक अक्षरों में निर्देश अंकित करें।

उपर्युक्त उपायों की व्यवस्था न होने पर खुली प्रणाली में खुले तौर से पुस्तकों का दुरुपयोग होगा। यह निश्चित और अनुभूत सच है। अतः डॉ. रंगनाथन के कथा नानुसार है कि अबोध प्रवेश पद्धति में पाठक तथा पुस्तकों में सम्पर्क स्थापित करने के लिए पाठकों को पुस्तकालय के अन्दर पूरी आजादी दी जाए। लेकिन ग्रन्थों को लाते और ले जाते समय द्वार पर कड़ी नजर रखें। मुक्त प्रवेश प्रणाली का यही अर्थ है। भारत में सम्प्रति अनेक विश्वविद्यालय पुस्तकालयों में मुक्त प्रवेश प्रणाली है और कुछ में बन्द प्रणाली है। जहाँ पहली पद्धति है, वहाँ उसके लिए जरूरी व्यवस्था और सम्बद्ध नियमों पर अव्यवस्था देखने में आती है और इससे पाठकों को बहुत असुविधा होती है। इन परेशानियों से बचने के लिए कुछ पुस्तकालय अर्ध प्रवेश पद्धति जरूरी उपायों के क्रियान्वयन के साथ शैक्षणिक पुस्तकालय में मुक्त प्रवेश प्रणाली को अपनाना सार्वजनिक शिक्षा की माँग है। मुक्त प्रवेश प्रणाली के नये आलोचकों को

विशेषकर शैक्षणिक पुस्तकालयों के सन्दर्भ में उपर्युक्त सभी बातों पर दुबारा विचार करना चाहिए।

## *लोकप्रिय विभाग*

शैक्षाणिक पुस्तकालयों में सामान्य पाठकों में अध्ययन की प्रवृत्ति और गंभीर अध्ययन करने वाले परिश्रान्त पाठकों के मनोरंजन के लिए कुछ विशेष विभागों की स्थापना की जाती है। महाविद्यालय पुस्तकालयों में इस प्रकार के तीन लोकप्रिय विभाग स्थापित किये जाते हैं। उन पर आगे प्रकाश डाला है।

## *दैनिक पत्र कक्ष*

दैनिक पत्र आधुनिक युग के नारद हैं। सारी दुनिया की बात आप उनसे घर बैठे जान सकते हैं। लेकिन संख्या में ये बहुत हैं और विविध उद्देश्यों के लिए उनमें से अनेक का अवलोकन जरूरी होता है। इसलिए अन्य ग्रन्थालयों के जैसे विश्वविद्यालय पुस्तकालय में भी स्थानीय, राष्ट्रीय और प्रमुख विदेशी दैनिक पत्रों का रहना आवश्यक है। उन्हें पढ़ने के लिए पुस्तकालय के दूसरे खण्ड में व्यवस्था करे। चार-पाँच स्थानीय तथा राष्ट्रीय पत्रों को एक साथ अनेक लोगों को पढ़ने के लिए उनके लिए विहित कक्ष में समाचार पत्रधानी (स्टैण्ड) पर फैलाकर रखें। बाकी पत्रों को तदर्थ बनाये गये संचिकाओं (फाइल्स) में रखकर उक्त कक्ष में टेबलों पर उपलब्ध करें। शोध कार्य के लिए प्रमुख अखबारी की फाइल सुरक्षित रखनी चाहिए। इसके लिए ऐसे दैनिक पत्रों की अतिरिक्त प्रतियाँ खरीद लेनी चाहिए।

## *स्वच्छन्दानुशीलन कक्ष*

आधुनिक पुस्तकालय न सिर्फ ज्ञान साधना की वेदी है, बल्कि साहित्यिक रसास्वादन की रम्य और मनोहारी स्थली भी है। अवकाश का सदुपयोग और परिश्रान्त मानसिक स्थिति को आकर्षक, मनोमुग्धकारी व सूचनाप्रद साहित्य के अवलोकन से ताजा और उत्साहवर्द्धक बनाने के लिए पुस्तकालय में एक अलग कक्ष रहता है। उसे स्वच्छन्दानुशीलन कक्ष कहते है। उसका नाम ही बतलाता है कि वह आराम कुर्सी पर बैठे अथवा मसनद पर पैर फैलाये तकिये के सहारे बैठकर जब तक चाहे तब तक मनोमुग्धकारी एवं ज्ञानवर्द्धक ग्रंथ पढ़ने का कमरा है। जी आर लिली के अनुसार इस प्रकार के अध्ययन का ध्यये तीन है–

1. छात्रों में अध्ययन के प्रति रुचि उत्पन्न करना और उन्हें अवकाश के समय आनन्द की प्राप्ति के स्रोत के रूप में पुस्तकों की ओर स्वभावतः आकृष्ट करना;

2. मनोरंजक अध्ययन हेतु ग्रंथ प्रदान करना तथा संस्करण, मुद्रण, जिल्दबंदी, चित्र एवं विवेचित विषयों के अलंकरण पक्ष का मूल्यांकन करना; और

3. अध्ययन काल में छात्रों को अपना व्यक्तिगत पुस्तकालय बनाने के लिए प्रोत्साहित करना।

इस कक्ष को पुस्तकालय के निचले खण्ड में स्थापित करे और इसमें आकर्षक तथा छोट-छोटे पुस्तक आधार एवं निधानियों पर भव्य सम्पुटों में प्रकाशित ग्रन्थों एवं लोकप्रिय पत्रिकाओं को प्रदर्शित कर रखें। आराम से कुर्सी पर बैठने और भारतीय ढंग से तकिये की व्यवस्था, सोफा सेट्स, अध्ययन दीप, (टेबुल लाइट), प्राकृतिक तथा अप्राकृतिक प्रकाश और हवा की सुन्दर व्यवस्था हो। कक्ष में वातायनों से प्राकृतिक छटा अन्दर की ओर झांकती रहे। इस कक्ष में पदार्पण करते ही पाठकों को एक स्वच्छता एवं शान्त वातावरण का अनुभव होना चाहिए। यहाँ साहित्य, संस्कृति, इतिहास, धर्म, दर्शन, अर्थशास्त्र, विज्ञान, मनोविज्ञान, जीवनी और यात्रा पर अंग्रेजी और प्रादेशिक भाषाओं में प्रकाशित साहित्यिक कृतियाँ अलंकृत ढंग से रखी रहे। उन विषयों पर उपलब्ध नई और पुरानी पुस्तकों को संग्रहार से चुनकर समय-समय पर इस कक्ष में रखे गये ग्रन्थों में परिवर्तन करते रहे। यह कक्ष हमेशा नये ग्रन्थों से सजा लगना चाहिए। दीवारों पर नवीन पुस्तकों के आवरकों को प्रदर्शित करे। सन्दर्भ सहायक बीच-बीच में इस कक्ष में आएँ, पाठकों की जिज्ञासा को समझें और उसे पूरा करें। प्रतिदिन पर्याप्त समय तक इस कक्ष को खोल रखना चाहिए।

## *पाठ्य पुस्तक विभाग*

यह छात्रों का प्रिय विभाग है। विश्वविद्यालय में पूर्वोपाधि और स्नातकोन्तर स्तर पर पढ़ने वाले छात्रों की संख्या अधिक होती है। दूसरे शब्दों में वहाँ के सदस्यों में नब्बे प्रतिशत संख्या इन्हीं की होती है। पुस्तकालय के पाठकों में इन्हीं का बहुमत रहता है। इनकी पहली माँग पाठ्य एवं संस्तुत पुस्तको की होती है। ये ग्रंथ यदि इन्हें मिल जाते हैं, तो इनके सन्तोष की सीमा नहीं रहती। ऐसी स्थिति में भारतीय विश्वविद्यालय पुस्तकालयों में आजकल परिव्याप्त अशान्ति बहुत कुछ दूर हो जाएगी। जैसी कि पहले लिखा जा चुका है, परिचालन के लिए संकाय अथवा विभागीय स्तर पर पाठ्य पुस्तक ग्रन्थालय की व्यवस्था की जानी चाहिए। संकाय पुस्तकालय के वाचन कक्ष में पूर्वोधि स्तर के पाठ्य तथा संस्तुत पुस्तकों की कम से कम दो-दो प्रतिया विमर्श हेतु रखें। केन्द्रीय पुस्तकालय में अधिकांश पाठक केवल गंभीर अध्ययन एवं शोध कार्य के लिए ही आएँ। स्नातकोतर पाठ्य एवं संस्तुत ग्रन्थों

के अध्ययन हेतु यहाँ प्रभावशाली व्यवस्था होनी चाहिए। इसके लिए पुस्तकालय के निचले खण्ड में दो महाकक्ष हों। एक में विज्ञान और प्रौद्यगिक विधा तथा दूसरे में सामाजिक विज्ञान तथा मानवी के ग्रन्थों को रखें। स्नातकोत्तर स्तर की हर पाठ्य तथा संस्तुत पुस्तकों की कम से कम दो-दो प्रतियाँ यहाँ उपलबध रहें और छात्र-छात्राओं को उन्हें यही पढने के लिए दिए जाए। दोनों कमरों में पर्याप्त स्थान हो। एक साथ कम से कम पचास शिक्षार्थी अध्ययन कर सकें। इसके लिए जरूरी कुर्सी और टेबुल लगे रहे। कुर्सियाँ खूब मजबूत हों। छात्र अक्सर उनका गलत तरीके उपयोग करते हैं। पुस्तकें यहाँ बन्द अलमारियों में रखें। परिचय पत्र के आधार पर विधार्थियों को अभीष्ट ग्रंथ निकालकर देने की व्यवस्था हो। यह प्रबंध खुली प्रणाली के खिलाफ अवश्य है। लेकिन पुस्तकों की प्रतियां कम होने से अधिकाधिक माँग को न्याय संगत तरीके से सन्तुष्ट करने के लिए यह व्यवस्था अधिक उपयोगी है। निर्धारित ग्रन्थों के बारे में छात्र अच्छी तरह जानते हैं। इस कक्ष में उपस्थित ग्रन्थों की लेखक एंव व्याख सूची यहाँ उपलब्ध रहे। साथ ही सम्बद्ध पाठ्यावली की दो-दो प्रतियाँ विमर्श के लिए रखी हों। इस विभाग को प्रतिदिन 10-12 घण्टे खुला रखना चाहिए। कुछ विश्वविद्यालय पुस्तकालयों में इसी कक्ष में पुराने प्रश्न पत्रों को रखने की व्यवस्था की जाती है। इसे बन्द करना चाहिए। विश्वविद्यालय उसे बेचने की व्यवस्था करे। यह उसके आमदनी का एक साधन है। सन्दर्भ के लिए उनकी एक-एक प्रति पुस्तकालय में रखी जा सकती है। पूर्वोपाधि स्तर के लिए पाठ्य ग्रंथ इन कक्षों में न रखें। शिक्षक और कर्मचारियों के उपयोग के लिए उनकी एक दो प्रतियाँ संग्रहगार में रखी जा सकती हैं।

## *ग्रंथ ऋण योजनाएँ*

छात्रों को बहुमूल्य और जरूरी पाठ्य तथा संस्तुत पुस्तकों को पूरे सत्र अपने पास रखने के लिए विश्वविद्यालय अनुदान आयोग की वित्तीय मदद से भारत के कुछ विश्वविद्यालय पुस्तकालयों में एक नई योजना को कार्यरूप दिया है। पंतनगर कृषि विश्वविद्यालय और रुड़की इंजीनियरिंग विश्वविद्यालय में यह योजना लागू है।

इसके अनुसार पाठ्य पुस्तकों की कुछ अतिरिक्त प्रतियाँ पुस्तकालय में खरीद कर रखी रहती हैं, माँग किये जाने के बाद भी स्थानीय पुस्तक विक्रेता से इस प्रकार की पुस्तकों को खरीदा जा सकता है। सिर्फ पाँच प्रतिशत मूल्य पर उनकी प्रतियाँ पूरे वर्ष के लिए छात्रों को दी जाती हैं। यह व्यवस्था बहुत उपयोगी है। अमेरिका के महाविद्यालय और विश्वविद्यालय पुस्तकालयों में 'रेण्टल कलेक्शन' के नाम से

यह व्यवस्था उपयोग किया गया। इस संग्रह के लिए सिर्फ पाठ्य पुस्तकें ही नही हर प्रकार की पुस्तकें खरीदी जाती हैं और छात्र व अध्यापक दोनों को उधार पर दी जाती हैं। जब इन पुस्तकों की माँग कम हो जाती है, तब उन्हें ग्रन्थालय के मुख्य संग्रह में मिला दिया जाता है। मराठवाडा विश्वविद्यालय, महाराष्ट्र, ने अध्यापकों को शोध साहित्य क्रय करने के लिए अनुदान देने की एक नई व्यवस्था की है। यह योजना बहुत अच्छी है। इस योजना को शिक्षक और पुस्तकालय के माध्यम से दूसरों को भी उपयोगी बनाने के लिए अधोनिर्दिष्ट अनुबंध इसके साथ जोड़ना चाहिए :

1. इस योजना के तहत शिक्षकों द्वारा खरीदी जाने वाली पुस्तकों की प्रतियां एवं लम्बी अवधि तक उन्हें देने के लिए पुस्तकालय में मौजूद न हो;

2. खरीदी गई पुस्तकें शोध कार्य अथवा अध्ययन समाप्त होने पर पुस्तकालय को दे दी जाएं; और

3. शिक्षकों को इस कार्य के लिए नया अनुदान तब तक न दिए जाएं, जब तक वे पहले के अनुदान से खरीदी गई पुस्तकें पुस्तकालय मे जमा नहीं कर देते है।

इस व्यवस्था से अनुदान को अधिक उपयोग होगा और खरीदी गई पुस्तकें आखिर में पुस्तकालय की निजी सम्पत्ति होगी। एक शिक्षक का काम समाप्त हो जाने पर दूसरे शिक्षक और अन्य लोग भी उन पुस्तकों से लाभ प्राप्त कर सकेंगे।

इस ऋण योजना को स्थायी करने के लिए एक स्थायी धनराशि बनानी चाहिए। यूजीसी अनुदान के अतिरिक्त विश्वविद्यालय के पुराने छात्र और धनी-मानी व्यक्तियों से धन अर्जित कर इस फण्ड को स्थायी बनाया जा सकता है। इस प्रकार की विशेष धनराशि के लिए कार्ल एम.व्हाइट ने भी संस्तुति की है।

## *श्रव्य-दृश्य विभाग*

अध्ययन की प्रवृत्ति बढाने में श्रव्य-दृश्य साधन कम उपयोगी नहीं होते हैं। विश्वविद्यालय पुस्तकालय में शैक्षणिक विषयों पर प्रमुख विद्वानों, नेताओं और मनीषियों के व्याख्यानों का टेपरिकार्डस रखने चाहिए। समय-समय पर श्रोतृशाला में पाठकों को उन्हें सुनाने की व्यवस्था हो। इसी प्रकार शिक्षा और सूचनाप्रद विशेषतः ग्रन्थ, ग्रन्थालय, उपयोगी वैज्ञानिक विषय, मनोरंजन आदि पर मौजूद चलचित्रों का प्रर्दशन आयोजित करें।

## *अध्ययन सूची का परिसंचरण*

पश्चिमी देशों के उच्च शैक्षाणिक पुस्तकालयों में पाठ्य विषय तथा सामान्य

अध्ययन के लिए समय-समय पर पुरानी और नयी ग्रन्थों की सूचियां संकलित की जाती हैं और छात्रों का ध्यान उनकी और आकृष्ट किया जाता है। यूजीसी पुस्तकालय समिति ने इसकी संस्तुति की है।

### *वाचन कक्ष तथा अध्ययन कक्ष*

ग्रन्थालय में शिक्षार्थियों, शोध छात्रों और अध्यापकों को शान्ति और सुविधा के साथ अध्ययन करने के लिए स्वच्छन्दानुशील कक्ष के अलावा वाचन तथा अध्ययन कक्ष की व्यवस्था होना चाहिए।

### *वाचन कक्ष*

अध्याय सात में विवेचित मिश्रित संयोजन व्यवस्था में भी अलग से वाचन कक्ष होना चाहिए। सामान्य संग्रहागार के पास विज्ञान और प्रौद्योगिक (टेकनोलॉजी) व सामाजिक विज्ञान तथा मानविकी के लिए दो अलग-अलग कक्ष हों। प्रत्येक कक्ष में कम से कम पचास पाठक एक साथ अच्छी तरह बैठकर पढ़ सके। इसी प्रकार शोध पत्रिका तथा सन्दर्भ ग्रन्थों के अवलोकन के लिए स्वतन्त्र व्यवस्था हो।

### *अध्ययन कक्ष*

यह दो प्रकार का होता है। एक छोटे-छोटे कमरों के रूप में होता है और दूसरा अस्थाई विभाजक दीवार से घिरा छोटा स्थान। अंग्रेजी में इन दोनों को क्रमशः कैरल और क्युबिकल कहते हैं। पहला अध्यापकों के लिए और दूसरा शोध छात्र व विशेष अध्ययन करने वाले स्नातकोत्तर छात्रों के लिए सुरक्षित रखा जाता है। संग्रहगार में बाहर की दीवार के तरफ इस प्रकार के अध्ययन कक्ष बनाये जाते हैं। पुस्तक और पत्रिका दोनों के संग्रहागार में इस प्रकार की व्यवस्था होनी चाहिए।

छात्र और अध्यापक दोनों को इस प्रकार के कक्ष में अभीष्ट पुस्तक और पत्रिकाएँ ले जाने से पहले उनके ग्रंथ पत्रकों में अपना हस्ताक्षर और दिनांक अंकित कर सम्बद्ध कर्मचारी के पास उन्हें जमा करना और कार्य खत्म होने पर वहीं उन्हें जरूर वापस करना चाहिए। इस व्यवस्था से उनके द्वारा संग्रहीत पुस्तकों के बारे में एक स्थान पर सूचना मौजूद रहेगी और दूसरे पाठकों और सन्दर्भ सहायकों को पुस्तकों के खोजने में अनावश्यक रूप से परेशानी उठानी नहीं पडेगी। दूसरी बात एक साथ एक व्यक्ति को आठ-दस से अधिक पुस्तकें और पत्रिकाओं के खण्डों को लेने की आज्ञा न दी जाए।

## *छात्रावास पुस्तकालय*

जैसा कि अध्याय दो में विश्वविद्यालय पद्धति के संगठन अथवा ढांचे के प्रसंग में कहा जा चुका है हर छात्रावास में एक छोटी शाखा पुस्तकालय हो। छात्रों को अवकाश के समय अध्ययन में लगाये रखने में यह बहुत उपयोगी सिद्ध होता हैं। इस ग्रन्थालय का दैनिक प्रशासन छात्रों के हाथ में दें। यहां निम्न तीन चार प्रकार के पाठ्य ग्रंथ रखे जाएं–

1.विशेष अध्ययन के लिए तत्तद विषयों के संस्तुत ग्रन्थ;

2. सूचनाप्रद तथा मृदुसाहित्य-इस संग्रह के पुस्तकों को केन्द्रीय पुस्तकालय के संग्रह से बराबर परिवर्तित होता है;

3. एक-दो समाचार पत्र और कुछ चुनी हुई लोकप्रिय पत्रिकाएं;

4. पूर्वोपाधि स्तर के छात्रों के लिए पाठ्य पुस्तकों की प्रतियां।

इस पुस्तकालय को सुबह पांच बजे से नौ बजे तथा सांयकाल सात बजे से ग्यारह बजे तक खोलकर रखें।

## *परिक्षेत्र में पुस्तकालय की दुकान*

छात्रों को अपनी पुस्तकों को क्रय करने के लिए विश्वविद्यालय के परिक्षेत्र में स्थानीय पुस्तक विक्रेता को एक छोटी-सी पुस्तक की दुकान लगाने की सुविधा देनी चाहिए। उसमें नये और पुराने दोनों प्रकार के ग्रंथ उपलब्ध हों। पाठ्य पुस्तकों के अलावा सामान्य ज्ञान, श्रेष्ठ साहित्यिक कृतियां, जीवनी, अच्छे उपन्यास आदि मृदुसाहित्य व लोकप्रिय पत्रिकाएं यहां छात्रों को खरीदने के लिए प्राप्त हों। प्रातः दस बये से सायं छह बजे तक यह दुकान खुली रहें।

छात्रों में अध्ययन की प्रवृत्ति बढ़ाने तथा पुस्तक खरीदने के लिए किए जाने वाले इन उपायों के अलावा अमेरिका के महाविघालय और विश्वविद्यालय में चुने हुए ग्रन्थों का अपना व्यक्तिगत पुस्तकालय बनाने के लिए छात्रों को पारितोषिक, उन्हें कम मूल्य पर पुस्तकें उपलब्ध कराना, आदि अनेक उत्साहवर्धक कार्य किये जाते है।

## *प्रवेश और परिचालन*

**पंजीयन**-पुस्तकालय से पूरा लाभ उठाने के लिए विश्वविद्यालय के हर सदस्य को सबसे पहले उसका सदस्य बनना जरूरी है। ग्रन्थालय की दृष्टि से पुस्तकों की सुरक्षा और पाठक को अधिक से अधिक लाभ प्रदान करने के लिए प्रत्येक सदस्य का पूरा विवरण पुस्तकालय में मौजूद रहना चाहिए। इसके लिए एक आवेदन पत्र

4'' 8'' आकार के पत्रक के रूप में मुद्रित कराकर रखना उपयोगी होता है। उसमें कुछ स्तम्भ सदस्यों को स्वयं भरना रहता है और कुछ पुस्तकालय के कर्मचारी भरते हैं। शिक्षार्थी ओर विश्वविद्यालय के कर्मचारी दोनों के लिए अलग-अलग आवेदन पत्र हों। आवेदक को सदस्य बनाने के बाद इन पत्रकों को सदस्य के उपनाम अथवा कुलनाम के अनुसार वर्णानुक्रम से पात्रक (ट्रे) में संयोजित कर रखें।

## *प्रवेश पत्र*

प्रवेश करने के बाद सदस्यों को प्रवेश पत्र दें। उसे भी मुद्रित करा लें। छात्रों के लिए यह परिचय पत्र के आकार का चार-पांच का हो। उसमें निम्नांकित सूचनाएं क्रमशः अंकित रहे–

### (प्रथम पृष्ट)

*छात्र-छात्राओं का विवरण*

1.सदस्यता क्रमांक
2. छात्र का पूरा नाम
3. स्थानीय पता
4. कक्षा या अध्ययन स्तर और वर्ष
5. प्रवेश तिथि और समाप्ति तिथि
6. शुल्क और अवधान धन जमा करने की रसीद संख्या और दिनांक
7. प्रवेश पत्र देने की तिथि
8. छात्र का हस्ताक्षर
9. नियम और सूचनाएं

### (अग्रिम पृष्ठ)

*नियम सूचनाएं और लेनदेन विवरण*

आगे के पृष्ठ पर आवश्यक पालनीय नियम मुद्रित रहते हैं। बचे पृष्ठों पर पुस्तक लेनदेन का विवरण लिखा जाता है। प्रवेश देते समय छात्रों के पास बुक आकार के फोटो लगे परिचय पत्र को ले लें। पुस्तकालय के प्रवेश पत्र को उसके अन्दर रखकर सी दें और छात्रों को वापिस दे। वार्षिक परीक्षा के पहले 'अदेय प्रमाण

पत्र' देने से पूर्व ग्रन्थालय के प्रवेश पत्र को परिचय पत्र से निकाल लें, जिससे उसका दुरुपयोग न हो।

शिक्षकों और कर्मचारियों का प्रवेश पत्र5" 3" आकार का पत्रक हो। उसमें क्रमशः सदस्यता क्रमांक, सदस्य का पूरा नाम, पद, विभाग का नाम, घर का पता, दूरभाष संख्या, पुस्तक प्राप्त करने की संख्या, प्रवेश पत्र देने की तिथि और पालनीय नियम तथा सूचनाएं और ग्रन्थालयी के हस्ताक्षर के लिए स्थान मुद्रित रहे।

## *सदस्यता क्रमांक*

यह संख्या सभी के लिए आसान व बोधगम्य हो और पाठकों के प्रमुख भेद को सूचित कर सके। अलग-अलग कालावधि तक संबंध रखने वाले चार प्रकार के लोग ग्रन्थालय की सदस्यता ग्रहण करते हैं। वे हैं :–

1. शिक्षक और कर्मचारी;
2. शोध छात्र;
3. छात्र; और
4. आकस्मिक पाठक।

सदस्यता क्रमांक की एक सरलतम विधि जो अनेक पुस्तकालयों में प्रचलित है वह अग्रांकित है–

क्रम संख्या एक से लेकर हजार अथवा दो हजार तक की संख्या शिक्षक, कर्मचारी और आकस्मिक पाठकों के लिए और दो हजार एक से तीन हजार तक शोध छात्रों व आगे की संख्याएं छात्रों के लिए स्थिर कर ली जाती हैं। शुद्ध अंकन होने से यह विधि सब के लिए सुबोध होती है। डॉ. रंगनाथन ने द्विबिन्दु वर्गीकरण में प्रमुख विषयों के लिए प्रयुक्त चिन्हों के आधार पर इसके लिए एक वैज्ञानिक विधि सूचित की है।

## *प्रवेश केन्द्र*

विश्वविद्यालय पुस्तकालय पद्धति में साधारणतः अनेक शाखा पुस्तकालय रहते हैं इसलिए यह स्पष्ट करना चाहिए कि किस प्रकार के पाठकों के प्रवेश पत्र किस केन्द्र में बनते हैं। संकाय, संघटक महाविद्यालय और अध्ययन केन्द्रों के स्वतन्त्र तथा सर्वांगीण पुस्तकालय के रहने पर उनसे साक्षात् सम्बद्ध पाठकों का प्रवेश पत्र वही बनना चाहिए। पूर्वोपधि स्तर के छात्रों का प्रवेश पत्र संकाय पुस्तकालयों में बने। स्नातकोत्तर महाविद्यालय और अध्ययन केन्द्रों के शिक्षक, शोध छात्र और

स्नातकोत्तर छात्रों को एक निश्चित संख्या में सामान्य ग्रंथ केन्द्रीय पुस्तकालय से लेने और वहां पढ़ने की पूरी सुविधा प्राप्त हो। किन्तु दोनों पुस्तकालयों से ऐसे पाठकों के प्रदेय कुल पुस्तिकों की संख्या में वृद्धि नहीं होनी चाहिए। इन संस्थाओं के मुख्य विषयों में दिलचस्पी रखने वाले आकस्मिक पाठकों का प्रवेश पत्र भी वहीं बनें। अवशिष्ट सब पाठकों के लिए केन्द्रीय पुस्तकालय में व्यवस्था हो।

## *सदस्यता शुल्क और अन्य आर्थिक प्रावधान*

पुस्तकालय विश्वविद्यालय का एक प्रमुख अंग हैं। इसलिए विश्वविद्यालय की सदस्यता प्राप्त होने पर पुस्तकालय की सदस्यता निःशुल्क प्राप्त होनी चाहिए। कार्ल एम व्हाइट ने इसका समर्थन किया हैं। दूसरी बात, ग्रन्थालय के सदस्यों से शुल्क लेना पुस्तकालय विज्ञान के मौलिक सिद्धान्तों और प्रजातान्त्रिक आदर्शों के खिलाफ है। ज्ञान का वितरण और विकेन्द्रीकरण निःशुल्क होना चाहिए। किन्तु इसके विरुद्ध देश के अनेक विश्वविद्यालय पुस्तकालयों में अभी भी मुख्यतः छात्रों से निम्नां तीन प्रकार से अर्थ ग्रहण किया जाता है।

1. वार्षिक शुल्क या अभियान;
2.अवधान धन या प्रतिभुति; तथा
3. कालातीत या अतिदेय दण्ड।

अभिधान की प्रथा जहां भी है, उसे तत्काल बन्द करनी चाहिए।

अवधान धन के स्थान पर प्रदत्त पुस्तकों की सुरक्षित वापसी के लिए अन्य कोई व्यवस्था करनी चाहिए। सम्प्रति निम्नांकित सदस्यों से विविध मात्रा में यह धन जमा कराया जाता है :–

1. पूर्वोपाधि स्तर के छात्र;
2. स्नातकोत्तर स्तर के छात्र;
3. शोध छात्र; एवं
4. आकस्मिक पाठक (केजुअल रीडर)।

अधोनिर्दिष्ट चार प्रकार के आकस्मिक पाठक पुस्तकालय से लाभ प्राप्त करने के लिए प्रायः आते हैं–

1. अन्य शिक्षालयों के शिक्षक तथा नगर के लेखक;
2. दूसरे विश्वविद्यालय के शोध छात्र;
3. नगर के व्यावसायिक वर्ग–वकील, इंजीनियर, डाक्टर, आदि;
4. विश्वविद्यालय के पुराने शिक्षक एवं छात्र; और

5. अन्य लोग।

इन्हें अस्थायी प्रवेश-पत्र दिया जाता है। पत्रक के रूप में उसे मुद्रित कराकर रखना चाहिए।

## *अवधान धन का प्रतिरूप*

घर ले जाने के लिए दी जाने वाली पुस्तकों की संख्या और उसके अनुमानिक मूल्य के अनुसार छात्रों और उनके अभिभावकों से संयुक्त अनुबंध पत्र भरवाने की वैकल्पिक व्यवस्था की जा सकती है। इस व्यवस्था से सम्प्रति जो छात्र सत्र के बीच में अध्ययन अथवा शोध कार्य छोड़कर चले जाते हैं और प्रतिभूति से अधिक मूल्य की पुस्तकें रख लेते हैं, उनसे पुस्तकें अथवा उनका मूल्य आसानी से वसूल किया जा सकता है। इससे प्रवेश के समय छात्रों को कुछ आर्थिक राहत मिलेगी। आकस्मिक पाठकों के लिए जरूरत के अनुसार अवधान धन अथवा अनुबंध पत्र की व्यवस्था की जा सकती है। प्रवेश पत्र देते समय यह कार्य किया जाता है। आवेदन पत्र और प्रवेशपत्र दोनों में अवधान की प्राप्ति या अनुबंध पत्र का उल्लेख विधिवत करना चाहिए।

## *अतिदेय दण्ड*

ज्ञान का बंटवारा अथवा दान के ख्याल से कालातीत दण्ड भी ठीक नहीं है। दूसरी बात यह व्यवस्था अनेक ग्रन्थालयों में अभी एक पक्षीय या पक्षपात पूर्ण है। छात्रों पर यह लागू होती है और अध्यापकों और कर्मचारियों पर नहीं। दण्ड का प्रावधान न होने से अधिकतर शिक्षक और कर्मचारी कालातीत अपराध करने के अभ्यस्त हो जाते हैं। इसलिए यह व्यवस्था समानता के सिद्धान्त के विपरीत है। इसलिए डॉ. रंगनाथन ने परिचालन पटल पर इसके लिए अन्तरात्मा की पेटी रखने की संस्तुति की है। लेकिन साम्प्रतिक भारत में यह व्यवस्था सफल नहीं हो सकती है। इसलिऐ किसी न किसी रूप में दण्ड का प्रावधान रहना जरूरी है। उसका ध्येय सब पाठकों को समान रूप से लाभ उठाने के अधिकार को सुरक्षित रखना है। इसे आय का साधन नहीं बनाना चाहिए। दण्ड का प्रावधान सबके लिए समान हो, चाहे वह पाठक छात्र हो, या विश्वविद्यालय का कोई कर्मचारी। अतः पश्चिमी देशों के अनेक शैक्षणिक पुस्तकालयों में समय पर पुस्तकें नहीं लौटाने पर दो तीन स्मरण पत्र भेजने की प्रथा है। इसके फलतः अनुकूल प्रतिक्रिया न होने पर असहयोगी पाठकों को आगे पुस्तकें देना बंद कर दिया जाता है और पुस्तक वापस लेने के लिए जरूरी

कार्यवाही की जाती है। भारत के अनेक शिक्षकों और कर्मचारियों पर इसका भी कोई प्रभाव नहीं पड़ता है। अतः भारत के सन्दर्भ में सज्ञा से सबंधित कानून आवश्यक प्रतीत होता है। इसके लिए निम्नांकित की जा सकती है :

1. छात्रों को सामान्यतः पन्द्रह दिनों के लिए पुस्तकें दी जाती हैं। कहीं-कहीं पाठ्य पुस्तकें सात दिनों के लिए प्रदान की जाती है। विश्वविद्यालय में छात्रों की संख्या दिन-प्रतिदिन बढ़ती जाती है। समय पर पुस्तकें नहीं लौटाने वालों की संख्या भी कम नहीं है। सबको समय पर स्मरण पत्र भेजना व्यवहारतः संभव नहीं होता है। इसलिए निर्धारित समय समाप्त होने पर पहले सात दिनों तक हर पाठ्य तथा संस्तुत पुस्तकों पर बीस पैसा और सामान्य पुस्तकों पर दस पैसे के हिसाब से दण्ड लगाये जाएं।

2. अध्यापकों को सामान्यतः एक महीने के लिए पुस्तकें दी जाती हैं। उनके लिए दण्ड का प्रावधान न होने से वे जब चाहें तब लौटाते है। दण्ड विधान का नियम पुस्तकालय समिति बनाती है। उसमें शिक्षकों का बहुमत रहता है। दूसरों के लिए वे दण्ड विधान बनाएं और अनियमित कार्य करने पर भी स्वयं को दण्ड मुक्त रखें, यह समानता के खिलाफ है। इसलिए उनके लिए भी कुछ नियम होना चाहिए। कार्ल एम व्हाइट ने समय का प्रावधान उनके लिए न रखने के लिए कहा है [32]। भारत के प्रमुख ग्रन्थालयी एन एन गिडवानी उन्हें अधिक समय के लिए पुस्तकें देने के लिए कहते हैं। उनके शोध और शैक्षणिक कार्यों को देखते हुए यह अभिमत मान्य है। लेकिन इससे दूसरे पाठकों को असुविधा नहीं होनी चाहिए। उसके पास उपस्थित पुस्तकालय के ग्रन्थों की माँग अन्य पाठकों के द्वारा किए जाने पर कम से कम निर्धारित समय के पश्चात् उन्हें लौटा देना उनका दायित्व है। उसके लिए उन्हें एक-दो स्मरण पत्र भेजना ठीक है। अनुकूल प्रतिक्रिया न होने पर छात्रों के समान कालातीत दण्ड का प्रावधान उन पर भी लागू हो। दूसरी बात छात्रों के लिए सुरक्षित पाठ्य तथा संस्तुत ग्रन्थों की प्रतियां शिक्षकों और कर्मचारियों को घर ले जाने के लिए न दिए जाएं। इसी प्रकार अध्यापन तथा परीक्षा संबंधी कार्य के लिए सुरक्षित प्रतियां छात्रों को निर्गम न करें। पुस्तकालय के नियमों में अग्रलिखित प्रावधान होना चाहिए।

## *निर्गम पर नियंत्रण*

1. कभी-कभी आरक्षित ग्रंथ शिक्षकों और अन्य पाठकों को रात भर या सार्वजनिक अवकाश के दिनों के लिए दिए जाते हैं। आरक्षित पुस्तकों में पाठ्य पुस्तक, सन्दर्भ ग्रंथ और सामयिक महत्त्व की ऐसी पुस्तकें आती हैं, जिनकी एक

दो प्रतियां ही मौजूद रहती है। उन्हें निश्चित समय पर लौटाना चाहिए। वरना पचीस पैसा प्रतिदिन के हिसाब से दण्ड का प्रावधान सभी लिए हो।

2. शोध पत्रिकाओं के नये अंक आने पर पुराने अंक शिक्षकों को तीन दिनों के लिए साधारण तथा दिए जाएं। जिल्द बंद खण्ड किसी को न दें। पत्रिकाओं के नये अंक अग्रिम अंक आने तक सब लोगों के लिए अवलोकन के लिए पत्रिका विभाग के वाचन कक्ष में प्रदर्शित किए जाएं।

## *अनिर्गमनीय पुस्तकें*

दुर्लभ, अप्राप्त, बहुखण्डात्मक ग्रन्थ, सन्दर्भ ग्रन्थ, विशिष्ट संग्रह की पुस्तकें और विशिष्ट पाठ्य सामग्री, जैसे, मानचित्र, विवरण आदि को परिसंचरण के क्षेत्र से बाहर रखना चाहिएं।

## *प्रदेय पुस्तकों की संख्या*

पाठकों को घर ले जाने के लिए दी जाने वाली पुस्तकों की संख्या स्पष्टतः निर्धारित करनी चाहिए। प्रदेय पुस्तकों से संबद्ध पालनीय नियमों में निम्नलिखित तीन उपनियमों का उल्लेख होना चाहिए;

1. निर्धारित अवधि से पहले किसी भी समय पुस्तकें वापस मंगाई जा सकती हैं;

2. प्रदेय पुस्तकों की निर्धारित कुल संख्या में पुस्तक, पत्रिका और अन्य पाठ्य सामग्री शामिल रहेगी;

3. विविध स्थानों पर स्थापित परिचालन विभाग की इकाइयां निर्धारित संख्या के अनुसार ही पाठकों को पुस्तकें प्रदान करेंगी। द्विपत्रक पद्धति से इस व्यवस्था को नियन्त्रित रखा जा सकता है। अगर शिक्षक व अन्य कर्मचारियों के लिए पास बुक की व्यवस्था की जाती है, तो उनके लिए प्रत्येक इकाई पुस्तकालय के प्रदेय पुस्तकों की संख्या निर्धारित कर दी जाए। पाठक संकेत पत्र के खो जाने पर मूल्य देकर दूसरा पत्र प्राप्त करने की व्यवस्था हो।

## *अनिवार्य आगम*

परिचालन विभाग के अभिलेखों को कम अथवा हल्का करने के लिए यथासंभव उन्हें प्रतिवर्ष नये सिरे से प्रारम्भ करने की व्यवस्था करनी चाहिए। इसके लिए सत्र के आखिर में शिक्षकों, कर्मचारियों, शोध छात्रों और आकस्मिक पाठकों को

दो चार दिनों के लिए ग्रहीत सभी पुस्तकें लौटाना अनिवार्य किया जाए। जो नहीं लौटाते हैं, उनके लिए दण्ड का प्रावधान हो।

## *परिचालन*

आधुनिक पुस्तकालय का उद्‌भव पुस्तकालय से ग्रन्थों के आदान-प्रदान के कार्यों से ही हुआ है। परिचालन आज उसका एक प्रमुख कार्य है। 'ग्रंथ अध्ययनार्थ हैं', इस सूत्र के आशय की परिणति योग्य पाठक को शीघ्र ही अभीष्ट पुस्तक प्रदान करने में है। ऐसी पुस्तकों के चयन करने में सहयोग प्रदान करना सन्दर्भ की सेवा का लक्ष्य है। चुने हुए ग्रन्थों का सुविधापूर्वक उपयोग करने के लिए पाठकों को उन्हें घर ले जाने देना चाहिए। ऐसे ग्रन्थों और पाठकों की संख्या प्रतिदिन मुख्यतः विश्वविद्यालय पुस्तकालयों में सैकड़ों और हजारों में होती है। इसलिए आदान-प्रदान के लिए प्रयुक्त पद्धति पाठक तथा कर्मचारी दोनों के लिए सुविधा जनक होना चाहिए। सम्बद्ध अभिलेखों की पूर्णता और सुरक्षा या प्रबंध के ख्याल से यह कम खर्चीला हो। पाठकों को जितना शीघ्र और सुविधापूर्वक अपना ग्रंथ घर ले जाने के लिए मिल जाता है, उन्हें उतना ही सन्तोष होता है और वे पुस्तकालय की प्रशंसा करने लगतें हैं। इस कार्य में कर्मचारी को सन्तोष की अनुभूति तब होती है, जब वह इस कार्य को थोड़े समय में व्यवस्थित तरीके से कर पाता है और प्रयुक्त पद्धति से परिचालन की निम्नलिखित आंकड़ों और सूचनाओं को शीघ्र देने में समर्थ होता है।

1. पाठक अभिलेख

(अ)—पाठक कितनी पुस्तकें एक समय ले सकता है;

(आ)—किस पाठक के पास कौन सी कितनी पुस्तकें हैं और वह पाठक कौन है?

2. ग्रंथ अभिलेख

(अ)—क्या अभीष्ट पुस्तक किसी को दी गई है?

(आ)—कौन सी पुस्तक समय पर नहीं लौटाई गई है?

(इ)—क्या स्वीकृत परिसंचरण पद्धति आदान-प्रदान के दैनिक आंकड़े बताने में समर्थ है?

3. समय अभिलेख

(अ)—कितने दिनों से अभीष्ट पुस्तक बाहर है?

(आ)—कितने दिनों तक पाठक पुस्तक को अपने पास रख सकता है।

4. व्यवस्था और सुरक्षा

## *परिचालन पद्धति*

संक्षेप में परिसंचरण पद्धति जल्दी काम करने, ठीक-ठाक आंकड़े व सूचना देने में मददगार और कम खर्चीली होनी चाहिए। पुस्तकालय की प्रसिद्धि के लिए प्रथम आवश्यकता परिचालन विभाग का व्यवस्थित कार्य तथा उससे पाठकों का सन्तोष है। परिचालन की अनेक पारम्परिक और यांत्रिक पद्धतियां आजकल प्रयोग में हैं। उनके विस्तृत विवरण अन्यत्र देखे जा सकते हैं [35]। यथार्थ में पूर्वोक्त सभी सूचनाओं को शीघ्र देने में उनमें कोई पद्धति पूर्णरूप से समर्थ नहीं है। अतः अभिलेखों की सुरक्षा की दृष्टि से अनेक पुस्तकालयों में आज भी मिश्रित पद्धति का उपयोग किया जाता है। परन्तु वैज्ञानिक व्यवस्था नहीं है। संगणक पर आधारित परिचालन पद्धतियाँ ही आज के युग में उपयोगी और बिजली के समान कार्य करती हैं। लेकिन भारत जैसे विकासशील देशों में महंगी पद्धति को प्रत्येक विश्वविद्यालय पुस्तकालय अपना नहीं सकता है। मितव्यय की दृष्टि से पूर्वोक्त अधिकतर सवालों का उत्तर द्विपत्रक या ब्रौन प्रणाली (ब्रौन सिस्टम) देती है। इसलिए वह भारत में अधिक लोकप्रिय है। जब तक शतप्रतिशत अथवा उससे अधिक दूसरी कोई पद्धति प्रकाश में नहीं आती है, तब तक कम से कम भारत में आवश्यक स्थानीय परिवर्तनों के साथ इस प्रणाली को अच्छी तरह अपनाया जा सकता है। इसका विवरण अग्रांकित है।

## *ब्रौन प्रणाली*

**आवश्यक सामग्री–1. पुस्तक के लिए**–अ–ग्रंथ पत्रक–यह 2" अथवा 3"×5" या 50 या 75 मि.मि.×125 मि.मि. आकार होता है। उसके एक कोने पर क्रामक संख्या, दूसरे पर परिग्रहण संख्या और नीचे क्रमशः लेखक तथा शीर्षक अंकित रहता है।

आ–तिथि पर्णी (डेट स्लिप) यह भी 5"×3" अथवा 125×मि.मी. 75 मि. मी. आकार का होता है और उसे पुस्तक के आवरक गत्ते के सामने वाले पृष्ठ पर चिपकाया जाता है। उसमें निर्गम और आगम तिथि अंकित करने के लिए दो स्तम्भ रहते हैं और समय पर पुस्तक लौटाने के लिए उसके ऊपर निर्देश मुद्रित रहता है।

इ–पुस्तक थैला (बुक पाकेट)–यह चौड़ाई में ग्रंथ पत्रक के आकार का होता है और पुस्तक के अन्तिम गत्ते के अन्दर की ओर चिपका रहता है। उसमें ग्रंथ पत्रक को खोंसकर रखा जाता है। पाकेट के स्थान पर त्रिकोण आकार का चिट भी उपयोग में लाया जाता है।

**2. पाठक के लिए**—अ—पाठक संकेत पत्र (रीडर्स टिकिट)—यह थैले के समान मोटे गत्ते का बना 3"×2" या 75 मि.मी.×50 मि.मी. का होता है। उसके अग्रभाग पर पाठक का विवरण और पृष्ठ भाग पर पुस्तकालय का नाम दिया रहता है। प्रत्येक को एक समय जितनी पुस्तकें लेने की पात्रता होती है, उतने संकेत पत्र उसे दिए जाते हैं।

**3. लेखन सामग्री**—अ—पंजीयन पत्रक—इसमें पाठक का पूरा नाम, पता, संरक्षक का नाम और पता, अध्ययन विभाग अथवा शैक्षणिक स्तर, हस्ताक्षर आदि रहते हैं।

आ—तिथि अंकन मोहर (डेट स्टैम्प) और स्याही पेड।

इ—निर्गम पात्रक (चार्जिंग ट्रे)—यह स्टील अथवा लकड़ी का बना 1"×1/2" या 300 मि.मी.×450 मी.मी. का होता है और इसमें चार खाने रहते हैं।

ई—अन्य सामग्री—सीस पेन्सिल, स्मरण पत्रक (Reminder Card), दैनिक आंकड़े अंकित करने के लिए मुद्रित पंजी और गत्ते का बना दिनांक सन्दर्शिकाएं (Date Quides)।

**प्रक्रिया—अ—निर्गम (चार्जिंग)**—पाठक को जितनी पुस्तकें लेनी होती है, वह पुस्तकों के साथ उतने संकेत पत्र परिचालन पटल पर प्रस्तुत करता है। सम्बद्ध कर्मचारी परिचय पत्रक  से पाठक को पहचान कर पुस्तकों में से ग्रंथ पत्रकों को बाहर निकालता है। दिनांक पर्णी पर रबर स्टाम्प से देय तिथि अंकित करता है और पुस्तकें पाठक को दे देता है। थैला सदृश पाठक संकेत पत्र में ग्रंथ पत्रक को खोंसकर दोनों को निर्गम पात्रक (चार्जिंग ट्रे) में प्रत्यावर्तन तिथि सन्दर्शिका के पीछे वर्गीकृत क्रम से संयोजित करता है।

**आ—आगम (डिसचार्जिंग)**—जैसे ही पाठक पुस्तक लौटाता है, कर्मचारी तिथि पर्णी पर अंकित देय तिथि और पुस्तक की क्रामक संख्या को देखकर पाठक संकेत पत्र में संलग्न ग्रंथ पत्रक को निकालता है। दिनांक पर्णी पर अंकित तिथि को काटकर संकेत पत्र पाठक को देता है। अगर पुस्तक निर्धारित तिथि के बाद लौटाई गई है, तो पाठक से कालातीत दण्ड लिया जाता है। उसे तत्काल लेकर पाठक को पावती और सम्बद्ध संकेत पत्र लौटाना चाहिए। इस के अलावा इस कार्य से भीड़ के समय दूसरे पाठकों को असुविधा न हो, इसलिए आगम एवं निर्गम दोनों के लिए विश्वविद्यालय पुस्तकालय के आस-पास अलग-अलग हों। दूसरी बात लौटाई गई पुस्तक के पन्ने ठीक हैं कि नहीं इसे अच्छी तरह देखकर पाठक को संकेत पत्र लौटाना चाहिए। अगर पन्ने फटे हैं, या निकाल लिए गये हैं, तो पाठक से लिखित

स्पष्टीकरण प्राप्त कर उसे टिकिट वापस करें और बाद में इस संबंध में आवश्यक कार्यवाही करें। तीसरी बात, ग्रंथ वापस करते समय, यदि किसी कारणवश प्रदत्त पुस्तक का अभिलेख भीड़ के समय नहीं मिलता है, तो अस्थाई संकेत पत्र और ग्रंथ पत्रक बना लें। क्रमशः एक पाठक को दें और दूसरा पुस्तक के थैले में लगाकर अलग रख लें। बाद में पुराने अभिलेख को खोज निकालें। मिल जाने पर अस्थाई पत्र तथा पत्रक के स्थान पर इन्हें लगाकर अस्थाई पत्रक को समाप्त कर दें। संकेत पत्र को बाद में अस्थाई पत्र वापस लेकर लौटा दें।

**ब्रौन पद्धति में स्थानीय परिवर्तन**—इस प्रणाली के क्रियान्वयन में कुछ प्रायोगिक मुश्किलें हैं। उनका निराकरण जरूरी है। इस सम्बन्ध में कुछ सुझाव निम्नवार दिऐ हैं।

**1. तिथि अंकन**—समय की बचत और सुविधा के विचार से तिथि पर्णी और ग्रंथ पत्रक पर स्टैम्प से सिर्फ निर्गम तिथि अंकित करें। पूर्व सूचना के अनुसार हर पाठक को मालूम रहता है कि उसे कितने दिनों के लिए पुस्तकें दी जाती है। उसके अनुसार वह निर्धारित तिथि को उन्हें लौटाएगा।

**2. ग्रंथ पत्रक और पाठक संकेत पत्र का संयोजन**—नियमानुसार पुस्तक देने के शीघ्र बाद उसके ग्रंथ पत्रक को पाठक संकेत पत्र में खास कर निर्गम पात्रक में संयोजित करना चाहिए। भीड़ के समय इस कार्य से पाठकों को बिना कारण इतंजार करना पड़ती है। इसलिए निर्गम करते समय पास में रखे निर्गम पात्रक में इन्हें क्रमशः खड़ा कर लें और बाद सम्बद्ध कर्मचारी की पारी समाप्त होने तक उसका सहायक उन्हें शनैः-शनैः संयोजित करें।

**3. दिनांक संदर्शिका के बिना संयोजन**—इस प्रणाली से कौन सी पुस्तक किस पाठक को दी गई है यह तत्काल ज्ञात नहीं किया जा सकता है। इसके लिए जैसा कि आर एल मित्तल ने सुझाया है, निर्गत पुस्तकों के ग्रंथ पत्रकों को बिना किसी दिनांक वर्गीकृत क्रम से संयोजित करें। परन्तु ऐसा करने पर किस तिथि को कितनी पुस्तकें निर्गत हुई यह नहीं मालूम किया जा सकता है और फलतः नियमित रूप से स्मरण पत्र भेजना असम्भव है। लेकिन अतिदेय दंड का प्रावधान होने से अधिकतर छात्र यथा समय पुस्तकें लौटा देते हैं। जो नहीं लौटाते हैं, उन्हें दूसरों द्वारा उन पुस्तकों की माँग किए जाने पर और ग्रीष्मावकाश में नियमित रूप से स्मरण पत्र भेजा जा सकता है। अधिकांश पुस्तकालयों में व्यवहारतः यही किया जाता है। पूरे सत्र में प्रदत्त पुस्तकों को ग्रीष्मावकाश में वापस बुलाने के कार्य को पूरा करने के लिए अवकाश अधिकतर होने की तिथि से दी जाने वाली पुस्तकों

के ग्रंथ पत्रकों को अलग से संयोजित करने की व्यवस्था हो और जैसा कि पहले लिख चुके हैं, सत्र में ली गयी पुस्तकों को नया सत्र आरंभ होने से पूर्व लौटाना सभी के लिए अनिवार्य किया जाए। जो नहीं लौटाते हैं, उन्हें नये सत्र में पुस्तकें न दें और उनके खिलाफ कार्यवाही करें। प्रदत्त करें। प्रदत्त पुस्तकों के ग्रंथ पत्रकों को गिनकर और उनका नियमित अभिलेख रखकर किस तिथि को कितनी पुस्तकें निर्गत हुई यह जाना जा सकता है। इसी प्रकार आगत पुस्तकों को गिनकर आगम संख्या जानी जा सकती है।

**4. परिग्रहण संख्या के अनुसार संयोजन**—परिचालन का कार्य ज्यादातर लिपिक वर्ग करता है। चतुर्थ वर्ग का साक्षर कर्मचारी इस कार्य में उसका सहयोग करता है। प्रदत्त पुस्तकों के ग्रंथ पत्रकों को वर्गीकृत क्रम से लगाने और निकालने में अधिक समय लगाता है। परिग्रहण संख्या के क्रम से पत्रकों को लगाने में उन्हें सुविधा होती है।

**5. ग्रंथ पत्रक में पाठक संख्या का उल्लेख**—ग्रंथ पत्रक में सदस्यता क्रमांक को लिखना लाभप्रद होता है। इससे यह जाना जा सकता है कि पहले किसे अमुख पुस्तक निर्गत की गई थी। दूसरी बार निर्गत पुस्तक के ग्रंथ पत्रक को अगर शीघ्र ही से दूसरे के टिकिट में लगा दिया जाता है, तो इससे पुस्तक किसे दी गयी है यह जाना जा सकता है। कर्मचारी के समय को बचाने के लिए पुस्तकालय के आरंभिक परिचय में प्रशिक्षित पाठक स्वयं ग्रंथ पत्रक में अपनी सदस्य संख्या स्पष्ट रूप से अंकित कर सकता है। कर्मचारी को सिर्फ उसे सिर्फ देख लेना है।

**6. दो ग्रंथ पत्रकों का प्रयोग**—ब्रौन प्रणाली की एक बडी अपूर्णता यह है कि इससे किस पाठक के पास कितनी और कौन-कौन पुस्तकें हैं, यह नहीं जान जा सकता है। इसमें ग्रंथ पत्रक के खो जाने की संभावना रहती है। इस दोष को दूर करने के लिए जी आर लिलि द्वारा संस्तुत दो ग्रंथ पत्रकों का उपयोग किया जा सकता है। पाठक संकेत पत्र में विशेषकर परिग्रहण संख्या और दूसरे की सदस्यता क्रमांक के अनुसार संयोजित करें। छोटे और मध्यम स्तर के महाविद्यालय पुस्तकालयों में इस प्रणाली को अपनाया जा सकता है।

**7. शिक्षक और कर्मचारियों के लिए अलग व्यवस्था**—शिक्षक वर्ग नियमानुसार एक साथ 15-20 पुस्तकें ले सकते हैं। उतने पाठक संकेत पत्रक बार-बार लाना ले जाना उन्हें असुविधाजनक होता है। इसलिए अनेक विश्वविद्यालयों में जहां द्विपत्रक अथवा ब्रौन प्रणाली प्रयोग में है, शिक्षकों और कर्मचारियों के लिए 'पास बुक' पद्धति प्रचलित है। पास बुक में निम्न स्तम्भ हों :देय तिथि, परिग्रहण संख्या,

पाठक का हस्ताक्षर, प्रत्यावर्तन तिथि। शिक्षक और कर्मचारियों को दिए गए पुस्तकों के ग्रंथ पत्रकों को अलग ट्रे में संयोजित करें। अभिलेख की सुरक्षा की दृष्टि से पास बुक को पाठक संकेत संख्या अथवा सदस्यता संख्या क्रम से पुस्तकालय में ही रखें। उसे घर ले जाने न दें।

उपर्युक्त संशोधनों को स्थानीय आवश्यकता और सुविधा के अनुसार क्रियात्मक रूप दिया जा सकता है।

## *अप्राप्त पुस्तकों की खोज*

पाठकों को संग्रहागार में जो पुस्तकें नहीं मिल पाती है, उन्हें शीघ्र ही खोज निकालने की व्यवस्था होनी चाहिए। क्या अप्राप्त पुस्तकें अन्य पाठकों को दी गई हैं या पुस्तकालय में ही अन्य कहीं पड़ी है? इसे जानने के लिए निम्नलिखित व्यवस्था की जाए।

## *खोजने की प्रक्रिया*

संग्रहागार और सूचना केन्द्र में उपलब्ध सन्दर्भ में सहायकों को इस कार्य में सहयोग देना चाहिए। पुस्तकें संग्रहागार में न मिलने पर निम्नांकित अभिलेखों को देखें–

अ–निर्गत पुस्तकों के ग्रंथ पत्रक;

आ–पुनः स्थापन (रिप्लैसमेण्ट) के लिए अलग रखी पुस्तकें;

इ–जिल्दबंदी के लिए निकाले गये पुस्तकों के ग्रंथ पत्रक, उन्हें अनुरक्षण विभाग में अलग से रखा जाता है; और

ई–नये ग्रन्थों के फलक। नई पुस्तकें प्राविधिक संस्कार के बाद एक निश्चित स्थान पर एक सप्ताह तक प्रदर्शित की जा सकती है।

संकाय तथा विभागीय पाठ्य ग्रन्थों के पुस्तकालयों में जरूरतनुसार खुली या बन्द प्रणाली (क्लोसूड एकसेस) अपनाएं। पूर्वोपाधि स्तर के छात्रों के लिए यहां उपस्थित वाचन कक्ष में सामान्य पुस्तकें विषयानुसार खुले फलकों में रखें। घर ले जाने के लिए दी जाने वाली पुस्तकों के लिए बन्द पद्धति अपनाएं। संघटक महाविद्यालय अध्ययन केन्द्रों और केन्द्रीय पुस्तकालयों में पाठ्य ग्रंथ के लिए इसी प्रकार की व्यवस्था की जाए। छात्रों की सुविधा के लिए वहां इन पुस्तकों की अलग सूची उपलब्ध हो।

### *स्मरण पत्र*

कालातीत पुस्तकों को वापस मंगाने के लिए नियमित रूप से स्मरण पत्र भेजते रहना चाहिए। नये पाठकों के द्वारा उन पुस्तकों की माँग किए जाने पर और सत्र के आखिर में प्रदत्त सभी पुस्तकों को एक बार वापस माँगने और नये क्रम से अभिलेखों को रखने के लिए स्मरण पत्र निश्चित रूप से और तत्काल भेजने की व्यवस्था हो। इसके लिए कार्ड तथा पत्र के रूप में स्मरण पत्रक मुद्रित रख लिया जाता है। निर्गत पुस्तकों के ग्रन्थगत वर्णन इसमें भर कर सम्बद्ध पाठकों के पास भेजें और पत्रवाहक पंजी पर पावती प्राप्त करें।

### *आरक्षण*

पाठ्य तथा लोकप्रिय सामयिक ग्रन्थों की सीमित प्रतियों को सब पाठकों हेतु समान रूप से उपलब्ध करने के लिए आधुनिक पुस्तकालयों में 'आरक्षण' की व्यवस्था की जाती है। विशेष मौकों पर पुरानी पुस्तकें भी सामयिक महत्त्व रखने लगती है। आरक्षण पद्धति से उन्हें सब के लिए सुरक्षित की जाती है। इसके लिए आरक्षण पत्रक और आरक्षण पर्णी आवश्यक स्तम्भों के साथ मुद्रित कर रख ली जाती है। पाठक स्वयं उनमें क्रमिक संख्या, परिग्रहण संख्या, लेखक, शीर्षक, अपना पता भरकर परिसंचरण कर्मचारी को देता है। परिग्रहण संख्या या क्रामिक के आधार पर पुस्तक किसके पास है यह ग्रंथ पत्रक से सलंग्न पाठक संकेत पत्र में देखकर वह आरक्षण पर्णी को पाठक संकेत पत्र में संयोजित कर रखता है। निर्धारित समय पर जब पुस्तक वापस आती है, तब आरक्षण पत्रक के पृष्ठ के स्तम्भों को भरकर उसे सम्बद्ध पाठक के पास प्रेषित किया जाता है और आरक्षण पर्णी बाहर से दिखलाई दे इस प्रकार ग्रंथ में रखकर आरक्षण पुस्तकों की आलमारी में क्रमिक संख्या क्रम से रखी जाती है। आरक्षण पर्णी में निर्धारित स्थान पर पाठक को सूचना भेजने की तिथि अंकित करें। पाठक के आने पर उससे आरक्षण पत्रक लेकर पुस्तक यथा विधि उसे प्रदान की जाती है।

### *पुनर्निर्गम*

अनेक मौकों पर पाठक लौटाई गई पुस्तकों को दुबारा माँगते हैं। ऐसा वे तब करते हैं, जब या तो वे अपनी पुस्तक को पूरा पढ़े नहीं रहते हैं या विशेष अध्ययन अथवा परीक्षा के लिए उन्हें उक्त पुस्तक की पुनः आवश्यकता होती है। पुस्तकों का अधिक से अधिक उपयोग हो, इस विचार से निम्न परिस्थिति और अनुबंध के आधार

पर ग्रन्थों का पुनर्निर्गम किया जाता है–

1. दूसरे पाठकों द्वारा वे पुस्तकें आरक्षित न हों;

2. लौटाने के लिए कहे जाने पर पाठक शीघ्र ही वापस करने के लिए तैयार हो; और

3. पुनर्निर्गम हेतु निर्धारित समय पर पाठक इसके लिए माँग करें।

## *शाखा पुस्तकालयों को पुस्तकों का आदान-प्रदान*

सभी शाखा पुस्तकालयों का संगठन और प्रबंध केन्द्रित होने की अवस्था में इन ग्रन्थालयों और केन्द्रीय पुस्तकालय के मध्य परिसंचरण का कार्य बराबर चलता रहता है। उसे व्यवस्थित करने के लिए अग्रांकित प्रक्रिया अपनाएं

1. विभागीय पुस्तकालयों से एक साथ कई पुस्तकों को वापस आने और नई पुस्तकों को ले जाने का कार्य बराबर चलता रहता है। इससे पाठकों को असुविधा न हो, अतः जहां भी संभव हो इस कार्य को प्रातः अथवा सायंकाल के समय जब परिचालन पटल पर भीड़ नहीं रहती है, करें।

2. परिचालन पटल पर काम करने वाले कर्मचारी खाली न हों तो दूसरे कर्मचारी उसे पूरा करें।

3. शाखा पुस्तकालयों में, जैसा कि पहले लिख चुके हैं, दो प्रकार के ग्रंथ संग्रह रहते हैं। एक स्थायी संग्रह और दूसरा अस्थायी संग्रह। पहले में पाठ्य तथा संस्तुत ग्रंथ और दैनिक उपयोग में आने वाले कुछ सन्दर्भ ग्रन्थ, जैसे शब्दकोष, रहते हैं व दूसरे में पूर्वोपाधि स्तर के छात्रों के लिए कुछ चुने हुए मृदुसाहित्य, दो चार लोकप्रिय पत्रिकाएं और दैनिक पत्र रहते हैं। इस संग्रह के ग्रन्थों में बराबर बदलाव करते रहना चाहिए।

4. हर शाखा पुस्तकालय के लिए अलग-अलग रजिस्टर रखें और उसके आधार पर ग्रन्थों का आदान-प्रदान करें। तिथि पर्णी पर निर्गम दिनांक और निर्गत पुस्तक की क्रम संख्या चिन्हित करें। यह संख्या पंजी में अंकित रहती है। इससे आगम और जाँच कार्य करना आसान होता है। प्रदत्त पुस्तकों को बाहर ले जाने के लिए गेट पास दें और उसमें दिनांक, शाखा पुस्तकालय का नाम, निर्गत पुस्तकों की कुल संख्या, निर्गत कर्ता और ले जाने वाले का हस्ताक्षर रहें।

5. निर्गत पुस्तकों के ग्रंथ पत्रकों को परिग्रहण संख्या क्रम से अलग पात्रक में संयोजित रखें। शाखा पुस्तकालयों का परिसंचरण अभिलेख स्वतन्त्र होना सुविधाजनक होता है।

## *पाठक संकेत पत्र की अन्तर पुस्कालय मान्यता*

शोध पत्रों को स्रोत ग्रंथ और शोध पत्रिकाओं की खोज में नगर से बाहर दूसरे विश्वविद्यालय तथा विशिष्ट पुस्तकालयों में ज्यादातर जाना पड़ता है। अन्य पुस्तकालयों में उन्हें केवल पुस्तकालय में पढ़ने के लिए पुस्तकें मिलती हैं। घर ले जाने के लिए नहीं दी जाती है। पुस्तकालय के दैनिक कार्यकाल के बाद और अवकाश के दिनों में उन्हें पुस्तकें न मिलने से उनका बहुत सा समय व्यर्थ ही चला जाता है, क्योंकि वे सिर्फ अध्ययन के लिए वहां जाते हैं और चाहते हैं कि अधिक से अधिक ग्रंथ वे जितने दिन वहां रहते हैं, पढ़ लें या जल्दी ही अध्ययन समाप्त कर वापस लौट जाएं। इस कार्य में उनकी सहायता करने के लिए कम से कम देश के सब विश्वविद्यालय ग्रन्थालय आपस में सलाह कर इस कार्य के लिए कुछ अनुबन्ध स्थिर करें और उनके आधार पर परस्पर द्वारा प्रदत्त पाठक संकेत पत्र और परिचय पत्र के आधार पर शोध छात्रों को रात भर और अवकाश की स्थिति में एक दो दिनों के लिए पुस्तकें निर्गम करने की व्यवस्था करें। शोध शक्ति के संरक्षण तथा विकास की दृष्टि से यह व्यवस्था बहुत उपयोगी और जरूरी है। शोध छात्रों को इस प्रकार ग्रंथ देते समय उनका परिचय पत्र जमा कर लिया जा सकता है।

## *अदेय प्रमाण पत्र*

छात्र एक निश्चित कालावधि तक ही पुस्तकालय के सदस्य बने रहते हैं। सदस्यता समाप्त होने पर उन्हें परीक्षा में बैठने या अवधान धन वापस लेने के लिए पुस्तकालय से अदेय अर्थात पुस्तकालय की सभी पुस्तकें जमा कर दी हैं, इसका प्रमाण पत्र प्राप्त करना जरूरी होता है। इसी प्रकार शिक्षक और कर्मचारी को भी विश्वविद्यालय से सेवानिवृत्त होने पर वहां से अपनी भविष्य निधि लेने के लिए इस प्रकार का प्रमाण पत्र ग्रहण करना जरूरी है। उसकी माँग किए जाने पर सम्बद्ध कर्मचारी अभिलेखों की जाँच कर उक्त पत्र के स्तम्भों को भरता है और ग्रन्थालयी अथवा अधिकृत अधिकारी से हस्ताक्षर लेकर पाठक को प्रदान करता है और पाठक के प्रवेश पत्रक को निरस्त कर दिया जाता है।

## *अन्तर पुस्तकालय आदान*

पारस्परिक सहयोग के बिना हर बड़ा काम पूरा नहीं हो सकता है। अध्ययन सामग्रियों का पूरा उपयोग, के लिए पाठक की माँग को पूरा करना और इस प्रकार ज्ञान का विकेन्द्रीकरण व संवर्धन करने के लिए पुस्तकालयों को सहकारिता के

आधार पर कार्य करना आवश्यक है। पुस्तकालय विज्ञान के पांचों सूत्रों की जोरदार माँग है कि इस दिशा में सभी पुस्तकालय सहयोग करें और पाठकों द्वारा माँगी हुई पुस्तक अगर पुस्तकालय में नहीं है और उन्हें उनका अध्ययन करना जरूरी है, तो दूसरे ग्रन्थालय से उन्हें मंगा दिया जाता है। इस प्रक्रिया को अन्तर पुस्तकालय आदान कहते हैं।

कार्य के स्वरूप लेकिन प्रकृति की दृष्टि से यह कार्य परिचालन विभाग करता रहा है। लेकिन कार्याधिक्य, दूसरे पुस्तकालयों की पुस्तकों की सुरक्षा और सन्दर्भ सेवा के प्रसंग में सन्दर्भ सहायकों से अनुपलब्ध पुस्तकों की चर्चा आदि के विचार से अब यह कार्य अधिकतर पुस्तकालयों में सन्दर्भ विभाग करता है। विदेशों में यही प्रथा है।

**स्रोत**—अभीष्ट अध्ययन सामग्री किस मौजूद में उपलब्ध है, इसे निम्नांकित किसी एक स्रोत से जाना जाता है—

1. पाठक स्वयं जानता है तो वह निर्धारित प्रपत्र पर उस ग्रन्थालय का नाम लिख देता है, जहां अभीष्ट पुस्तक उपलब्ध है।
2. सम्बद्ध कर्मचारी अपने व्यक्तिगत ज्ञान और अनुभव से इस दिशा में मदद कर सकता है।
3. मुद्रित संघसूची और पुस्तकालयों की सूचियां—भारतीय सामाजिक विज्ञान प्रलेखन केन्द्र (ऐ. सि. एस. डी. सी.) और भारतीय राष्ट्रीय वैज्ञानिक प्रलेखन केन्द्र (इन्सडाक) दोनों ने क्रमशः सामाजिक विज्ञान और विज्ञान पर देश के पुस्तकालयों में उपलब्ध शोध पत्रिकाओं की संघसूची का निर्माण किया है। अन्तर पुस्तकालय आदान-प्रदान कार्य के लिए ये सूचियां बहुत उपयोगी हैं। इसके अलावा विश्वविद्यालय और अन्य प्रमुख पुस्तकालय नयी पुस्तकों की सूची चित्रालेखित अथवा मुद्रित रूप में समय-समय पर प्रकाशित करते हैं और दूसरे पुस्तकालयों को उनकी प्रति भेजते हैं। इन सूचियों को प्रमुखता से पुस्तकालय में प्रदर्शित करना चाहिए। यह आदान-प्रदान कार्य में सहायक होती है।
4. क्रमशः चार-पांच प्रमुख पुस्तकालयों को पत्र भेजकर जाना जा सकता है कि किस पुस्तकालय में अभीष्ट पुस्तकें मौजूद हैं।

**अनुबंध**—पुस्तकों के आदान-प्रदान को व्यवस्थित करने हेतु दाता और ग्रहीत दोनों पुस्तकालयों को परस्पर स्वीकृत कुछ अनुबंधों का पालन करना होता है। डा

रंगनाथन ने अन्तर पुस्तक आदान-प्रदान की आचार संहिता स्थिर की है। ऐस्लिक, कलकत्ता, ने इसका परिवर्धित संस्करण प्रकाशित किया है। इसके अनुसार दाता और ग्रहीता दोनों पुस्तकालयों को स्वीकार्य शर्त निम्नवार हैं–

**अदेय पुस्तकें**–नीचे लिखी पुस्तकें साधारणतः आधार पर नहीं दी जाती हैं–

1. सन्दर्भ एवं दुर्लभ ग्रन्थ;
2. पाठ्य पुस्तक;
3. उपन्यास एवं कहानियां;
4. पत्रिकाओं के अंक; तथा
5. दस रुपये से कम मूल्य की पुस्तकें।

**दाता पुस्तकालय का अधिकार**–अधोनिर्दिष्ट पुस्तकों को देने न देने का अधिकार प्रदान करने वाले पुस्तकालय के पास सुरक्षित रहता है–

1. सद्यः प्रकाशित स्थानीय माँग की पुस्तकें;

2. वे पुरानी पुस्तकें जिनकी स्थानीय स्तर पर विशेष माँग रहती है। माँग समाप्त होने पर दोनों प्रकार के ग्रंथ दिए जा सकते हैं;

3. प्रेषित पुस्तक को सुरक्षित रूप से उपयोग करने के संबंध में पालनीय नियमों को सूचित करने का अधिकार। ये नियम निम्नांकित होते हैं :

(अ)–पुस्तक पुरानी और दुलर्भ है तो पुस्तकालय के अन्दर ही पाठक को पढ़ने के लिए देना; और

(आ)–सूचित समय पर ग्रंथ लौटा देना; तथा

4. बिना कोई कारण बताये पुस्तक न भेजने का अधिकार। इसका उपयोग साधारण जीर्ण-शीर्ण और अलभ्य पुस्तकों के संबंध में किया जाता है।

**ग्रहीता पुस्तकालय का दायित्व**–उधार लेने वाले पुस्तकालय को निम्न दायित्वों का पालन करना चाहिए–

1. आदान-प्रदान का डाक व्यय वहन करना। अगर पारस्परिक समझौते के आधार पर दोनों पुस्तकालय एक-एक तरफ का खर्च वहन करें तो सहयोग और मुखर हो उठेगा। यह ज्यादातर व्यय पुस्तक चाहने वाले पाठक से लिया जाता है। शोध छात्रों को राहत देने के निमित इसके लिए एक निधि स्थापित की जा सकती है। यह संभव होने पर हर शोध के लिए निर्धारित कालावधि में दूसरे पुस्तकालयों से पुस्तकें मंगाने के लिए उक्त निधि से निश्चित धनराशि व्यय करने की व्यवस्था की जानी चाहिए। यह सुविधा मुख्यतः उन शोध छात्रों को दी जाए जिन्हें यूजीसी और अन्य संस्थाओं से मुख्यतः छात्रवृत्ति और फेलोशिप नहीं मिलती है। अधिकतर भारतीय पुस्तकालयों में डाक खर्च संप्रति पाठकों से ली जाती है। प्रार्थना पत्र के साथ

सामान्यतः बीस रुपये उनसे जमा कर लिया जाता है। पुस्तक लौटाने के बाद उन्हें उसका हिसाब दिया जाता है।

2. पुस्तक प्राप्त करने के बाद उसे सुरक्षित वापस करना–इसके साथ ही बहुखण्डात्मक ग्रंथ का कोई खण्ड आदान-प्रदान में नष्ट हो जाता है, तो ग्रहीता पुस्तकालय को पूरा सेट जमा करने का दायित्व वहन करना चाहिए।

3. बिना दाता पुस्तकालय से आज्ञा प्राप्त किए अमुद्रित साहित्य यथा–पाण्डुलिपि और शोध प्रबंध की प्रतिलिपि नहीं करनी चाहिए।

4. उपयोगकर्ता का नाम माँगने पर उसे भेजना।

## *प्रतिलिपि सेवा*

आजकल कम व्यय सुरक्षा और अपने पास मूल ग्रंथ की प्रति रखने के लिए अन्तर पुस्तकालय आदान प्रतिलिपि के माध्यम से भी किया जाता है। दूसरे पुस्तकालयों से सामान्यतः प्रतिलिपि शोधलेख या ग्रंथ के किसी अंश की प्रतिलिपि मंगाई जाती है। प्रतिलिपि का भौतिक रूप निम्नलिखित तीन प्रकार में से कोई एक हो सकता है:

1. सूक्ष्मचित्र (माइक्रोफिल्म);
2. माइक्रोफिश; और
3. सूक्ष्म मुद्रण (माइक्रोप्रिण्ट)।

लेखक और प्रकाशक के ग्रन्थाधिकार को सुरक्षित रखने के लिए प्रतिलिपि सेवा से सम्बद्ध पुस्कालयों को निम्नांकित शर्तों का पालन करना जरूरी होता है।

अनुबंध–

1. ग्रहीत पुस्तकालय को लिखित रूप से यह वचन देना चाहिए कि केवल शोध कार्य के लिए ही प्रतिलिपि आवश्यक है;

2. सम्बद्ध पाठक को एक लेख की एक से अधिक प्रति न दी जाए;

3. एक प्रति में एक से अधिक लेख न हों; और

4. ग्रहीता पुस्तकालय प्रति के निर्माण और भेजने का व्यय वहन करे। प्रतिलिपि के सदुपयोग करने का वचन पाठक से निर्धारित प्रपत्र पर लिखा लेना चाहिए और तब उसे प्रति दी जानी चाहिए।

**प्रति निर्माण यंत्र**–यांत्रिक प्रतियों में झिराकस प्रति कम कीमत की होती है। भारत में बनी मशीन का मूल्य पहले 25 से 1लाख के मध्य आता था। देश में सम्प्रति झिराकस मशीन निम्न संस्थाएं बनाती हैं–

1. Das Reprographies Pvt. Torotalla Road, Calcutta-53.

2. Macheil and Bary, Cannaught Circus, New Delhi-1.
3. Advani Oerlikon pvt, Ltd, 47, Ring Road, new Delhi-24.
4. Kores India Ltd, 22-A, Asaf Ali Road, New Delhi-1.

### *आदान-प्रदान प्रक्रिया*

प्रपत्र और पत्रक—आदान कार्य के लिए जरूरी पत्रों को प्रपत्र तथा पत्रक अथवा कार्ड के रूप में मुद्रित करा लें। आवेदन पत्र और पत्राचार के पत्रक का प्रारूप परिशिष्ट में दिया हुआ है। इसलिए पत्राचार के लिए कार्ड पर्याप्त हैं। पाठक निर्धारित आवेदन भरकर डाक खर्च के लिए आवश्यक धनराशि सम्बद्ध कर्मचारी के पास जमा करता है। पुस्तकें सामान्यतः वी.पी.पी. से भेजी जाती है। यदि एक पुस्तक मंगानी है, तो बीस रुपया जमा कर लिया जाता है। इसके बाद जहां पुस्तक उपलब्ध होने की संभावना रहती है, उस पुस्तकालय को कर्मचारी पत्र पश्चात् है। पत्र पर ग्रन्थावली या अन्य अधिकृत अधिकारी का हस्ताक्षर रहता है। ग्रंथ प्राप्त होने के पश्चात् पाठक को सूचित किया जाता है और नियमानुसार निश्चित समय तक पाठक को पुस्तकालय में पढ़ने दिया जाता है। निर्धारित समय के बाद रजिस्ट्री डाक द्वारा पुस्तक को वापस भेज दी जाती है। पाठक को आदान-प्रदान का डाक खर्च बतलाया जाता है। लेन-देन की कार्यवाही पूरी की जाती है। आदान-प्रदान का लेखा पंजी में रखा जाता है। अन्तर पुस्तकालय आदान का साप्ताहिक, मासिक तथा वार्षिक आंकड़ों को व्यवस्थित रखना चाहिए। निर्धारित पंजी में इसके लिए अलग जगह निश्चित आंकड़ों का संकलन करें।

### *परिचालन विभाग का संगठन तथा प्रबंध*

केन्द्रीय पुस्तकालय में परिसंचरण विभाग को नियन्त्रण द्वार के बाद थोड़ा हटाकर बीच में अथवा बगल में स्थापित करें। मध्य में स्थापित विभाग का भौतिक आकार चक्राकार हो। पुस्तकों के निर्गम, आकार, प्रवेशपत्र, अदेय प्रमाण पत्र प्राप्त करने, आदि के लिए उसमें अलग-अलग पटल (काउण्टर्स) रहें। उसके अन्दर पाठकों को जाने की आज्ञा न दी जाए। उसका दरवाजा स्वतः ही बन्द होने वाला स्प्रिंग का और अन्दर की ओर हो।

जैसा कि पहले लिख चुके हैं, शिक्षकों और अन्य विशिष्ट पाठकों को शोध पत्रिकाएं तीन दिनों के लिए और आरक्षित ग्रंथ छात्रों को भी रात भर अथवा एक-दो सार्वजनिक अवकाश के दिनों के लिए देने की व्यवस्था होनी चाहिए। पत्रिका और सन्दर्भ विभाग और आरक्षित कक्ष से आरक्षित ग्रंथ को प्राप्त करने के लिए सन्दर्भ

ग्रन्थालय से आज्ञा पत्र प्राप्त कर पाठक उन विभागों से उन्हें निर्गत करा सकें। केन्द्रीय प्रशासनिक व्यवस्था में संचालित संकाय एवं विभागीय पुस्तकालयों में छात्रों को पाठ्य एवं संस्तुत ग्रन्थों व शिक्षकों को अध्यापन के लिए जरूरी पाठ्य पुस्तक उपलब्ध कराने के लिए परिचालन विभाग का होना आवश्यक है। संघटक अध्ययन केन्द्र (स्कूल आफ स्टडीज) और महाविद्यालयों में भी इसी प्रकार की व्यवस्था हो। वहां के छात्रों को उनके विषयों से सम्बद्ध अधिकांश पुस्तकें वहीं से प्राप्त हों। वहां के स्नानकोत्तर और शोध छात्र केन्द्रीय पुस्तकालय से केवल सामान्य पुस्तकें ले सकें। अन्य शाखा पुस्तकालयों को, जैसा कि पहले लिखा जा चुका है, आदान-प्रदान का कार्य नहीं करना चाहिए। वहां सिर्फ सलाह-मशवरा की व्यवस्था रहे।

**कार्यकाल**—केन्द्रीय परिचालन विभाग को सुबह आठ बजे से रात आठ बजे तक खुला रखना चाहिए। उसे विभिन्न कार्यों को करने के लिए अग्रांकित व्यवस्था हो—

| | कार्य | कार्यकाल |
|---|---|---|
| अ— | पुस्तकों का परिचालन | सुबह 10 बजे से सायंकाल 7 बजे तक |
| आ— | प्रवेश पत्र और अदेय प्रमाण की प्राप्ति | 11 बजे से सायंकाल 4 बजे तक |
| इ— | विभाग की व्यवस्था सम्बन्धी दैनिक कार्य | प्रातः 8 से 10 एवं सायं 7 से 8 बजे |

सार्वजनिक अवकाश के दिनों इस विभाग को बन्द रखें। परिचालन की अन्य इकाइयों का कार्यकाल रोजना छह अथवा सात घण्टे का हो। केन्द्रों और महाविद्यालयों में जरूरतनुसार कार्यकाल स्थिर किया जाए।

**कार्यकर्ता**—परिचालन कार्य के लिए कर्मचारी परिसूत्र के अनुसार 1500 घण्टे प्रतिवर्ष या 6 घण्टे प्रतिदिन के हिसाब से एक व्यक्ति जरूरी है। यह व्यक्ति विभाग का प्रभारी और प्राविधिक कर्मचारी होता है। इसके अलावा आदान—प्रदान तथा अन्य दैनिक कार्यों को करने के लिए लिपिक वर्गीय कर्मचारियों की जरूरत होती है। विश्वविद्यालय पुस्तकालय में जहां पाठकों की संख्या सैकडों और हजारों में रहती है। वहां हर छह घण्टे की पारी के लिए दो लिपिक वर्गीय कर्मचारी और एक चतुर्थवर्ग के सहायक को रहना चाहिए। भीड़ के समय अर्थात् प्रातः 11 बजे से सायंकाल 5 बजे तक आगम ओर निर्गम दोनों का कार्य अलग-अलग व्यक्ति करे। कार्यालय की अवधि में प्रवेश, प्रवेश पत्र, अदेय प्रमाण पत्र, आदान-प्रदान के कर्मचारियों को बीच में विश्राम देने व विभाग के प्रबंध तथा व्यवस्था संबंधी कार्य

में प्रभारी को मदद देने के लिए एक अतिरिक्त कर्मचारी हो। उसका पद सहायक प्रभारी को सहायता देने के लिए सहायक प्राभारी का हो और वह प्राविधिक कर्मचारी हो। प्राभारी का पद सहग्रन्थालयी स्तर का होना चाहिए। इस प्रकार कर्मचारियों की व्यवस्था निम्नानुसारी हो—

| **कर्मचारी** | **कार्यकाल** |
|---|---|
| एक सह प्रभारी | प्रातः 8 से दिन के 2 बजे तक |
| एक प्रभारी | प्रातः 10 बजे से 5 बजे सायं तक |
| पांच लिपिक वर्गीय कर्मचारी | |
| अ-एक | प्रातः 8 से 2 बजे दिन तक |
| आ-एक | प्रातः $10_{1/2}$ से $4_{1/2}$ बजे शाम तक |
| इ-दो | 1 बजे दिन से 8 बजे रात तक |
| ई-एक | 2 बजे दिन से 8 बजे रात तक |

दोनों पारी के लिए एक-एक चतुर्थवर्ग का शिक्षित कर्मचारी। स्थानीय जरूरत के अनुसार इसमें संशोधन किया जा सकता है।

**प्रबंध**—परिचारण विभाग का संगठन प्रबंध तथा कार्य कुशलता विभाग के प्राभारी, निरीक्षण अधिकारी, उपग्रन्थालयी और मुख्य ग्रन्थालयी पर आश्रित है। इस विभाग को सेवाओं से सम्बद्ध उपग्रन्थालयी के साक्षात् निर्देशन में रखना चाहिए। सम्बद्ध प्रभारी उसके प्रति सीधे जिम्मेदार हो। परम्परा से परिसंचालन विभाग के कार्यों में पुस्तकों का आदान-प्रदान, अन्तर पुस्तकालय आदान, संग्रहागार की व्यवस्था, ग्रंथ संग्रह का वार्षिक परीक्षण, पाठकों के क्रियाकलापों पर दृष्टि रखना, और ग्रंथ सम्बन्धी उनकी समस्याओं का हल करना समाविष्ट रहा है। परन्तु पाठकों की बढती हुई संख्या और परिणामतः इस विभाग का कार्य अब दूसरे विभाग करते हैं। पाठकों की समस्याओं का समाधान, उनकी गतिविधियों पर ध्यान रखना और अन्तर पुस्तकालय आदान का कार्य सन्दर्भ विभाग और संग्रहागार की व्यवस्था और ग्रंथ परीक्षण का कार्य अनुरक्षण अथवा देख-रेख विभाग करता है। तीनों विभागों में समन्वय बनाये रखने के लिए तीनों को एक उपग्रन्थालयी के निर्देशन में रखना चाहिए। दूसरी बात समन्वयन के विचार से सूचना केन्द्र के कर्मचारी ओर संग्रहागार में पाठकों को पुस्तकान्वेषण में सहयोग करने वाले कर्मचारियों को परिसंचरण विभाग के प्रभारी के नियंत्रण में कार्य करना वांछनीय है। ऐसी स्थिति में जरूरत पड़ने पर इन कर्मचारियों से परिचालन सम्बन्धी कार्य भी लिया जा सकता है। इस प्रकार परिचालन विभाग का प्रशासनिक कार्य संक्षेप में निम्नवार है—

1. नीति निर्धारण एवं उनका क्रियान्वयन;
2. सेवा की भावना से कार्य करना;
3. पंजीयन व उसकी निरस्तीकरणया समापन;
4. नियमानुसार पुस्तकों का आदान-प्रदानः
   (अ) पाठकों को; और
   (आ) शाखा पुस्तकालयों को;
5. पत्राचार;
6. दैनिक, साप्ताहिक, मासिक तथा वार्षिक आकंड़ों का अंकन;
7. अभिलेखों का संरक्षण;
8. विभागीय अर्थ संबंधी लेखा कर्म;
   (अ) अवधान धन की लेखा; तथा,
   (आ) कालातीत दण्ड का लेखा;
9. पाठकों को अदेय प्रमाण पत्र देना;
10. अन्य प्रशासनिक कार्य; यथासमय—समय पर मिलकर परिचालन कार्यों के गुण-दोषों को जानना और उसे अधिक प्रभावशाली तरीके से करने के लिए उपाय करना।
    (आ) विभागीय कार्यों का मूल्यांकन करना;
    (इ) विभाग के समस्त इकाइयों के कार्यों का निरीक्षण एवं नियंत्रण करना; और
    (ई) पाठकों की अवज्ञा अथवा असहयोग को तत्काल ग्रन्थालयी को सूचित करना, आदि।

**कार्यों का विभाजन**—संगठन और प्रबंध सम्बन्धी सभी कार्यों का दायित्व उपग्रन्थालयी और प्रभारी पर रहता है। आदान-प्रदान सम्बन्धी सभी दैनिक कार्य प्रभारी के निर्देशन में, उसका प्राविधिक सहायक, लिपिक वर्गीय और सहायक कर्मचारी क्रियान्वित करते हैं। पुस्तकों का आदान-प्रदान कार्य बिजली के समान जल्दी होना चाहिए। इसलिए विभाग के किसी कार्य को शीघ्र करने के लिए अगर कोई कर्मचारी कभी उपलब्ध नहीं रहता है, तो प्रभारी ग्रन्थालयी को शीघ्र उसे पूरा करना चाहिए। पाठकों को तभी इस विभाग के कार्यों से सन्तुष्ट रखा जा सकता है।

**विभागीय लेखा परिरक्षण**—कालातीत सजा और पुस्तक के खो जाने पर पन्ने फाड़ने के लिए पाठक से ग्रहीत आर्थिक दण्ड का पूरा हिसाब रखना चाहिए।

अगर दण्ड पुस्तकालय में ही वसूल किया जाता है, तो इस सम्बन्ध में निम्नलिखित कार्य करें:

1. पाठक को दण्ड प्राप्ति की पावती देना अथवा अन्तरात्मा की पेटी में दण्ड के धन को पाठक के सामने डाल देना;

2. प्रतिदिन या निर्धारित दिन दण्ड की धनराशि को बैंक में अथवा विश्वविद्यालय के लेखा विभाग में जमा करना और पावती प्राप्त करना;

3. वित्त का मासिक एवं वार्षिक लेखा रखना।

पुस्तक के खोने अथवा पन्ने फाड़ने व देर से लौटने के निमित्त ग्रहीत धन का हिसाब अलग रखें। उस धन से खोई हुई पुस्तकों की नई प्रतियां खरीदनी होती है। पुस्तक खराब होने अथवा पन्ने फाड़ने पर या तो नई प्रति लाकर देनी होती है या पुस्तक का वर्तमान मूल्य तथा उसके खरीदने व जिल्दबंदी के लिए लगने वाला व्यय अपराधी पाठक को देना होता है। सम्प्रति अनेक विश्वविद्यालयों में इस धन से खोई हुई पुस्तक की नई प्रति खरीदने की व्यवस्था नहीं है और इस धन को आय समझ कर विश्वविद्यालय की सामान्य धनराशि के मद में जमा कर लिया जाता है। यह बहुत अनुचित है। इस धन से नई प्रति तत्काल क्रय करने की व्यवस्था होनी चाहिए। इसी प्रकार अतिदेय दण्ड से प्राप्त धन का उपयोग पाठ्य पुस्तकों की आवश्यक अतिरिक्त प्रतियों के खरीदने में किया जाए।

अगर धन का दण्ड निर्धारित बैंक अथवा विश्वविद्यालय के लेखा विभाग में पाठक को स्वयं जमा करने का नियम है, तो उसका बीजक बनाकर एक प्रति पाठक को दें, दूसरी लेखा विभाग को भेजें और तीसरी परिचालन विभाग में रखें और जमा हो जाने की सूचना प्राप्त होने पर निर्धारित अभिलेख में उसका सन्दर्भ अंकित करें।

**आंकड़ों का संकलन**—परिचालन विभाग के आकंड़े ही यथार्थ में पुस्तकालय की बढ़ती हुई उपयोगिता की महत्ता सूचित करते हैं। ग्रन्थालय में रोजना कितने पाठक आते हैं और कितनी पुस्तकों का आगम तथा निर्गम होता है, पुस्तकालय के अन्दर लोग कितने ग्रन्थों पर विचार विमर्श करते हैं, आदि बाते आकंड़ो के अवलोकन से मालूम होती है। वार्षिक प्रतिवेदन में ग्रन्थालय की उपलब्धि सिद्ध करने के लिए इनकी महती जरूरत है। आंकड़ों का अंकन तथा संकलन करने की प्रक्रिया निम्नलिखित है—

**अ—दैनिक पुस्तक**—पाठकों के हस्ताक्षर लेने के हेतु नियन्त्रण द्वार के पास एक रजिस्टर (डे बुक) रखी जाती है और उसमें निम्न शिर्षकों के स्तम्भ मुद्रित रहते हैं।

दिनांक, क्रम संख्या, पूरा नाम, कक्षा अथवा शैक्षणिक स्तर या विभाग, पद, पता और हस्ताक्षर।

रोजना पुस्तकालय बन्द होने से पहले उसमें अंकित नामों को गिनकर आगत पाठकों की कुल संख्या में लिखी जाती है। दिनांक लाल स्याही से लिखें। प्रतिदिन नये पृष्ठ से हस्ताक्षर लेना प्रारम्भ करें। साप्ताहिक, मासिक और वार्षिक आकंड़े सुरक्षित रखें।

**आ—आगत और निर्गत ग्रन्थों के आकंड़े**—इसे संग्रहित करने के लिए एक अलग पंजी रखे। लौटाई गई पुस्तकों को गिनकर आगत संख्या निकालें और निर्गत पुस्तकों के ग्रंथ पत्रकों को जोड़कर निर्गम संख्या का एकत्रित करें। खुली प्रणाली में पुस्तकालय के अन्दर प्रतिदिन पढ़ी गई पुस्तकों की संख्या निकालने के लिए वाचन कक्षों के टेबुलों पर पड़ी पुस्तकों को हटाने से पहले गिन लें। इसी तरह शोध छात्रों द्वारा अध्ययन कक्षों में ले गये पुस्तकों के एकत्रित ग्रंथ पत्रक को गिनकर आकंड़े संकलित करें। इन आंकड़ों को पुस्तकालय में आगत पाठकों और आगमत व निर्गत पुस्तकों की संख्याओं को रजिस्टर में दैनिक, साप्ताहिक, मासिक और वार्षिक क्रम से अभिलेखित करे।

**-अन्य आंकड़े**—शाखा पुस्तकालयों के परिचालन के आंकडे, अन्तर पुस्तकालय आदान, आरक्षित पुस्तक और पत्रिकाओं के आदान-प्रदान की आंकड़ों को सम्बन्धित विभागीय पंजी में अंकित कर सुरक्षित रखें और वर्ष के आखिर में वार्षिक आंकडे उपपुस्तकालयी के पास भेजे।

**अभिलेखों का संरक्षण**—परिचालन विभाग के अभिलेख निम्नलिखित हैं—

1. पाठकों का अभिलेख-पूजीयन पत्रक या विसेडाक्स प्रणाली-इसमें पाठकों के बारे में पूर्ण सूचनाएं दी रहती हैं और उन्हें वर्णानुक्रम से संयोजित कर रखा जाता है।

2. समय अभिलेख अर्थात् किस तिथि को कितनी पुस्तकें वापस आनी है, इसे जानने का अभिलेख देय दिनांक संदर्शिकाओं के क्रम से पात्रक अथवा ट्रे में निर्गत पुस्तकों के ग्रंथ पत्रकों को संयोजित कर इस अभिलेख का निर्माण किया जाता है। दिनांक संदर्शिकाओं के उपयोग न किए जाने पर यह अभिलेख नहीं रखा जा सकता है।

3. कालातीत दण्ड अभिलेख-इसे तीन प्रकार से रखा जाता है:

**अ—पूंजी प्रणाली**—इसके लिए एक अलग पंजी रखी जाती है। तिथि क्रम से उसमें पाठक का नाम, ग्रंथ का विवरण, दण्ड की धनराशि, आदि अंकित की जाती है।

**आ—पावती प्रणाली**—अगर दण्ड तत्काल ग्रहण करने की व्यवस्था है, तो उसे लेकर पावती का नाम, दी जाती है। पावती की दूसरी प्रति अभिलेख के रूप में रखी जाती है।

**इ—अन्तरात्मा की पेटी**—कालातीत दण्ड की धनराशि पाठक स्वयं उसमें डालता है या उसे उससे लेकर कर्मचारी डालता है।

4. आरक्षित ग्रन्थों का अभिलेख-इसे आरक्षित पर्णी और पत्रक के माध्यम से रखा जाता है।

पुस्तकालय से सभी को न्याय संगत तरीके से लाभ उठाने के लिए इन सभी अभिलेखों की व्यवस्था करना और उन्हें सुरक्षित रखना जरूरी है।

**परिचालन कार्यों का मूल्यांकन**—पूर्वोक्त आंकडो और अभिलेख पुस्तकालय की प्रगति व विकास के लिए जरूरी उपायों की ओर ध्यान आकृष्ट करते है। इसलिए उनके आधार पर ग्रन्थालय के कार्यों का समय—समय पर मूल्यांकन करते रहना चाहिए। एक निश्चित कार्यावधि में छात्रों को प्रदत्त पुस्तकों की संख्या से यह ज्ञात कराया जाता है कि प्रति छात्रों ने कितनी पुस्तकें उपयोग की है। अगर यह संख्या दिन पर दिन बढ़ती जाती है, तो पुस्तकालय प्रगति पर है। माँग के अनुसार पुस्तकालय में जितनी पुस्तकें नहीं है, वे संग्रह की अपूर्णता सूचित करती हैं। इसी प्रकार निर्गत ग्रन्थों की संख्या पुस्तकालय के उपयोग में वृद्धि अथवा कमी बतलाती है। आरक्षित ग्रन्थों की अधिक माँग उनकी अतिरिक्त प्रतियों की जरूरत स्पष्ट करता है। अन्तर पुस्कालय आदान में अगर दूसरे पुस्तकालयों से अधिकाधिक पुस्तकें मंगाई जाती है, तो वे संग्रह की अपूर्णता और इसके विपरीत अगर अधिक ग्रंथ अन्य ग्रन्थालयों को भेजे जाते हैं, तो संग्रह की पूर्णता स्वयं सिद्ध होती है।

पुस्तकालय के वार्षिक प्रतिवेदन में इन सभी आंकड़ों ओर उनके मूल्यांकन के प्रदर्शन के द्वारा पुस्तकालय की उपलब्धि और अधिक आर्थिक माँग को सिद्ध करना संभव है।

## *अन्य सुविधाएं*

**भवन का भौतिक स्वरूप**—पुस्तकालय की व्यवस्था और सुविधा पाठकों को अपना घर जैसा लगना चाहिए। वहां आने के पश्चात् अभीष्ट साहित्य प्राप्त होने पर जल्दी वहां से बाहर जाने की इच्छा न हो। गंभीर अध्ययन में घण्टों लगे रहने के लिए जरूरी बाह्य सुविधाएं वहां उपलब्ध हो। वहां प्राकृतिक एवं अप्राकृतिक दोनों प्रकार का प्रकाश, हवा और वातावरण उपस्थित रहे। सायंकाल के समय और सर्दी

के मौसम में पुस्तकालय भवन के बाहर मैदान (Lawn) में और भवन के ऊपर छत पर आराम से बैठकर पढने की व्यवस्था हो। इसके लिए वहां कुछ आराम कुर्सियां रखी रहें। छोटे-छोटे टेबल और कुर्सियां रखी रहे। अभीष्ट पुस्तक को वहां ले जाकर सुरक्षित वापस लाने के लिए आवश्यक प्रबंध किया जाए। छात्रों से परिचय पत्र जमाकर एक समय एक पुस्तक इन स्थानों पर ले जाने दें। अन्य पाठकों को ग्रंथ पत्रक पर हस्ताक्षर और दिनांक लिखवाकर ऐसा करने दें।

**वातानुकूलन**—संभव हो तो पुस्तकालय को वातानुकूलित किया जाए। वातानुकूलित करने से पुस्तकालय के तीनों तत्व, पुस्तक, पाठक व कर्मचारियों को लाभ होगा। अध्ययन और व्यवस्था के लिए वातावरण शुद्ध और अनुकूल रहेगा। इससे पंखों के चलने से जो आवाज होती है, वह न होगी।

**उपकरण**—पाठकों की सुविधा और पुस्तकालय के प्रबंध को वैज्ञानिक रूप देने के लिए जरूरी सभी सब उपकरण वहां उपलब्ध हों। उपकरणों में निम्नलिखित विशेष रूप से उल्लेखनीय हैं—

1. टेलिफोन;
2. टेलिटाइपराइटर;
3. टेलेक्स;
4. टाइपराइटर्स;
5. डिक्टेटिंग एण्ड ट्रैन्सक्राइबिंग मशीन्स;
6. रीप्रोग्रेफिक इक्विपेमेण्टस;
7. बाइंडिंग इक्विपमेण्टस;
8. वेक्युम फ्युगिमेटर;
9. कैल्कुलेटर्स;
10. बुक कन्वेयर्स;
11. बुक ट्रालीस;
12. एलेकट्रिक आर फोटोग्राफिक चार्जिंग एण्ड डिसचार्जिंग मशीनस;
13. फाइन कम्पूटर्स, आदि

**विश्राम कक्ष**—पाठकों और कमचारियों के लिए अलग-अलग विश्राम कक्ष हों। पाठकों का विश्राम कक्ष बहुत बड़ा होने की आवश्यकता नहीं है। जब सभी जगह उन्हें आराम से बैठकर पढ़ने की सुविधा है, तब विशेष परिस्थिति में ही ऐसे कक्ष में आराम से बैठने के लिए दो चार आराम कुर्सियां वहां पड़ी रहे। आन्तरिक क्रीड़ा के कुछ साधन भी वहां मौजूद हों; जैसे केर म्बोर्ड, टेबुल टेनिस आदि।

कर्मचारियों के विश्राम कक्ष में सिर्फ आराम कुर्सियां, कुछ टेबल और कुर्सियां लगी रहे, जिससे वे वहां बैठकर खाना भी खा सकें।

**जलपान गृह**—हल्के जलपान के लिए एक जलपान गृह की व्यवस्था हो। सुबह दस बजे से रात आठ बजे तक उसे खुला रहना चाहिए। विश्वविद्यालय अगर उसका प्रबंध नहीं कर सकता है, तो पुस्तकालय के कर्मचारी उपभोक्ता सहकारिता के आधार पर उसे चलाएं।

जो पाठक घर से खाना अथवा जलपान लाते हैं, उन्हें वहां बैठकर खाने की सुविधा रहे। पुस्तकालय भवन की पीछे बाहर की और उसकी व्यवस्था की जा सकती है। पुस्तकालय के कर्मचारियों की सहकारिता समिति इसकी व्यवस्था कर सकती है।

**शोच एवं मूत्र स्थान**—मुख्य द्वार के दोनों तरफ अन्दर की ओर पुरुष व महिलाओं के लिए इसका प्रबंध हो। नीचे के खण्ड में कार्यलय के पीछे कर्मचारियों के लिए इसी प्रकार की व्यवस्था हो।

**सामग्री पटल**—मुख्य द्वार के पास पाठकों के व्यक्तिगत सामान को सुरक्षित रखने की व्यवस्था रहनी चाहिए। इसके लिए द्वार के पास एक कक्ष हो और उसमे खानेदार फलक अथवा अलमारी रखी रहे। हर खाने में नम्बर लगा रहे। कूपन लेकर पाठक अपना सामान वहां रखे। बारिश के मौसम में छाता रखने के लिए छाता नियानी वहां उपलब्ध रहे।

**खेल का मैदान**—पुस्तकालय के बाहर दाहिने अथवा बाये तरफ बाह्य क्रीड़ा के लिए एक मैदान की व्यवस्था हो। सायंकाल के समय पुस्तकालय के कर्मचारी और इच्छुक पाठक इसका उपयोग कर सके।

## अन्य प्रसार सेवाएँ

**1. बाल पुस्तकालय सेवा**—विश्वविद्यालय के परिक्षेत्र में जीवन निर्वाह करने वाले कर्मचारियों के परिवार के सदस्यों में विशेषकर महिलाओं और बच्चों में साक्षरता का विकास, राष्ट्रीय चेतना और सामाजिक जागृति बनाये रखने के लिए उन्हें अपने घर पर सूचनाप्रद और मनोरंजक साहित्य मौजूद कराए जा सकते हैं। छात्रावासों में शाखा पुस्तकालयों की कमी में चल पुस्तकालय छात्रों की सेवा कर सकता है। सात दिनों में एक बार चल पुस्तकालय को घर-घर जाना चाहिए।

**2. आकस्मिक पाठकों की सेवा**—महत्त्वपूर्ण सामयिक विषयों और नये ग्रन्थों से विश्वविद्यालय के सदस्यों को अवगत कराने के लिए समय-समय पर

पुस्तकालय की व्याख्यान का आयोजन करना चाहिए। ये व्याख्यान पुस्तकालय के वरिष्ठ कार्यकर्ता दे सकते हैं। इसके लिए विश्वविद्यालय के विद्वानों को भी आमन्त्रित किया जा सकता है।

**3. पुराने छात्रों की सेवा**—इस प्रकार की सेवा अमेरिका में बहुत लोकप्रिय है। भारत में भी नगर और नगर के बाहर रहने वाले विश्वविद्यालय के पुराने छात्रों को उनके विषयों से उन्हें अद्यतन रखने के लिए उपलब्ध सुविधा और माँग के अनुसार यथासंभव जरूरी सूचनाएँ उपलब्ध की जा सकती हैं।

**4. सांस्कृतिक कार्यक्रमों में सहायता करना**—समय-समय पर अध्यापन विभाग विविध प्रकार के सांस्कृतिक कार्यक्रम आयोजित करते हैं। उनके कार्यक्रमों के लिए जरूरी साहित्य ग्रन्थालय को प्रदान करना चाहिए। अगर वे कार्यक्रम पुस्तकालय भवन में आयोजित होते हैं, तो इस प्रसंग पर कार्यक्रम से सम्बद्ध एवं उपलब्ध साहित्य की ओर दर्शकों का ध्यान आकर्षित करें। इन के अलावा विलसन और टाबर ने प्रसार सेवा के कुछ और भेद दर्शाये हैं, जो विशेषकर अमेरिका के विश्वविद्यालय ग्रन्थालयों में प्रचलित हैं।

**5. अध्ययन के लिए पुस्तकों का प्रबंध करना**—परिक्षेत्र के बाहर विश्वविद्यालय या अन्य संस्थानों द्वारा आयोजित पाठ्यक्रमों के क्रियान्वयन के लिए अध्ययन स्थान पर जरूरी पुस्तकें उपलब्ध कर चयनात्मक अध्ययन सूची छात्रों में वितरित की जाती है।

**6. संग्रह पुस्तकालय**—सामयिक विषय यथा सामजिक, राजनैतिक और आर्थिक समस्याएँ, अन्तर्राष्ट्रीय विषय, साहित्य तथा कलाओं में से था अनेक विषयों पर हर विश्वविद्यालय पुस्तकालय विशेष संग्रह रख सकता है। इस संग्रह में सूक्षम साहित्य, यथा—लेख, कतरन, पुस्तिकाएँ, अन्य प्रलेख तथा दूसरी अस्थाई पाठ्य सामग्री (Ephemral) विशेष रूप से संकलित की जाए। माँग किये जाने पर व्यक्ति या संस्थाओं को ये साहित्य उपलब्ध करें।

**7. अध्ययन की रूपरेखा**—समिति, सभा और सोसाइटी द्वारा माँग करने पर आर्थिक, सामाजिक अथवा सांस्कृतिक विषयों पर अध्ययन की रूपरेखा और सम्बद्ध साधन साहित्य की सूची बनाकर दे। इनके अलावा अमेरिका के विश्वविद्यालय पुस्तकालय पाठ्य क्रमातिरिक्त विषयों पर विशेष साहित्य संग्रह करते हैं और उन्हें बाहर वालों के लिए भी मौजूद करते हैं।

**8. अन्य पुस्तकालयों की सेवा**—अविकसित स्थानीय ग्रन्थालयों काँ माँग किए जाने पर पुस्तक देना, सन्दर्भ और सूचनाएं उपलब्ध करना आदि।

# 6

# सार सेवाएँ

सार अनालोचित व संक्षिप्त होता है तथा उसमें लेख का मात्र विवरण ही नहीं होता अपितु उसके महत्त्वपूर्ण विषय-वस्तु व निष्कर्ष के सूचना-पक्ष को प्रदर्शित किया जाता है। मौजूद साहित्य अथवा पाठ्य सामग्री में वृद्धि के कारण औसत विद्वान के लिए अब यह सम्भव नहीं होता है कि वह अपने क्षेत्रों में प्रकाशित प्रलेखों अथवा सूचनाओं से स्वयं को अद्यतन अथवा अवगत रख सके, इस प्रसंग में सार सेवाओं की महत्त्वपूर्ण भूमिका है, सार सेवाओं से सूचनाएँ तत्काल उपलब्ध होती हैं, ये बहुत उपयोगी उपकरण समझी जाती हैं।

सार सेवाओं के लिए अनुक्रमणिकाओं का संचयन अर्द्धवार्षिक आधार पर होता है। इसका पंचवर्षीय संचयन भी उपलब्ध है व प्रथम खण्ड माइक्रोफिल्म पर भी आ चुके हैं। अनुक्रमणिकाओं का संकलन-कार्य कम्प्यूटर द्वारा होता है। बी ए (*B A*) का सामयिक अंक माइक्रोफिल्म में भी उपलब्ध हैं। बी ए (*B A*) के प्रत्येक अंक में समीक्षार्थ प्राप्त पुस्तकों की सूची पृथक रूप में दी जाती है। समीक्षाएँ संक्षिप्त, अनालोचित व विवरण प्रधान होती हैं। बी ए में समाविष्ट साहित्य का अनुमान इसी से लगाया जा सकता है कि 1980 में इसमें 82,500 सार थे। अब आगे हम सार विभिन्न प्रकार पर नजर डालेंगे।

सार (abstracts) का आरम्भ सम्पादित प्रलेख की आख्या, सम्पूर्ण ग्रंथपरक उद्धरण (full bibliographical citation) तथा अन्य सन्दर्भ आधार-सामग्री (other reference data) दिये जाते है। लेखक जिस संस्था अथवा फर्म से सम्बन्धित होता है उसका नाम एवं स्थान दिया जाता है। सार अंग्रेजी में प्रस्तुत किये जाते हैं। व वे हस्ताक्षरित होते हैं। सी ए (*CA*) के सम्बन्ध में अधोलिखित परिचय दिया गया है–

सार मुख्य प्रलेखों के प्रमुख तथ्यों का संक्षिप्त सूचनात्मक (informative) सारांश (summaries) होता है। सार के माध्यम से मूल साहित्य में पहुँचने में मदद मिलती है। इन्हें मूल साहित्य का स्थानापन्न (substitute) नहीं समझना चाहिए। सार परिशुद्ध (accuracy), स्पष्ट (clear), संक्षिप्त (concise), तथा सम्पूर्ण (complete) हो-ऐसा प्रयत्न किया जाता है। इसमें मूल प्रलेख के सूचनात्मक अन्तर्वस्तु (informational content) को उद्‌घाटित किया जाता है। सार में आलोचनात्मक या मूल्यांकनात्मक समीक्षा को प्रस्तुत नहीं किया जाता। प्रयोगशालात्मक अनुदेश-पुस्तिका (laboratory manuals) या रासायनिक आधार-सामग्री हस्तपुस्तिका (chemical data handbook) के रूप में इनका उपयोग नहीं किया जा सकता क्योंकि सार का मुख्य उद्देश्य तो किसी प्रलेख के विषय में शीघ्रता तथा शुद्धता से पाठकों को इतनी सूचना देना है जिससे स्वयं पाठक यह निर्णय ले सकें कि उन्हें प्रकाशन को देखने की जरूरत है अथवा नहीं।

सार के प्रथम वाक्य में मूल प्रलेख के प्राथमिक खोजों (primary findings) व निष्कर्षों को प्रकाश में लाया जाता है। प्रथम वाक्य के अथवा पाठ (text) में परिणामों अथवा खोजों को विस्तारपूर्वक प्रस्तुत किया जाता है तथा अधोलिखित आधार सामग्री पर जोर दिया जाता है; (1) शोधकार्य या प्रतिवेदन का उद्देश्य तथा विषयक्षेत्र (2) नयी प्रतिक्रियाएँ, सम्मिश्रण (compounds), सामग्री (maaterials), तकनीक, विधि, उपकरण (apparatus), गुण (properties), सिद्धान्त (theory); (3) प्रचलित ज्ञान के नव प्रयोग (new application); तथा (4) लेखक द्वारा प्रस्तुत विवेचन तथा निष्कर्ष के साथ-साथ अनुसन्धान का परिणाम सी ए (*CA*) के कुल 80 अनुच्छेदों में 40 कम्प्यूटर-सुवाच्य (computer-readable) व चुम्बकीय फीते (magnetic tape) पर भी उपलब्ध है।

सी ए (*CA*) में जिन पत्रिकाओं की रचनाओं के सार प्रस्तुत किये जाते हैं, उन पत्रिकाएँ की सूची पाँच वर्ष के मध्यान्तर में प्रकाशित की जाती है। अन्तिम पृष्ठों में पत्रिकाओं की सूची में किये गये संशोधनों तथा परिवर्द्धनों (``periodical list: additions and corrections") को दिये जाते हैं।

सर्वप्रथम 1907 व 1937 की अवधि में दस लाख सार प्रस्तुत किये गये इसी प्रकार 1938-55, 1956-1963 व 1964-68 के बीच क्रमशः द्वितीय, तृतीय तथा चतुर्थ बार प्रति दस लाख सार प्रस्तुत किये गये. 1964 में 189, 993 तथा 1974 में 333, 624 सार प्रस्तुत किये गये। इस सेवा की वृद्धि की दर उपर्युक्त आँकड़ों से लगती है।

## सार के प्रकार

अनुक्रमणीकरण (Indexing) व सार सेवाओं का मुख्य अन्तर उनके स्वरूप (form) में होता है, यह समझना चाहिए कि दूसरे में सार संलग्न किया जाता है, सार की परिभाषा इस रूप में दी गयी है, "प्राथमिक प्रलेखी सूचना को (primary documentary information) अर्थात् मूल रचना में प्रकट सभी तथ्यों को, सूचना अथवा रचना के मूल क्रम के अनुसार (यथासम्भव), लेखक की अपनी भाषा में सुगठित रूप में प्रस्तुत करना," मूल रचना के अन्तर्गत "कोई भी पुस्तक, शोध-प्रतिवेदन, पत्रिका में प्रकाशित कोई रचना, अभिभाषण, सम्मेलन की कार्यवाही, अन्तर्वीक्षा (interview) आदि आ सकते हैं।"[1] मैजेल व अन्य लेखकों (Maizell and others) के अनुसार," साधारण रूप में सार (abstract) व संक्षेपण (condensation) है जिसमें किसी प्रलेख के उद्देश्य (objective), विषय-क्षेत्र व उपलब्धि को सुगठित रूप में प्रस्तुत किया जाता है, इस प्रकार की सूचना का सम्प्रेक्षण ज्यादातर अनुक्रमणीकरण प्रणाली के साथ होता है जो पुनःप्रलेख की अन्तर्वस्तु (content) की पहचान में सहायक होती है, नियमतः सार का उद्देश्य उन विशिष्ट समूह के पाठकों को लाभ पहुँचाना है जिन्हें मूल प्रलेख की अभिगम्यता (access) का साधन उपलब्ध नहीं भी हो सकता है।"[2] साधारण शब्दों में सार (abstract) को किसी प्रलेख का सारांश (summary) कह सकते हैं; इसके ग्रंथपरक विवरण यथोचित रूप में दिये जाते हैं, जिससे प्रलेख की खोज आसानी से हो सके, इससे सम्बन्धित प्रलेख पुस्तक, पत्रिका में प्रकाशित रचना अथवा अभिलिखित ज्ञान (recorded knowledge) आदि किसी भी रूप में हो सकते हैं।

सार मुख्य रूप से दो प्रकार के होते हैं यथा संकेत, सूचक सार (indicative) व सूचनात्मक सार (informative)

"संकेत सूचक सार में प्रलेख के विषय में संक्षिप्तता (briefly) से प्रकाश ड़ाला जा सकता है।

इसमें प्रलेख के अन्तर्वस्तु व इसके विषय-क्षेत्र का सारांश प्रस्तुत किया जाता है। इस संक्षिप्त सार में इतना कुछ दिया जाता है जिससे पाठक यह निर्णय ले सके कि उसे मुख्य प्रलेख पढ़ने की आवश्यकता है अथवा नहीं, परन्तु इस प्रकार के सार को मूल रचना स्थानापन्न (substitute) नहीं समझा जा सकता, वैसे सामयिक अभिग्यता से (current awareness services) प्रदान करने के लिए सार बहुत उपयोगी होता है।

"सूचनात्मक सार (informative abstract) अपेक्षाकृत लम्बा होता है। इसे आवश्यक आधार सामग्री (data) तथा निष्कर्ष प्रस्तुत किये जाते हैं। जिससे मूल प्रलेख को देखने की जरूरत नही रह जाती."[4] सूचनात्मक सात में अन्तर्वस्तु का सार प्रस्तुत किया जाता है जिसके अन्तर्गत मुख्य युक्तियाँ, योगदान (contribution) आधार-सामग्री, अन्तर्वस्तु के अन्य पहलू व शोध का निष्कर्ष आदि आते हैं, उपरोक्त प्रकार के सार से पाठक इस योग्य हो जाता है कि वह अमुक योगदान की मौलिकता प्राथमिकता की जाँच कर सके।

वैसे सूचनात्मक सार को मूल प्रलेख का स्थानापन्न नहीं समझना चाहिए, व्यावहारिक रूप से दोनों प्रकार के सार में कोई तीक्ष्ण भेद नहीं है।

इस प्रकार का सार उत्तम समझा जाता है जिसमें मुख्य पहलू, कार्यविधि, यु परिणाम व निष्कर्ष दिए जाते हैं

सामान्यता सार 50 से 150 शब्दों में किया जाता है।

## उपयोगिता

(i) इससे उपभोक्ता (user) के समय की बचत होती है, क्योंकि पाठक को यह निर्देश मिलता है कि उसे क्या पढ़ना चाहिए.

(ii) इससे पूर्वव्यापी साहित्य (restrospective literatures) का सर्वेक्षण शीघ्रता (rapid) से हो सकता है।

(iii) इसके माध्यम से भाषा सम्बन्धी बाधा दूर हो जाती है क्योंकि पाठक के लिए अज्ञात भाषा में प्रकाशित सामग्री के सार को पाठक की ज्ञात भाषा में प्रस्तुत किया जा सकता है।

(iv) वर्गीकृत सार के माध्यम से एक विषय से जुड़ी सामग्री पाठक को इकट्ठी मिल जाती है जो वस्तुतः पत्रिकाओं में बिखरी रहती है।

## सार सेवाओं का विकास

वैज्ञानिक पत्रिका का आविर्भाव सन् 1665 में हुआ। अतः वैज्ञानिक संचार के इतिहास में इस वर्ष को एक स्तम्भ चिन्ह माना जाता है। डेनिश डे सल्लो (Denis de Sallo ) ने प्रथम सार पत्रिका का प्रथम अंक 5 जनवरी, 1665 को निकाला. पत्रिका का शीर्षक था–*Journal des Seavans*.यह पत्रिका 130 वर्षों तक निकलती रही, फिलासॉफिकल ट्रान्सऐक्शन्स (*Philosophical Tansactions*) का प्रथम खंड़ 6 मार्च 166 को लंदन से प्रकाशित किया गया।

19वीं सदी के आरम्भ से ही विज्ञान व प्रौद्योगिकी के क्षेत्र में प्रचुर सामग्री प्रस्तुत होने लगी। साहित्य की इस वृद्धि के कारण वैज्ञानिकों को अपने विशिष्ट क्षेत्र प्रकाशित साहित्य से स्वयं को पूर्ण परिचित रखना मुश्किल हो गया। इसी समस्या के समाधान के रूप में सार-पत्रिकाओं का प्रादुर्भाव हुआ। इस प्रकार का प्रथम प्रयत्न 183 ई॰ में फारमास्यूटिशस सेन्तरालबलाट ( Pharmaceutisches centralblatt) (तत्पश्चात इसका नाम शेमीशसर सेन्तरालबलाट ( *Chemisches Zentralblatt*) रखा गया, इसलिए दुबारा इसे शेमीशर इन्फारमातूस्योनडीन्स्ट (Chemischer informationsdienst ) शीर्षक नामक सार-पत्रिका के माध्यम से शुरू किया गया, अब प्रत्येक महत्त्वपूर्ण क्षेत्र में किसी न किसी प्रकार की सार सेवा उपस्थित है। कुछ क्षेत्रों में तो सेवाओं में द्विगुणीकरण व अतिव्याप्ति कारण भी है।

## भारत

भारत में नेशनल इंस्टीच्यूट ऑफ साइंसेज (National Institute of Sciences) ने इण्डियन साइंस एब्सट्रैक्ट्स (Indian Science abstracts) शीर्षक से एक सार-पत्रिका 1936 ई॰ में आरम्भ की जो 1939 तक प्रकाशित होती रही. भारतीय सामयिक वैज्ञानिक साहित्य के नियन्त्रण का यह शायद पहला प्रयास था।

अन्य प्रमुख सार सेवाओं की सूची नीचे प्रस्तुत की जा रही है। इन्हें यथासम्भव कालानुक्रमिक रूप में रखा गया है–

प्रथम अंक का प्रकाशन जनवरी 1936 में अनुलेखित रूप में हुआ। इसके बाद के 40 अंक क्वार्टरली बुलेटिन ऑफ दी सेन्ट्रल इरीगेशन (*Quarterly Bulletin of the Central Board of Irrigation*) के भाग के रूप में निकाले गये, इसका पृथूक रूप से प्रथम प्रकाशन 1943 में आरम्भ किया गया।

*BTRA abstracts,* Bombay Textile Research Association, 1965-70, bimonthly, mimeographed.

*BTRA Scan,* Bombay Textile Research Organization, 1970-, quarterly, printed.

*CRRI road abstracts,* New Delhi, Central Road Research Institute, 1961-, June 1971 twice a year.

*NBO abstracts,* New Delhi, National Buildings Organization, 1955-, monthly, mimeographed.

*FAI abstracts service,* New Delhi, Fertilizer Association of India, 1962-, monthly, mimeographed.

*CBRI abstracts,* Roorkee, Central Building Research Institute Library, 1964-, (also available in microform).

*Library bulletin,* Mysore, Central Food Technological Research Institute, 1962-, monthly.

लाइब्रेरी बुलेटिन में खाद्य प्रौद्योगिकी (Food preservation), डिब्बाबंदी (packaging)] अर्थशास्त्र आदि से सम्बन्धित सार अथवा समाचारपत्रों के मदों (Items) का निस्सार (extracts) पुनः प्रस्तुत किया जाता है।

*Indian Science abstracts,* Delhi, Indian National Scientific Documentation Centre, 1965-, monthly.

इण्डियन साइंस एब्सट्रैक्ट्स का पूर्ण विवरण इस अध्याय के पिछले भाग में प्रस्तुत किया गया है।

*Food technology abstracts,* Mysore, Central Food Technological Research Institute, 1966-, mimeographed, monthly.

*Indian library science abstracts,* Calcutta, Indian Association of Special Libraries and Information Centres, vol. 1-, 1967-, quarlerly.

*CRI abstracts, a quarterly digest of developments and research in cement and concrete,* New Delhi, Cement Research Institute of India, 1968.

*ICSSR research abstracts quarterly,* New Delhi, Orient Longman, 1972-, quarterly.

*Indian psychological abstracts,* Baroda, Somaiya Publication, 1972-, bimonthly.

**इण्डियन साइक्लोजिकल एब्सट्रैक्ट्स** आई.सी. एस. एस. आर. (ICSSR) तथा इंडियन साइक्लोजिकल एसोसिएशन (Indian Psychological Association) द्वारा संकलित किया जाता है।

*Documentation in public administration,* Felhi, Indian Institute of Public Administration, vol.1-, 1973-, quarterly.

उपरोक्त प्रकाशन के खण्ड 2 ( अंक 1) से विकासशील देशों में उपलब्ध लोक-प्रशासन से सम्बन्धित साहित्य की सटिप्पण ग्रंथसूची त्रैमासिक रूप में प्रारम्भ की गयी है।

*Indian dissertation abstracts,* Bombay, Popular Prakashan, vol. 1-, 1973.

आई.सी. एस. एस. आर. (ICSSR) व इण्टर यूनिवर्सिटी बोर्ड ऑफ इण्डिया

(जिससे इब एसोसिएशन ऑफ इण्डियन यूनिवर्सिटीज) द्वारा उक्त प्रकाशन का संकलन होता है।

*ICSSR journal of abstracts and reviews: sociology, social anthropology, criminology and social work,* Delhi, National Publishing House, 1972-, biannual.

*Journal of abstracts and reviews in geography,* vol. 1-, 1975-, biannual.

## सार में समाविष्ट मद

किसी भी उत्तम सार में ज्यादातर मुख्य तत्त्व (main points), कार्यप्रणाली (methodology) युक्तियाँ (arguments) उपलब्धि (results) तथा निष्कर्ष (conclusions) दिये जाते हैं, संकेत सूचक सार (informative abstract) की अपेक्षा सूचनात्मक सार बड़ा होता है क्योंकि दोनों के उद्देश्य अलग हैं, दोनों की लम्बाई में 50 से 150 शब्दों का अन्तर होता है।

## सार बनाम अनुक्रमणिका

सार व अनुक्रमणिका में मुख्य अन्तर उनके रूप से होता है, अनुक्रमणिका द्वारा प्रलेख ढूँढ़ा जाता है अपनी जानकारी को विस्तृत कर साथ-साथ उसके मुख्य तथ्यों से परिचय भी प्राप्त किया जाता है, सार से यह मालूम होता है कि अमुक कार्य से मिलता-जुलता और भी कार्य कहीं सम्पादित हुआ है अथवा नहीं। इससे शोधकार्य में अनावश्यक द्विगुणीकरण ( duplication) में रोक लगती है। सूचनात्मक सार (informative abstract) की स्थिति में तो मूल प्रलेख को पढ़ने की भी जरूरत नही समझी जाती. शोधकर्ताओं के लिए दोनों प्रकार के सार जरूरी हैं क्योंकि दोनों से उनके समय की बचत होती है। परन्तु अनुक्रमणिका की अपेक्षा सार से अधिक समय बचता है।

## सार-पत्रिकाएँ

सार विभिन्न आरूपों (formats) में प्रकाशित किए जाते हैं। सार सेवा का सबसे प्रचलित रूप पत्रिकाएँ हैं। सार-पत्रिका की परिभाषा इस रूप में दी गयी है, (i) "मूल अथवा प्राथमिक स्त्रोत पत्रिकाओं में प्रकाशित सामयिक रचना (अत्यधिक सीमित विषय-क्षेत्र में), व (ii) महत्त्वपूर्ण नए शोध सम्बन्धी विनिबन्धों, प्रतिवेदनों, पेटेन्टों व किसी अन्य विशिष्ट क्षेत्र के मूल प्रकाशनों को संक्षिप्त सारांशों के रूप

में प्रस्तुत करना तथा ऐसे सारांशों को एकत्रित कर नियमित रूप से पत्रिका के माध्यम से उन्हें प्रकाशित करना।" इस प्रकार की पत्रिकाओं में रचनाओं को ढूँढ़ने के लिए अनुक्रमणिकाएँ व्यापक रूप से दी जाती हैं। इस अध्याय में कुछ महत्त्वपूर्ण सार-पत्रिकाओं के वर्णन का प्रयत्न किया गया है।

प्रत्येक अंक में सारांशों (summaries) को अत्यधिक व्यापक विषय के अन्तर्गत व्यवस्थित किया जाता है व लेखक, विषय आदि के अन्तर्गत अनुक्रमणिकाएँ दी जाती हैं।

समावेशन के दृष्टिकोण से सार-पत्रिकाएँ चयनात्मक होती हैं। उनके प्रकाशनों की अवधि में भी भिन्नता होती है। वैसे तो सार-पत्रिकाओं का ज्यादातर संचयन नहीं प्रस्तुत किया जाता, लेकिन मुख्य भाग की समुचित अनुक्रमणिकाएँ (cumulated indexes) तैयार की जाती है।

सार-पत्रिकाओं में प्रकाशन व उन मूल पत्रिकाओं या सूचना के प्राथमिक स्त्रोंतों के प्रकाशन में समयान्तर (time-lag) रहता है। किसी विषय से जुड़ी पूर्वव्यापी खोजों (retrospective searches) के लिए सार-पत्रिकाएँ उत्तम सामग्री हैं। विशिष्ट विषयों से सम्बन्धित सूचनाओं की अनुक्रमणिका के रूप में भी इसका प्रयोग किया जाता है व इनके माध्यम से विशिष्ट विषय की सामयिक स्थिति का सर्वेक्षण भी किया जाता है। शोधकर्ता इनके माध्यम से अपनी जानकारी को विस्तृत कर अद्यतन तथा पूर्ण जानकार बन सकते हैं। किसी विशिष्ट सूचना को ढूँढ़ने में भी इनसे मदद मिलती है। आधारगत सूचनाओं (background information) की प्राप्ति में भी सार-पत्रिकाएँ काफी सहयोग करती हैं।

## महत्त्वपूर्ण सार सेवाएँ

विभिन्न क्षेत्रों में उपलब्ध कुछ महत्त्वपूर्ण सार-सेवाओं के उदाहरण यहाँ प्रस्तुत किये जा रहे हैं। इस सन्दर्भ में भारत से प्रकाशित महत्त्वपूर्ण सार-सेवाओं पर विशेष जोर दिया गया है।

इस प्रकाशन में 40 अनुच्छेद होते हैं। इसमें पुस्तकों, शोध-प्रबन्धों, तथा पत्रिकाओं में प्रकाशित रचनाओं के सार प्रस्तुत किए जाते हैं। इसमें अनेक देशों में प्रकाशित 5,000 से अधिक पत्रिकाओं को शामिल किया जाता है। आख्याएँ व सार फ्रांसीसी भाषा (फ्रेंच) में अनुदित है। सार संक्षिप्त व संकेतसूचक (indicative) है। सभी प्रस्तुत सारांश को एक श्रेणी में नही रखा जा सकता है। हर अंक में लेखक व विषय अनुक्रमणिकाएँ भी दी जाती हैं जिन्हें वार्षिक संचयन के रूप में प्रकाशित किया जाता है।

इस प्रकाशन का उपयोग करने में मुश्किल होती है। इसकी वजह यह है कि अब इस सेवा के संगठन व कार्यक्रम में अनेक बदलाव हुए हैं, लेकिन यह प्रकाशन एक प्रमुख अन्तर्राष्ट्रीय सार सेवा की श्रेणी में है क्योंकि विश्व साहित्य के बहुत बड़े भाग को इसमें समाविष्ट किया जाता है। प्रस्तुत सार सेवा तथा अन्य उपलब्ध सार सेवाओं में अति व्याप्ति (overlapping) है। फिर भी कुछ क्षेत्रों में यह सार सेवा श्रेष्ठ समझी जाती है, जैसः विज्ञान का इतिहास ( history of science) इस सार सेवा का दूसरा लाभ यह है कि आवश्यकतानुसार इसके अनुच्छेदों का ग्राहक बना जा सकता है।

## विभिन्न विषयों से सम्बन्धित सार सेवाएं

बायोलॉजिकल एब्स्ट्रैक्ट्स (बी ए) (*Biological abstracts*) ( BA) एक प्रसिद्ध सार सेवा है। विश्व के विभिन्न भागों से प्रकाशित जीव विज्ञान (Bio-science) से सम्बन्धित 5000 से अधिक पत्रिकाओं को इसमें समाविष्ट किया जाता है।

मुख्य भाग में प्रविष्टियों का व्यवस्थापन इसी उद्देश्य के लिए निर्मित वर्गीकरण प्रणाली द्वारा किया जाता है। विषय निर्देशिका की रूपरेरखा इस प्रकाशन के खण्ड 71 (I), Jan-1, 1981, पृष्ठ संख्या IX-XX (III) में दी गयी है। मुख्य भाग के बाद लेखक, जीव-प्रणालीय (biosystematic), अवधारण तथा विषय, अनुक्रमणिकाएँ (cross and subject indexes) दी जाती है। जीव-प्रणालिणा अनुक्रमणिका (biosystematic index) में वर्गीकरण-विषयक श्रेणियों को व्यापक रूप से दिया है, इस अनुक्रमणिका का उपयोग उन मदों को पाने के लिए किया जाता है जो किसी विशिष्ट जाति, श्रेणी, वर्ग अथवा जीव-समूह को संबोधित करता है। सामान्य अनुक्रमणिका का उपयोग उन मदों को ढूँढ़ने के लिए होता है। जो वर्ग विशेष /अथवा जाती-विशेष के नाम या संकरण-रूप को संबोधित करता है। जीव विज्ञान के क्षेत्र में व्यापक रूप से मदों को ढूँढ़ने के लिए अवधारण अनुक्रमणिका का प्रयोग किया जाता है। विषय-अनुक्रमणिका का उपयोग उन मदों को ढूँढ़ने के लिए किया जाता है अथवा बायोसिस (Biosis) द्वारा प्रयुक्त शब्दों के आधार पर होता है। कम्प्यूटर द्वारा इन शब्दों को आनुवंशिक रूप में स्थानिष्ट (positioned) किया जाता है जिससे अतिरिक्त विषय शब्दों (additional subject words) को अनुक्रमणी शब्दों (index word) के पूर्व में लाया जा सके व उसके बाद अनुक्रमणी शब्द रखे जा सकें।

मुख्य-प्रविष्टि में लेखक का नाम, मुख्य लेखक ( principal author) का पता, पूर्ण आख्या, पत्रिका का नाम, खण्ड संख्या, पृष्ठ संख्या, निदर्शन (illustrations), पत्रिका का वर्ष, रचना प्राप्ति का वर्ष, लेखक के संबंध में भाषागत सूचना, अंग्रेजी में व्यक्त सार, (abstractor) के आद्याक्षर (initial) दिये जाते हैं।

जीव विज्ञान (Bioscience) सम्बन्धी साहित्य की पहचान व प्रभावकारी तरीके से उसे ढूँढ़ने में बी ए (*B A*) से मदद मिलती है, इसके द्वारा आधार-सामग्री भी विस्तृत रूप में प्राप्त होती है। वृहद पुस्तकालयों के लिए यह जरूरी है। जीवविज्ञान से जुड़े पुस्तकालयों का कार्य इसके बिना नहीं चल सकता है। परन्तु सीमित साधन वाले पुस्तकालय इसके शुल्क का भार सहन नहीं कर सकते।

साधारण रूप से इसमें प्राथमिक पत्रिकाओं के अलावा सभी ग्रंथसूचीय स्रोत को शामिल किया जाता है, लगभग 1,25,000 पत्रिकाओं में प्रकाशित लेखों, सभा तथा संगोष्ठी-कार्यवाहियों, ग्रंथसूचियों, समीक्षाओं,समीक्षात्मक लेखों, विनिबंधों को सम्मिलित किया जाता है। इसमें विषयवस्तु के आधार पर सारांश दिये जाते हैं। जीव विज्ञान तथा जीव-आयुर्विज्ञान के क्षेत्र में जो विषयपरक सारांश दिए जाते हैं उसमें प्रमुख (BIOSIS) अवधारण शीर्षकों दिए जाते हैं जिन्हें अनुक्रमणिका में निदेर्शित किया जाता है। बायोसिस (BIOSIS) द्वारा प्राप्त तथा इसमें अनुक्रमण के लिए शामिल नयी पुस्तकों के पुस्तक-सारांश असमीक्षात्मक तरीके से दिए जाते हैं। यह कार्य पहले बी ए (*B A*) द्वारा सम्पादित होता था, किन्तु अब उक्त प्रकाशन के अन्तर्गत किया जाता है।

केमिकल एब्स्ट्रैक्ट्स अपने इस वर्तमान रूप में 1907 से आरम्भ हुआ। यह रिव्यू ऑफ अमरीकन केमिकल रिसर्च (*Review of Americal chemical research*) का अनुवर्त्ती (continuation) प्रकाशन है। जनरल ऑफ दि अमरीकन सोसाइटी (Journal of the Americal Society ) 1897 से 1966 तक के अनुच्छेद के रूप में प्रकाशित होता था।

सी ए (*CA*) में रसायन शास्त्र व रसायन इंजीनियरिंग के क्षेत्र में विश्व के अनेक देशों से प्रकाशित साहित्य का सार तथा अनुक्रमणिकाएँ अंग्रेजी भाषा में प्रस्तुत है। इसमें पत्रिकाओं की रचनाएँ, पेटेन्ट-विशिष्ट (patent specifications) समीक्षाएं तकनीकी प्रतिवेदनों, विनिबन्धों (monographs), सम्मेलन कार्यवाहियों, संगोष्ठि-लेखों, शोध-प्रबन्धों व पुस्तकों को शामिल किया जाता है। सी ए (*CA*) का उद्देश्य सभी वैज्ञानिक तथा तकनीकी पत्रों में प्रकाशित रसायन शास्त्र तथा रसायन इंजीनियरिंग के क्षेत्रों में उपलब्ध नूतन सूचनाओं का सार प्रस्तुत करना है। पेटेन्ट

साहित्य (patent Literature) में जो रसायन सम्बन्धी सूचनाएँ उपलब्ध हैं उनके सार भी प्रस्तुत किये जाते हैं।

हर साप्ताहिक अंक के दो भाग होते हैं: (i) सार तथा(ii) अंक अनुक्रमणिकाएँ (issue indexes) किसी गूढ़ वर्गीकरण प्रणाली (hidden scheme of classification) के आधार पर रसायन शास्त्र के विषय के अनुसार सार को आठ विषय-समूहों में व्यवस्थित किया जाता है। हर अंक में उल्लिखित विषय की सूची प्रथम पृष्ठ पर दी जाती है। किसी भी अनुच्छेद में सर्वप्रथम तो पत्रिकाओं में प्रकाशित रचनाओं व कार्यवाहियों के सार दिये जाते है। उसके बाद पुस्तकों की सूचनाओं के सार व तीसरे स्थान अथवा अन्त में पेटेन्ट (patent) के सार प्रस्तुत किये गये हैं।

प्रत्येक अंक में सूचक शब्द अनुक्रमणिका (keyword index), संख्यात्मक पेटेन्ट अनुक्रमणिका (numerical patent index), पेटेन्ट पदानुक्रमणिका ( author index) दी जाती है। वैकल्पिक अभिगमों (alternative approaches) की पूर्ति के लिए अनेक प्रतिनिर्देश दिये जाते हैं। सभी अनुक्रमणिकाएँ कम्प्यूटर द्वारा तैयार की जाती हैं।

रसायनशास्त्र के क्षेत्र में निस्सन्देह यह एक महत्त्वपूर्ण प्राधिकृत (authoritative) सार-पत्रिका है। इसमें समाविष्ट सामग्री का क्षेत्र इतना विस्तृत होता है, जिसकी उम्मीद भी नहीं की जा सकती इसकी उपयोगिता सिर्फ रसायन शास्त्र तक ही सीमित नहीं हैं, इसमें रसायन से सम्बन्धित सम्पूर्ण क्षेत्र को समाविष्ट किया गया है। इसके अन्तर्गत रसायन इंजीनियरिंग भी है। सार अनोलोचित (uncritical),, अत्यन्त परिशुद्ध तथा सूचनात्मक होते हैं। अनुक्रमणिकाएँ विस्तृत तथा विद्वतापूर्ण है। लेखक, विषय, फार्मूला व संख्यागत पेटेन्ट (numerical patent), सम्बन्धी अनुक्रमणिकाओं का संचयन होता है। संकलित अनुक्रमणिकाओं से समय की बचत होती है, अशुद्धियों का परिमार्जन होता है। तथा सूचनाएँ अद्यतन रहती हैं, इस कारण इन अनुक्रमणिकाओं का महत्त्व अधिक है।

सार सेवा जगत में केमिकल एब्सट्रैक्ट्स (*Chemical technology*) बहुत ही व्यापक सेवा है। संसार में उपलब्ध अनेक पत्रिकाओं को इसमें शामिल किया जाता है। रयायन शास्त्र व रसायन प्रौद्योगिकी से जुड़े शोधकर्ता हो यह सार-पत्रिका अनिवार्य है। छोटे तथा मध्यम आकार वाले पुस्तकालय के लिए इसके शुल्क का भार वहन नहीं कर सकते हैं। सम्मुचित खण्डों को भी क्रय करना उनके सामर्थ्य में नही हैं। किन्तु आवश्यकतानुसार कुछ अनुच्छेदों को पुस्तकालय खरीद सकते हैं। जो पृथक रूप में कम मूल्य पर मौजूद होते हैं।

इस व्यापक सेवा का उद्देश्य भारतीय वैज्ञानिक साहित्य को अन्तर्राष्ट्रीय सेवा के परिपूरक रूप में प्रस्तुत करना है। इसका उद्देश्य भारतीय वैज्ञानिकों को उनकी योजनाओं व शोधकार्यों में सहायता पहुँचाना है।

इस मासिक सार-पत्रिका में भारतीय वैज्ञानिकों की प्रकाशित रचनाओं के सम्बन्ध में प्रतिवेदन प्रस्तुत किये जाते है। इसमें भारत में किये गये उन शोधकार्यों के भी सार प्रस्तुत किये जाते हैं जो और नहीं प्रकाशित होते हैं।

वार्षिक रूप से प्रस्तुत सारों की संख्या 14,000 है। पत्रिकाओं में 600 भारतीय व 2,000 विदेशी वैज्ञानिक पत्रिकाएँ शामिल की जाती है। मूल रचनाओं के अलावा संक्षिप्त संसूचनाओं (*short communication*) समीक्षात्मक तथा सूचनात्मक रचनाओं, सम्मेलनों की कार्यवाहियों, संगोष्ठी-रचनाएँ, विनिबन्धों, अन्य तदर्थ प्रकाशनों (ad hoc publications), पेटेन्टों, शोध-प्रबन्धों, तथा मानक (*standards*) आदि के संसार प्रस्तुत किये जाते हैं। लोकप्रिय वैज्ञानिक रचनाओं के सार नहीं प्रस्तुत किये जाते हैं।

मुख्य क्रम में प्रविष्टियों का व्यवस्थापन वर्गीकृत रूप से यू॰डी॰सी॰ (*UDC= Universal decimal classification*) के अनुसार किया जाता है। अनुवर्णिक अभिगम (alphabetical approach) के लिए लेखक अनुक्रमणिका व शब्द सूचक अनुक्रमणिका (keyword indexes) प्रस्तुत की जाती है, समुचित लेखक व विषय अनुक्रमणिकाएँ वार्षिक रूप में प्रस्तुत की जाती हैं।

मुख्य क्रम में हर प्रविष्टि के अन्तर्गत लेखक अंग्रेजी में प्रस्तुत व्यख्या (अंग्रेजी के अतिरिक्त अन्य भाषाओं में प्रस्तुत आख्याओं को अंग्रेजी में अनुदित किया जाता है और मूल भाषा के सम्बन्ध में कोष्ठ में सूचना दी जाती है), ग्रंथपरक विवरण, स्थान निर्देशन (Locus), सार, सारकर्ता के आद्याक्षर (*initials*) (यदि सार (abstract) या सारांश (summary) लेखक द्वारा प्रस्तुत हो और बिना किसी महत्त्वपूर्ण संशोधन के उन्हें प्रस्तुत किया गया हो तो सारकर्ता के आद्याक्षर का प्रश्न नहीं उठता है), दिये जाते हैं। कुछ स्थितियों में सार नहीं भी दिए जाते, उदाहरण संक्षिप्त सूचना, सम्पादक के नाम पत्र-व्यवहार अथवा पुस्तक-समीक्षात्मक लेख आदि। अगर किसी रचना में दस या उससे अधिक सन्दर्भ दिये गये हों तो सन्दर्भों की कुल संख्या दी जाती है।

यूनेस्को के कोड गुड प्रैक्टिस फॉर साइंटिफिक पब्लिकेशन (*Code of good practice for scientific publication*) के अनुसार रचनाओं की प्रकृति का उल्लेख किया जाता है। शोध-प्रबन्धों के सम्बन्ध में सूचनाएँ प्रस्तुत की जाती है, लेकिन पेटेन्ट से जुड़ी सूचनाओं पर अधिक निर्भर नहीं रहा जा सकता व उन्हें देर से भी प्रकाशित किया जाता है।

अन्तर्राष्ट्रीय सार सेवाओं के माध्यम से भारतीय वैज्ञानिक साहित्य का समावेशन यथोचित नहीं हो पाता। भारतीय वैज्ञानिकों की दृष्टि से इस सेवा का विशेष स्वागत है। इस सेवा के द्वारा भारतीय वैज्ञानिक साहित्य का ग्रंथपरक नियन्त्रण ( bibliographical control) प्रभावकारी तरीके से होता है।

आई एन आई एस (इन्टरनेशनल न्यूक्लियर इन्फारमेशन सिस्टम) अधोलिखित सेवाएँ प्रस्तुत करता है–

*INIS* magnetic tape service

*INIS atom index*

*INIS non-conventional literature on microfiche.*

आणविक शक्ति के क्षेत्र में आई एन आई एस एटम इन्डेक्स उक्त प्रमुख अन्तर्राष्ट्रीय स्तर की सार सेवा है। हर अंक में मुख्य प्रविष्टि अनुच्छेद व कई प्रकार की अनुक्रमणिकाएँ होती है। हर व्यक्तिगत लेखक अनुक्रमण, समष्टि निकाय कई प्रविष्टि अनुक्रमणी, विषय अनुक्रमणी, सम्मेलन, प्रतिवेदन, स्टेन्डर्ड तथा पेटेन्ट सम्बन्धी अनुक्रमणी, हर दो वर्ष में समुचित अनुक्रमणी प्रकाशित की जाती है। आणविक शोध के क्षेत्र में यह अनिवार्य उपकरण साबित होता है।

इन्सपेक ( INSPEC= Information service in Physics, Electrotechnology, Computers and Control) द्वारा प्रस्तुत सार प्रकाशनों की सीरीज में फिजिक्स एब्सट्रैक्ट्स ( *Physics abstracts*) प्रकाशित किया जाता है। पी ए (*PA*) में भौतिकी के सम्पूर्ण क्षेत्र को समाविष्ट किया जाता है। संसार के समस्त देशों व विभिन्न भाषाओं में प्रकाशित भौतिकी *(Physics )* से सम्बन्धित पत्रिकाएँ, प्रतिवेदनों, पुस्तकों, शोध-प्रबन्धों, पेटेन्टों व सम्मेलन पत्रिकाओं को इसमें समाविष्ट किया जाता है।

प्रविष्टियों का व्यवस्थापन विशेष रूप से निर्मित वर्गीकरण प्रणाली के आधार पर किया जाता है। हर अंक के आरम्भ में वर्गीकरण प्रणाली दी जाती है व सम्बन्धित प्रविष्टियों के लिए विषय-अनुक्रमणिका भी दी जाती है। छमाही तौर पर विशिष्ट प्रविष्टियों की विषय अनुक्रमणिका विस्तृत रूप में दी जाती है। अनुवर्णिक रूप से व्यवस्थित लेखक अनुक्रमणिका प्रत्येक अंक में दी जाती हैं। लेखक अनुक्रमणिका का संचयन छमाही तौर पर किया जाता है तथा उनका प्रकाशन पृथक रूप से होता है।

पी ए (*PA*) में सभी प्रविष्टियों का प्रतिरूप एक ही है। रचनाओं के लिए, व्याख्या लेखकों का नाम, लेखक का सम्बन्ध, रचना का स्त्रोत, सार, सन्दर्भों की

संख्या दिये जाते हैं। अन्य प्रकार की सामग्री से सम्बन्धित प्रविष्टियों के स्त्रोत के सम्बन्ध में अन्तर होता है।

इन्सपेक ( INSPEC) सेवा के लिए जिन पत्रिकाओं को समाविष्ट किया जाता है। उनकी एक सूची छमाही तौर पर फिजिक्स एब्सट्रैक्ट्स ( *Physics abstracts*) की लेखक-अनुक्रमणिका के साथ प्रकाशित की जाती है। सूची में किये गये संशोधनों एवं परिवर्द्धनों को प्रत्येक अंक के अन्त में समाविष्ट किया जाता है।

"प्रतिवर्ष समाविष्ट मदों की संख्या लगभग 1,00,000 है" यह पत्रिका माइक्रोफिनिश पर भी मौजूद है।

पी ए (*PA*) भौतिकी व उससे सम्बन्धित क्षेत्रों में प्रकाशित सामग्री का एक प्राधिकृत स्त्रोत (authoritative source) है। भौतिकी के क्षेत्र में संलग्न शोधकर्ताओं के लिए यह आत्यन्त आवश्यक है।

इसमें 20,000 वैज्ञानिक व तकनीकी पत्रिक्राओं को समाविष्ट किया जाता है। इस सेवा का प्रकाशन 24 मुख्य सीरीज में होता है। सार (abstracts) रूसी भाषा में दिये जाते हैं, किन्तु लेखक तथा आख्या को मूल रचना की भाषा में प्रस्तुत किया जाता है। प्रत्येक अंक में लेखक अनुक्रमणिका दी जाती है। विभिन्न सीरीज़ में द्विगुणीकरण उस सीमा तक की जाती है जहाँ तक वांछनीय है। संसार की सार सेवाओं में आर जेड (*RZ*) बहुत व्यापक सेवा समझी जाती है। इस सेवा का अनुमान इसी से लगाया जा सकता है कि इसमें प्रतिवर्ष 10,00,000 सार दिये जाते हैं।

यह पाक्षिक सार सेवा है। इसमें अर्थशास्त्र, वित्त, व्यापार, उद्योग, विदेशी सहायता (foreign aid), प्रबन्ध ( management), क्रय-विक्रय (विपणन) तथा श्रम से सम्बन्धित विषयों को समाविष्ट किया जाता है। यह लाइब्रेरी ऑफ दी इकोनोमिक इन्फॉरमेशन सर्विस ( Library of the Economic Information Service) (Ministry of Economic Affairs). नीदरलैंड्स द्वारा संकलित की जाती है।

इसमें संकलित सार काफी चयनात्मक व स्थायी मूल्य के होते हैं।

मुख्य प्रविष्टियों का व्यवस्थापन यू.डी.सी. ( *UDC = Universal decimal classification*) के अनुसार होता है। हर अंक के आरम्भ में आनुवर्णिक विषय-अनुक्रमणिकाओं के साथ पत्रिकाओं के साथ पत्रिकाओं की सूची प्रकाशित की जाती है। सार संक्षिप्त व उत्तम होते हैं। अर्थशास्त्र के क्षेत्र में यह अत्यन्त चयनात्मक व उपयोगी सेवा है।

यह सेवा यूनेस्कों ( UNESCO) व इन्टरनेशनल पॉलिटिकल साइंस एसोसिएशन (International Political Science Association) एवं इण्टरनेशनल कमिटि फॉर सांशल सोइंसेज डाक्युमेन्टेशन ( International Committee for Social Sciences Documentation) दोनों के सहयोग से उपलब्ध कराई जाती है। विभिन्न देशों में प्रकाशित राजनीति विज्ञान से जुड़ी पत्रिकाओं की रचनाओं के सार इसमें प्रस्तुत किये जाते हैं। अंग्रेजी या फ्रेंच भाषा में सार प्रस्तुत किये जाते हैं। व्यापक तथा वृहत् समूहों के अन्तर्गत सार को वर्गीकृत किया जाता है यथा सम्मुचित लेखक तथा विषय अनुक्रमणिकाएँ दी जाती हैं।

राजनीति विज्ञान के क्षेत्र में यह एक अत्यन्त उत्तम सेवा है।

इसमें संसार के अनेक देशों में प्रकाशित मनोवैज्ञानिक साहित्य के सार प्रस्तुत किये जाते हैं। इसमें पुस्तकों, पुस्तक के अध्यायों, रचनाओं, शोध-प्रबन्धों, अनियत प्रतिवेदनों (occasional reports ) को समाविष्ट किया जाता है। मनोवैज्ञानिक प्रकाशनों के अलावा इसमें समाजशास्त्र, मनोरोग विज्ञान (psychiatry), शरीर विज्ञान व मनोवैज्ञानिक के लिए अन्य रूचिकर विषयों को समाविष्ट किया जाता है। इसमें लगभग 800 पत्रिकाओं, तकनीकी प्रतिवेदनोंए विनिबन्धों व अन्य वैज्ञानिक प्रलेखों को शामिल किया जाता है।

**साइकोलोजिकल एब्सट्रैक्ट्स** में वर्गीकृत विषय व्यवस्थापन ( classified subject arrangement) अपनाया जाता है। लेखक तथा विषय अनुक्रमणिकाएँ आनुवर्णिक रूप में प्रस्तुत की जाती हैं। सारों को सत्तरह वर्गीकरण श्रेणियों में व्यवस्थित किया जाता है। कुछ श्रेणियों के उप-अनुच्छेद ( sub-sections) भी किये गये हैं।

सार में किसी भी प्रकार का मूल्यांकन प्रस्तुत करने का प्रयत्न नहीं किया जाता, सार हस्ताक्षरित होते हैं। (पुस्तकों के सम्बन्ध में अभिटिप्पण ( annotations) प्रस्तुत किये जाते हैं। लेखक द्वारा प्रस्तुत सार को जनरल एब्सट्रैक्ट्स (*journal abstracts*) से निर्देशित किया जाता है। अनुक्रमणिकाओं का संचयन अर्द्धवार्षिक तौर पर किया जाता है। समुचित लेखक व विषय अनुक्रमणिकाएँ जी॰के॰हॉल एण्ड कम्पनी ( G.K. Hall and Company) द्वारा प्रकाशित की जाती है।

1967 से पी॰ए॰ (*PA*) मशीन सुवाच्य फीते (machine readable tapes) पर भी उपलब्ध है। ये (मशीन सुवाच्य फीते) स्वचालित खोज व उपयोजल सेवा (automatic search and retrieval service) के आधार-स्वरूप हैं जो

साइकलोजिकल एब्स्ट्रैक्ट्स इन्फॉरमेशन सर्विस (पी॰ए॰ आई॰ एस॰) (PAIS) के नाम से प्रसिद्ध हैं। पी॰ए॰ (*PA*) मनोविज्ञान के क्षेत्र में एक आवश्यक सार सेवा है। प्रलेखों के प्रकाशन व उनके सार के प्रस्तुतीकरण का समयान्तर वांछनीय है।

विश्व के विभिन्न भागों तथा भाषाओं में प्रकाशित सामजशास्त्रीय पत्रिका का व्यापक समावेशन इस सार-पत्रिका में होता है, इसमें वर्गीकृत व्यवस्थापन अपनाया जाता है। लेखक व विषय अनुक्रमणिकाएँ प्रस्तुत की जाती हैं। किसी विशेष अंक में अनुक्रमणी पत्रिकाओं की सूची प्रस्तुत की जाती है। इसी सार-पत्रिका के लिए विशेष रूप से निर्मित वर्गीकरण प्रणाली का उपयोग किया जाता है। वार्षिक तौर पर अनुक्रमणिकाओं का संचयन होता है। समुचित अनुक्रमणिका अंक का प्रकाशन अन्तिम अंक ( दिसम्बर) के नौ माह के अन्तर्गत हो जाता है। वर्ष में लगभग 5,000 सार प्रस्तुत किये गये है।

इसके पूरक अंकों में ( supplementary issues) संघ व सम्मेलनों में प्रस्तुत रचनाओं के सार प्रस्तुत किए जाते हैं— यह एस॰ ए॰(*SA*) की प्रमुख विशेषता है। अमरीकी समाजशास्त्रीय साहित्य का समावेशन अधिक विस्तृत रूप में होता है।

निस्सन्देह **सोशियोलॉजिकल एब्सट्रैक्ट्स** (*SA*) एक उत्तम सेवा है जिसमें देश के विभिन्न भागों और भाषाओं में प्रकाशित समाजशास्त्रीय साहित्य का समावेशन व्यापक रूप में होता है।

मानविकी के क्षेत्र में बहुत क़म सार सेवाएँ उपलब्ध है। इस क्षेत्र से जुड़े एक उत्तम सार सेवा का उदाहरण प्रस्तुत किया जा रहा है।

उपरोक्त प्रकाशन का संकलन इंगलिश-टीचिंग इन्फॉरमेशन सेन्टर ऑफ दी ब्रिटिश काउंसिल ( English -Teaching Information Centre of the British Council) व सेन्टर फॉर इन्फॉरमेशन ऑन लैंग्विज टीचिंग एण्ड रिसर्च ( Centre for Information on Language Teaching and Research) के द्वारा होता है।

इस सार सेवा का उद्देश्य आधुनिक भाषाओं के अध्ययन-अध्यापन (जिसके अन्तर्गत द्वितीय भाषा (second language) के रूप में अंग्रेजी भाषा भी सम्मिलित है) से जुड़ी अध्यापकों तथा अन्य सम्बद्ध वर्ग के लोगों को शोध व विकास के नवीनतम पहलुओं से पूर्ण परिचित कराना है। इसमें विभिन्न देशों से प्रकाशित 400 पत्रिकाओं की रचनाओं के सार अंग्रेजी भाषा में चयनात्मक आधार पर प्रस्तुत किए जाते हैं। समाविष्ट कृतियों अथवा रचनाओं के विषय हैं —मनोविज्ञान, भाषाशास्त्र (linguistics), भाषागत अध्ययन (language studies), अध्यापन कार्यप्रणाली (teaching methodology), तथा प्रौद्योगिकी (technology), तथा प्रयोगिक

अध्यापन (experimental teaching). इसके अलावा नयी पुस्तकों के अभिटिप्पण (annotations) व ग्रेट ब्रिटेन में भाषा-अध्यापन के क्षेत्र में सामयिक शोधकार्यों से सम्बन्धित सूचनाएँ प्रस्तुत की जाती हैं। हर अंक में आरम्भ में किसी विशिष्ट विषय के साहित्य का सर्वेक्षण (literature survey) प्रस्तुत किया जाता है। भाषाशास्त्र के अध्यापकों तथा भाषाविदों के लिए यह एक उपयोगी सार सेवा है।

**समस्याएँ**—इस सन्दर्भ में हम अनेक सवाल उठा सकते हैं, क्या वर्तमान सार सेवाएँ उत्तम हैं? क्या इतनी बड़ी संख्या में विभिन्न प्रकार की सार सेवाएँ वांछनीय हैं? इन सवाल के सम्बन्ध में अध्याय 15 में विवेचन प्रस्तुत है।

## सार सेवाओं की सूचियाँ

सार सेवाओं (Abstracting services) की संख्याएँ इतनी अधिक होने के कारण (विशेषतः विज्ञान तथा प्रौद्योगिकी के क्षेत्र में) अब यह जरूरी हो गया है कि उनकी निर्देशिकाओं की सूची उपलब्ध हो. निर्देशों (guides) से यह पता चलता है कि सेवाएँ किस रूप की हैं व किन विषयों के लिए उपलब्ध हैं। अतः इस प्रकार की निर्देशिकाओं की सूची प्रस्तुत की जा रही है—

*Abstracting services,* 2nd, ed., the Hague, International Federation for Documentation,, 1969, 2 volumes.

*Guide to the world's abstracting and indexing services in science and technology,* Washington, National Federation o' Science Abstracting and Indexing Services, 1963 (lists 1855 services).

*Ulrich's Internatioal periodicals directory,* 16th ed., 1974-75, New York, Bowker, 1975.

A list of indexing and abstracting services has been listed at the beginning.

*Guide to reference materials* (ed.) A.J. Walford, 2nd ed., London, Library Association, 1973-77, 3 volumes.

## निष्कर्ष

सारों का संगठित स्त्रोत साहित्य में रखा जाता है। शोधकर्ताओं के लिए ये बहुत ही उपयोगी होते हैं। सामयिक व पूर्वव्यापी खोजों (retrospective searches) के लिए ये बहुत महत्त्वपूर्ण है। अब विज्ञान के अधिकार क्षेत्र किसी न किसी सार सेवा के अन्तर्गत आ गये हैं। ज्ञान की प्रचुर वृद्धि के कारण इस क्षेत्र में समाविष्ट प्रलेखों की संख्या में लगातार वृद्धि हुई है।

यह सत्य है कि अनेक क्षेत्रों में सार-पत्रिकाएँ अधिक हैं तथा उनके कीमत भी बहुत अधिक हैं। समावेशन (coverage) के दृष्टिकोण से उनमें द्विगुणीकरण (duplication) व अति व्यापकता (overlapping) भी है। वैसे तो विद्या के कुछ क्षेत्र में अभी सार सेवाएँ यथोचित नहीं हैं।

कम्प्यूटर के उपयोग से सार सेवाओं का विकास हुआ है। अब प्रलेखों के प्रकाशन व सार सेवाओं से उनके समयान्तर में कमी हो गयी है। कम्प्यूटर के उपयोग से अनुक्रमणिकाओं के संचयन में भी काफी सुधार हुआ है।

# 7

## सन्दर्भ सेवा

आधुनिक पुस्तकालयों को ज्ञान का भण्डार माना जाता है व ग्रन्थालय के ज्ञान के अधिक से अधिक सार्थक प्रयोग के लिए सक्रिय रहना आधुनिक ग्रन्थालयों का परम कर्त्तव्य माना गया है। अतः आधुनिक ग्रन्थालय अनेक प्रकार की ज्ञान तथा पठनीय सामग्रियों का संकलन एवं अधिग्रहण करते हैं। पाठ्य-सामग्रियों के अधिकाधिक उपयोग के लिए अनेक प्रकार की विधियाँ अपनाई जाती हैं। किन्तु बहुत से पाठक पुस्तकालय में अपनाई जाने वाली इन विधियों तथा तकनीकियों से अपरिचित होते हैं। इसलिए इसके कारण वे पाठ्य सामग्री को प्राप्त करने में असफल हो जाते हैं अथवा कठिनाई अनुभव करते हैं। इसलिए अब वहाँ एक ऐसी मानवीय सहायता की आवश्यकता होती है जो बीच में आने वाली मुश्किलों को दूर कर पाठक या उपयोगकर्ता का उसकी वांछित पुस्तक अथवा प्रलेख से सम्बन्ध स्थापित करा सके। यही मानवीय सहायता की ग्रन्थालयों में सन्दर्भ सेवा के नाम से ज़ानी जाती है।

**चाइल्ड्स के अनुसार**—अध्येताओं को प्रसूची की कठिनाई से सुपरिचित कराने, उनके सवालों जवाब प्रदान करने में जितनी सम्भावित सेवा प्रदान की जाती है, उसे सन्दर्भ सेवा कहते हैं।

**हाचिन्स के अनुसार**—अन्वेषण करने वाले व्यक्तियों की प्रत्यक्ष रूप से व्यक्तिगत सहायता करना और सूचना सामग्रियों को सुलभ कराने के उद्देश्य से किये गये क्रियाकलापों को सन्दर्भ सेवा कहते हैं।

**ए. एल. एच. पदावली के अनुसार**—अध्ययन एवं अनुसन्धान के लिए सूचना के अन्वेषण एवं ग्रन्थालय के संसाधनों का उपयोग करने में प्रत्यक्ष रूप से पाठकों की सहायता करना ही सन्दर्भ सेवा कहलाता है।

**डॉ. रंगनाथन के अनुसार**—ग्रन्थालय में व्यक्तिगत सेवा के द्वारा प्रलेख एवं उपयोगकर्ता के बीच पारस्परिक सम्बन्ध स्थापित कराना ही सन्दर्भ सेवा कहलाता है।

उपर्युक्त परिभाषाओं से व सन्दर्भ की गरिमा, आवश्यकता, उपयोगिता को दृष्टिगत रखते हुए रंगनाथन इस तथ्य पर बल देते हैं कि सन्दर्भ सेवा ग्रन्थालयी कला की आधारशिला व ग्रन्थालय विज्ञान के पाँच सूत्रों की अन्तिम मानवीय अभिव्यक्ति है। सन्दर्भ सेवा में मुख्य तथ्य मानव व दृष्टिकोण तथा अभिकरण है। पाठकों द्वारा माँग किये जाने पर प्रत्यक्ष रूप से सेवा प्रदान करना सन्दर्भ सेवा का एक पक्ष है।

## सन्दर्भ सेवा की जरूरत

पुस्तकालय में ज्ञान के उपयोग में से साधक सिद्ध होने के लिए सन्दर्भ ग्रन्थालयी अनेक प्रकार की सन्दर्भ सेवा के तरीकों से अध्येताओं की सेवा करता है जिससे उसे वांछित सूचना प्राप्त हो सके। निम्न कारणों से ग्रन्थालयों में सन्दर्भ सेवा की जरूरत अनुभव होती है।

**1. ज्ञान का विस्फोट**—सूचना आज अनेक प्रकार के स्वरूपों में यथा—पुस्तकों, पत्रिकाओं, सम्मेलन के प्रतिवेदनों, समाचार-पत्रों, आदि में निहित होती है। कहने का अभिप्राय यह है कि प्रकाशनों का जगत इतना विशाल है कि किसी भी अध्येता को सभी प्रकार की सामग्रियों से अवगत तथा परिचित होना व उन्हें प्राप्त कर लेना बड़ा जटिल कार्य है। इसलिए अध्येताओं को वांछित ज्ञान-सामग्रियों को ढूँढ़कर प्राप्त करने में मदद करना ही सन्दर्भ सेवा का कार्य माना जाता है।

**2. शिक्षा का विस्तार तथा प्रसार**—लोकतान्त्रिक प्रणाली में शिक्षा को एक आवश्यक कार्य माना जाता है परिणामस्वरूप सभी देशों में शिक्षा के क्षेत्र में विकास तथा विस्तार हुआ है। विश्व में जनसंख्या के साथ-साथ शिक्षितों की संख्या में भी बढ़ोत्तरी हुई है। शिक्षा के विस्तार के कारण ज्ञान करने व सीखने की प्रवृत्ति में विस्तार एवं बदलाव आया है। शिक्षा का प्रसार कक्षाओं से बाहर आ चुका है अतः किसी न किसी रूप में ग्रन्थालयों की भूमिका मानी जाती है जिसके फलतः ग्रन्थालयों में सन्दर्भ सेवा की जरूरत होती है।

**3. ग्रन्थालयों का विकास एवं प्रसार**—पुस्तकालयों के प्रकारों एवं उद्देश्यों में अधिक बदलाव आया है लेकिन सभी का उद्देश्य पाठकों को उनकी वांछित सामग्री शीघ्र मौजूद कराना होता है। इसलिए विभिन्न प्रकार के ग्रन्थालयों में उपलब्ध

ज्ञान-सामग्रियों का अधिक से अधिक उपयोग कराने के लिए मनुष्य अभिकरण की बहुत ही जरूरत होती है। इसलिए इस कारण से भी सन्दर्भ सेवा को अति आवश्यक सेवा माना जाता है।

**4. अनुसन्धानों में उत्तरोत्तर वृद्धि**–प्रत्येक देश में उसकी प्रगति बल विकास के लिए अनुसन्धान एवं विकास कार्यक्रमों पर अधिक बल दिया जाता है। शोध सम्बन्धों क्रियाकलापों के लिए आवश्यक एवं उपयुक्त सूचना एवं ज्ञान-सामग्रियों की आवश्यकता होती है जिसके लिए पुस्तकालयों पर निर्भर रहना पड़ता है। इसलिए सन्दर्भ विभाग CAS, SDI आदि सेवाओं का आयोजन करते हैं क्योंकि अनुसन्धानकर्ता के पास इतना वक्त नहीं होता कि वह इस असंख्य ज्ञान-सामग्री में से अपनी सामग्री खोज सके। इसलिए शोध के क्रियाकलापों में पर्याप्त वृद्धि के कारण सन्दर्भ सेवा का महत्त्व बढ़ गया है।

**5. सूचना प्रसार तथा सम्प्रेषण में तेजी की आवश्यकता**–शोध आलेखों की संख्या में लगातार वृद्धि हो रही है जो नियन्त्रण को इविटकोण से समस्यामूलक है। इसलिए किसी भी विषय के उच्चकोटि के अध्येता तथा विशेषज्ञ के लिए असम्भव है कि वह पुस्तकालय में निहित सभी प्रकार की सामग्रियों से परिचित हो सके। इसलिए विशेषज्ञों को उनकी अभिरुचि की सामग्रियों से अवगत रखने के लिए सन्दर्भ सेवा का आयोजन बहुत ही आवश्यक है।

**6. ज्ञान-सामग्रियों का पुराना पड़ना एवं अप्रचलित होना**–आज ज्ञान-सामग्रियाँ जल्दी ही पुरानी, अप्रचलित व अनुपयोगी सिद्ध होने लगती हैं जो विज्ञान के क्षेत्र को बहुत अधिक प्रभावित करती हैं। अगर एक वैज्ञानिक लगातार नवीनतम सामग्रियों से अवगत रहने का प्रयास न करे तो उसका ज्ञान अप्रचलित, पुराना, अनुपयोगी व उत्पादन विहीन सिद्ध होने लगता है। अतः यह जरूरी है कि ज्ञान सामग्रियों के अप्रचलित होने के उनके उपयोग किए जाने का प्रयत्न किया जाय तो मात्र सन्दर्भ सेवा के द्वारा ही सम्भव हो सकता है।

**7. सार्वभौमिक सम्पर्क**–आज के समय में समय, दूरी व भाषा की कठिनाइयाँ अवरोधक तत्त्व नहीं रह गये हैं और सूचना के प्रसार तथा वितरण के क्षेत्र में ऐसे साधन तथा विधियाँ उपलब्ध हैं जिनके द्वारा संसार के किसी भी कोने से सूचना शीघ्र-अतिशीघ्र प्राप्त की जा सकती है। अर्थात् विश्व के एक कोने में अनुसन्धान कर रहे व्यक्ति को दूसरे कोने के व्यक्ति से सम्पर्क रखना बहुत ही जरूरी हो गया है अर्थात् सार्वभौमिक सम्पर्क की आवश्यकता है जिसमें सन्दर्भ सेवा का योगदान महत्त्वपूर्ण है व जिसके अभाव में सार्वभौमिक सम्पर्क असम्भव लगता है।

**8. सिद्धान्तों के उपयोग में समयावधि का प्रभाव**—किसी अन्वेषण या सिद्धान्त के उद्भव, प्रतिपादन तथा उनका उपयोग व्यावहारिक रूप से किये जाने के बीच देर नहीं होना चाहिए। यथासम्भव इन सूचना सामग्रियों से शीघ्रातिशीघ्र विशेषज्ञों एवं अनुसन्धानकर्त्ताओं को अवगत करा देना चाहिए और यह तभी सम्भव है जब एक सुव्यवस्थित सन्दर्भ सेवा की व्यवस्था ग्रन्थालय में हो जिससे सूचना का प्रवाह तथा प्रसारण होता रहे।

## सन्दर्भ सेवा के प्रकार

सन्दर्भ सेवा का आशय अध्येताओं को वांछित सूचना सामग्री सरलता तथा शीघ्रतापूर्वक उपलब्ध कराना होता है। डॉ. रंगनाथन के अनुसार सन्दर्भ सेवा अध्येता तथा उसके वांछित प्रलेख के मध्य व्यक्तिगत तरीके से सम्पर्क स्थापित करने की प्रक्रिया होती है। अध्येता का जिस प्रकार का तरीका होती है सन्दर्भ ग्रन्थालयी उसकी पूर्ति के लिए तदनुसार प्रयत्न करता है।

सन्दर्भ सेवा दो प्रकार की होती है—

**1. उद्यत सन्दर्भ सेवा**

**2. विस्तृत सन्दर्भ सेवा**

इन दोनों को डॉ. रंगनाथन ने व्यावहारिक रूप से स्पष्ट किया है व इनके अन्तर को भी स्पष्ट किया है। प्रथम प्रकार की सेवा उद्यत सन्दर्भ सेवा को त्वरित सन्दर्भ सेवा भी कहते हैं। सन्दर्भ सवालों का जवाब प्रदान करने में सन्दर्भ सेवा उनकी प्रकृति तथा गहनता के अनुसार उन्हें त्वरित सन्दर्भ सेवा तथा गहन सन्दर्भ सेवा की श्रेणियों में विभाजित कर सकते हैं।

**1. उद्यत/त्वरित सन्दर्भ सेवा**—डॉ. रंगनाथन ने उद्यत/त्वरित सन्दर्भ सेवा की व्याख्या तथा परिभाषा करते हुए कहा है कि उद्यत/त्वरित सन्दर्भ सेवा वह सन्दर्भ सेवा है जिसे कम से कम समय में सम्पन्न किया जा सकता है। अगर सम्भव हो तो पलयर में जिसे सम्पन्न कर सकते हैं। इस प्रकार उद्यत/त्वरित सन्दर्भ सेवा की अवधारणा में सेवा प्रदान करने की समयावधि मुख्य अवधारणा है। अर्थात् समयावधि कम से कम समय है। इस सेवा में सन्दर्भ प्रश्नों के उत्तर उद्यत सन्दर्भ सामग्रियों से खोजकर शीघ्र एवं सरलतापूर्वक प्रदान किये जाते हैं। सन्दर्भ ग्रन्थालयी किसी भी प्रकार के प्रश्नों का उत्तर बिना किसी देर किए सन्दर्भ कृतियों से खोजकर शीघ्र प्रदान करता है। कभी-कभी तो कुछ ही क्षणों में उत्तर प्राप्त हो जाता हैं। इस सेवा में सन्दर्भ विभाग में विशिष्ट प्रकार से व्यवस्थित करके रखा जाता है और जिनसे प्रश्नों का उत्तर खोजने में क्षणमात्र का समय लगता है।

उद्यत/त्वरित सन्दर्भ सेवा एक सीमा तक वस्तुतः तथ्यों की जानकारी देने (Fact Finding Service) की सेवा है। इस सेवा में प्रश्नों का उत्तर प्रदान करने के लिए सन्दर्भ साधनों का उपयोग किया जाता है। सन्दर्भ स्रोतों के अन्तर्गत विश्वकोश, शब्दकोश, अब्दकोश (Year books), जीवन-चरित्र कोश, गजेटियर, भौगोलिक शब्दकोश, वाङ्मय सूचियाँ निर्देशिकाएँ व अनुक्रमणिकाएँ आदि को शामिल किया जाता है।

उद्यत/त्वरित सन्दर्भ सेवा में पूछे जाने वाले प्रश्न निम्न प्रकार के हो सकते हैं जिनके उत्तर प्रदान करने में सन्दर्भ ग्रन्थालयी को बहुत कम समय क्षण मात्र लगता है।

(a) गंगा नदी की लम्बाई कितनी है?

(b) लन्दन विश्वविद्यालय के कुलपति का नाम क्या है?

(c) भारत में कितनी समाज सेवी संस्थाएँ हैं।

(d) राष्ट्रीय ग्रन्थालय का वर्तमान ग्रन्थालयी कौन है?

**2. विस्तृत/गहन सन्दर्भ सेवा**—सन्दर्भ सेवा का यह प्रकार आधुनिक युग की देन है। इसका उद्‌भव ही आधुनिक ग्रन्थालय सेवा की अवधारणा के कारण हुआ है। सन्दर्भ सेवा की गहनता की दृष्टि से सन्दर्भ कार्य के तथ्यों को प्राप्त करना, सन्दर्भ सामग्री प्राप्त करना, खोज, पाठक की सलाह आदि विभिन्न रूपों एवं प्रक्रियाओं में आयोजित करने का प्रावधान किया जाता है। वर्तमान युग को तथ्यों का युग कहा गया है और तथ्यों की खोज में अध्येता या पाठक सन्दर्भ विभाग पर सर्वाधिक आश्रित हैं। परिणामतः अनेक प्रकार के प्रश्नों की जानकारी तथा सहायता के लिए माँग की मात्रा इतनी अधिक हो जाती है कि उत्तर प्रदान करने के दृष्टिकोण उन प्रश्नों का वर्गीकरण करना जरूरी हो जाता है।

छोटे-मोटे प्रश्नों के उत्तर तो उद्यत/त्वरित सन्दर्भ सेवा में ही प्रदान कर दिये जाते हैं जिनमें बहुत कम समय या क्षण मात्र लगता है परन्तु विशेष समस्याओं के निदान हेतु पूछे गये प्रश्नों के उत्तर बहुत कम समय में नहीं प्रदान किए जा सकते हैं। ऐसे सन्दर्भ विभाग पर सर्वाधिक निर्भर रहते हैं। परिणामतः अनेक प्रकार के प्रश्नों की जानकारी एवं सहायता के लिए माँग की मात्रा इतनी अधिक हो जाती है कि उत्तर प्रदान करने की दृष्टि से उन प्रश्नों का वर्गीकरण करना जरूरी हो जाता है।

छोटे-मोटे प्रश्नों के उत्तर तो उद्यत/त्वरित सन्दर्भ सेवा में ही प्रदान कर दिये जाते हैं जिनमें बहुत कम समय या क्षण मात्र लगता है परन्तु विशेष समस्याओं के निदान

के लिए पूछे गये प्रश्नों के उत्तर बहुत कम समय में नहीं प्रदान किए जा सकते हैं। ऐसे सन्दर्भ प्रश्नों के उत्तर खोजने तथा प्रदान करने में सन्दर्भ स्रोतों के साथ-साथ मौलिक कृतियों का भी अवलोकन करना पड़ता है जिसमें अधिक समय लग सकता है। ऐसे प्रश्न व्यक्तिगत जरूरतों से जुड़े होते हैं व पृष्ठभूमि युक्त होते हैं।

सन्दर्भ सेवा की दृष्टि से इस प्रकार के प्रश्नों के उत्तर प्रदान करने में विस्तृत/गहन सन्दर्भ सेवा प्रदान करनी पड़ती है। इस प्रकार की सेवा में सामान्य पाठक न होकर विशेष प्रकार के पाठक यथा—विषय विशेषज्ञ, अनुसन्धानकर्त्ता, उच्चकोटि के अध्येता शामिल होते हैं। इस प्रकार की सेवा में किसी एक ही तथ्य की जानकारी की जरूरत नहीं होती व एक वस्तु की गहन खोज भी नहीं होती है। इसमें अनेक प्रक्रियाएँ, अनेक प्रकार की स्रोत-सामग्रियों तथा अन्य मौलिक सामग्रियों का अवलोकन आवश्यक होता है जिसमें पर्याप्त समय लगता है क्योंकि इस सेवा के अन्तर्गत आने वाले सवाल तथा समस्या भी विस्तृत एवं गहन होती हैं। अतः इस प्रकार की सन्दर्भ सेवा को विस्तृत/गहन सन्दर्भ सेवा कहा जाता है।

इस सेवा में सन्दर्भ ग्रन्थालयों को सम्पूर्ण सामग्रियों का पूर्ण ज्ञान जरूरी होता है। उसे विषय का ज्ञान होने के साथ-साथ स्रोत सामग्रियों व वाङ्मय सूचियों का भी ज्ञान होना बहुत जरूरी है क्योंकि इस सेवा के अन्तर्गत सामान्य पाठकों व छात्रों को मार्गदर्शन प्रदान करने के साथ-साथ परामर्श देना भी अत्यन्त जरूरी होता है। आवश्यकतानुसार तदर्थ वाङ्मयसूचियाँ (Adhoc Bibliographies) व सहायक ग्रन्थों की तालिका भी तैयार करनी पड़ती है। कहने का तात्पर्य यह है कि ऐसी सेवा में विषय स्रोतों व पाठकों की प्रकृति का ज्ञान होना भी अति आवश्यक है।

विस्तृत/गहन सन्दर्भ सेवा में प्रश्नों की प्रकृति किसी प्रकरण या समस्या के विशेष दृष्टिकोण से जुड़ी सामग्री होती है। निम्नांकित प्रश्न इस सेवा के अन्तर्गत पूछे जा सकते हैं, यथा—

(अ) उत्पादन पर आधुनिक प्रौद्योगिकी का प्रभाव,

(ब) प्रदूषण का मानसिक स्वास्थ्य का प्रभाव।

## उद्यत सन्दर्भ सेवा तथा विस्तृत सन्दर्भ सेवा

सन्दर्भ सेवा के प्रकार में हम पढ़ चुके हैं कि सन्दर्भ सेवा दो प्रकार की होती है जिसमें समय की अवधि का तत्त्व सबसे अधिक महत्त्वपूर्ण होता है। प्रश्नों के उत्तर प्रदान करने में जिस सन्दर्भ सेवा में आधे घण्टे तक का समय लगता है उसे उद्यत या त्वरित सन्दर्भ सेवा कहते हैं व जिसमें आधे घण्टे से अधिक कई दिन या सप्ताहों तक का समय लगता है उसे विस्तृत या दीर्घकालीन सन्दर्भ सेवा कहते हैं।

उद्यत/त्वरित सन्दर्भ सेवा तथा विस्तृत/गहन सन्दर्भ सेवा में मुख्यतः सूचना स्रोतों, सूचना की प्रकृति एवं गहनता, पाठकों की आवश्यकता एवं स्तर, प्रश्नों की प्रकृति, साधनों की उपलब्धि व अवधि का अन्तर होता है। पहले प्रकार की सेवा में पाठक अधिकतर तथ्यों की जानकारी चाहते हैं जिन्हें उद्यत सन्दर्भ स्रोतों से प्रदान कर दिया जाता है क्योंकि इसमें समय कम लगता है। दूसरे प्रकार की सेवा में तथ्यों से ही सवालों का समाधान नहीं होता है अपितु अनेक प्रकार की सूचनात्मक एवं ज्ञान-सामग्रियों की जरूरत पड़ती है।

दोनों प्रकार की सेवाएँ पुस्तकालयों की सन्दर्भ सेवा के आवश्यक पक्ष हैं। दोनों प्रकार के प्रश्न प्रायः सभी ग्रन्थालयों में पूछे जाते हैं। उद्यत सन्दर्भ सेवा की सफलता वस्तुतः सन्दर्भ सामग्रियों की उपलब्धता तथा सन्दर्भ सेवा की सफलता वस्तुतः सन्दर्भ सामग्रियों की उपलब्धता व सन्दर्भ ग्रन्थालयी के ज्ञान तथा अनुभव पर आधारित होती है जबकि विस्तृत सेवा की सफलता सन्दर्भ ग्रन्थालयी एवं कर्मियों के वाङ्मयात्मक संगठन एवं व्यवस्था के विस्तृत ज्ञान व विषय जगत के विकास, विस्तार तथा प्रकृति से पूर्ण अवगत होने पर आधारित होती हैं।

## सन्दर्भ सेवा प्रदान करने की प्रक्रिया

पुस्तकालयों में सन्दर्भ ग्रन्थालयी द्वारा पाठकों को व्यक्तिगत रूप से दी जाने वाली सेवा सन्दर्भ सेवा कहलाती है। सन्दर्भ सेवा प्रदान करने की एक सुव्यवस्थित प्रक्रिया होती है जिसमें भिन्न-भिन्न बिन्दुओं पर विचार करना जरूरी होता है। सन्दर्भ सेवा की प्रक्रिया आयोजित करने में निम्न तीन चरण महत्त्वपूर्ण होते हैं, वे निम्न हैं–

**1. सन्दर्भ सेवा प्रदान करने की तैयारी तथा प्रस्तुतीकरण**–(अ) किसी भी सन्दर्भ ग्रन्थालयी को सन्दर्भ सेवा प्रदान करने से पूर्व उसे अनेक प्रकार की तैयारियाँ करनी पड़ती हैं। सन्दर्भ सेवा को सक्रिय बनाने के लिए तैयारी करने में अधिक समय भी लगता है।

सन्दर्भ ग्रन्थालयी को अपने सभी सन्दर्भ ग्रन्थों तथा संकलन से पूर्णतः परिचित होना चाहिए व सभी प्रकार की कृतियों की प्रकृति का उसे पूर्ण ज्ञान होना चाहिए। उसे नवीन सन्दर्भ कृतियों व उनके नवीन संस्करणों का लगातार अवलोकन करते रहना चाहिए। यथा एवं क्षणिक महत्त्व की साधारण सूचना एवं सन्दर्भ कृतियों की संचिका प्रस्तुत करनी चाहिए, जैसे–मैगजीनों की कटिंग, समाचार-पत्रों की क्लिपिंग, पुस्तिकाएँ, पाठ्यक्रम एवं पाठ्यक्रम नियमावली आदि। सामयिक प्रकरणों

पर सामग्री प्रदान करने की दृष्टिकोण से ये उपयोग होती हैं और विशिष्ट ग्रन्थालयों में इनका अधिक महत्त्व होता है।

(ब) सन्दर्भ सेवा के प्रस्तुतीकरण में विषय के ज्ञान को एकत्रित करना अति आवश्यक प्रक्रिया है। सबसे पहले सन्दर्भ ग्रन्थालयी को पुस्तकालय के नियमित अध्येताओं की अभिरुचि तथा बौद्धिक तथा अनुसंधानिक क्रियाकलाप को निश्चित कर लेना चाहिए। इसके लिए अध्येता सर्वेक्षण बहुत जरूरी है। अध्येताओं के कार्यक्षेत्र एवं अभिरुचि के विषय को निश्चित करने के बाद सन्दर्भ ग्रन्थालयी को उन विषयों का साधारण ज्ञान अर्जित करना चाहिए। इस कार्य के लिए सम्बन्धित विषयों के साहित्य का सर्वेक्षण और सम्बन्धित विषय-क्षेत्र की प्रामाणिक एवं मानक कृतियों का अध्ययन करना जरूरी होता है जिससे वह साहित्य का विशेषज्ञ बन सके। सन्दर्भ ग्रन्थालयी को विषय विशेषज्ञ होने की तुलना में साहित्य विशेषज्ञ होना आवश्यक है जिससे उसे अनेक विषयों की सामग्रियों को प्राप्त किये जाने के स्रोतों का पूर्ण ज्ञान हो सके।

सन्दर्भ ग्रन्थालयी माँग किए जाने की सम्भावना में अनेक स्रोतों से सूचना का संग्रह करता है। जिन प्रश्नों को सन्दर्भ विभाग से पूछा जाता है व प्रश्न पूछे जाने की सम्भावना होती है उनसे सम्बन्धित सामग्री की जानकारी के लिए सन्दर्भ ग्रन्थालयी पुस्तकालय के साधनों का अध्ययन करता है और क्रमबद्ध रूप से सूचना का संग्रह करता है जिससे उसे अध्येताओं को सफलतापूर्वक सुलभ किया जा सके। सूचना संग्रह के लिए उसे कुछ विशिष्ट प्रकार के स्रोतों को वरीयता प्रदान करनी पड़ती है। नवीनतम संग्रह से सन्दर्भ ग्रन्थालयी को विभिन्न विषयों की प्रवृत्तियों व विकास की जानकारी प्राप्त करने में मदद प्राप्त हो सकती है।

अतः इनका अवलोकन नियमित रूप से किया जाना चाहिए। सूचना के संग्रह तथा प्राप्ति के बाद उसको उपयुक्त विधि से अभिलेखबद्ध कर लेना चाहिए जिससे उसका उपयोग भविष्य में भी किया जा सके। क्रमबद्ध रूप से अभिलेखबद्ध करने से इसे पुनः खोजने में भी मदद प्राप्त होती है।

**2. सेवा प्रदान करना**—अध्येता किन-किन स्रोतों का अवलोकन करने पर भी अपने वांछित तथ्य प्राप्त नहीं कर सका है इस पर सन्दर्भ ग्रन्थालयी उसे उपयुक्त स्रोतों का अवलोकन करने का मार्गदर्शन प्रदान करता है जिससे अध्येताओं को उपयुक्त जानकारी मिलने में सुविधा होती है। जानकारी प्राप्त करने के लिए अध्येता पत्राचार या टेलीफोन से सूचना प्राप्त करने का प्रयत्न करते हैं ऐसी स्थिति में उन्हें मार्गदर्शन प्रदान करने की तुलना में उपयुक्त सूचना तथा तथ्य प्रदान किया जाता

है अथवा वह सूचना कहाँ से और कैसे प्राप्त हो सकती है? इसका संकेत किया जाता है। अध्येताओं के स्तर व कार्यक्षेत्र के अनुसार सेवा की मात्रा में भी भिन्नता होती है। इसलिए प्रश्नकर्ता के अनुसार सेवा की प्रकृति तथा सूचना की मात्रा में भी भिन्नता होती है। सन्दर्भ विभाग के उद्देश्यों का भी इस पर प्रभाव पड़ता है।

सेवा प्रदान करने के लिए तीन प्रकार की सेवाओं का प्रावधान किया जाना चाहिए, जो प्रश्नकर्ताओं की जरूरतों की पूर्ति में सहायक सिद्ध होते हैं।

**(अ) आवश्यकताओं का विवरण जरूरी स्पष्ट निर्धारण**—अध्येताओं की आवश्यकताओं को स्पष्ट रूप से निर्धारित करना आवश्यक है। जब तक इसका विवरण ज्ञात नहीं हो जाता और यह निश्चित नहीं हो जाता तब तक सूचना को खोजना असम्भव है। प्रश्नों से जुड़े प्रत्येक विषय के पक्षों को निश्चित कर लेना चाहिए। ऐसा करने से अध्येताओं के गहन प्रश्नों का समाधान किया जा सकता है।

**(ब) प्रलेखों की खोज**—प्रलेखों की खोज हेतु उत्तम विधि मानसिक रूप से अध्येताओं द्वारा बताये गये विषयों के वर्गांक की कल्पना करना होता है व वर्गांक की सहायता से प्रलेखों में निहित सूचना की खोज करना आसान कार्य हो जाता है।

**(स) प्रलेखों अथवा सूचना सामग्री को उपलब्ध करना**—अध्येताओं को प्रलेख या सूचना प्रदान करना ही सन्दर्भ सेवा का मुख्य लक्ष्य होता है। अगर प्रलेख ग्रन्थालय में उपलब्ध नहीं है तो अन्तर ग्रन्थालय आदान-प्रदान के माध्यम से उपलब्ध कराया जाता है। अन्य भाषा के प्रलेखों का अनुवाद भी उपलब्ध कराना पड़ता है। आलेखों के रूप में पत्रिकाओं में प्रकाशित सामग्री को माइक्रोफिल्म व फोटोप्रति के रूप में भी उपलब्ध किया जाता है।

**3. आत्मसातकरण**—आत्मसातकरण सन्दर्भ सेवा का एक महत्त्वपूर्ण पक्ष होता है व सूचना को ग्रहण करने की एक प्रक्रिया भी है। इसे तन्मयता भी कहते हैं। आत्मसातकरण में अनुभवों से सीखने में सहायता प्राप्त होती है और किसी कार्य के सम्पादन में अनुभव की भूमिका महत्त्वपूर्ण होती है, क्योंकि सन्दर्भ ग्रन्थालयों को विभिन्न प्रकार के अध्येताओं के सम्पर्क में आने से अनुभव प्राप्त होता है इसलिए उसे खुले दिमाग वाला होना चाहिए। उसमें सूचना को ग्रहण करने की क्षमता होनी चाहिए। कोई सूचना सामग्री कब अधिक महत्त्वपूर्ण हो सकती है इसका शीघ्र आभास नहीं होता है। खोजी हुई सामग्रियाँ किसके लिए उपयोगी सिद्ध हो सकती हैं इसका ध्यान रखना चाहिए।

आत्मसातकरण से सन्दर्भ ग्रन्थालयी अपने अनुभवों के आधार पर सूचना को ग्रहण करता है और उन्हें व्यवहार में लाता है इस प्रकार से सूचना तथा सूचना सामग्रीं को आत्मसात करता है व सन्दर्भ सेवा को सफल एवं उपयोगी बनाता है।

## सन्दर्भ सेवा प्रदान करने की विधियाँ

सन्दर्भ ग्रन्थालयी को उपयोगकर्ताओं के लिए न सिर्फ माँग किए जाने पर ही सन्दर्भ सेवा प्रदान करनी चाहिए अपितु माँग किये जाने की सम्भावना भी अगर हो तो भी सन्दर्भ सेवा का आयोजन किया जाना चाहिए। सफल तथा योग्य सन्दर्भ ग्रन्थालयी वही होता है जो उपयोगकर्ताओं में ज्ञान की पिपासा जाग्रत कर सन्दर्भ सेवा की आवश्यकता का बीजारोपण करता है जिससे इसकी व्यवस्था का अधिक से अधिक उपयोग किया जा सके। सन्दर्भ सेवा प्रदान करनी चाहिए अपितु माँग किये जाने की सम्भावना भी अगर हो तो भी सन्दर्भ सेवा प्रदान करने की अनेक मुख्य विधियाँ हैं जो निम्नानुसार हैं—

**(A) माँग किये जाने पर सन्दर्भ सेवा**—उपयोगकर्ताओं द्वारा माँग किये जाने पर ज्ञान-सामग्री या उसके छाया चित्र (Photostat) को सुलभ कराया जाता है। जहाँ सन्दर्भ सेवा को महत्त्वपूर्ण माना जाता है वहाँ बहुमूल्य सन्दर्भ कृतियों को भी प्रयोग के लिए प्रदान कर दिया जाता है जिससे उनका उपयोग पुस्तकालय के बाहर भी किया जा सके। जहाँ ऐसा सम्भव नहीं हो पाता है वहाँ सामग्रियों के छायाचित्रों को सुलभ किया जाता है।

**(a) अन्य पुस्तकालयों से सामग्रियों की मँगाना**—जब वांछित ज्ञान-सामग्री सम्बन्धित ग्रन्थालय में मौजूद नहीं होती है तो अन्य ग्रन्थालयों से मँगाकर उपलब्ध करायी जाती है इसे अन्तर्गन्थालय ऋण (Inter Library Loan) कहते हैं। इस योजना को पारस्परिक सहयोग के आधार पर चलाया जाता है। इस प्रकार की मदद से ज्ञान सामग्री के छायाचित्र भी मँगाये जाते हैं। जहाँ सूचना सम्प्रेषण के लिए टैलेक्स या टेलीप्रिन्टर की व्यवस्था होती है वहाँ इनके माध्यम से सूचना भेजकर किसी भी प्रकार की सामग्री को शीघ्रातिशीघ्र मँगाया जा सकता है।

**(b) रिफरल सेवा का आयोजन**—ग्रन्थालयों के अलावा सूचना की प्राप्ति के लिए विशेषज्ञों के संघों व अन्य संस्थाओं की मदद लेना आवश्यक हो जाता है। इसलिए विशेषज्ञों अथवा संस्थाओं के माध्यम के अध्येताओं को सूचना सुलभ कराने की सेवा व्यवस्था को रिफरल सेवा कहते हैं इसमें अध्येता और विशेषज्ञ में सम्पर्क स्थापित कर सूचना उपलब्ध कराई जाती है।

**(B) माँग किये जाने की सम्भावना में सन्दर्भ सेवा**—विशिष्ट प्रकार के उत्तम ग्रन्थालयों में माँग किये जाने की सम्भावना में अनेक प्रकार की ऐसी सूचना-सामग्री तथा उपकरण तैयार किये जाते हैं जिनसे अध्येताओं को अनेक प्रकार के सूचना स्रोतों की जानकारी प्राप्त होती है। वे सामग्रियाँ अग्र हो सकती हैं—

**(a) महत्त्वपूर्ण घटनाओं से जुड़ी सामयिक जानकारी**—जैसे नवीन वित्तीय वर्ष का बजट संसद में प्रस्तुत किये जाने पर अर्थशास्त्र विषय के अध्येता सम्बन्धित पत्र-पत्रिकाओं की माँग अधिक करते हैं।

(b) विख्यात व्यक्तियों व विषय विशेषज्ञों के निधन पर सामग्री की माँग।

इसलिए माँग की सम्भावना में सामयिक प्रकरणों पर सामग्रियों से सन्दर्भ ग्रन्थालयी को पर्याप्त परिचित होना पड़ता है व सामग्री की वाङ्मय सूचियाँ (Bibliographics) भी तैयार करनी पड़ती है।

**(C) बिना पूर्व माँग करने पर सन्दर्भ सेवा**—अनेक ग्रन्थालयों में सूचना प्रसार सेवा बिना किसी प्रकार की पूर्व माँग के भी आयोजित की जाती है। इसका मुख्य उद्देश्य अध्येताओं को पूर्व में ही सुलभ या आगामी साहित्य-सामग्री की जानकारी सुलभ कराना होता है जिससे जरूरत पड़ने पर उनकी आवश्यकता की पूर्ति की जा सके। इस प्रकार की सूचना प्रदान करने के लिए अनेक प्रकार की विधियाँ अपनाई जाती हैं। जैसे—List of Recent Accessions, Special Documentation lists, Content Pages of Periodicals, Special Annotated Subject Lists आदि।

**अध्येताओं तथा संस्था की प्रोफाइल रखना**—औद्योगिक संगठनों के ग्रन्थालयों व विशिष्ट ग्रन्थालयों में जहाँ अध्येताओं की संख्या कम होती है उनके प्रोफाइल तैयार किये जाते हैं जिनमें उनके विषय क्षेत्र, स्तर वजिस रूप में सूचना की जरूरत होती है उनका उल्लेख होता है। इस प्रक्रिया में विशेषज्ञों को नवीन सामग्रियाँ बिना किसी देरी के प्राप्त हो जाती हैं।

**(D) माँग की स्थिति उत्पन्न करना**—प्रलेखों व सूचना की माँग की स्थिति उत्पन्न किये जाने की पृष्ठभूमि तैयार करने के अनेक साधन तथा विधियाँ प्रचलित हैं।

**(1) प्रसार सेवा का आयोजन**—लोगों को पुस्तकालयों के प्रति आकर्षित करने के लिए समय समय पर विशिष्ट विषयों या प्रकरणों पर पुस्तकों की प्रदर्शनी आयोजित करनी चाहिए जिससे लोग पुस्तकालय में आने के लिए आकर्षित हो और जिससे ग्रन्थालय का उपयोग करने की प्रवृत्ति विकसित हो सके।

**(2) सेवा की प्रकृति**—पाठकों का आकर्षण सन्दर्भ सेवा की विशेषताओं तथा प्रकृति पर अधिक निर्भर करता है। जितनी उपयुक्त पूर्ण तथा व्यापक त्वरित सूचना सुलभ की जायेगी उतने ही अधिक पाठक लाभान्वित होंगे। और उतने ही अधिक वे नवीन सूचना की प्राप्ति के लिए पुस्तकालय में आयेंगे।

**(3) सामग्रियों की विविधता**—माँग की जाने वाली सामग्रियों में सिर्फ परम्परागत प्रलेखों की ही माँग हमेशा नहीं होती है इसके अलावा अन्य विविध प्रकार की सामग्री की माँग भी हो सकती है, यथा– चित्रलेख; छायाचित्र, किसी वस्तु की डिजाइन, मानक, प्लान तथा नक्शे, ग्रामोफोन रिकार्ड आदि की भी माँग हो सकती है इसलिए इन सामग्रियों का विवरण तथा इनके स्रोतों का ज्ञान जरूर रखना चाहिए।

**(4) प्रश्नों की श्रेणियाँ**—सन्दर्भ के प्रश्नों को दो श्रेणियों में रखा जा सकता है। (1) त्वरित सन्दर्भ (Ready Reference) (2) दीर्घकालीन सन्दर्भ (Long Range Reference)। त्वरित सन्दर्भ वे प्रश्न होते हैं जिन्हें जल्दी ही त्वरित स्रोतों से बिना किसी श्रम के समाधान कर दिया जाता है। दीर्घकालीन सन्दर्भ वे प्रश्न होते हैं जिन्हें हल करने के लिए अनेक कृतियों तथा स्रोतों का अवलोकन करना पड़ता है। इसलिए आवश्यक है कि इन प्रश्नों की एक फाइल सन्दर्भ विभाग में रखी जाय जल्दी समय तथा श्रम बर्बाद न हो।

**(5) प्रश्नों का महत्त्व**—किसी प्रश्न की जानकारी किस पाठक को कितनी महत्त्वपूर्ण है वह समयावधि या स्रोतों की सीमा एवं प्रकार के आधार पर निश्चित करना सम्भव नहीं है। छोटी से छोटी सूचना का अंश बहुत ही महत्त्वपूर्ण हो सकता है इसलिए अध्येताओं के उत्तर उनकी जरूरत के प्रसंग में मानकर जल्दी प्रदान करने के लिए उद्यत रहना चाहिए।

**(6) ग्रन्थालयी का दृष्टिकोण**—उपयोगकर्ताओं के प्रश्नों के उत्तर व प्रदानकर्ता के दृष्टिकोण तथा प्रसार में अन्तर अनजाने में उत्पन्न हो जाता है। यह ग्रन्थालय की प्रकृति पर भी निर्भर करता है जैसे ग्रन्थालय किसी मन्त्रालय का है तो सम्बन्धित मन्त्री द्वारा संसद् में उत्तर देने की सामग्री को महत्त्वपूर्ण मानकर उसे सुलभ कराने में ज्यादा ध्यान दिया जाता है। इसके विपरीत छात्रों के प्रश्नों को अधिक महत्त्व नहीं दिया जाता है। पहले प्रत्येक सन्दर्भ ग्रन्थालयी को हर पाठक के साथ समान दृष्टिकोण अपनाना चाहिए।

**(7) वार्तालाप की आवश्यकता एवं महत्त्व**—प्रश्नों का उत्तर प्रदान करने के पूर्व सन्दर्भ ग्रन्थालयी के लिए यह निश्चित करना जरूरी है कि उसने अध्येता की आवश्यकता व उसके प्रश्न का अभिप्राय पूर्णतः समझ लिया है। अध्येता से अनेक प्रकार से जैसे-जैसे खोज की प्रक्रिया चलती रहती है प्रश्नों को स्पष्ट करने के लिए पूछताछ करते रहना चाहिए।

**(8) सन्दर्भ सेवा ग्रन्थालय सेवा का हृदय स्थल होता है**—सन्दर्भ सेवा की सभी ग्रन्थालय सेवा की एक ऐसी सेवा है जिससे पुस्तकालय को लोकप्रियता तथा

श्रेष्ठता प्राप्त होती है। ग्रन्थालय की कार्य कुशलता बढ़ाने में सन्दर्भ सेवा से ही मदद प्राप्त होती है। अतः सन्दर्भ सेवा को ग्रन्थालय सेवा का हृदयस्थल कहा गया है।

**(9) सन्दर्भ सेवा ग्रन्थालय की कसौटी है**—अगर सन्दर्भ ग्रन्थालयी सन्दर्भ सेवा प्रदान नहीं करता है तो उसे वर्गीकरण व सूचीकरण की गलतियों का ज्ञान नहीं हो सकता है जिससे पुस्तकों को उपयुक्त स्थान पर प्राप्त करना या प्रसूची से उनकी जानकारी प्राप्त करना सम्भव नहीं हो सकता है। वरना पुस्तकों की जानकारी एक कठिन कार्य हो जाता है।

इस प्रकार. हम देखते हैं कि सन्दर्भ सेवा का आयोजन ग्रन्थालय की उपयोगिता को बढ़ाने और पुस्तकालयों को राष्ट्रीय विकास में महत्त्वपूर्ण भूमिका निर्वाह करने की दृष्टि से बहुत जरूरी है।

## सन्दर्भ सेवा और पुस्तकालय विज्ञान के पाँच सूत्र

डॉ. रंगनाथन् के ग्रन्थालय विज्ञान के पाँच सूत्रों के प्रतिपादन के पश्चात् 1930 में सन्दर्भ सेवा की अवधारणा का प्रादुर्भाव हुआ है। डॉ. रगनाथन् ने न सिर्फ सन्दर्भ सेवा की भावना एवं आवश्यकता का बीजारोपण किया अपितु सन्दर्भ सेवा को व्यावहारिक रूप प्रदान करने के लिए 1937 में विद्रास विश्वविद्यालय में पहली बार सन्दर्भ ग्रन्थालयी का पद सृजित किया। सन्दर्भ सेवा से जुड़ी डॉ. रंगनाथन की विचारधारा ग्रन्थालय विज्ञान के पाँच सूत्रों पर आधारित है। ये सूत्र डॉ. रंगनाथन के मौलिक दर्शन पर आधारित हैं जिनमें सन्दर्भ सेवा की भूमिका एवं महत्त्व निम्न प्रकार दर्शाया जा सकता है—

**1. पुस्तकें उपयोग के लिए हैं**—पुस्तक का आशय सन्दर्भ सेवा के प्रसंग में सभी प्रकार के अभिलेखों से होता है और इस सूत्र का परिपालन तभी माना जायेगा जब सभी प्रलेखों का प्रयोग लगातार होता रहे व उनके उपयोग का लगातार प्रयत्न किया जाता रहे। अगर उपयुक्त प्रलेख तथा उपयुक्त पाठक में संयोग स्थापित कर उनके उपयोग को प्रोत्साहित किया जाता है तो यह सन्दर्भ सेवा का ही कार्य है जिसकी पूर्ति करना ही सन्दर्भ सेवा का लक्ष्य है।

**2. प्रत्येक पाठक को उसकी पुस्तक मिले**—इस सूत्र में पाठक को अधिक महत्त्व दिया गया है। सन्दर्भ ग्रन्थालयी को पाठकों की प्रकृति, स्तर तथा उनकी आवश्यकता का पूर्ण ज्ञान होना चाहिए व पाठकों की मनोवैज्ञानिक दशा का ज्ञान अर्जित करना चाहिए जिससे वह पाठकों की दिलचस्पी एवं आवश्यकतानुसार वांछित सामग्री एवं सूचना उन्हें बिना किसी बाधा के सुलभ करा सके।

**3. प्रत्येक पुस्तक को उसका पाठक मिले**—इस सूत्र में किताब को अधिक महत्त्व दिया गया है। प्रत्येक को उसका पाठक मिले इसका तात्पर्य यह होता है कि सन्दर्भ ग्रन्थालयी को ग्रन्थालय की पाठ्य-सामग्री का पूर्ण ज्ञान होना चाहिए। किस पुस्तक से किस पाठक को अधिक जानकारी प्राप्त हो सकती है और वह उससे कितना लाभ प्राप्त कर सकता है। इसका अनुमान सन्दर्भ ग्रन्थालयी को होना चाहिए और उसे इसके लिए प्रयत्न करना चाहिए।

**4. पाठक के समय की बचत करो**—इस सूत्र में पाठक के वक्त को अधिक महत्त्व दिया गया है। पाठक के एक पहले (Moment) को भी अत्यधिक मूल्यवान समझा गया है। इस सूत्र के प्रसंग में सन्दर्भ ग्रन्थालयी की यह धारणा होनी चाहिए कि पाठक के पास समय की कमी है। इसलिए किसी भी प्रकार की सूचना/सामग्री या वांछित प्रलेख को सुलभ कराने में इतना समय नहीं लगाना चाहिए जिससे पाठक को कोई आपत्ति हो। पाठक के समय की बचत के उद्देश्य से आज ग्रन्थालयों में अनेक प्रकार की अनेक सेवाएँ प्रदान की जा रहीं हैं व इन सेवाओं के अलावा अभिगम प्रकार की सामग्रियों (Axxess type of Materials) का भी संकलन किया जाना चाहिए जिससे पाठकों को अन्य स्रोतों का भी वर्णन दिया जा सके। इस प्रकार की सेवा व्यवस्था से पाठकों के समय की बचत की जा सकती है।

**5. ग्रन्थालय एक वर्धनशील संस्था है**—इसका आशय है कि पुस्तकालय स्थिर एवं स्थायी रहने की तुलना में निरन्तर वर्धनशील होता है। इस वर्धनशीलता में पाठ्य-सामग्रियों की संख्या एवं प्रकार में वृद्धि, पाठकों की संख्या में वृद्धि व उसी प्रकार कर्मियों की संख्या में वृद्धि शामिल है। अतः पुस्तकालय के क्रियाकलाप व सेवा की प्रकृति में भी वृद्धि स्वाभाविक है।

इसलिए जैसे-जैसे ही नवीन पुस्तकों का संकलन हो उन्हें उनके पाठकों का संकलन हो उन्हें उनके पाठकों तक पहुँचाने का प्रयत्न करना चाहिए। पाठकों को पाठ्य-सामग्री की पूर्ण जानकारी उपलब्ध करानी चाहिए और अन्य कहानियों पर आँकलित पुस्तकों से भी पाठकों को अवगत रखना चाहिए। नये पाठक जो ग्रन्थालय से पूर्व परिचित नहीं होते हैं उन्हें ग्रन्थालय से सुपरिचित कराना चाहिए तथा ग्रन्थालय सामग्रियों का उपयोग करने की दीक्षा उन्हें दी जानी चाहिए।

इस प्रकार डॉ. रंगनाथन ने ग्रन्थालय विज्ञान के पाँच सूत्रों के प्रतिपादन में सन्दर्भ सेवा को ग्रन्थालयों की एक बहुत ही आवश्यक सेवा के रूप में आयोजित करने पर बल दिया है जो अन्ततः इन पाँच सूत्रों की मानवीय अभिव्यक्ति का स्वरूप माना गया है। ग्रन्थालय के सामाजिक संस्था होने के लक्ष्य को भी व्यक्तिगत सहायता अर्थात् सन्दर्भ सेवा के माध्यम से प्राप्त किया जा सकता है।

## सन्दर्भ सेवा के नवीन आयाम

आज पहले की तुलना में ग्रन्थालय की कार्यपद्धति परिवर्तित हो गई है उसमें नवीन सेवा पद्धतियों को अपनाया जा रहा है। सेवा के सन्दर्भ में ऐसी नवीन अवधारणाएँ उत्पन्न हो चुकी हैं जिनका अध्ययन तथा विश्लेषण रचना विचाराधीन है निम्न है–

1. **सन्दर्भ ग्रन्थालयी बनाम सूचना वैज्ञानिक**–सन्दर्भ ग्रन्थालयी जिनका ज्ञान सभी प्रकार के साधनों के बारे में सीमित बताया था अब उनका स्थान विशिष्ट सूचना वैज्ञानिकों द्वारा ग्रहण किया जा रहा है। वैसे तो सन्दर्भ सेवा कार्य साधारण रूप से कुछ स्तरों पर चलता रहेगा परन्तु अब इसका लक्ष्य नित्यप्रति के सामान्य कार्य की अपेक्षा गहन सूचना सुलभ कराना हो गया है। इसमें सूचना सामग्रियों को प्रदान करने के लिए वास्तविक अन्वेषण, विश्लेषण व उपयुक्त तरीके से सम्प्रेषण करने के कौशल की जरूरत पड़ती है। परिणामस्वरूप उच्चश्रेणी के सूचना वैज्ञानिकों के माध्यम से ही इस कार्य को सफलतापूर्वक सम्पन्न किया जा सकता है।

2. **विशिष्टीकृत सूचना सेवा**–छोटे-छोटे ग्रन्थालय जहाँ कमी स्तर की सन्दर्भ सेवा प्रदान की जाती रही है उनमें विस्तारशील सन्दर्भ सेवा का आयोजन सम्भव हो रहा है व सूचना केन्द्र या क्षेत्रीय पुस्तकालय जहाँ गहन सन्दर्भ सेवा प्रदान की जाती रही है वहाँ सूचना सेवा का विकसित रूप उपयोग में लाया जा रहा है। इन केन्द्रों में विशिष्ट क्षेत्रों में सेवा का आयोजन विशिष्टीकृत हो रहा है जिसके लिए विशिष्ट योग्यता तथा कल्पनाशील ग्रन्थालयी नियुक्त किये जा रहे हैं।

3. **कम्प्यूटरीकरण कार्य**–सन्दर्भ सेवा के क्षेत्र में यन्त्रीकरण हो रहा है जिसके लिए ग्रन्थालयों में एक नयी प्रणाली को जन्म दिया जा रहा है जिसे कम्प्यूटर प्रणाली कहते हैं। इस विधि में ऐसे उपकरणों तथा यन्त्रों का उपयोग किया जाता है जिनके द्वारा विशालतम एवं पर्याप्त विस्तृत सूचना सामग्रियों की जानकारी बड़ी तीव्रता के साथ प्राप्त की जा सकती है जो अब तक प्रयुक्त विधियों के माध्यम से सम्भव नहीं हो सकी थी।

4. **सूचना सामग्रियाँ**–सन्दर्भ स्रोत के परम्परागत प्रलेखों की तुलना में अब विभिन्न प्रकार के नवीन स्वरूपों में मुद्रित व अमुद्रित रूप में अनेक सूचना सामग्रियाँ संकलित की जाती हैं। ऐसी सामग्रियों को संसार के कोने-कोने से कम्प्यूटर के द्वारा संकलित तथा संगृहीत किया जाता हैं और उपयोगकर्ताओं द्वारा माँग किए जाने पर जल्दी-से-जल्दी सुलभ कराया जाता है।

**5. सुगम अध्ययन**—उपयोगकर्ता को संगृहीत सन्दर्भ ग्रन्थों का स्वयं अवलोकन कर पढ़ना पड़ता था जिसमें उनका अमूल्य समय तथा साथ ही श्रम खर्च होता था परन्तु अब अध्येता कम्प्यूटर के माध्यम से टेपरायटर, लाइटपेन टेलीविजन स्क्रीन के द्वारा संगृहीत सामग्रियों की जानकारी वार्तालाप कर प्राप्त कर सकता है जिससे उसका अमूल्य समय समाप्त होने से तो बचता ही है साथ ही उसको इन सब बातों में श्रम भी नहीं करना पड़ता है।

**6. नेटवर्क प्रणाली**—ऑनलाइन सेवा, मैगनेटिक डिस्क, मैगनेटिक टेप आदि ऐसी श्रेणी तथा प्रकार के नवीनतम साधन हैं जो अध्येता को त्वरित गति सूचना प्रदान करते हैं। इसके अलावा अन्य साधनों के उपयोग से दूर-दूर स्थानों से सूचना पल भरों में मँगाकर सुलभ कराई जा रही है। कम्प्यूटर नेटवर्क प्रणाली इस क्षेत्र में अध्येताओं के उपयोग की अत्यन्त ही उपादेय अतः सुविधाजनक प्रणाली है। तथा आज प्रत्येक देश के प्रत्येक क्षेत्र में राष्ट्रीय तथा क्षेत्रीय स्तर पर कम्प्यूटर नेटवर्कों की स्थापना की जा रही है। इस क्षेत्र में अन्तर्राष्ट्रीय स्तर पर इंटरनेट नाम के कम्प्यूटर नेटवर्क की स्थापना हो चुकी है।

अतीत का सिंहावलोकन तथा भविष्य की परिकल्पना करने से यह स्पष्ट होता है कि सन्दर्भ सेवा का कोई एक सार्वभौमिक दर्शन (Universal Philosophy) या सैद्धान्तिक आधार नहीं है जो सर्वमान्य हो और समान रूप से व्यवहार में सभी जगह प्रचलित हो तथापि इसे अति आवश्यक तथा उपयोगी सेवा के रूप में आयोजित किया जाना श्रेयस्कर माना गया है जो आजकल अनेक रूपों व अनेक पद्धतियों में आयोजित की जाती है।

## सूचना सेवा

संसार में हो रहे नित्यप्रति के अनुसंधान कार्यों में हो रही लगातार वृद्धि के साथ ही अभिलिखित ग्रन्थों की संख्या में अपार वृद्धि हो रही है जिसके कारण कोई भी उपयोगकर्ता, विशेषकर वैज्ञानिक एवं अनुसंधानकर्ता जिनके पास बल की बहुत कमी  होता है, अपने वांछित साहित्य की खोज करने में बाधा एवं कठिनाई का एहसास करता है इसलिए इस कार्य के लिए एक ऐसी सेवा की आवश्यकता होती है जो मौजूद विशाल साहित्य में से उपयोगकर्ताओं के लिए हमेशा उपयोगी एवं महत्त्वपूर्ण सामग्री का चयन कर उसे सुलभ करा सके। यह कार्य सूचना सेवा के अन्तर्गत ही सम्पन्न किया जाता है। इसलिए हम कह सकते हैं कि ग्रन्थालयों अथवा सूचना केन्द्रों में उपयोगकर्ताओं को उनकी वांछित सामग्री जिस सेवा के अन्तर्गत मौजूद कराई जाती है वह सूचना सेवा कहलाती है।

## सूचना सेवा के आयोजन की आवश्यकता

**1. सामाजिक आवश्यकता**—वर्तमान में सभी अनुसंधान सामाजिक तथा आर्थिक जरूरतों को ध्यान में रखकर किये जाते हैं क्योंकि आज की बढ़ती हुई जनसंख्या एवं अपर्याप्त सामग्री के फलतः आवश्यकताओं की पूर्ति वास्तविक वस्तुओं से होना असम्भव है अतः हमें कृत्रिम वस्तुओं पर निर्भर रहना पड़ता है व कृत्रिम वस्तुओं के उत्पादन में हमें शोध कार्यों से प्राप्त परिणाम, सूत्र, सार, निष्कर्ष की जरूरत पड़ती है और यह तभी सम्भव है जब वैज्ञानिकों को कम से कम समय में उनकी वांछित सामग्री किसी भी तरह सूचना सेवा के माध्यम से मौजूद कराई जा सके।

**2. साहित्यिक विस्फोट**—आज कागज तथा मुद्रण के आविष्कार के फलतः विचार अभिव्यक्ति के साधनों में अत्यधिक बदलाव आ चुका है जिससे एक ओर प्रलेखों के उत्पादन में वृद्धि हुई है वहीं दूसरी ओर ग्रन्थों की अधिकता से उपयोगकर्ताओं को अपनी वाछित सामग्री इन प्रलेखों से प्राप्त करने में अत्यन्त असुविधा हुई है। इसलिए इन पाठकों की सहायतार्थ ग्रन्थालयों में नयी तकनीकियों सारांशीकरण, अनुक्रमणिकाकरण, रिप्रोग्राफी आदि का विकास किया गया है। **इन्हीं** के सम्मिलित रूप को सूचना सेवा कहते हैं।

**3. संचार के स्रोत**—आज अनुसंधान कार्य में हुई असाधारण वृद्धि व साहित्य के विस्फोंट के कारण सूचना का प्रवाह, संचार व सम्प्रेषण अधिक मुश्किल हो गया है। चूँकि अनुसंधानकर्त्ताओं के पास अवांछनीय सामग्री को पढ़ने का समय नहीं होता है इसलिए अगर उन्हें केवल उनसे ही सम्बन्धित सूचना ही प्रदान की जाय तो उनके कीमती वक्त की बचत हो सकती है जो सिर्फ सूचना सेवा की व्यवस्था करने से ही सम्भव हो सकता है।

**4. भाषा की विविधता**—विश्व का साहित्य लगभग 40 भाषाओं में प्रकाशित हो रहा है जबकि कोई भी सामान्य व्यक्ति दो या तीन भाषाओं से अधिक का ज्ञान नहीं रखता है। इन अवस्थाओं में वह सभी साहित्य जो उसकी अपरिचित भाषाओं में प्रकाशित हुआ है तब तक निरर्थक ही रहेगा जब तक कि उसका समुचित उपयोग न हो जाये। सूचना सेवा के अन्तर्गत सूचना का न सिर्फ अनुक्रमणिकरण, सारांशीकरण व पुनर्प्रतिलिपिकरण ही किया जाता है, बल्कि उसे उस भाषा से अनुदित भी किया जाता है। इसलिए ऐसे साहित्य का भी सदुपयोग सूचना सेवा के माध्यम से सम्भव हो जाता है।

**5. आर्थिक समस्या**—विश्व में प्रकाशित सम्पूर्ण साहित्य को अपनी आर्थिक सीमाओं के कारण हर पुस्तकालय को अर्जन एवं अधिग्रहण करना सम्भव नहीं हो पाता है। इसलिए ऐसा साहित्य जो आर्थिक सीमाओं के कारण ग्रन्थालय में नहीं आ सका है उससे अनुसंधानकर्ता या उपयोगकर्ताओं वंछित रह जाते हैं। ऐसी अवस्था में सूचना सेवा के द्वारा ऐसे साहित्य की प्रतिलिपियाँ तैयार करके उपयोगकर्ताओं को उनकी आवश्यकतानुसार मौजूद कराया जा सकता है। अतः अनुसंधान कार्यों पर जितना धन खर्च किया जाता है उसकी सार्थकता सिद्ध करने के लिए ग्रन्थालय में सूचना सेवाओं पर भी खर्च किया जाना चाहिए तभी अपेक्षित परिणाम प्राप्त हो सकते हैं।

## सन्दर्भ सेवा एवं सूचना सेवा में अन्तर

ग्रन्थालयों तथा सूचना केन्द्रों में परम्परागत रूप से सन्दर्भ सेवा तथा सूचना सेवा का आयोजन किया जाता है। इनकी प्रकृति एवं उद्देश्य में अधिक अन्तर न होते हुए भी इनमें कुछ मौलिक भेद है। कभी-कभी सूचना सेवा को सन्दर्भ सेवा ही माना जाता है वस्तुतः ऐसा नहीं है। इन दोनों में कुछ अन्तर है।

1. सन्दर्भ सेवा के पाठक या उपयोगकर्ताओं सामान्य श्रेणी के ही होते हैं जबकि सूचना सेवा के उपयोगकर्त विशिष्ट श्रेणी के अर्थात् अनुसंधानकर्ता, विषय विशेषज्ञ अथवा वैज्ञानिक होते हैं।

2. सन्दर्भ सेवा पाठक को उसके वांछित प्रलेख से जोड़ने की परम्परागत अभिगम की ओर निर्देशित करती है जबकि सूचना सेवा में सूचना उपलब्ध कराने पर अधिक जोर दिया जाता है तथापि सन्दर्भ सेवा का महत्त्व व उदारवादी सिद्धान्त ग्रन्थालयियों से सूचना स्वयं उपलब्ध कराने की उम्मीद करता है।

3. सन्दर्भ सेवा में अधिकतर उपयोगकर्ताओं को उन सन्दर्भ उपकरणों की ओर निर्देशित करती है जबकि सूचना सेवा में सूचना उपलब्ध कराने पर अधिक जोर दिया जाता है तथापि सन्दर्भ सेवा का महत्त्व व उदारवादी सिद्धान्त ग्रन्थालयियों से सूचना स्वयं मौजूद कराने की उम्मीद करता है।

4. सन्दर्भ सेवा में अधिकतर उपयोगकर्ताओं को उन सन्दर्भ उपकरणों की ओर निर्देशित कर दिया जाता है जिनमें उनकी वांछित सूचना निहित होती है व उससे यही उम्मीद की जाती है कि वह स्वयं सूचना की खोज करे। परन्तु सूचना सेवा में, उपयोगकर्ताओं को सूचना को सूक्ष्म निरूपण, विस्तृत रूप से व त्वरित गति से उपलब्ध कराने का प्रयत्न किया जाता है।

5. सन्दर्भ सेवा सूचना की माँग किए जाने पर उपलब्ध होने से अधिक सम्बन्धित होती है अर्थात् विशिष्ट प्रश्नों के उत्तर प्रदान करने की व्यवस्था होती है जबकि दूसरी ओर सूचना सेवा उपयोगकर्ताओं की माँग से पहले ही सूचना उपलब्ध कराने की ओर अधिक बल देती है।

6. सन्दर्भ सेवा के उद्देश्यों में से एक उद्देश्य उपयोगकर्ताओं को ग्रन्थालय के संसाधनों का उपयोग करने के लिए परामर्श तथा निर्देश देना होता है जिससे वह अपना वांछित प्रलेख अथवा सूचना प्राप्त कर सके। सूचना सेवा में ऐसा कोई परामर्श तथा निर्देश नहीं दिए जाते हैं क्योंकि सूचना सेवा के उपयोगकर्ताओं को ज्यादा प्रबुद्ध व विशेषज्ञ माना जाता है।

7. सन्दर्भ सेवा में परम्परागत विधियों तथा उपकरणों जैसे सन्दर्भ स्रोतों का अनुसरण किया जाता है जबकि सूचना सेवा में यन्त्रों व यान्त्रिक विधियों का उपयोग किया जाता है।

8. सन्दर्भ सेवा ज्यादातर सभी स्तर के पाठकों के लिए आयोजित की जाती है जबकि सूचना सेवा ज्यादातर उच्च ज्यादातर के विशेषज्ञों के लिए ही आयोजित की जाती है।

9. सन्दर्भ सेवा में कोई उपकरण अथवा यन्त्र का उपयोग करके सेवा प्रदान नहीं की जाती है जबकि सूचना सेवा में आधुनिक सूचना प्रौद्योगिकी तथा उसमें प्रयुक्त नवीन यन्त्रों जैसे कम्प्यूटर आदि का उपयोग किया जाता है।

10. सन्दर्भ सेवा में सामान्य 'हार्डवेयर' जैसे वाङ्मयसूची, अध्ययन सूची तथा अनुक्रमणिका आदि का उपयोग किया जाता है जबकि सूचना सेवा में हार्डवेयर एवं सॉफ्टवेयर दोनों का प्रयोग किया जाता है। आधुनिक तकनीकि उपकरण-यथा—ऑनलाइन, टेलेक्स, माइक्रोफिल्म, डिस्क, सीडी-रोम आदि सूचना सेवा के अतिआवश्यक अंग हैं।

11. सन्दर्भ सेवा में सन्दर्भ कार्मिक को उपयोगकर्ता द्वारा प्रलेख या सूचना की माँग करने का इन्तजार करना पड़ता है परन्तु सूचना सेवा में कार्मिक उपयोगकर्ताओं का कोई इन्तजार नहीं करता है, बल्कि वह अपने कार्य में मग्न रहता है। सूचना कार्मिकों का उद्देश्य उपयोगकर्ताओं को उसके विशिष्ट क्षेत्र अथवा उससे जुड़े क्षेत्र से उद्यतन बनाये रखने के लिए उसकी मदद करना होता है।

इस प्रकार हम देखते हैं कि सन्दर्भी सेवा एवं सूचना सेवा के अन्तर को स्पष्ट करने के लिए विभाजन की कोई सीधी रेखा नहीं है। कोई भी ग्रन्थालय सेवा सूचना सेवा कही जा सकती है। हकीकत में सूचना सेवा कुछ नहीं सन्दर्भ सेवा का ही एक

आधुनिक रूप है। इसीलिए काट्ज (Katz) महोदय ने सन्दर्भ सेवा का ही एक आधुनिक रूप है। कि सूचना सेवा सन्दर्भ सेवा के लिए सम्बन्धित रूप से नया पद है व सूचना सेवा उसकी विशेषताओं के आधार पर सन्दर्भ कार्य का ही एक विकसित रूप है।

## रिफरल सेवा

ग्रन्थालयों तथा सूचना केन्द्रों में विशाल मात्रा में ग्रन्थों, प्रलेखों तथा पठनीय-सामग्री का संकलन तथा संग्रहण किया जाता है तथा इस संकलन को उसके उपयोगकर्ताओं को उपलब्ध कराने के लिए ही ग्रन्थालयों में अनेक प्रविधियों, विधियाँ एवं प्रक्रियाएँ सम्पन्न की जाती हैं। परन्तु कोई भी सामान्य उपयोगकर्ताओं विशाल साहित्य के विविध प्रकारों, स्वरूपों तथा संख्या के साथ-साथ इन प्रक्रियाओं एवं प्रविधियों से परिचित नहीं होता है इसलिए उसे अपना वांछित प्रलेख प्राप्त करने अथवा प्रश्नों के जवाब प्राप्त करने में जो व्यक्तिगत मदद ग्रन्थालयों में प्रदान की जाती है उसे ही सन्दर्भ सेवा कहते हैं।

सन्दर्भ सेवा का एक आवश्यक रूप रिफरल सेवा है। रिफरल सेवा के अन्तर्गत प्रश्नकर्ता या उपयोगकर्त्ताओं का सम्बन्ध ग्रन्थालय में संगृहीत पाठ्य-सामग्री से न कराकर विद्वानों, विशेषज्ञों व संस्थाओं से सम्पर्क स्थापित करने के लिए मात्र रिफर किया जाता है।

ज्यादातर सन्दर्भ सेवा की दृष्टि से ग्रन्थालयों में सन्दर्भ सेवा में लगे कार्मिक उन स्रोतों तथा सामग्रियों से उपयोगकर्त्ताओं का सम्पर्क स्थापित कराते हैं जिनसे उन्हें उनकी वांछित सूचना प्राप्त हो जाय। किन्तु सन्दर्भ सेवा की सीमा यहीं तक निर्धारित नहीं है इससे आगे रिफरल सेवा के अन्तर्गत प्रलेखों से सम्पर्क स्थापित कराने की तुलना में उसके क्षेत्र से सम्बन्धित व्यक्तियों, अनुसंधानकर्ताओं तथा विशेषज्ञों से सम्पर्क स्थापित कराने के प्रयास हेतु उनकी मदद की जाती है जिसे उन्हें वांछित ज्ञान प्राप्त करने के लिए उनकी सहायता की जाती है जिनसे उन्हें वांछित ज्ञान प्राप्त हो सके। ऐसी व्यवस्था को रिफरल सेवा कहते हैं।

जितने प्रकार की सूचनाएँ होती हैं उतने ही प्रकार से सूचना प्रदान करने की विधियाँ भी होती हैं। कोई भी पुस्तकालय सभी प्रकार की सामग्रियों से युक्त होने का दावा नहीं कर सकता इसलिए उन्हें अन्य ग्रन्थालयों की मदद तथा सहयोग पर निर्भर रहना पड़ता है। इसके अलावा सूचना सुलभ करने की सेवा-व्यवस्था को रिफरल सेवा कहते हैं जिसके अन्तर्गत उपयोगकर्ताओं एवं विशेषज्ञों के बीच सम्बन्ध स्थापित कराकर सूचना सुलभ की जाती है।

## रिफरल केन्द्र

रिफरल सेवा प्रदान करने के लिए पुस्तकालयों में रिफरल केन्द्रों की स्थापना की जाती है। चूँकि रिफरल सेवा एक सामान्य पाठक को प्रदान न की जाकर विशिष्ट उपयोगकर्ताओं जैसे वैज्ञानिक क्षेत्र में संलग्न अनुसंधानकर्ता व वैज्ञानिक विशेषज्ञों विषय विशेषज्ञों को प्रदान कराने की व्यवस्था की जाती है इसलिए रिफरल केन्द्र विशेषकर वैज्ञानिक तथा तकनीकि समुदाय की सेवा के लिए स्थापित किए जाते हैं। रिफरल केन्द्र ग्रन्थालय के मुख्य द्वार के पास ऐसा केन्द्र स्थापित किया जाता है जो एक सूचना केवल के रूप में कार्य करता है। इस डेस्क पर मात्र निर्देशिकाओं एवं गाइडों तथा तालिकाओं जैसे अभिगम उपकरणों का संकलन किया जाता है जिनसे सूचना उपलब्ध न कराकर सूचना के साधनों का विवरण आपको बता दिया जाता है और आप उस साधनों के उपलब्धि स्थान पर जाकर उसका अवलोकन कर सकते हैं।

रिफरल केन्द्र स्थापित करने की दिशा में संयुक्त राज्य अमेरिका के राष्ट्रीय ग्रन्थालय लाइब्रेरी ऑफ काँग्रेस ने विज्ञान तथा प्रौद्योगिकी के क्षेत्र में रिफरल सेवा प्रदान करने हेतु नेशनल रिफरल सेंटर फार साइंस एण्ड टेक्नालॉजी की स्थापना की हुई है जिसकी इस क्षेत्र में सेवाएँ प्रशंसनीय एवं उल्लेखनीय है। इस केन्द्र से कोई भी उपयोगकर्ता टेलीफोन के माध्यम से अथवा लिखित रूप से सम्बन्धित प्रकरणों पर प्रश्नों के उत्तर प्राप्त कर सकता है। यह केन्द्र अपने टेपों तथा अनुसंधान कार्यक्रमों के अभिलेखों से जुड़े विशेषज्ञों, संसाधनों, व्यक्तियों व संस्थाओं का पूर्ण विवरण अनुसंधानकर्त्ताओं को उपलब्ध करा देता है जिससे सीधा व स्थापित कर वांछित सूचना प्राप्त की जा सकती है। आज के युग में इस प्रकार की सेवा व्यवस्था का आयोजन करना बहुत ही आवश्यक है जिसके लिए किसी भी रिफरल केन्द्र को महत्त्वपूर्ण सूचना स्रोतों की एक तालिका व इन स्रोतों की प्रकाशित निर्देशिका का संचालन करना अत्यन्त जरूरी है।

## वांगमयात्मक सेवाएँ

आज के युग में सूचना-सामग्रियों की संख्या इतनी विशाल हो चुकी है कि उस पर नियन्त्रण करना एक बहुत ही जटिल कार्य हो गया है। प्रत्येक देश के बहुमुखी विकास के लिए आवश्यक है कि वह सूचना को अधिक से अधिक मात्रा में सगृहीत कर अपने उपयोगकर्ताओं विशेषकर अनुसंधानकर्त्ताओं तथा वैज्ञानिकों को

उपलब्ध कराने का प्रयत्न करें। इस सम्बन्ध में उपयुक्त निर्णय लेने के लिए वांछित सूचनाओं का अभाव अधिक अवरोध पैदा करता है तथा साथ ही नवीन विधियों, प्रविधियों एवं विकासों में इसका उपयोग करने में तथा सहभागिता का निर्वाह करने में भी कठिनाइयों का सामना करना पड़ता है। इस प्रकार की मुश्किलों को मात्र पुस्तकालय एवं सूचना केन्द्रों में पाठकों के उपयोगार्थ वाङ्मयात्मक सेवाओं की व्यवस्था करके दूर किया जा सकता है।

## वाङ्मयात्मक सेवा का अर्थ

प्रलेखों में अभिलिखित सूचना की विविधता, जटिलता व विशालता के कारण यह अनुभव किया जाने लगा कि सूचना का समुचित उपयोग हो सके इसके लिए यह जरूरी है कि सूचना के सभी अभिलेखों को क्रमबद्ध रूप से तालिकाबद्ध करके हमेशा उपयोग के लिए करके रखा जाय। इस अवधारणा के परिणामस्वरूप वाङ्मयात्मक संगठन एवं व्यवस्था की धारणा का प्रादुर्भाव हुआ जिसमें इसके लिए ग्रन्थालय तथा सूचना केन्द्रों में वाङ्मयात्मक सेवाओं की व्यवस्था करना एक जरूरी क्रियाकलाप माना जाने लगा है।

पुस्तकालय एवं सूचना सेवा के क्षेत्र में वाङ्मयात्मक सेवाओं का अभिप्राय उपयुक्त एवं निश्चित समय पर विशिष्ट एवं आवश्यक आवश्यकता की पूर्ति हेतु किसी पाङ्मय सूची के उपलब्ध कराने के लिए उपयोग में लायी जाने वाली युक्तियों, प्रविधियों तथा सुविधओं की व्यवस्था करना होता है। इसलिए उपयुक्त सेवा के आयोजन हेतु वाङ्मयात्मक सेवाओं में अनेक सेवाएँ उपलब्ध कराई जाती हैं जिनमें वाङ्मय सूची सेवा, अनुक्रमणिका तथा व्यवस्था की जाती है।

## विभिन्न क्षेत्रों की वांगमयात्मक सेवाएँ

विभिन्न क्षेत्रों में वांङ्मयात्मक सेवाओं की संख्या व प्रारूपों से यह एहसास होता है कि मानविकी तथा सामाजिक विज्ञानों की अपेक्षा वैज्ञानिक तुलना में प्रौद्योगिकी के क्षेत्रों में इनका बाहुल्य है। इसका मुख्य कारण विषयों की विकासात्मक स्थिति, ज्ञान-सामाग्रियों का उत्पादन, आवश्यक, उद्देश्यात्मक तथा व्यावहारिक अनुसंधान के क्रियाकलाप रहे हैं। वाङ्मयात्मक सेवाओं के उद्देश्य से प्रलेखन केन्द्रों, विशाल ग्रन्थालयों व सहकारी कार्यक्रमों के आधार पर संघ प्रसूचियों का संकलन व प्रकाशन एक महत्त्वपूर्ण कार्य माना जाता है। इसके अलावा राष्ट्रीय वाङ्मय सूचियों का प्रकाशन राष्ट्रीय प्रकाशनों के नियन्त्रण का सबसे अधिक सूचनाप्रद उपकरण माना जाता है। जगत्प्रसिद्ध प्रकाशन कम्पनियों द्वारा प्रकाशित

व्यापारिक तथा राष्ट्रीय वाङ्मय सूचियाँ वाङ्मयात्मक नियन्त्रण के उत्कृष्ट उपकरण हैं। अनुक्रमणिका तथा सारांशीकरण सेवा पत्रिकाओं में अमेरिका, ब्रिटेन व सोवियत संघ अग्रणी रहे हैं।

**1. विज्ञान एवं प्रौद्योगिकी के क्षेत्र की वाङ्मयात्मक सेवाएँ–**

(अ) Chemical Abstracts
(ब) Physics Abstracts
(स) Mathematical Reviews
(द) Science Citation Index
(य) Pure & Applied Science Index

**2. जीवन विज्ञान के क्षेत्र की वांङ्मयात्मक सेवाएँ–**

(अ) Biological Abstracts
(ब) Excerta Medica
(स) Index Medicus

**3. मानविकी के क्षेत्र की वांङ्मयात्मक सेवाएँ–**

(अ) International Bibliography of Religion
(ब) Abstracts of English Studies
(स) The Art index

**4. सामाजिक विज्ञानों के क्षेत्र की वांङ्ग मयात्मक सेवाएँ–**

(अ) Social Science Abstracts
(ब) British Humanities Index
(स) India Index
(द) Social Science Index

## सूचना पुनर्प्राप्ति में अनुक्रमाणिकाकरण की उपयोगिता

वर्तमान में प्रलेखों की अपेक्षा प्रलेखों की विषय वस्तुओं का महत्त्व अधिक है। सूचना प्रसार तथा सम्प्रेषण की गतिविधियों को सरल तथा तीव्रगति बनाने हेतु व अभीष्ट सूचना को कम से कम समय में उपलब्ध कराने के लिए अनेक प्रकार की अनुक्रमणिकाकरण पद्धतियों को विकसित किया गया है जो सूचना पुनर्प्राप्ति के क्षेत्र में अत्यधिक महत्त्वपूर्ण मानी गयी है।

अनुक्रमणिका किसी विषय विशेष, प्रकरण विशेष व अभिज्ञानकृत प्रलेख के बीचा की एक कड़ी का कार्य करती है जिससे दोनों सन्निकट आ जाते हैं। सूचना

विश्लेषण के अनेक चरण (Stages) में से एक चरण अनुक्रमणिकरण भी है। जब अनुक्रमणिकरण भी है। जब अनुक्रमणिकरण किसी प्रलेख की विषय वस्तु क्षेत्र या महत्त्व आदि की व्याख्या तथा मूल्यांकन प्रस्तुत करती है तो वह व्याख्यात्मक अनुक्रमणिका के सारांश के उद्देश्य की पूर्ति करती है। वाङ्मयात्मक अनुक्रमणिका में ऐसा नहीं होता हैं बल्कि यह आधार सामग्री (Data) अथवा प्रलेखक का सत्यापन तथा निर्धारण स्थान प्रस्तुत करती है। विषय अनुक्रमणिका विषयों का विश्लेषण मौलिक पदों के रूप में करके उन्हें क्रमबद्ध रूप में व्यवस्थित कर व उन पदों का संश्लेषण कर विषयों के सम्बन्ध को स्पष्ट करती है।

## सूचना पुनप्राप्ति प्रणाली

सूचना पुनर्प्राप्ति एक विस्तृत तथा व्यापक पद है जो 1950 में सर्वप्रथम काल्विन मूर्स ने प्रयोग किया था। ग्रन्थालय तथा सूचना विज्ञान के परिप्रेक्ष्य में इसकी व्याख्या निम्न प्रकार की जा सकती है—

सूचना के उपयोगकर्ताओं के सवालों को जवाब प्रदान करने या अध्येताओं के लिए ग्रन्थालयों में किसी संग्रह में से सूचना को प्राप्त करने की प्रक्रिया को सूचना पुनर्प्राप्ति कहते हैं। काल्विन मूर्स ने सूचना पुनर्प्राप्ति की परिभाषा निम्न प्रकार दी है—संगृहीत ज्ञान में से विशिष्ट विषय के निर्देशानुसार वांछित सूचना को खोजकर प्राप्त करना ही सूचना पुनर्प्राप्ति कहलाता है।

पुस्तकालय व सूचना सेवा के परिप्रेक्ष्य में सूचना पुनर्प्राप्ति का अर्थ किसी भी विशालतम साहित्य संग्रह से वांछित तथा उपयुक्त सूक्ष्म प्रलेख को खोलकर निकालना है जिसमें अभीष्ट सामग्री निहित हो उस सूचना को उपयोगकर्ताओं को प्रदान करना है। सूचना पुनर्प्राप्ति प्रणाली यंत्रवत या मैन्युअल दोनों प्रकार की हो सकती है। तीसरे प्रकार की सूचना पुनर्प्राप्ति प्रणाली ऑनलाइन प्रणाली है जो कम्प्यूटर के द्वारा प्रदान की जाती है तथा जिसमें सूचना के संग्रहण व पुनर्प्राप्ति का कार्य डेटाबेसों में होता है।

## सूचना पुनर्प्राप्ति प्रणाली में अनुक्रमणिका का महत्त्व एवं उपयोगिता

सूचना पुनर्प्राप्ति की दृष्टि से प्रलेखन की अन्य प्रक्रियाओं तथा प्रविधियों में अनुक्रमणिकारण को सर्वाधिक महत्त्वपूर्ण माना गया है। परिणाम इसकी रचना तथा विधियों को उपयोगी बनाने पर पर्याप्त ध्यान दिया गया है क्योंकि वांछित सूचना को प्राप्त करने में अनुक्रमणिका की कार्यकुशलता के कारण सूचना पुनः प्राप्ति का

कार्य आसान हो जाता है। इसलिए इस दिशा में अनुक्रमणिकाकरण की नवीन नयी आधुनिक अनेक विध्यिों का आविष्कार एवं विकास किया गया है जिसमें परम्परागत अनुक्रमणिकाकरण तथा अपरम्परागत अनुक्रमणिकाकरण के अलावा यांत्रिक विधियों विशेष रूप से प्रचलित है। सूचना पुनर्प्राप्ति के लिए इनका व्यापक उपयोग अनुक्रमणिकाकरण के क्षेत्र में किया जाता है इसलिए इस क्षेत्र में इनकी उपयोगिता को अधिक महत्त्व दिया जाता है।

## अनुक्रमणिकाकरण में यंत्रीकरण

वर्तमान पुस्तकालयों में न सिर्फ आंतरिक व्यवस्था के लिए यंत्रीकरण का उपयोग किया जा रहा है अपितु सूचना सेवाओं के आयोजन में भी इसका उपयोग किया जा रहा है। यंत्रीकरण का मुख्य रूप से कोई भी वस्तु अथवा कोई भी संगृहीत सूचना के हस्तकौशल (Manipulation) से जुड़ी अथवा उसके साथ कार्यरत होने से होता है। यंत्रीकरण किसी भी प्रक्रिया अथवा प्रणाली को स्वचालित तथा स्वतः कार्यशील बनाने की एक तकनीक होती है। यंत्रीकरण में वास्तविक आधार कम्प्यूटर ही होता है क्योंकि कम्प्यूटर में सूचना संग्रहण करने की व तीव्रगति से सूचना को खोजकर उपलब्ध कराने की अपार शक्ति होती है जिसके कारण सूचना सेवाओं की अनेक प्रविधियों तथा प्रक्रियाओं में इसके अनुप्रयोग की जरूरत है। पुस्तकालयों में कम्प्यूटर के उपयोग करने का मुख्य उद्देश्य उपयोगकत्ताओं की आवश्यकताओं की पूर्ति कुशलता के साथ सम्भव करना होता है तथा सीमित श्रम का अधिकाधिक उपयोग करने का मुख्य उद्देश्य उपयोगकर्ताओं की जरूरतों की पूर्ति कुशलता के साथ सम्भव करना होता है व सीमित श्रम का अधिकाधिक उपयोग कर कार्य को सिद्ध करना होता है इसे वास्तविक यंत्रीकरण की संज्ञा दी गई है। इस प्रकार पुस्तकालय में यंत्रीकरण का उद्देश्य पुस्तकालय की अनेक प्रकार की सेवाओं को यंत्रेण सम्पन्न तथा निष्पादित करने से होता है।

## अनुक्रमणिकाकरण में यंत्रीकरण

सूचना पुनर्प्राप्ति प्रणाली में कम्प्यूटर का उपयोग कर यंत्रीकरण किया जा रहा है। अनुक्रमणिकाकरण में कुछ कार्य मनुष्य पर निर्भर (Manual) होते हैं और कुछ कार्य कम्प्यूटर के माध्यम से सम्पन्न किए जाते हैं अतः अनुक्रमणिकाकरण मे्ं कम्प्यूटर का प्रयोग आंशिक आधार पर पूर्णरूप से किया जाता है। इसी आधार पर अनुक्रमणिकाकरण में यंत्रीकरण का उपयोग निम्न दो रूपों में होता है—

**1. कम्प्यूटर की मदद से अनुक्रमणिकाकरण**—जिन अनुक्रमणिकाओं का उत्पादन दोनों विधियों श्रमपूर्ण विधि (Manual) तथा कम्प्यूटर विधि से किया जाता है वे पूर्णतः कम्प्यूटरीकृत अनुक्रमणिकाएँ हैं क्योंकि इनमें दोनों विधियों का उपयोग होता है। बीएनबी (BNB) की प्रेसिस (PRECIS) व Current Technology Inex एवं अन्य कई अनुक्रमणिकाएँ हैं कम्प्यूटर की मदद से निर्मित अनुक्रमणिकाएँ हैं। इसमें श्रमपूर्ण विधि व कम्प्यूटर विधिक दोनों शामिल हैं। प्रेसिस (PRECIS) में प्रारम्भिक कार्य यथा—मूलपाठ का विश्लेषण एवं परीक्षण, विषय प्रस्तुतीकरण के लिए उपयुक्त पदों का चयन तथा इनका क्रम निर्धारण, पंक्तियों का लिखना, अग्रणी पदों का निर्धारण आदि कार्य वस्तुतः अनुक्रमणीयक (Indexer) द्वारा सम्पन्न किए जाते हैं। संलेखों का अत्यधिक मात्रा में तैयार करना और आँकलित करने आदि का कार्य कम्प्यूटर द्वारा श्रमपूर्ण विधि की तुलना में बड़ी तीव्रता के साथ किया जाता है। इसलिए इस अनुक्रमणिकाकरण में दोनों विधियों का उपयोग होने से कम्प्यूटर की मदद से किया गया अनुक्रमणिकाकरण (Computer Aided Indexing) कहा जाता है।

**2. कम्प्यूटरीकृत अनुक्रमणिकाकरण**—जिन अनुक्रमणिकाओं का उत्पादन सिर्फ कम्प्यूटर द्वारा ही किया जाता है वे कम्प्यूटरीकृत अनुक्रमणिकाएँ कहलाती हैं। इनमें श्रमपूर्ण विधि से कोई कार्य सम्पन्न नहीं किया जाता है। कम्प्यूटरीकृत अनुक्रमणिका के निर्माण में मनुष्य का हस्तक्षेप कम होता है और सम्पूर्ण कार्य कम्प्यूटर के माध्यम से ही सम्पन्न किया जाता है। इसमें मनुष्य के बौद्धिक कार्य की जरूरत बहुत कम होती है सम्पूर्ण अनुक्रमणिका का कार्य स्वतः यंत्रवत होने लगता है।

विषयानुसार अभिगम (Subject Approach) आजकल अत्यधिक लोकप्रिय तथा उपयोगी होने के कारण कम्प्यूटर द्वारा प्रस्तुत की जाने वाली उत्तम अनुक्रमणिकाकरण विधियों को विकसित किया गया है जिनमें क्विक, प्रेसिस व पॉप्सी पर्याप्त लोकप्रियता अर्जित कर चुकी हैं।

## सारांशीकरण

जब किसी प्रलेख में दिए गये विवरण अथवा कथन को संक्षेप में प्रस्तुत करते हैं तो साधारणतया उस संक्षिप्त विवरण को ही सारांश कहते हैं। सारांश एक ऐसा माध्यम है जिससे उपयोगकर्ता को यह पता चलता है कि उक्त प्रलेख में किन बातों पर प्रकाश डाला गया है। संक्षेप में किये हुए सार को ही हम सारांशीकरण कहते

हैं। सारांशीकरण सेवा आजकल ग्रन्थालयों, सूचना तथा महत्त्वपूर्ण सेवा मानी जाती है।

## *सारांशीकरण के सिद्धान्त*

**(अ) आकार**—सार का आकार कितना होना चाहिए अर्थात् सार कितने शब्दों में प्रस्तुत किया जाना चाहिए।

(1) बोर्को एवं वर्नियर के अनुसार सार 1—1000 शब्दों में होना चाहिए।

(2) प्रामाणिक आकार (धारावाहिकों के लिए) 50—150 शब्दों में।

(3) सूचनात्मक सार (DDC के अनुसार) 200—250 शब्दों में।

(4) 200—250 शब्दों में सर्वोत्तम माना जाता है।

**(ब) लेखन शैली**—

(1) सार सरलतम शैली में लिखा जाना चाहिए।

(2) विशिष्ट क्रिया कलापों (Methodology) को भूतकाल में लिखना चाहिए क्योंकि वे भूतकाल में ही सम्पन्न किए जाते हैं।

(3) लेकिन निष्कर्ष को हमेशा वर्तमान काल में प्रदर्शित करना चाहिए।

**(स) शब्द**—

(1) शब्दों के उपयोग में मितव्ययिता होनी चाहिए।

(2) शब्दों का क्रम व्यवस्थित होना चाहिए जिससे पाठकों द्वारा सरलता से पढ़ा तथा समझा जा सके।

(3) अनावश्यक शब्दों को छोड़ देना चाहिए। जैसे—The paper deals with आदि।

**(द) वाक्य**—

(1) वाक्य पूरे तथा संक्षिप्त होने चाहिए।

(2) प्रारम्भिक वाक्य (Opening) ऐसा होना चाहिए जिससे कि शीर्ष की पुनरावृत्ति न होकर क्योंकि इससे लाभ तथा हानियाँ दोनों ही होते हैं।

**(य) भाषा**—

(1) सरल भाषा का प्रयोग करना चाहिए।

(2) भाषा में तोड़-मरोड़ चिह्न (Symbols) व ट्रेड नामों (Trade Names) का प्रयोग आवश्यक न होकर ऐच्छिक होना चाहिए क्योंकि इससे लाभ तथा हानियाँ दोनों ही होते हैं।

(3) सार में मूल प्रलेख को पूर्णरूप से प्रदर्शित करना चाहिए।

## *उत्तम सारांश*

किसी प्रलेख में निहित तथ्यों के संक्षिप्त रूप को सारांश कहते हैं। सारांश में कुछ विशेषताएँ होती हैं तभी वह उत्तम सारांश हो सकता है। ये विशेषताएँ निम्नवार होती हैं–

**1. संक्षिप्तता**–सारांशों की सबसे महत्त्वपूर्ण विशेषता उनका संक्षिप्त होना है अर्थात् मूल आलेख की अपेक्षा साराश अत्यन्त संक्षिप्त होना चाहिए। परन्तु यह मूल आलेख के मुख्य उद्देश्य तथा निष्कर्ष को पूर्ण व्यक्त करने की क्षमता जरूरी रखता हो। संक्षिप्त सारांश संक्षिप्त प्रतिरूप (Surrogate) के रूप में उपयोग करने में सुविधाजनक रहता है। संक्षिप्तता से न सिर्फ उपयोगकर्ता के ही समय की बचत होती है अपितु स्थान की भी बचत होती है जिससे इसके प्रस्तुतीकरण, मुद्रण प्रकाशन का खर्च भी कम हो जाता है। ऐतिहासिक पृष्ठभूमि की आवश्यकता सारांश में नहीं होती है क्यांकि उपयोगकर्ताओं का बौद्धिक स्तर पहले से ही उच्चश्रेणी का होता है।

स्थान की बचत करने के लिए सारांशों में प्रतीकों तथा सकेताक्षरों का प्रयोग किया जाता है अतः सारांशों को प्रस्तुत करने का प्रशिक्षण दिया जाना चाहिए। उपयुक्त तथा उचित मानकों तथा संकेताक्षरों एवं अन्य विधियों का उपयोग करने से सारांश स्वतः ही संक्षिप्त हो जाते हैं।

सारांश के आकार के विषय में भिन्नता है। कितने शब्दों में इन्हें प्रस्तुत किया जाना चाहिए वह मूल प्रलेख आश्रित होता है। परन्तु उत्तम सारांशों के आकार में एक शब्द से लेकर 1000 (एक हजार) शब्दों की भिन्नता होने का संकेत बोर्को तथा बर्नियर (Borko and Bernier) ने दिया है।

**2. शुद्धता**–मूल प्रलेख की विषयगत विशेषताओं के अनुसार सारांशों का विशुद्ध होना अति जरूरी है जिससे किसी भी प्रकार का संदेह उत्पन्न न हो सके। मानवीय क्रिया कलापों में गलतियों का होना स्वाभाविक है इसलिए इन गलतियों से बचने की युक्तियों का प्रयास सारकर्त्ता (Abstractor) को करना चाहिए। गलतियाँ होने की सम्भावना निम्न प्रकार की हो सकती है–

**(अ) उद्धरण की त्रुटियाँ**–सारांशों में ग्रंथात्मक उद्धरण अर्थात् सन्दर्भ बिलकुल शुद्ध तथा वास्तविक होने चाहिए जिससे मूल आलेख का अभिज्ञान (Indetification) आसानी से किया जा सके। अ़गर इस प्रकार की गलती होने से मूल आलेख प्राप्त नहीं हो पाता है तो सारांशों की उपयोगिता समाप्त हो जाती है इसलिए उद्धरण की गलतियों से बचने के उपाय करने चाहिए।

(ब) सारांशों के मूल पाठ की गलतियाँ (Errors in the Body of Abstraxts) सारांशीकरण करते समय विषय वस्तु की त्रुटियाँ अधिक होती हैं। अगर सारांशकर्त्ता प्रशिक्षित है तो ऐसी गलतियाँ कम हो सकती हैं। गणितीय आधार सामग्रियों व व्यक्तिवाचक नामों में त्रुटियाँ प्रायः होती रहती हैं। इसलिए इनका सत्यापन अवश्य कर लेना चाहिए।

**3. स्पष्टता**—सारांश में मात्र संक्षिप्तता तथा शुद्धता होना ही उत्तम गुण नहीं है अपितु इसमें स्पष्टता भी होनी चाहिए। अर्थात् सारांश स्पष्ट रूप से उपयुक्त शैली में प्रस्तुत किया जाना चाहिए जो पर्याप्त स्पष्ट और बोधगम्य हो। जहाँ तक सम्भव हो उसे पूर्ण वाक्यों में लिखा जाना चाहिए और ज्यादातर मूल लेखक के शब्दों का ही प्रयोग करना चाहिए। सारांशकर्त्ता के शब्द अस्पष्ट हो सकते हैं जो मूल लेखक के उद्देश्य को स्पष्ट करने में असमर्थ हो सकते हैं इसलिए इसका ध्यान सारांशकर्त्ता को रखना जरूरी होता है।

**4. विश्वसनीयता**—सारांशकरण एवं सारांश प्रस्तुतीकरण में इसके नियमों का पालन किया गया होना चाहिए जिससे सारांश की विश्वसनीयता समाप्त न हो। इसलिए सारांशकर्त्ताओं को इसके नियमों, तकनीकियों व सूत्रों का ज्ञान जरूर होना चाहिए।

**5. प्रामाणिकता**—सारांश में उल्लिखित तथ्यों, निष्कर्षों, सिद्धान्तों, आधार, सामग्रियों, तकनीकियों व विधियों को प्रामाणिक एवं मूल प्रलेख के अनुसार होना चाहिए। इसलिए सारांशकरण पत्रिका के सम्पादकों व इनसे सम्बन्धित अन्य लोगों को विशेषज्ञ एवं प्रशिक्षणयुक्त होना चाहिए। प्रामाणिकता बनाये रखने का प्रयास हमेशा किया जाना चाहिए।

डॉ. रंगनाथन ने सारांश की विशेषताओं तथा गुणों का उल्लेख करते हुए स्पष्ट किया है कि सारांश उच्चस्तरीय होना चाहिए। मौलिक आलेख में निहित सभी जरूरी सूचनाओं का सारांश में समावेश होना चाहिए।

## सामयिक अभिज्ञता सेवा

सामयिक अभिज्ञता सेवा उपयोगकर्त्ताओं की सूचना आवश्यकता के सामयिक अभिगम से प्रत्यक्ष रूप से जुड़ी होती है। सामयिक अभिगम वह है जिसमें उपायोगकर्त्ताओं को सभी नवीनतम सामयिक प्रकाशनों की जानकारी रखना जरूरी होता है। सामयिक अभिगम में सूचना जरूरत की पूर्ति मात्र प्रसार उपकरणों से ही हो जाती है जिसे आधुनिक परिप्रेक्ष्य में सामयिक अभिज्ञता सेवा (Current Awareness Service) के नाम से जाना जाता है।

जिस सेवा के द्वारा उपयोगकर्ताओं को उनके विशिष्ट तथा मूल कार्य क्षेत्रों, अभिरुचियों तथा उनसे जुड़ों विषयों की प्रगति, विकास एवं नवीन प्रकार की ज्ञान सामग्रियों से पूर्ण अवगत तथा उद्यतन रखा जाता है उसे सामयिक अभिज्ञता सेवा कहते हैं। डॉ. रंगनाथन ने सामयिक अभिज्ञता सेवा को समझाते हुए कहा है कि उपयोगकर्ताओं को उनके कार्यक्षेत्र में विरचित नवीनतम विचारधाराओं और सभी प्रकार की उनसे जुड़ी सामग्रियों से जल्दी से अवगत कराने का प्रयत्न ही सामयिक अभिज्ञता सेवा कहलाता है।

यह सेवा सूचना व्यवस्था की एक विधि तथा पद्धति है जिसके माध्यम से प्रलेखों के प्रकाशन के शीघ्र बाद ही उपयोगकर्ताओं को अवगत कराया जाता है। इस सेवा को उपयुक्त मात्रा तथा स्वरूप में इस प्रकार प्रस्तुत किया जाता है जिससे सूचना के सामायिक अभिगम की पूर्ति होती है और सामयिक अभिगम आसान बनता है।

## *सामयिक अभिज्ञता सेवा के आयोजन की विधि*

**1. प्रलेखों कपरिसंचरण**—इस प्रणाली में प्रलेखों को उपयोगकर्ताओं के अवलोकन के लिए एक निश्चित क्रम में भेजा जाता है। जब सभी उपयोगकर्ता बारी-बारी से इन्हें पढ़ लेते हैं तो ये प्रलेख अन्त में पुस्तकालय में संग्रह करने के लिए लौटा कर रख दिए जाते हैं।

**2. सामयिक विषय सूची**—इस प्रणाली में पत्रिकाओं और अन्य प्रकार के सूक्ष्म प्रलेखों की विषय सूचियों का अवलोकन कर यदि उपयोगकर्ता के उपयोग का कोई लेख या प्रलेख है और वे उसे पढ़ना चाहते हैं तो वे सामयिक विषय सूची में वांछित क्रम संख्या में चिह्न लगाकर पुस्तकालय को लौटा देते हैं। पुस्तकालय में अगर फोटोकापी मशीन उपलब्ध है तो उससे उसे चिह्नित लेख की फोटोकापी तैयार कर उसे सम्बन्धित पाठक के पास उपयोगार्थ भेज दिया जाता है।

**3. सारांशकरण पत्रिका**—इस प्रणाली में लेखों तथा अन्य प्रलेखों की सार पत्रिका नियमित या अनियमित रूप से प्रकाशित करके पाठकों में वितरित की जाती है। उपयोगकर्ता उसके सार पढ़कर समझ जाते हैं कि सामग्री उनके लिए उपयोगी है या नहीं। अगर उपयोगी प्रतीत होती है तो बाद में मूल-प्रलेख सम्बन्धी अपनी माँग को पुस्तकालय को भेज देते हैं।

**4. चयनित सूचना प्रकीर्णन**—इस प्रक्रिया में सिर्फ चयनित पत्रिकाओं के लेखों व प्रलेखों के सम्बन्ध में सूचनाएँ प्रसारित की जाती हैं। इसमें प्रत्येक शोधकर्ता या विशेषज्ञ को व्यक्तिगत स्तर पर उनके लिए उपयोगी प्रलेखों के विषय में सूचना

प्रदान की जाती है। यह सेवा पाठकोन्मुखी होती है अतः उपयोगकर्ताओं की रुचियों को ध्यान में रखना जरूरी होता है।

आज की जरुरतों के अनुरूप सामयिक अभिज्ञता सेवा एक अत्यन्त ही उपयोगी तथा उत्तम पुस्तकालय सेवा है जिसका प्रावधान हर पुस्तकालय में आज के समय में होना जरूरी है।

## चयनित प्रसार सेवा

चयनित प्रसार सेवा (Selective Dissemination of Information) जिसे संक्षेप में एसडीआई (SDI) कहते हैं।, CAS सेवा का ही नवीन रूप है। इस प्रणाली में मात्र एकदम सामयिक (Current) पत्रिकाओं में से उस विशिष्ट संगठन में शोधरत वैज्ञानिकों के लिए चुनी हुई पत्रिकाओं के लेखों व प्रलेखों के सम्बन्ध में सूचनाएँ इकट्ठी की जाती हैं। प्रत्येक विशिष्ट पाठक जो उस संस्था के प्रमुखतः शोधकर्ता होते हैं, की रुचियों को ध्यान में रखना जरूरी होता है। SDI की अवधारणा को सर्वप्रथम लुहन (H.P. Luhn) ने निम्न प्रकार परिभाषित किया है—"चयनित प्रसार सेवा किसी संस्था के अन्तर्गत सुलभ की जाने वाली वह सेवा है जो सभी स्रोतों से नयी सूचना सामग्रियों का चयन कर उक्त संगठन के उन विभागों में प्रसारित करती है जहाँ सामयिक कार्यों या अभिरुचि में उसकी उपादेयता की सम्भावना सबसे अधिक होती है।

### *चयनित प्रसार सेवा की प्रक्रिया विधि*

एसडीआई सेवा प्रदान करने के लिए निम्नलिखित प्रक्रियाएँ व चारण अनुसरित किये जाते हैं जिससे उपयोगकर्ताओं को उनके क्षेत्र की सामयिक सूचना उनकी अभिरुचि के समान प्रदान की जा सके।

**1. उपयोगकर्ताओं की प्रोफाइल तैयार करना**—सबसे पहले विशिष्ट पुस्तकालय ऐसे उपयोगकर्ताओं को सुनिश्चित करना पड़ता है जिन्हें ऐसी सेवाओं की जरूरत होती है तथा इन सभी की अभिरुचियों को सुनिश्चित किया जाता है। इसके बाद उनकी विषय अभिरुचि का पूर्ण वर्णन तैयार कर हर एक उपयोगकर्ता के नाम से अलग-अलग फाइल तैयार की जाती है। इनके विषय की भाषा को किसी प्रचलित Indexing Language के द्वारा Key Words प्रदर्शित किया जाता है। SDI सेवा का केन्द्र बिन्दु उपयोगकर्ताओं की प्रोफाइल ही होती है।

**2. प्रलेख प्रोफाइल**—प्रलेख या सूचना केन्द्र में प्राप्त होने वाले समस्त प्रलेखों को विश्लेषित कर उनकी विषय वस्तु को उसी व्यवस्था द्वारा प्रदर्शित किया जाता है

जो उपयोगकर्ता प्रोफाइल के लिए उपयोग की गई है। इसके लिए उसी Indexing System का प्रयोग किया जाता है जिससे उनका मिलान करते समय आसानी रहे। प्रलेख प्रोफाइल में भी विषयों का प्रस्तुतीकरण Key Words के द्वारा किया जाता है।

**3. दोनों प्रोफाइलों का मिलान**—दोनों प्रोफाइलों के Key Words को देखकर दोनों का अभिसरण किया जाता है। अगर दोनों प्रोफाइलों के Key Words में सामंजस्य पाया जाता है तो इस बात को नोट कर लिया जाता है।

**4. अधिसूचना भेजना**—जब दोनों प्रोफाइलों के मिलान करने पर यह पता चलता है कि प्रलेखों Key Words के किस उपयोगकर्ता की प्रोफाइल के Key Words से मेल खा रहे हैं तो सम्भावित प्रलेखों की उपलब्धता की सूचना तत्सम्बन्धित उपयोगकर्ताओंओं को दी जाती है। इस सूचना में उन्हें प्रलेखन सूची की सूचना दी जाती है।

**5. पुनर्निवेशन**—जब उपयोगकर्ता को सूचना प्राप्त हो जाती है तब वह उनकी उपयोगिता तथा आवश्यकता देखते हुए अपनी प्रतिक्रिया प्रकट करता है कौन से प्रलेख उसके लिए उपयोगी है और कौन से नहीं। कभी-कभी उपयोगकर्ताओं की विषय की रुचि में बदलाव हो जाता है। इस व्यवस्था में वह अपनी परिवर्तित रुचि को प्रकट करता है।

**6. उपयोगकर्ता की प्रोफाइल का पुनः संशोधन**—जैसे ही उपयोगकर्ता की अभिरुचि में परिवर्तन की सूचना प्राप्त होती है तो सूचना वैज्ञानिक उसकी प्रतिक्रिया के अनुसार संशोधन करता है व नवीन विषय को प्रोफाइल में अंकित किया जाता है। इस प्रकार उपयोगकर्ता की प्रोफाइल का पुनः संशोधन हो जाता है।

**7. पाठक की जिज्ञासा का समाधान**—अगर कोई उपयोगकर्ता किसी विशेष प्रलेख की जिज्ञासा रखता है तो उसे तथा प्रलेख अवलोकनार्थ भेजने की व्यवस्था की जाती है। अगर प्रलेख उपलब्ध न हो तो उसकी टंकित प्रति या फोटो प्रति भेजी जाती है।

## प्रवृत्ति प्रतिवेदन से उपयोगकर्ताओं को लाभ

प्रवृत्ति प्रतिवेदन सामयिकियों में महत्त्वपूर्ण तथा नवीनतम अनुसंधान की कृतियों तथा महत्त्वपूर्ण आलेखों की समीक्षा या टिप्पणी दी जाती है व इस अध्ययन क्षेत्र विशेष में किए गए योगदानों का विवेचन किया गया होता है अतः इस विषय क्षेत्र से सम्बन्धित वांछित सामग्रियों को खोजने में इनसे पर्याप्त मदद प्राप्त होती है। जो अग्रांकित हैं—

1. विशेषज्ञों को अपने अध्ययन क्षेत्र से जुड़े उन उपकरणों का ज्ञान प्राप्त होता है जिनमें अनुसंधान कार्य कम हो रहे हैं।

2. अनुसंधान के किन-किन क्षेत्रों में पुनरावृत्तियाँ हो रही हैं इस बात का ज्ञान विशेषज्ञों को इनसे होता है।

3. विशेषज्ञों को उन विशेषज्ञों के नाम ज्ञात हो जाते हैं जिसके कार्य उनसे मिलते जुलते हैं और जिनका कार्य उत्तम प्रकार का होता है जिससे उनसे सम्पर्क करने में सुविधा होती है।

4. इनसे इस बात की जानकारी प्राप्त होती है किन-किन क्षेत्रों में किस-किस प्रकार के अनुसंधान कार्य किए जा रहे हैं। जिससे पुनरावृत्ति होने से बचा जा सकता है।

5. अनुसंधान के क्षेत्रों में किस प्रकार की विधियों तथा उपकरणों का अनुसरण किया जा रहा है व किन-किन क्षेत्रों में अतिव्यापी (Overlapping) कार्य हो रहे हैं उसकी स्थिति इनसे स्पष्ट हो जाती है।

6. किस विषय की प्रगति किस दिशा में अधिक हो रही है उस प्रवृत्ति का इससे स्पष्ट ज्ञान हो जाता है।

इसलिए हम यह स्पष्ट रूप में कह सकते हैं कि प्रवृत्ति प्रतिवेदन सामयिकियों से सम्बन्धित विषय तथा क्षेत्र के विकास की प्रगति एवं प्रवृत्ति का आभास होता है साथ ही उन सन्दर्भों का भी विवरण ज्ञात हो जाता है जो तुदित अवस्था में मौजूद होते हैं।

## ऑनलाइन सेवाएँ

सूचना के ऑनलाइन अभिगम की सुविधा दूरसंचार नेटवर्क के माध्यम से आज बहुत ही लोकप्रिय हो चुकी है और आज सूचना सेवा के क्षेत्र में अनेक प्रणालियाँ प्रचलित हैं। इन सेवाओं में ऑनलाइन अभिगम के द्वारा पर्याप्त संख्या में डेटाबेसों को उपलब्ध कराया जाता है। इसमें साधारण टेलीफोन के माध्यम से अल्पतम खर्च के टर्मिनलों के सभी डेटा केन्द्रों का अभिगम प्राप्त हो जाता है। वैज्ञानिकों को इस प्रकार की सुविधा व्यक्तिगत रूप से उपलब्ध है। यूरोप में लोकहीड/डायलॉग (Lockheed/DIALOG) आदि ऑनलाइन सेवाएँ अधिक प्रचलित हैं।

इस प्रकार हम कह सकते हैं कि सूचना प्रसार तथा प्रलेख प्रसार सेवा के क्षेत्र में ऑनलाइन सेवाएँ वे होती हैं जो कम्प्यूटर के द्वारा ऑनलाइन प्रक्रिया के माध्यम से उपयोगकर्ताओं को सुलभ कराई जाती हैं।

## *ऑलाइन सेवाओं की प्रक्रिया विधि*

कम्प्यूटर प्रौद्योगिकी के आविभवि के साथ ही कम्प्यूटर के द्वारा किए जाने वाले कार्य के अनुसार कम्प्यूटर के उपयोग करने की अनेक विधियाँ तथा तकनीकियाँ विकसित हो चुकी हैं। उनमें से बैच प्रक्रियाकरण प्रथम विधि है जिसमें मैगनेटिक टेप जिसमें सूचना के संग्रहण करने की पर्याप्त क्षमता थी उपयोग में लाई जाती थी। यद्यपि यह विधि अत्यधिक संख्या में होने वाले दैनिक क्रियाकलापों के लिए सक्षम विधि थी परन्तु उन कार्यों को करने में सक्षम नहीं थी जहाँ किसी एक व्यक्ति को अलग-अलग समय पर कार्य सम्पन्न करना होता है इन विधियों में प्रयुक्त मैगनेटिक डिस्क की स्मृति क्षमता में अत्यधिक वृद्धि होने को विकास के कारण डेटाबेसों से सूचना प्राप्त करना बहुत ही आसान हो गया है। प्रक्रियाकरण की यह विधि किसी भी व्यक्ति द्वारा पूछे गये सवाल का उत्तर शीघ्र देने में सक्षम होती है। इसके सक्षम होने का कारण ऑनलाइन प्रक्रियाकरण की मूल तथ्य कम्प्यूटर के प्रोसेसर से अनेक टर्मिनलों का जुड़े होने का प्रावधान होने से है। ये टर्मिनल प्रायः या तो की बोर्ड या बीडीयू से जुड़े होते हैं या एक टेली टाइपराइटर होता है जो टाइपराइटर व प्रिन्टर दोनों से मिलकर बनता है। इस व्यवस्था के माध्यम से केबिल के द्वारा स्थानीय रूप से व विदेशों से टेलीफोन लाइन के द्वारा प्रोसेसर से जुड़े हुए टर्मिनल विभिन्न विभागों के फाइलों (डेटाबेसों) का प्रत्यक्ष अभिगम उपलब्ध कराते हैं जो केन्द्रीय प्रोसेसर में रखी होती हैं।

इस प्रकार ऑनलाइन प्रक्रियाकरण में उपयोगकर्ताओं को टर्मिनल अभिलेखों का अलग-अलग अभिगम कराता है और आवश्यकता पड़ने पर उनकी विषय-सामग्री को भी उद्यतन रखते हैं। ऑनलाइन प्रक्रियाकरण आजकल सूचना पुनर्प्राप्ति व प्रलेख पुनर्प्राप्ति पद्धतियों के साथ-साथ अन्य अनेक क्षेत्रों में भी विस्तृत रूप से उपयोग में लाई जा रही हैं। इस प्रकार ऑनलाइन पद्धति एवं प्रक्रिया के माध्यम से प्रदान की जाने वाली सेवाएँ ऑनलाइन सेवाएँ कही जाती हैं। अनेक व्यापारिक कम्पनियाँ शुल्क के आधार पर ऑनलाइन खोज उपलब्ध करा रही हैं उनमें से कुछ प्रमुख ऑनलाइन सेवाएँ डायलॉग, सर्च, ऑरबिट तथा बीआरएस हैं।

## *ऑनलाइन खोज*

ऑनलाइन खोज ऑनलाइन सेवाओं का एक प्रकार है। आरम्भ में 1965-70 को समय में डेटाबेसों का अभिगम प्राप्त करने के लिए कम्प्यूटर प्रौद्योगिकी पर बैच प्रक्रिया कही जाती थी जो एक असन्तोषजनक व मेंहगी सेवा थी। इस प्रकार

की खोज में डेटा कम्प्यूटर में लोड कर दिये जाते थे तथा प्रश्न की माँग से मिलान किया जाता था विभिन्न स्रोतों का चयन किया जाता था। इस प्रक्रिया में प्राप्त परिणाम प्रश्न की माँग के विषय से जुड़े डेटाओं का उप-समुच्चय होता था।

## अनुवाद सेवा

अनुवाद सेवा प्रलेखन का एक पक्ष होता है जिसका ज्ञान के प्रसार तथा उपयोग में महत्त्वपूर्ण योगदान होता है अतः अनुवाद सेवा का आयोजन आजकल पुस्तकालयों, प्रलेखन केन्द्रों तथा सूचना केन्द्रों में किया जाता है। अनुवाद सेवा का आयोजन धन की दृष्टि से व्ययसाध्य व समयसाध्य अधिक होने के कारण राष्ट्रीय तथा अन्तर्राष्ट्रीय स्तरों पर पारस्परिक मदद तथा सहकारिता का अनुभव किया गया था। इसके निवारण के लिए ,अनुवाद सेवा के संघ तथा उपकरण (Translation Pools & Tools) कहते हैं जिससे जरूरत पड़ने पर अनुदित प्रतियों को प्राप्त किया जा सकता है।

अंग्रेजी अनुवादों की दृष्टि से निम्न संघ विज्ञान तथा तकनीकि के क्षेत्र में पर्याप्त लोकप्रिय हैं।

**1. राष्ट्रीय अनुवाद केन्द्र अमेरिका**—राष्ट्रीय अनुवाद केन्द्र (NTC) की स्थापना 1953 में सहकारिता के माध्यम से जॉन क्रेटर पुस्तकालय (John Creter Library) शिकागो में की गई थी। यह केन्द्र अंग्रेजी भाषा-भाषी देशों के वैज्ञानिकों के लिए प्राकृतिक विज्ञान, आयुर्विज्ञान, भोतिक विज्ञान तथा सामाजिक विज्ञानों के अप्रकाशित एवं अंग्रेजी भाषा में अनुदित कृतियों का संग्रह एवं सूचना केन्द्र है। अनुवाद के क्षेत्र में वैज्ञानिकों के लिए यह केन्द्र अत्यधिक सूचनाप्रद अनुवाद के साधन का कार्य करता है।

NTC के अनुवाद से जुड़ी प्रकाशन एवं सेवाएँ (Tools)

(a) Author Lists of Translations

(b) Bibliography of Translations of Russian Scientific & Technical Literature

(c) Translation Monthly, 1955-58.

(d) Technical Translation, 1959-67.

(e) Index of Translation, English, 1969.

(f) Translations Register Index

**2. अन्तर्राष्ट्रीय अनुवाद केन्द्र**—अन्तर्राष्ट्रीय अनुवाद केन्द्र की स्थापना

1960 में यूरोपियन अनुवाद केन्द्र के नाम से की गई थी जो वर्तमान में नीदरलैन्ड में डेल्फ्ट (Delft) में कार्यरत है। 1975 में इसका नाम अन्तर्राष्ट्रीय अनुवाद केन्द्र (ITC) के नाम से प्रचलित है। इस केन्द्र का मुख्य लक्ष्य अनुवादों की अनावश्यक पुनरावृत्ति पर प्रतिबंध लगाना है। इसे अब अनेक राष्ट्रीय केन्द्रों का सहयोग तथा समर्थन प्राप्त है। इस केन्द्र का कार्य क्षेत्र अन्तर्राष्ट्रीय है।

**ITC के प्रकाशन एवं सेवाएँ (Tools)**

(a) World Trans Index से किया जा रहा है जो वर्ष में 10 अंकों में प्रकाशित होती है इसकी Source Index तथा Author Index भी प्रकाशित की जाती हैं।

(b) Journais in Translations का प्रकाशन ITC के सहयोग से BLLD द्वारा किया जाता है।

**3. ब्रिटेन की अनुवाद एजेन्सियाँ**–ब्रिटेन में अनुवादों का सबसे बड़ा संग्राहक BLLD (British Library Lending Devision) है जिसके सर्वाधिक अनुवाद रूसी भाषा में हैं। यह केन्द्र न सिर्फ अनेक स्रोतों से अनुवादों का संग्रह करता है लेकिन अनुवादों को प्रोत्साहित करता है जिसमें सम्पूर्ण अनुदित पत्रिकाएँ भी शामिल हैं। इसकी मुख्य अनुवाद पत्रिका NLL Translation Bulletin है।

(a) BLLD Announcement Bulletin

(b) BLLD Review

**4. एसलिब (ASLIB)**–ब्रिटेन में एक दूसरी संस्था एसलिब (ASLIB) है जो अनुवाद की जानकारी प्रदान करने में प्रमुख है। अनुवाद सेवा में यह BLLD से भी सहायत प्रदान करता है। इसके अनुवाद कार्य निम्नांकित हैं–

राष्ट्रकुल देशों के अप्रकाशित अनुवादों की अनुक्रमणिका ASLIB तैयार करता था जिसकी ब्रिटिश प्रतियों को यह विधिवत सूचनार्थ उपयोग करता था। यद्यपि मात्र यही सूचना ASLIB प्रदान करता है कि किस स्थान पर अनुदित प्रतियाँ मौजूद हैं।

**5. कॉमनवेल्थ इंडेक्स ऑफ साइटीफिक ट्रांसलेशन**–1946 में British Commonwealth Scientific Official Conference सम्पन्न हुई थी जिसमें उपरोक्त Index की योजना तैयार की गई इस योजना के क्रियान्वयन के लिए 1948 में संस्तुति की गई लन्दन में राष्ट्रकुल देशों के अनुदित प्रलेखों की सूचना संकलित करने के लिए अनेक एजेन्सियों को नियुक्त किया है। इस योजना में 10 देशों ने भाग लिया है।

**6. विशिष्ट प्रकार के अनुवाद संघ–**

(a) ट्रान्सटम की स्थापना यूरोपियन एटामिक इनर्जी कम्युनिटी व यू.एस. एटामिक इनर्जी अथारिटी के सम्मिलित सहयोग से एक सूचना कार्यालय के रूप में की गई है। इसका मुख्य उद्देश्य पाश्चात्य देशों के अध्येताओं की अपरिचित भाषाओं में प्रलेखों की अनुदित प्रतियों की सूचना संग्रह करना है 1961 से इसने मासिक अनुक्रमणिका पत्रिका Transtom Bulletin का प्रकाशन किया है।

(b) इंडेक्स ट्रांसलेशन–यूनेस्को द्वारा प्रकाशित अनुदित पुस्तकों की विश्व की एक वृहत् सूचना स्रोत तथा वाङ्मयसूची है जिसका प्रकाशन 1947 से किया जा रहा है। अनुदित कृतियों की जानकारी का यह एक अन्तर्राष्ट्रीय उपकरण है। इसका प्रकाशन वार्षिकी के रूप में किया जाता है जिसका विस्तार क्षेत्र अन्तर्राष्ट्रीय है।

## *भारत में अनुवाद सेवाओं की समस्याएँ*

भारत में भाषा-शिक्षण को अधिक महत्त्व नहीं दिया जाता है जिसके फलतः भारतीय वैज्ञानिकों में विदेशी भाषाओं के ज्ञान में कमी होती है। भारतीय लोग विदेशी भाषा के नाम पर अधिकतर केवल अंग्रेजी भाषा से ही परिचित हैं। भारत में बहुत-सी क्षेत्रीय भाषाएँ बोली व विद्यालयों में पढ़ाई जाती हैं जो अनुवाद की समस्या को और कठिन कर देती हैं। भारत में अनुवाद सेवाओं में निम्न प्रकार की समस्याएँ उत्पन्न होती हैं–

**1. अनुवाद प्राप्त होने में विलम्ब**–व्यवहार में यह देखा गया है कि अनुवाद की माँग व उपलब्धि में अत्यन्त विलम्ब करना बहुत-सी समस्याएँ उत्पन्न करता है क्योंकि अधिक समय लग जाने से शोधकर्त्ता के अनुसंधान कार्यों में बाधा उत्पन्न होती है इसका प्रमुख कारण भारतीय वैज्ञानिकों में विदेशी भाषाओं की प्रवीणता का अभाव है।

**2. अनुवादों की योग्यता**–भारत में इन्सडॉक ही सिर्फ वैज्ञानिक साहित्य का अनुवाद करने की व्यवस्था करता है किन्तु इस संस्था के तैयार किए गए पैनल में अनुवादकों की योग्यताएँ उत्तम नहीं हैं क्योंकि उन्हें विदेशी भाषाओं का ज्ञान कम है। इन्सडॉक के अनुवादकों के पैनल के लिए जो वैज्ञानिक आवेदन करते हैं उनमें से सिर्फ 20% व्यक्ति ही विदेशी भाषा में निपुण होते हैं।

**3. अन्य संस्थाओं का अभाव**–राष्ट्रीय स्तर पर इन्सडॉक तथा आइस्लिक तथा क्षेत्रीय स्तर पर भारतीय विज्ञान संस्थान तथा सांख्यिकी संस्थान के अलावा भारत में अन्य कोई संस्था अनुवाद सेवाएँ प्रदान नहीं करती है। इसलिए अनुवाद

की समस्याएँ आती हैं जो विशेषकर राष्ट्रीय स्तर पर ज्यादा है। इन संस्थाओं का अभाव है। इनकी संख्या में वृद्धि की जानी चाहिए।

**4. अनुवाद में विलम्ब**—बहुत से अनुवादकर्त्ता पर्याप्त देरी के पश्चात् अनुदित प्रतियाँ प्रदान करते हैं क्योंकि वे अनुवाद कार्य में काफी समय लगा लेते हैं। इसके अलावा अन्य प्रक्रिया में भी समय बर्बाद होता है जैसे अनुदित प्रतियाँ इन्सडॉक में प्राप्त होती हैं उनका सम्पादकीय विभाग संशोधन के पश्चात् पुनः अनुवादकों को सुझावों सहित भेजता है इससे भी पर्याप्त विलम्ब होता है।

**5. विशिष्टीकरण**—अगर अनुवादक विषय होता है तो उसमें भाषा की प्रवीणता नहीं होती किन्तु भाषा की प्रवीणता होने पर वह अपने विषय क्षेत्र का ज्ञान नहीं रख पाता है अतः तकनीकि शब्दों पदावलियों को सही में प्रकट करना सम्भव नहीं हो पाता। भारत में भाषाओं की संख्या सर्वाधिक है।

**6. अनुवादकों के पैनल में जल्दी-जल्दी परिवर्तन होना**—इन्सडॉक में अनुवादकों का पैनल सिर्फ दो वर्षों के लिए बनाया जाता है इसलिए जब तक अनुवादक अनुवाद कार्यों में अभ्यस्त हो पाते हैं तब तक उनको स्वतंत्र कर दिया जाता है ऐसी स्थिति में निश्चित रूप से अनुवाद कार्यों की गुणवत्ता पर प्रभाव पड़ता है।

# 8

# पुस्तकपरक नियन्त्रण एवं ग्रंथपरक सेवाएँ

ज्ञान एक गतिमान, बहुविध उपयोगी एवं व्यापक है अतएव यह निरंतर कई दिशाओं में प्रसारित होता है तथा विश्व देश राज्य के समस्त व्यक्तियों के लिए ज्ञान समृद्धि के नये द्वार खोलता है। द्वितीय विश्वयुद्ध के पश्चात् तीव्र गति से बढ़ रही जनसंख्या के जीवन यापन के लिए उद्योग, कृषि सहित अन्य क्षेत्रों में नवीनतम अनुसंधान हुए। तब से लेकर आज तक इन क्षेत्रों से जुड़े संसाधनों में निरन्तर बढ़ोतरी होती रही है। इस तरह यह नवीन ज्ञान शीघ्रातिशीघ्र यथातथ्य और पूरी तरह से काम में आ सके इसके लिए प्रभावी तथा सुसंगठित संचार तत्र की स्थापना आवश्यक है। प्रभावी संचार तन्त्र में न केवल उपयोगी सूचना को पाठकों तक पहुँचाया जा सकता है बल्कि नियमित बढ़ रहे अवांछनीय साहित्य पर भी अंकुश रखा जा सकता है। इस तरह के प्रभावी संचार तन्त्र के निम्नांकित मुख्य उद्देश्य हैं–

(1) वैज्ञानिक सूचना को अविलम्ब शोधकर्त्ताओं तक पहुँचाना।

(2) अवांन्छित एवं निम्न स्तरीय प्रकाशनों की रोकथाम द्वारा पाठ्य-सामग्री की मात्रा में कमी करना।

(3) समस्त विषयों एवं राष्ट्रों से सम्बन्धित प्रलेखों का पूरा समावेशन।

(4) प्रकाशनों के मूल रूप एवं उनके वितरण की प्रकृति का मानवीकरण।

पुस्तकपरक नियन्त्रण सूचना के विनियम एवं नियन्त्रण हेतु विश्वव्यापी तन्त्र को प्रेरित करता है। वस्तुतः पुस्तकपरक नियन्त्रण का अभिप्राय है बोध रूपों में उपलब्ध बोध का क्रमबद्ध पुस्तक सूचियों के माध्यम से प्रलेखों से सम्बन्धित सभी सूचनाएँ प्रभावकारी ढंग से प्राप्त करना। ऐसा अभिलेख तैयार करना ही पुस्तकपरक नियन्त्रण कहलाता है जो कि प्रलेखों या पत्रिकाओं की विषय-वस्तु का स्थान बताता है।

## पुस्तक परक नियंत्रण की आवश्यकता आवश्यकता

इसकी आवश्यकता निम्न कारणों से है–

(1) सम्मान तथा पद पाने हेतु लिखे गये अवांछित निम्न स्तरीय प्रकाशनों की बाढ़।

(2) तीव्र साहित्यिक अभिवृद्धि।

(3) भाषा की विभिन्नता।

(4) प्रतिवेदन तथा पूर्व-प्रकाशित साहित्य की उत्पत्ति।

(5) वैज्ञानिकों की संकीर्ण विचारधारा।

(6) बजट सीमाएँ एवं सीमित विदेशी मुद्रा।

(7) संचार में फालतू खर्च तथा धीमीगति।

(8) वैज्ञानिकों के पास सीमित समय का होना।

(9) राष्ट्रों की सुरक्षा नीतियों का सूचना के स्वतन्त्र संचार में बाधक होना।

(10) सूचना संग्रहण तथा अनुक्रमणिकाकरण के लिए अन्तर्राष्ट्रीय मानक विधियों का अभाव।

(11) लेखों का अपने विषय के अलावा दूसरे विषय की पत्रिकाओं में प्रकाशित होना।

(12) वैज्ञानिक अन्वेषण में विषय-उद्देश्य की द्विरावृत्ति।

(13) सूचना के प्रकाशन में भेदभावपूर्ण नीति।

(14) सारांशीकरण में मोड़ (Slant) के कारण एक ही लेख के सारांश को कई विषयों की सारांशीकरण पत्रिकाओं में प्रकाशित होना।

(15) वैज्ञानिक संचार के ज्यादा-से-ज्यादा यन्त्रीकरण पर मतभेद।

(16) सूची बद्धत एवं सारांशीकरण सेवाओं की समावेशन सम्बन्धी अपूर्णता।

(17) साहित्य के वर्गीकरण में समरूपता का अभाव।

उपरोक्त कठिनाइयों एवं समस्याओं के कारण सभी तरह के प्रलेखों का ग्रन्थपरक नियन्त्रण अति आवश्यक हो जाता है। यद्यपि इसके लिए कोई पूरी तरह प्रभावी कार्यक्रम या उपाय नहीं खोजे जा सके हैं लेकिन कुछ सीमित प्रयोग इस क्षेत्र में जरूर किए गये हैं।

## विएनवर्ज का पुस्तकालय परक नियंत्रण

विएनवर्ज, 1963 में अमेरिका में नियुक्त एक पैनल के सभापति थे जो अमेरिका के वैज्ञानिक संचार व्यवस्था के अध्ययन हे बनाई की गई थी। उन्होंने

अनुभव किया कि वैज्ञानिक एवं तकनीकी सूचना प्रसारण के मार्ग में बाधक तत्त्व उपस्थित हैं। अतएव उन्होंने वैज्ञानिक सूचना सम्बन्धी दोषों के निदान हेतु सुझाव दिये तथा सरकार को सूचना प्रसारण में संलग्न संगठनों को मजबूत बनाने सम्बन्धी अनुरोध किए। ये सुझाव निम्नलिखित हैं–

**(1) लेखकों से सम्बन्धित**–विएनवर्ज ने लेखकों को मशविरा दिया कि वे अपने लेख इस प्रकार लिखें जिससे उनमें विद्यमान विचारों को उपयोजन एवं प्रसारण सुलभ हो सके। इस उद्देश्य हेतु उनको लेखों के शीर्षक में विशिष्ट एवं स्पष्ट शब्दों का प्रयोग करना चाहिए जिसके लेख के सारांश तथा विषय-वस्तु का स्पष्ट अनुमान लगाया जा सके। लेखकों को निरर्थक एवं निम्नस्तरीय लेख नहीं लिखने चाहिए।

**(2) सम्पादकों से सम्बन्धित**–सम्पादकों तथा निर्णायकों को चाहिए कि वे ऐसे लेखों को लेखकों को लौटा दें जिनके शीर्षक अधूरे या अस्पष्ट दिए गये हैं। लेखकों को लेख के साथ आधार शब्द (Key Words) देने के लिए भी कहा जाना चाहिए जिससे लेख के अन्त में अनुक्रमणिका दी जा सके। लेखक को आलेख के साथ सारांश भी देना चाहिए।

**(3) सरकारी एवं गैर सरकारी संगठनों से सम्बन्धित**–वे शासकीय एवं गैर सरकारी संगठन जो कि सूचना प्रसारण से जुड़े हैं, को उच्चस्तरीय सर्वेक्षणात्मक एवं सारांशात्मक पुस्तकों के लेखन तथा प्रकाशन को प्रोत्साहन देना चाहिए। वैज्ञानिक संगठनों के पुस्तक समीक्षकों को मदद मुहैया करनी चाहिए।

**(4) तकनीकी विद्यालयों से सम्बन्धित**–सभी तकनीकी विद्यालयों में स्नातकों के लिए विचारों को अच्छी तरह से संचार करना आवश्यक कर दिया जाना चाहिए जिससे वैज्ञानिक एवं अभियन्ता सटीक तथा स्पष्ट शब्दों में अपने विचार प्रकट कर सकें। उन्हें न मात्र अनिवार्य उपकरणों एवं तकनीकियों का ही ज्ञान होना चाहिए साथ ही उन्हें पाठ्यक्रम के साहित्य के प्रयोग में शिक्षित किया जाना चाहिए।

**(5) केन्द्रीय निक्षेपागार की स्थापना**–एक केन्द्रीय निक्षेपागार निर्मित किया जाना चाहिए जो कि विशिष्ट क्षेत्रों में प्रलेख प्राप्त करे तथा इन लेखों के सारांश निर्मित लगातार प्रसारित करे तथा आवश्यकता पड़ने पर लेख की प्रतिलिपि भी प्रदान करे तथा इस प्रकार यह एक वितरण केन्द्र के रूप में कार्य करें।

**(6) सारांशीकरण पत्रिकाओं से सम्बन्धित**–सारांशीकरण पत्रिकाओं के प्रकाशन में समरूपता होनी चाहिए तथा सारांश का आकार भी संक्षिप्त होना चाहिए।

वाङ्मयात्मक नियन्त्रण की धारणा में यूनीसिस्ट तथा मार्क प्रोजेक्ट विशेष रूप से उल्लेखनीय हैं। यूनीसिस्ट जो कि विश्वविज्ञान सूचना पद्धति (World Science

Information System) का संक्षिप्त रूप है सूचना नियन्त्रण के क्षेत्र में एक अग्रणी योजना है। मार्क-II योजना का मुख्य उद्देश्य पुस्तकपरक सूचना को मशीन द्वारा पढ़ने योग्य रूप (Machine Readable Form) में विनियम करना है जिससे शीघ्रतापूर्वक नवीन प्रकाशनों की सूचना प्रदान की जा सके।

## ग्रंथपरक डाटाबेस एवं मार्क द्वितीय

### *ग्रंथपरक डाटाबेस*

सूचना सेवा की दृष्टि से आधुनिक विज्ञान एवं तकनीकी के युग में प्रकाशित सूचना स्रोतों के साथ-साथ अप्रकाशित सूचना स्रोतों की जानकारी होना अति अनिवार्य है। अप्रकाशित सूचना स्रोतों में आजकल डाटाबेसों का काफी प्रचलन है। अमेरिका में इनका निर्माण एवं उत्पादन अधिक मात्रा में हो रहा है। अनेक Abstracting, Indexing तथा Bibliographical Services डाटाबेसों का निर्माण कर रही है जिसमें ऑनलाइन खोज (Online Search) सुविधा प्राप्त हो सके। डाटाबेसों के द्वारा इच्छित सूचना को खोजना अति आसान एवं कम खर्च वाला माना गया है। प्रकाशित सूचना सामग्रियों के इलेक्ट्रॉनिक स्वरूप को डाटाबेस कहते हैं जिनसे सामग्रियों की खोज कम्प्यूटर द्वारा की जाती है डाटाबेस यन्त्रेण पठनीय स्वरूपों में विद्यमान सूचना-सामग्री एवं स्रोतों की संचिका होती है। ऑनलाइन खोजों का आधार डाटाबेस ही होते हैं जिनके माध्यम से सूचना सामग्री को हासिल किया जाता है।

डाटाबेस या यन्त्रेण पठनीय संचिका सुव्यवस्थित एवं क्रमबद्ध सूचना का संग्रह होता है जो प्रायः कम्प्यूटर के मैग्नेटिक टेप अथवा डिस्क पैक में विद्यमान एवं समाहित होता है या डाटाबेस सूचना संग्रह का वह स्वरूप है जो कम्प्यूटर के मैग्नेटिक टेप या डिस्क में अभिलेखबद्ध है तथा जिसका अवलोकन करने हेतु यंत्र का उपयोग करना पड़ता है प्राविधिक रूप से डाटाबेस मुख्यतः सूचना संग्रह ही होता है। आरूप की दृष्टि से यह प्रकाशित स्वरूप में या सूक्ष्म स्वरूप अथवा मैग्नेटिक टेप में हो सकता है लेकिन डाटाबेस को सीमित दृष्टिकोण से कम्प्यूटर द्वारा पुनर्प्राप्ति में सहायक सामग्री के रूप में ही मान्य किया गया है इस परिप्रेक्ष्य में डाटाबेस एक संगणनात्मक अवधारणा (Computing Concept) है। अतः हम कह सकते हैं कि सूचना की कोई भी बृहत् संचिका जिसे कम्प्यूटर पद्धति में विद्यमान एवं समाहित किया जाता है डाटाबेस कहलाता है। डाटाबेस पुस्तकात्मक विवरण का अभिलेख होता है इसलिए इसे पुस्तकात्मक डाटाबेस कहते हैं लेकिन साधारण

बोलचाल में सामान्य अर्थ में मात्र डाटाबेस कहना ही अधिक लाभकारी एवं सरल होता है।

## *डाटाबेस की विविध*

डाटाबेस साधारणतया कई श्रेणियों में विभाजित किये जा सकते हैं जैसे पुस्तकात्मक (Bibliographic), सारांश तथा अनुक्रमणिकाकरण सेवाएँ। लेकिन ये मुख्य रूप से दो प्रकार के होते हैं–

**(1) सन्दर्भ डाटाबेस**–पुस्तकसूचियों, सारांशीकरणों, अनुक्रमणिकाओं आदि सेवाएँ जिन्हें ऑनलाइन के द्वारा आयोजित किया जाता है उन्हें सन्दर्भ डाटाबेस कहते हैं इनके अधीन समस्त डाटाबेसों को शामिल किया जाता है जिनका पुस्तकालयी जगत अभिकरण (Approach) के रूप में उपयोग करता है। सन्दर्भ डाटाबेस अनिवार्य सूचना की प्राप्ति के लिए उनमें उद्धृत स्रोतों के मूल प्रलेखों पर दृष्टिपात करना पड़ता है क्योंकि मूलतः ये पुस्तकात्मक ही होते हैं इसमें ऑनलाइन के द्वारा सेवाओं को आयोजित किया जाता है।

Chemical Abstract, Physice Abstracts Biological Abstract तथा विल्सन कम्पनी की अनुक्रमणिकाकरण जिन्हें विल्सन ऑनलाइन कहते हैं डाटाबेसों के रूप में प्राप्त हैं।

**(2) स्रोत डाटाबेस**–स्रोत डाटाबेस वे होते हैं जिनसे मौलिक सूचना पूर्ण मूलपाठ के साथ प्राप्त हो जाती है और किसी दूसरे प्रयास की आवश्यकता नहीं होती है जैसा कि सन्दर्भ डाटाबेस में होता है स्रोत डाटाबेसों की संख्या ही आजकल अधिक है।

## *मार्क (MARC-II) डाटाबेस*

Library of Congress ने 1966 में यन्त्रेण पठनीय प्रसूचीकरण आधार-सामग्री (Machine Readable Catalogue Data) को प्रदर्शित करने हेतु एक परीक्षण योजना (Pilot Project) शुरू की थी जिसे संक्षेप में मार्क (MARC) कहते हैं यह दो वर्ष तक चलने के पश्चात् 1968 में बन्द हो गयी। इसके पश्चात एक स्थायी सेवा शुरू की गयी जिसे मार्क द्वितीय (MARC-II) कहते हैं। इसका ग्राहक बनकर कोई भी पुस्तकालय यन्त्रेण पठनीय प्रसूचीकरण आधार-सामग्री मैगनेटिक टेप के रूप में प्राप्त कर सकता है जिसमें अमेरिकन तथा विदेशी प्रकाशनों का विवरण समाहित होता है।

इसे इसलिए यन्त्रेण पठनीय स्वरूप में तैयार किया जा रहा है जिससे सहजता से पुनः प्रसूचियों को तैयार करने और नेटवर्क के लिए डाटाबेस तैयार किया जा सके। सभी सप्ताह टेपों को पुस्तकालयों और नेटवर्क केन्द्रों पर भेजा जाता है। इन टेपों में एलसी (LC) द्वारा प्रक्रियाबद्ध आख्याओं के प्रसूचीकरण की सूचना विद्यमान होती है। आजकल एल सी (LC) की पत्रक प्रसूची डाटाबेस के रूप में सुलभ की जाती है।

**मार्क-II के अभिलक्षण**—(1) मार्क-II अन्तर्राष्ट्रीय प्रसूचीकरण के क्षेत्र में एक अद्वितीय प्रयास है।

(2) इसमें प्रलेखों के प्रसूचीकरण की व्यवस्था एक केन्द्रीय संगठन द्वारा की जाती है।

(3) इसमें पुस्तकों की अपेक्षा फिल्मों, मानचित्रावलियों तथा पत्रिकाओं एवं धारावाहिकों को भी सम्मिलित किया जाता है।

(4) इसमें न केवल 1969 के बाद की रचनाओं को टेपों में सुलभ किया जाता है बल्कि 1969 से पूर्वव्यापी रचनाओं को भी इस स्वरूप में उपलब्ध करने की योजना है।

(5) इसमें मैगनेटिक टेपों पर आधार सामग्रियों को अभिलेखबद्ध किया जाता है तथा मैगनेटिक टेपों से प्रकाशित प्रसूचियों को भी तैयार किया जाता है।

(6) ये मैगनेटिक टेपों की प्रतियाँ भी पुस्तकालयों को प्रदान करता है।

(7) पत्रकों के रूप में भी प्रसूचियों को तैयार किया जा सकता है।

(8) कम्प्यूटर की मदद से पुस्तक सूची को भी इसमें बनाया जा सकता है।

(9) संचयी अंकों तथा प्रकाशित पत्रकों को तैयार करने के लिए भी इसका प्रयोग किया जा रहा है।

(10) (BNB) भी (LC) की मदद से इसको विकसित कर इसका अनुपालन कर रही है।

(11) इसे क्रमशः ऑनलाइन के रूप में भी सुलभ करने का प्रयास चल रहा है।

(12) इसकी मान्यता एवं महत्ता दिन पर दिन बढ़ रही है।

(13) विश्व स्तर पर भी इसका प्रयोग पुस्तकात्मक नियन्त्रण हेतु किया जाता है।

## ग्रंथपरक सेवाएँ

ग्रंथपरक सेवा की परिभाषा इस रूप में दी गयी है," किसी विशिष्ट आवश्यकता

की पूर्ति के लिए, किसी विशेष काल में, पुस्तक-सूची के लिए, विभिन्न साधन विधियाँ व सुविधाएँ प्रदान करना" इस प्रकार यह सेवा उन अंगों की ओर निर्देशित करती है जो उनके गुण का निर्धारण करता है। इस प्रकार की प्रत्येक सेवा का उद्देश्य किसी विशिष्ट आवश्यकता की पूर्ति करना है। इस सेवा की क्षमता का मूल्यांकन उस आधार पर किया जा सकता है कि यह उन जरूरतों की पूर्ति में कहाँ तक समर्थ हो पायी है जिसके लिए नियोजित की गयी थी।

## *ग्रंथपरक सेवा का वर्तमान रूप*

ग्रंथपरक सेवाओं के इतिहास से यह पता चलता है कि समाज विज्ञान के क्षेत्र में विशेष ध्यान नहीं दिया गया, और हकीकत यह है कि मानविकी की बहुत हद तक निन्दा की गयी है। अब समाज विज्ञान के क्षेत्र में शोधकार्यों पर विशेष ध्यान दिया जा रहा है और इसके परिणामस्वरूपः ग्रंथपरक सेवाओं में सुधार होने लगे हैं।

ग्रंथपरक परिणामतः अब अधिक विशिष्टीकरण की ओर बढ़ रहे हैं तथा पुस्तक उत्पादन की वृद्धि के साथ उनके तालमेल में मुश्किल हो रही है। पत्रिकाओं की संयुक्त सूचियों के रूप में जो सहकारी प्रयास हुए हैं। वह आशाप्रद हैं।

अब अधिकांश देश अपनी राष्ट्रीय ग्रंथसूचियां प्रकाशित करने में जुट गये हैं। राष्ट्रीय ग्रंथसूचियों में देश में प्रकाशित कृतियों के साथ-साथ देश के सम्बन्ध में प्रकाशित उन कृतियों, जो कहीं और किसी देश में प्रकाशित हुई हो या देश के नागरिक द्वारा किसी अन्य देश में प्रकाशित की गयी हों, को भी सूचीबद्ध किया जाता है। सामयिक राष्ट्रीय ग्रंथसूचियां ज्यादातर राष्ट्रीय ग्रंथलय द्वारा प्रकाशित की जाती हैं। अनेक देशों में राष्ट्रीय ग्रंथसूचियां भी प्रकाशित की जाती हैं। अब पूर्वव्यापी ग्रंथसूचियों का संकलन-कार्य भी अधिक सन्तोषजनक रूप से होना आरम्भ हुआ है परन्तु इस प्रकार के कार्य अभी व्यक्तिगत ग्रंथसूचीकारों के व्यक्तिगत प्रयास पर आधरित हैं।

सामायिक राष्ट्रीय ग्रंथसूची किसी विशेष प्रकार की सामग्री तक ही सीमित होती है। ज्यादातर पुस्तकों तथा पुस्तकाओं, पत्रिकाओं, सरकारी प्रलेखों, विश्वविद्यालयी शोध-प्रबन्धों मानचित्रों, एटलसों, संगीतात्मक कृतियों, फिल्मों आदि के लिए अलग ग्रंथसूचियां निर्मित की जाती हैं।

विज्ञान के क्षेत्र में विशिष्ट विषयों से जुड़ी विभिन्न प्रकार की ग्रंथसूचियां निर्मित की जाती है। जिन देशों में विशिष्ट प्रकार की ग्रंथसूचियों का निर्माण हो रहा है, उन देशों में उल्लेखनीय कार्य हो रहे हैं। परन्तु इस प्रकार के कार्यों में विज्ञान पर ही जोर दिया जा रहा है।

अधिकतर देशों में पत्रिकाओं का अनुक्रमणीकरण क्रमबद्ध रूप से नहीं हो रहा है। जिन देशों में ग्रंथपरक परम्परा मजबूत है, वहाँ कार्य संगठित हैं। सार सेवाओं के सम्बन्ध में भी ऐसी ही स्थिति है।

कुछ विद्याओं में अनुक्रमणीकरण व सार सेवाएं अन्तर्राष्ट्रीय स्तर की हैं जो विशेष रूप से उल्लेखनीय हैं। परन्तु अन्य विद्याओं के सम्बन्ध में ऐसी स्थिति नहीं है। इसलिए अन्य विद्याओं के सम्बन्ध में भी उत्तम सेवा प्रदान की जानी चाहिए।

## *मानविकी*

विज्ञान व समाज विज्ञान जैसे ज्ञान के दोनों क्षेत्रों की परिभाषाएं अब पूर्ण रूप से स्पष्ट होने लगी हैं परन्तु मानविकी को अभी भी मिश्रित विद्याओं के समूह के रूप में जाना जाता है, जिसमें एक ओर तो दर्शन शास्त्र, धर्म, ललित कला व उपयोगी काल है वहीं दूसरी ओर साहित्य व भाषा शास्त्र है। दूसरी जटिलता यह है कि दर्शन शास्त्र व भाषा शास्त्र मानविकी के ढांचे से बाहर अन्य विद्याओं के अधिक निकट हैं। ग्रंथपरक दृष्टिकोण से देखें तो यह कहा जा सकता है कि इस ज्ञान के क्षेत्र में जो एक तत्त्व इन विद्याओं को एक सूत्र में बाँधता है, वह मात्र सहजता एवं सुविधा है। मानविकी में जो विषय शामिल हैं उनकी प्रकृति के कारण वे ग्रंथपरिक विद्या के अधिक उपयुक्त नहीं है। कवियों को वैज्ञानिक कार्य-प्रणाली की विद्या के साथ नहीं बांधा जा सकता, इस क्षेत्र में जो कार्य हुए हैं, वे छिट-पुट प्रकृति के हैं। भाषा तथा साहित्य के क्षेत्र में अच्छे कार्य हुए हैं। किन्तु धर्म, दर्शन अथवा कला के क्षेत्र में इस प्रकार की स्थिति नहीं है। धर्म की अपेक्षा दर्शन के क्षेत्र को यथोचित रूप से समाविष्ट किया गया है। यूनेस्को के सहायता से 1952 में प्रकाशित **दि इंटरनेशनल बिब्लियोग्राफी ऑफ दि हिस्ट्री ऑफ रिलिजिअनस्** एक त्रैमासिक प्रकाशन है जिसमें पाशचत्य भाषाओं में प्रकाशित पुस्तकों के सार व सूचनाएं दी जाती है। इस का उपयोग **फिलोसफ़रस् इण्डेक्स** (Philosophiie's index) (1967/68) के साथ करना चाहिए। पत्रिका है जिसमें लगभग 270 दर्शन शास्त्र की पत्रिकाओं तथा फिलॉ रिसर्च आर-काइब्स (Philosophy research archives) में प्रकाशित रचनाओं की अनुक्रमणिका प्रदान की जाती है। फिलॉसफी डाक्युमेन्टेशन सेन्टर, बाउलिंग ग्रीन (Philosophy Documentation Centre, Bowiling Green) द्वारा आयोजित फिलॉसफ़रस इन्फॉरमेशन रिट्रीवूल सिस्टल (Philosopher's Information Retrieval System) एक कम्प्यूटर आधारित उपयोजन सेवा है। इसके अन्तर्गत आधार सामग्री का संग्रह किया जाता है व दर्शन

शास्त्र के किसी भी विषय पर ग्रंथसूचियां प्रदान की जाती हैं। ग्रथंपरक दृष्टिकोण से दर्शन शास्त्र में धर्म की तुलना में अधिक सेवाएं प्रदान की जाती हैं। भारतीय दर्शन व धर्म के सम्बन्ध में बहुत कम सेवाएँ उपलब्ध हैं। लुइस रेनो (Louis Rendn) कृत बिब्लिलयोग्रफी वेदीक (Bibliographic Vedique) के प्रकाशन के पश्चात् (जो लगभग चार दशक पूर्व प्रकशित हुई थी) आर. एन. दंडेकर (R.N.. Dandenkar) (3 खण्डों में प्रकाशित) की वेदिक बिब्लियोग्राफी (Vedic bibliography) सामने आई जो एक प्रमुख कृति समझी जा सकती है। इसलाम सम्बन्ध अध्ययन के क्षेत्र में स्थिति उतनी दयनीय नहीं है। जे. डी. पियरसन कृत **इंडेक्स इस्लामिकुस** (Index islamicus, 1906-1955) (1958) व उसके अन्य पूरक खण्डों में जो उसे अद्यतन बनाते हैं, आवधिक रचनाओं, अभिनन्दन ग्रथों व अन्य संकलित कृतियों की अनुक्रणिका दी जाती है। यहां यह ध्यान देने की बात है कि इण्डेक्स इसलामिक्स सिर्फ इसलाम (धर्म तथा दर्शन के रूप में ) तक ही सीमित नहीं है, अपितु इस्लाम सम्बन्धी अध्ययन में जो विषय व्यापक रूप से आते हैं, यह उन तक सीमित है।

बहुत पहले से ही उपलब्ध है। इसमें अनुक्रमणीकरण की एक विचित्र पद्धति का अनुसरण किया जाता है। उदाहरण के तौर पर प्रदर्शनियों को कलाकार के अन्तर्गत अनुक्रमणीकरण किया जाता है लेकिन किसी रचना में व्यक्त निदर्शनाओं को रचना के अन्तर्गत ही अनुक्रमणीकरण किया जाता है। मुख्य पाठ विहिन निदर्शनाओं को लेखक के नाम के अन्तर्गत अनुक्रमणीकरण किया जाता है। मेट्रोपोलिटन म्यूजियम ऑफ आर्ट (न्यूयाकं) लाइब्रेरी (Metropolitan Museum of Art (New York) (Library) के महत्त्वपूर्ण संग्रह के शब्दकोशीय कॉर्ड सूची का मेट्रोपोलिटन म्यूजियम ऑफ आर्ट (न्यूयार्क) लाइब्रेरी Metropolitan Museum of Art (New York) (Library) के महत्त्वपूर्ण संग्रह के शब्दकोशीय कॉर्ड सूची का फोटोग्राफी विधि से पुनरुत्पादन कार्य-कला के क्षेत्र में अत्यन्त व्यापक पूर्वव्यापी ग्रंथसूची है जी. के. हॉल बोस्टन द्वारा इसकी **लाइब्रेरी कैटेलॉग** (Library Catalog) (25 खण्डों में प्रकाशित, 1960) प्रकाशित है। निस्सन्देह मेट्रोपोलिटन म्यूजियम विश्व के बहुमूल्य संग्रहों में एक है। इसके व्यापक संग्रह की तुलना कठिन है। लेकिन सभी व्यावहारिक दृष्टिकोण से कला क्षेत्र में भारत का अथवा भारत से सम्बन्धित योगदान नगण्य है।

भाषा व साहित्य के क्षेत्र में अच्छी तरह ध्यान दिया गया है-इसकी चर्चा हम ऊपर कर चुके हैं ये दोनों क्षेत्र आपस में इतने घुले-मिले हैं कि अनेक ग्रंथ प्रलेखन

सूचियाँ दोनों क्षेत्रों को समाविष्ट करती हैं। इस क्षेत्र में अधोलिखित दो प्रकाशन प्रमुख हैं–

प्रथम प्रकाशन में मध्य काल से वर्तमान काल तक सामग्री समाविष्ट की जाती है और यूरोपीय भाषा पर विशेष जोर दिया जाता है दूसरा प्रकाशन अपने व्यापक अन्तर्राष्ट्रीय समावेशन के कारण प्रसिद्ध है। बुलेटिन सिन्यालेतीक (1961-) (Bulletin Signaletique) भाषा शास्त्र के क्षेत्र में अन्तर्राष्ट्रीय स्तर की अत्यन्त व्यापक सारपत्रिका है। इन दो युगल क्षेत्रों में मौजूद आवधिक प्रकाशनों में **एम. एल. ए. इन्टरनेशनल बिब्लियोग्राफी** (1921 वार्षिक) (*MLA international bibliography*) के पूरक के रूप में अमरीका के मॉडर्न लैंग्विज एसोसिएशन *(Modern Languages Association of America)* द्वारा प्रकाशित एक महत्त्वपूर्ण प्रकाशन है। इस प्रकाशन का समावेशन व्यापक है। इस वर्गीकृत ग्रंथसूची में विभिन्न ग्रंथ स्रोतों से व भाषा तथा साहित्य के क्षेत्रों में प्रकाशित 1,000 से अधिक पत्रिकाओं से सामग्री ली जाती है। भाषा शास्त्र के क्षेत्र से जुड़ी सभी आवधिक ग्रंथसूचियों से एम. एल. ए. (MLA) का अधिकतम उपयोग किया जाता है। आरम्भ में इस प्रकाशन का अमरीकी अभिस्थापन (orientation) था परन्तु 1963 के बाद अन्य यूरोपीय भाषाओं की पुस्तकों तथा रचनाओं को शामिल किया जाने लगा। पूर्वव्यापी ग्रंथसूची के दृष्टिकोण से भी इन दोनों क्षेत्रों में अच्छी सामग्री मौजूद है।

अंग्रेजी साहित्य के क्षेत्र में अधोलिखित कृतियाँ व्यावहारिक रूप से सम्पूर्ण क्षेत्र को समाविष्ट करने का प्रयत्न करती है–

मानविकी के अन्य क्षेत्रों की अपेक्षा में साहित्यिक ग्रंथसूचियों पर विशेष ध्यान दिया गया है। ब्रिटिश म्यूजियम की पूर्वकाल की भाषावार सूचियों का सन्दर्भ के रूप में अधिकतम प्रयोग किया जाता है। समकालीन साहित्यिक कृतियों के लिए नेशनल यूनियन कैटलॉग (Naional Union Catalog) (भारत से प्रकाशित) में विस्तृत समावेशन प्रस्तुत किया जाता है। साहित्य अकादमी द्वारा प्रकाशित नेशनल बिब्लियोग्राफी ऑफ इंडियन लिटरेचर (National bibligraphy of india) अत्यन्त उपयोगी प्रकाशन है। इसमें साहित्यिक मूल्य की कृतियाँ, दर्शन तथा धर्म, समाज विज्ञान, इतिहास, भाषा तथा साहित्य के क्षेत्र में प्रसिद्ध तथा महत्त्वपूर्ण कृतियों का समावेश किया गया है।

# 9

# प्रमुख पुस्तकालय सूचना केन्द्र

## भारत का राष्ट्रीय प्रलेखन केन्द्र (INSDOC)

भारत के राष्ट्रीय प्रलेखन केन्द्र को अंग्रेजी में Indian National Scientific Documentation Centre कहते हैं। इसकी स्थापना का पहला कदम 1947 में उठाया गया था लेकिन उस समय किन्हीं कारणों से यह प्रयास सफल न हो सका। लेकिन डॉ. रंगनाथन के निजी प्रयत्न का परिणामस्वरूप भारत सरकार द्वारा नई दिल्ली में 1952 में इसकी स्थापना सम्भव हो सकी। शुरू में इसे National Physical Laboratory के संचालक के नियन्त्रण में रखा गया, किन्तु 1962 से यह पूर्णकालिक निराष्ट्रक के रूप में CSIR के अधीन अपना काम कर रहा है। भारतीय राष्ट्रीय वैज्ञानिक प्रलेखन केन्द्र को संक्षिप्त में INSDOC भी कहते हैं।

### *प्रमुख उद्देश्य*

भारतीय राष्ट्रीय वैज्ञानिक प्रलेखन केन्द्र के निम्नांकित उद्देश्य हैं–

(1) भारत देश हेतु उपयोगी सभी वैज्ञानिक पत्रिकाओं को प्राप्त करना और उनका संरक्षण करना।

(2) केन्द्र में उपलब्ध सूचनाओं के आधार पर जिज्ञासुओं के प्रश्नों का उत्तर देना।

(3) राष्ट्र के समस्त प्रकाशित तथा अप्रकाशित वैज्ञानिक रिपोर्ट हेतु राष्ट्रीय निक्षेपागार के रूप में कार्य करना।

(4) मासिक अनुक्रमणिका एवं सारांश पत्रिका द्वारा लाभकारी लेखों के विषय में वैज्ञानिकों एवं इंजीनियरों को सूचना देना।

(5) भारत में हो रही वैज्ञानिक उन्नति के सम्बन्ध में संसार के दूसरे राष्ट्रों को सूचना भेजना तथा उन राष्ट्रों में हुई प्रगति के सम्बन्ध में सूचना प्राप्त करना।

## *संगठनात्मक स्वरूप*

संगठन व्यवस्था की दृष्टि से INSDOC की स्थापना इस प्रकार की गयी है–

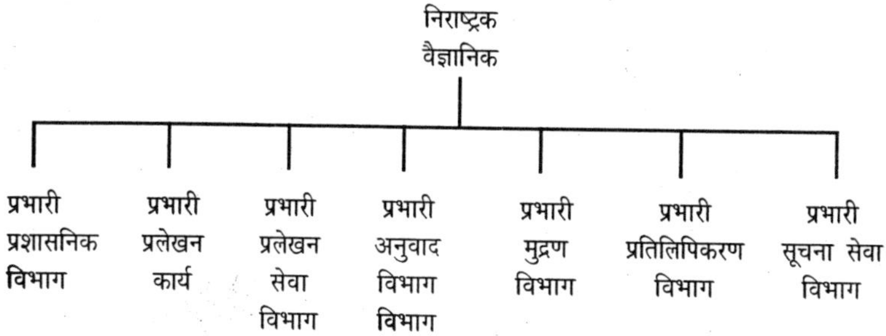


## *सेवाएँ एवं मुख्य कार्य*

INSDOC निम्नांकित सेवाएँ प्रदान करता है–

**(1) प्रलेख प्राप्ति सेवा**–यह प्रलेखन केन्द्र अपने स्थापना काल से ही प्रलेख प्राप्ति सेवा मुहैया कर रहा है। इस सेवा का लाभ शोध संस्थाओं, संसार विद्यालयों, औद्योगिक संस्थाओं, शासकीय विभागों एवं निजी रूप वैज्ञानिकों द्वारा उठाया जा रहा है। इस सेवा के अधीन वैज्ञानिक लेखों की प्रतियाँ, सूक्ष्मचित्र या छायाचित्र के रूप में जरूरत के मुताबिक प्रदान की जाती हैं। यदि उपयोगकर्ताओं द्वारा माँग किये गये प्रलेख INSDOC के पुस्तकालय में उपलब्ध नहीं हैं तो दिल्ली के स्थानीय पुस्तकालयों Inter Library Loan के माध्यम से मँगाकर उपलब्ध कराये जाते हैं। और यदि दिल्ली में भी सुलभ न हों तो भारत के किसी भी क्षेत्र में स्थित पुस्तकालय से मँगाकर सुलभ कराये जाते हैं। प्राप्त आँकड़ों के अनुरूप प्रतिवर्ष लगभग 20 हजार प्रलेखों की प्रतियाँ उपलब्ध कराई जाती हैं। प्रलेख अर्जन में कम से कम समय लगे इसके लिए द्रुत डाक सेवाएँ (Speed Post) प्रयोग में लाई जाती हैं।

**(2) पुस्तकसूची सेवा**–उपयोगकर्ताओं द्वारा माँग किये जाने पर INSDOC विशेष विषयों पर पुस्तक सूचियाँ निर्मित करता है एवं उन्हें उपलब्ध कराता है। इस प्रकार की पुस्तक सूचियों की माँग लघु-उद्योग क्षेत्रों से आती हैं। प्रतिवर्ष तकरीबन 250 पुस्तक सूचियाँ INSDOC द्वारा संकलित की जाती हैं।

**(3) अनुवाद सेवाएँ** (Translation Service)–इस केन्द्र द्वारा लगभग 18 विदेशी भाषाओं से वैज्ञानिक प्रलेखों के अंग्रेजी में अनुवाद की सेवाएँ सुलभ हैं। वर्तमान में लगभग अनेक विदेशी भाषाओं के पूर्णकालिक अनुवादक कार्यरत हैं। इनके अतिरिक्त अंशकालिक अनुभवी अनुवादकों की सेवाओं का भी उपयोग हेतु किया जाता है। प्रतिवर्ष तकरीबन 10000 पृष्ठों का अनुसार इस केन्द्र द्वारा किया जाता है।

**(4) प्रतिलिपिकरण सेवा** (Reprographic Service)–इस केन्द्र द्वारा प्रलेखों के प्रतिलिपिकरण की व्यवस्था की जाती है। INSDOC प्रतिलिपिकरण की सेवा फोटो कापी तथा माइक्रोफिल्म कापी के माध्यम से दो प्रकार से उपलब्ध कराता है। प्रतिलिपि सेवा विभाग अत्यधिक समृद्ध है। फोटो कापी सेवा प्रदान करने हेतु यहाँ एक निर्धारित दर है और प्रत्येक पाठकों को इन्हीं दरों पर सेवाएँ प्रदान की जाती हैं।

**(5) मुद्रण एवं प्रकाशन सेवा** (Printing Service)–INSDOC के इस प्रकाशन विभाग में छह छोटी ऑफसेट प्रकाशन मशीनें अन्य जरूरी उपकरणों सहित सुलभ हैं। INSDOC द्वारा प्रकाशित सम्पूर्ण साहित्य इसी विभाग में प्रकाशित होता है। अन्य वैज्ञानिक प्रकाशनों का मुद्रण कार्य भी सुविधानुसार इसी मंडल द्वारा किया जाता है। इस विभाग द्वारा तकरीबन 15000 पृष्ठों का मुद्रण प्रतिवर्ष किया जाता है।

### *प्रकाशन*

(1) INSDOC LIST of Current Scientific Literature
(2) Indian Science Abstracts
(3) Annals of Library Science and Documentation
(4) Current Literature on Science
(5) Content List of Soviet Scientific Periodicals
(6) Russian Scientific and Technonical Periodicals
(7) Indian Education Materials
(8) Directory of Indian Scientific Periodicals
(9) Directory of Scientific Research Institutions in India
(10) Directory of Current Research Projects in CSIR Laboratories
(11) Directory of Scientific Research in Indian Universities
(12) Directory of Ongoing Research in India
(13) Directory of Data Centres in India

(14) Directory of Testing Facilities in India
(15) Union Catalogue of Scientific Serials.

## प्रलेखन का अन्तर्राष्ट्रीय संघ (FID)

प्रलेखन के वैशिक संघ को अंग्रेजी भाषा में International Federation of Documentation कहते हैं। इसको संक्षिप्त में (FID) कहते हैं। अमेरिका के दो महानुभाव पाल-आउटलेट तथा हेनरी ला फान्टेन ने 1875 में ब्रूसेल्स में ग्रन्थ सन्दर्भ सूची के क्षेत्र में एक अन्तर्राष्ट्रीय संस्था International Institute of Bibliography के नाम से स्थापित की। 1931 में इसका नाम परिवर्तित कर International Federation for Documentation (FID) कर दिया गया जो वर्तमान में भी इसी नाम से अपना कार्य सुचारु रूप से करता चला आ रहा है। इसका इस समय–

(a) Head office हेग (Hague) हालैण्ड में है,
(b) General Secretary–De Fonker Drynis, तथा
(c) Sponsoring Body–UNESCO है।

### *कार्य समिति*

इसकी नीतियों के निर्धारण के लिए 1955 में एक समिति गठित की गयी जिसके 1955 में 21 राष्ट्र सदस्य थे। कालान्तर बढ़ते-बढ़ते 1995 में इसके सदस्य देशों की संख्या 83 हो गयी है।

### *सांगठनिक व्यवस्था*

(A) FID के तीन भाग हैं–
(1) General Assembly इस सभा के सदस्य संघ के सभी सदस्य होते हैं।
(2) Executive Assembly
(3) Secretariate
(B) FID की व्यवस्था के लिए निम्नलिखित तीन आयोग कार्यरत हैं–
(1) FID/CLA (Commission for Latin America)
(2) FID/CAO (Commission for Asia and Oceania)
(3) FID/CAF (Commission for Africa)

### *प्रमुख उद्देश्य*

(1) प्रलेखन के क्षेत्र में वैशिक संस्था स्थापित करना।

(2) प्रलेखन के क्षेत्र में कार्यरत संस्थाओं के बीच समन्वय स्थापित करना।

(3) प्रलेखन सेवाओं का विस्तार करना।

(4) प्रलेखन के क्षेत्र में शोध को प्रेरणा देना।

(5) प्रलेखन के क्षेत्र में कार्यरत कर्मचारियों की शिक्षा में विकास की व्यवस्था तथा प्रशिक्षण की व्यवस्था करना।

(6) प्रलेखन के क्षेत्र में विशेषज्ञों की मदद से लम्बी अवधि की विकास योजनाएँ बनाना।

(7) प्रलेखन के क्षेत्र में प्रत्येक राष्ट्र को नेटवर्क से जोड़ने हेतु अन्तर्राष्ट्रीय स्तर पर भाषा की समस्या को सुलझाना।

(8) प्रलेखन के क्षेत्र में कार्यरत प्रलेखन अधिकारी के कार्यों को सुरक्षित करना।

(9) प्रलेखन सेवा प्रदान करने हेतु मानक स्थापित करना।

### *सदस्यता*

(1) संसार का कोई भी व्यक्ति इसका सदस्य हो सकता है।

(2) प्रत्येक राष्ट्र का एक प्रतिनिधि इसका सदस्य होता है।

(3) प्रलेखन केन्द्रों के कॉर्मिक इसके मुख्य सदस्य होते हैं।

### *गतिविधियाँ*

**(1) वर्गीकरण के क्षेत्र में**—FID का वर्गीकरण के क्षेत्र में प्रमुख योगदान है। इस संस्था ने सार्वभौमिक दशमलव वर्गीकरण पद्धति (UDC) का खोज किया था जो सहज है तथा वर्गांक बनाने में सरल रहती है इसके वर्गीकरण के क्षेत्र में निम्नांकित क्रिया-कलाप हैं—

(a) जो भी सूचनाएँ वर्गीकरण पद्धति हेतु ली जायँ उनकी प्रकृति एवं क्षेत्र कैसा है इस पर निर्णय लिया जाता है।

(b) FID के वर्गीकरण के क्षेत्र में शोध को बढ़ावा देने हेतु एक पुरस्कार घोषित किया है जिसका नाम Ranganathan Award for Classification Research है।

(c) UDC के लिए यन्त्रीकरण का काम चल रहा है।

**(2) प्रलेखन के क्षेत्र में**—FID ने 1973 में एक News Bulletin प्रकाशित की है जिसमें—

(a) प्रलेखन केन्द्रों के कार्य निर्धारित किए गये हैं।

(b) उन व्यक्तियों को भी दिशा-निर्देश दिये गये हैं जो विश्व में प्रलेखन कार्य में संलग्न हैं।

(3) FID/TR (Terminology)–FID ने प्रलेखन एवं पुस्तक सन्दर्भ सूचियों से सम्बन्धित सभी पदों की एक सूची बनाई है तथा शब्दावली की त्रुटियों को सुधारने हेतु एक उपसमिति भी गठित की है।

·(4) FID/LD (Language of Documentation)–प्रलेखन की एक भाषा तैयार करना जिससे वैशिक स्तर पर जो सारांश बनाये जायँ वे एक ही भाषा में निर्मित हो सकें।

(5) FID/ET (Education and Training)–प्रलेखन कार्य में संलग्न व्यक्तियों हेतु शिक्षा एवं प्रशिक्षण की भी व्यवस्था की है।

(6) यूनेस्को के साथ सहयोग (Coordination with UNESCO)–

(a) Directory – प्रलेखन के प्रयोगकर्त्ताओं के प्रशिक्षण के लिए निर्देशिका तैयार करता है।

(b) Standardization – पुस्तकालय तथा प्रलेखन की तकनीकियों के वैश्विक मानकीकरण का अध्ययन करना।

(c) Hand Book on computerization – प्रलेखन तथा पुस्तकालय कार्यों के लिए यन्त्रीकरण पर पुस्तिका का प्रकाशन करना।

### *प्रकाशन*

(1) FID News Bulletin – Monthly.

(2) FID Year Book – Annual.

(3) FID/CR Report Series.

(4) N80 Year Bibliography.

(5) Computer and UDC.

(6) International Forum on Information & Documentation.

(7) World List of Library and Documentation Journals.

(8) Extensions and Corrections to UDC.

(9) A List of 2000 Abstracting Services in Science, Technology & Medicine.

(10) A guide to World Training facilities in Documentation.

## पुस्तकालय संघ का अन्तर्राष्ट्रीय प्रलेखन (FID)

सन् 1926 में संसार के प्रत्येक पुस्तकालय कर्मचारियों की प्राग (स्विटजरलैण्ड)

में हुई एक सभा में वैश्विक स्तर पर सर्वसम्मति से एक संघ बनाने का फैसला लिया गया था जिसका नाम 1929 में दोबारा हुए अधिवेशन में पुस्तकालय संघ का अन्तर्राष्ट्रीय प्रलेखन रखा गया। जिसे आंग्ल भाषा में International Federation of Library Association कहते हैं जिसे संक्षिप्त मे (IFLA) कहा जा सकता है। जो तब से लेकर आज तक उसी नाम से अपना कार्य नियमित रूप से करता चला आ रहा है। इसकी विशेषताएँ निम्न हैं–

(1) IFLA एक स्वतन्त्र संस्था है।

(2) इस पर कोई सरकारी आधिपत्य नहीं है।

(3) इसका उद्देश्य किसी भी तरह का लाभ प्राप्त करना नहीं है।

(4) यह अन्तर्राष्ट्रीय स्तर पर प्रत्येक देशों के पुस्तकालय संघों का एक महासंघ है।

(5) किसी भी देश के पुस्तकालय संघों के सदस्य इस महासंघ के सदस्य बन सकते हैं।

(6) किसी भी राष्ट्र का पुस्तकालय संघ अपने प्रतिनिधि भेजकर इसका सदस्य बन सकता है।

(7) इस महासंघ की सदस्यता हेतु यह आवश्यक नहीं कि सभी देश इसका सदस्य हो।

### *उद्देश्य*

(1) इसका मुख्य उद्देश्य पुस्तकालयों के क्रियाकलापों के क्षेत्र में सहयोग प्रदान करना।

(2) भिन्न-भिन्न राष्ट्रों के बीच अन्तर्राष्ट्रीय सम्बन्ध एवं समझौतों को बढ़ावा देना।

(3) अविकसित राष्ट्रों में पुस्तकालयों प्रतिनिधियों के विकास हेतु प्रशिक्षण विद्यालय की व्यवस्था करना।

(4) शोध कार्यों को बढ़ावा देना।

### *संगठन एवं प्रशासनिक व्यवस्था*

IFLA के संगठन में निम्नलिखित तीन समितियाँ होती हैं जो इसकी व्यवस्था एवं संचालन हेतु नियुक्त एवं निर्मित की जाती हैं।

**(1) सामान्य समिति**–IFLA के जितने भी रजिस्टर्ड सदस्य होते हैं वे सभी

इन समिति के सदस्य होते हैं। इस समिति का अधिवेशन साल में एक बार होता है।

**(2) कार्यकारी समिति**—यह समिति IFLA का प्रशासनिक बोर्ड कहलाती है। इसका गठन 3 साल के लिए निम्न प्रकार होता है—

(a) अध्यक्ष—एक

(b) उपाध्यक्ष—छह

(c) कोषाध्यक्ष—एक

(d) सदस्य—बारह

**(3) सलाहकार समिति**—इस समिति का काम सलाह देना है इस समिति के सदस्य अध्यक्ष, भिन्न-भिन्न विभागों एवं समितियों के सचिव तथा अन्तर्राष्ट्रीय स्तर के सदस्य होते हैं।

## *प्रमुख कार्य*

**(1) विशेषज्ञ सलाह**—भिन्न-भिन्न राष्ट्रों की पुस्तकालय सेवाओं की योजना तथा विकास में अपने विशेषज्ञों को सलाह देना।

**(2) योजनाओं में सहायक**—ग्रन्थालयों की भिन्न-भिन्न तरह की योजनाओं में कई प्रकार से मदद प्रदान करना।

**(3) सार्वजनिक वकालत**—यह संस्था किसी भी देश की सरकार को पुस्तकालयों एवं उसके कर्मचारियों के हितों की रक्षा के लिए वकालत करती है।

**(4) यूनेस्को से धन लाने में पथ-प्रदर्शन**—यूनेस्को से धन प्राप्त करने हेतु पुस्तकालयों को मार्गदर्शन प्रदान करती है।

**(5) पुस्तकालय-संघों का विषय**—ग्रन्थालय को मार्गदर्शन प्रदान करती है।

**(6) विकसित राष्ट्रों की सहायता**—विकसित राष्ट्रों के पुस्तकालयों हेतु यह महासंघ अपनी सेवाएँ देकर मदद करता है।

**(7) सम्मेलन आयोजन**—यह महासंघ प्रत्येक क्षेत्र में सम्मेलन एवं सभाएँ आयोजित करता है।

## *IFLA द्वारा प्रकाशित सामग्री*

(1) IFLA Journal Quarterly

(2) IFLA Year Book – Annual Report of the IFLA

(3) IFLA Directory of Associations

(4) IFLA First 50 years

(5) Standards for Public Libraries

(6) ISBD for Serials

(7) ISBD for Monographic Publications

(8) World Directory of Administractive Libraries

(9) National & International Library Planning

(10) Organisation of Library Profession.

## प्रकाशनों की सार्वभौमिक उपलब्धता (UAP)

प्रकाशनों की सार्वभौमिक उपलब्धता (Universal Availability of Publications) जिसे संक्षेप में यूएपी (UAP) कहते हैं वाङ्मयात्मक नियन्त्रण की तरह एक अवधारणा, एक पद्धति तथा एक उद्देश्य है जो कई योजनाओं एवं क्रिया-कलापों को सम्मिलन कर प्रलेखों को सार्वभौमिक तौर पर सुलभ कराने की दिशा में एक नियोजित कार्यक्रम है।

यूएपी (UAP) सार्वभौमिक वाङ्मयात्मक नियन्त्रण (UBC) के एक पूरक के रूप में काम करता है। संसार के हर तरह के प्रकाशनों को अभिलेखबद्ध करना अति आवश्यक है, जब तक प्रत्येक लेखों/प्रकाशनों को अभिलेखबद्ध नहीं किया जाता उन्हें सम्पूर्ण संसार में वितरित नहीं किया जाता प्रत्येक उनका अभिगम हर उपयोगकर्त्ता हेतु उपलब्ध नहीं किया जाता है तब तक (UAP) के लक्ष्य की पूर्ति नहीं हो सकती है। सूचना/प्रलेखन सेवा के कार्यक्रमों में (UAP) एवं (UBC) कार्यक्रमों का प्रलेखों के आदान-प्रदान करने, प्रलेखों की आपूर्ति तथा अन्तर्राष्ट्रीय आधार पर विनिमय करने में एक महत्त्वपूर्ण भूमिका है।

प्रकाशनों की सार्वभौमिक उपलब्धता या उपलब्धता (UAP) की धारणा का आशय निम्न दो प्रकार से होता है–

(1) संसार के सभी प्रकाशनों की उपलब्धता, तथा

(2) संसार के लिए सभी प्रकाशनों की उपलब्धता।

पहली विचारधारा के अधीन सम्पूर्ण प्रकाशनों का व्यापक संग्रह करना अत्यंत जरूरी है एवं दूसरी विचारधारा के अधीन सार्वभौमिक लेन-देन की प्रक्रियाओं को व्यापक और त्वरित करने की परम आवश्यकता है इससे सूचना तथा प्रलेखीकरण सेवाओं के आयोजन करने में बड़ी सफलता प्राप्त होगी।

सामान्यतयाः समस्त राष्ट्रों में प्रकाशनों को सुलभ कराने का कार्य प्रकाशकों तथा पुस्तक-विक्रेताओं द्वारा पूरा किया जाता है फिर भी प्रलेखों एवं प्रकाशनों को

सुलभ कराने में पुस्तकालयों की भूमिका अद्वितीय एवं अतुलनीय है। पुस्तकालयों ने पुस्तक व्यवसायियों को उनके प्रकाशनों को व्यापक तौर पर उपलब्ध कराने के क्रियां-कलापों को समर्थन एवं सहयोग प्रदान किया है तथा साथ ही व्यापारिक रूप से अनुपलब्ध सामग्रियों सुलभ करने का सदैव प्रयास किया है। पुस्तकालयों के इस पूरक कार्य को व्यापक बनाना ही यूएपी (UAP) का प्रमुख लक्ष्य है जिससे इच्छित सामग्रियाँ उपलब्ध होती रहें और किस सीमा तक उन्हें प्राप्त किया जा सकता है? उस दिशा में भी असीमित प्रयत्न किये जाते रहे। प्रकाशनों की सार्वभौमिक उपलब्धता के प्रमुख आधार प्रकाशनों का संकलन और उनकी उपलब्धता होते हैं इसके अलावा इसके कई पहलू एवं आवश्यकताएँ होती हैं। प्रलेखों को अविलंब भेजे जाने की व्यवस्था करना यूएपी (UAP) का प्राथमिक लक्ष्य है।

कई राष्ट्रों से प्राप्त सूचना के आधार पर IFLA Office for International Lending ने इस दिशा में सहयोग, केन्द्रीय समन्वय, मानकीकरण की नजर से अन्तर्राष्ट्रीय आदान-प्रदान की विधि तैयार की है जिसमें 57 देशों का विवरण है। प्रलेखों की उपलब्धता तथा उपलब्धता की दृष्टि से यह लाभकारी है और प्रलेखीकरण सेवा में मददगार साबित होती है। इस मार्गदर्शिका का प्रकाशन British Library lenting division द्वारा किया गया है।

## *कठिनाइयां*

(1) प्रलेखों की सार्वभौमिक उपलब्धता के रास्ते में सबसे ज्यादा परेशानियां इसकी आर्थिक बाधाओं की हैं। इसके क्रियान्वयन में विविध तरह के व्यय अत्यधिक मात्रा में होते हैं जैसे प्रलेखों के विनिमय करने हेतु उन्हें डाक से भेजने का व्यय भार पड़ता है जिससे निर्धन देशों में UAP कार्य पद्धति पर प्रभाव पड़ता है। प्रलेखों के विनिमय हेतु यदि पूर्व भुगतान की पद्धति अपनाई जायँ तो पर्याप्त समय एवं श्रम की बचत होती है। कुछ ही पुस्तकालयों के द्वारा ऐसी व्यवस्था की जाती है जो अपने शुल्क को निश्चित करते हैं।

(2) प्रलेखों की उपलब्धता में अन्तर्राष्ट्रीय क्षेत्र में सीमा नियम (Customs Regulations) भी व्यवधान पैदा करते हैं। सूक्ष्म स्वरूपों (Micro forms) तथा अपुस्तकीय साधनों (Non-book-material) के कारण सीमा शुल्क अधिकारियों को भ्रम पैदा करता है अगर राष्ट्रीय पुस्तकालयों या सूचना केन्द्रों के कुछ संकेत चिन्ह (Mark) आदि का उपयोग प्रचलित कर दिया जायँ तो इस तरह की समस्याओं को दूर किया जा सकता है।

(3) कुछ प्रकाशनों के आयात एवं निर्यात की अनुमति नहीं होती है इससे भी प्रकाशनों की उपलब्धता में व्यवधान पैदा होता है।

(4) पत्रिकाओं के वार्षिक मूल्यों (Subscriptions) में भी पर्याप्त वृद्धि होती जा रही है। इसलिए पत्रिकाओं का अधिग्रहण सीमित रखने का प्रयास किया जाता है इससे भी प्रकाशनों की सार्वभौमिक उपलब्धता में व्यवधान पैदा होता है।

(5) पत्रिकाओं के आलेखों की छाया-आकृतियों को बनाये जाने पर भी आपत्तियाँ उठायी जा रही हैं तथा कतिपय देशों में छाया-आकृति (Photostat) करने की अनुमति नहीं दी जाती है।

(6) रोयल्टी की भुगतान की समस्या भी समस्या पैदा करती है। इस प्रकार हम देखते हैं अन्तर्राष्ट्रीय प्रकाशनों की उपलब्धता अथवा उपलब्धता में कई बाधाएँ पैदा हो रही हैं जिससे यूएपी (UAP) कार्यक्रम काफी प्रभावित हो रहा है अब तक इस कार्यक्रम में जो उन्नति एवं विकास दिखाई देने चाहिए थे। इसकी समस्याओं के कारण वह नहीं हो सका है।

## संयुक्त राष्ट्र शिक्षा विज्ञान एवं सांस्कृतिक संगठन (UNESCO)

संयुक्त राष्ट्र शिक्षा विज्ञान एवं संस्कृति संगठन को अंग्रेजी में United Nations Educational Scientific and Cultural Organisation कहते हैं। इसकी स्थापना 1946 में संयुक्त राष्ट्र की एक विशिष्ट एजेन्सी के रूप में हुई थी। यह विश्व के राष्ट्रों का एक अन्तर्राष्ट्रीय संगठन है जिसके तकरीबन 134 राष्ट्र सदस्य हैं। यह शिक्षा, विज्ञान एवं संस्कृति के क्षेत्रों में शान्ति एवं सुरक्षा की स्थापना करता है। इसे संक्षेप में UNESCO (यूनेस्को) कहते हैं।

### *उद्देश्य*

(1) शिक्षा विज्ञान एवं संस्कृति क्षेत्र में प्रलेखन कार्यों हेतु आबंटन केन्द्र के रूप में कार्य करना।

(2) संसार की सांस्कृतिक धरोहरों का प्रचार करना एवं आपसी समादर द्वारा विविध सांस्कृतिक मूल्यों की अभिबढ़ोत्तरी करना।

(3) अपने उद्देश्यों की पूर्ति हेतु अन्तर्राष्ट्रीय विनिमय को प्रोत्साहन प्रदान करना।

(4) सभी सदस्य राष्ट्रों को शिक्षा, विज्ञान तथा संस्कृति के क्रियाकलापों में आर्थिक मदद देना।

(5) सभी स्तरों पर शिक्षा के विकास को प्रोत्साहन प्रदान करना जिससे राष्ट्रों के मध्य शान्तिपूर्ण मधुर सम्बन्ध स्थापित होकर अन्तर्राष्ट्रीय सद्भावना विकसित हो सके।

(6) विज्ञान और समाज विज्ञान के क्षेत्र में अन्तर्राष्ट्रीय सहयोग को बढ़ावा देना। इन विषय क्षेत्रों की राष्ट्रीय योजनाओं में शिक्षा और अनुसंधान की उन्नति हेतु मदद करना।

## *संगठन*

UNESCO यूनेस्को की संचालन व्यवस्था इसकी सामान्य सभा (General Assembly) के जरिए की जाती है। हरएक सदस्य राष्ट्र के प्रतिनिधि इस साधारण सभा के सदस्य होते हैं जिनकी संख्या 5 होती है। 1976 तक इसके 133 पूर्ण सदस्य एवं 3 सह सदस्य थे।

## *गतिविधियाँ एवं प्रमुख कार्य*

UNESCO की गतिविधियाँ निम्नवत् हैं–

(1) पुस्तकालय और पुस्तकालयी कला के क्षेत्रों में विविध स्तर की तरह-तरह की विकास योजनाएँ बनाना और उसे कार्यान्वित करने की दिशा में इसकी गतिविधियाँ सराहनीय रही हैं।

(2) यह विज्ञान, व्यावहारिक विज्ञान और समाज विज्ञान के क्षेत्र में पुस्तक सूची (Bibliography) तैयार करता है तथा प्रलेखन कामों में प्रोत्साहन प्रदान करता है।

(3) प्रकाशनों का अन्तर्राष्ट्रीय आगत-निर्गत करता है।

(4) अभिलेखागारों (Archives) के विकास संरक्षण तथा परिरक्षण कार्यों में सहायता करता है।

(5) अन्तर्राष्ट्रीय प्रकाशन अधिनियम (Copyright) के लिए मूल रूप से उत्तरदायी है।

(6) संसार के किसी भी हिस्से से पुस्तकों की खरीद को सरल बनाने के दृष्टिकोण से यह ग्रन्थ कूपन पद्धति (Book Token System) की व्यवस्था करता है। इससे विदेशी मुद्रा के विनिमय की समस्या दूर हो गयी है।

(7) पुस्तकालय और प्रलेखन विज्ञान के क्षेत्र में पुस्तकों और पत्रिकाओं का प्रकाशन करता है।

## प्रलेखन सेवा

UNESCO प्रलेखन, सूचना सेवा और पुस्तकात्मक सेवाओं के क्षेत्र में ज्यादा काम कर रहा है जो अति प्रमुख एवं लाभदायक हैं। ये निम्न हैं–

(1) पनामा देश में UNESCO पनामा अधिवेशन में तय किये गये ग्रामीण शिक्षा सम्बन्धी सिद्धान्तों को UNDP (United Nations Development Programme) के जरिए क्रियान्वित कर रहा है।

(2) संसार में सार्वजनिक पुस्तकालयों के उत्थान तथा विकास के लिए भारत, नाइजीरिया एवं कोलम्बिया में पायलट सार्वजनिक पुस्तकालयों की स्थापना की है।

(3) लैटिन अमेरिका में संसार विद्यालय ग्रन्थालयों के विकास पर आयोजित संगोष्ठी में की गयी सिफारिशों के आधार पर लैटिन अमेरिका के ग्रन्थालयों में अत्यधिक सुधार हो रहा है।

(4) कई देशों (इक्वेडोर, श्रीलंका, युगांडा तथा मिस्र) में पुस्तकालय तथा प्रलेखन सेवाओं की योजना पर आयोजित संगोष्ठियों के परिणामस्वरूप 1974 में राष्ट्रीय प्रलेखन पर एक सम्मेलन आयोजित किया गया था।

(5) IFLA FID एफआईडी एवं अन्तर्राष्ट्रीय प्रलेखागार परिषद् सरीखे गैर सरकारी अन्तर्राष्ट्रीय संगठनों के साथ UNESCO की गतिविधियों की सक्रियता प्रदान करने पर जोर दिया गया है।

(6) थाईलैण्ड एवं ट्यूनेशिया की राष्ट्रीय पुस्तकालयों की संघ सूचियों के निर्माण हेतु कम्प्यूटर की मदद की जा रही है।

(7) ISORID सूचना पद्धति UNESCO ने FID के सहयोग से प्रलेखन के क्षेत्र में अनुसंधानों हेतु सूचना संग्रह करने विश्लेषण करने और सूचना प्रसार हेतु एक सूचना पद्धति की स्थापना की है जिसे ISORID (International Information System On Research in Documentation) के नाम से जाना जाता है।

(8) अन्तर्राष्ट्रीय पुस्तक वर्ष 1972 को अन्तर्राष्ट्रीय पुस्तक वर्ष मानकर हर देशों में इसके कार्यक्रमों का आयोजन किया गया था। राष्ट्रीय एवं अन्तर्राष्ट्रीय स्तरों पर ग्रन्थ वर्ष के आयोजन का कार्यक्रम UNESCO की Charter of the book के सिद्धान्तों पर निर्भर था।

❑❑❑